陶器研究与社会重建

秦小丽　张　萌 编著

陕西师范大学出版总社　西安

图书代号　SK24N1983

图书在版编目(CIP)数据

陶器研究与社会重建 / 秦小丽，张萌编著 . — 西安：陕西师范大学出版总社有限公司，2025.1.

ISBN 978-7-5695-4414-5

Ⅰ.①陶…　Ⅱ.①秦…　②张…　Ⅲ.①陶器（考古）—研究　Ⅳ.① K866.34

中国国家版本馆 CIP 数据核字（2024）第 103936 号

陶器研究与社会重建

TAOQI YANJIU YU SHEHUI CHONGJIAN

秦小丽　张　萌　编著

出 版 人	刘东风
出版统筹	刘　定
责任编辑	张　佩
责任校对	刘　定
封面设计	张潇伊
出版发行	陕西师范大学出版总社
	（西安市长安南路 199 号　邮编 710062）
网　　址	http://www.snupg.com
印　　刷	西安市建明工贸有限责任公司
开　　本	720 mm × 1020 mm　1/16
印　　张	21.25
插　　页	2
字　　数	330 千
版　　次	2025 年 1 月第 1 版
印　　次	2025 年 1 月第 1 次印刷
书　　号	ISBN 978-7-5695-4414-5
定　　价	128.00 元

序

李新伟

（中国社会科学院古代史研究所　研究员、副所长）

陶器，是最让每一个考古人魂牵梦绕的物质遗存吧。

1986 年，我刚入北大考古系。考古学通论的新石器时代部分，由严文明和张江凯等几位先生教授。印象最深的，是每位先生在黑板上娴熟地画出各式各样的陶器，讲述纷繁复杂的类型学。考试前，最让人头疼的，是记住各文化的典型陶器。1988 年秋天，在山西侯马曲村，第一次田野实习。每天收集最多的，自然是陶片。严冬时节，进入室内整理。在刘旭、徐天进和孙华老师的带领下，白日里统计陶片，粘接陶片，分型分式，弄得夜里梦见的也是陶片。临近新年，邹衡先生亲临现场，勉励大家。于是，就流传开一段先生在曲村的轶事。说的是一天傍晚，先生独自在库房揣摩陶片。大家吃晚饭时，找不见先生，以为他有事外出，都未在意。第二天凌晨，有人偶然看到库房灯光未熄，才发现仍在摸陶片的先生。先生如梦方醒，问来人道："该吃晚饭了吧？"

那时候，也耳闻过苏秉琦和张忠培等先生爱摸陶片的传奇；同时也知晓了早年间，北大考古专业学生与苏先生关于陶器类型学作用的争辩。每天在寒冷的库房中，面对成堆的陶片，做出成百上千黑还是灰、褐还是棕、夹细砂还是夹粗砂的选择，难免会觉得枯燥，生出"逃之夭夭"的畏难之心，也难免产生陶器类型学真是"见物不见人"的误解。

第一次感受到陶器和古人的联系，是 1992 年在内蒙古敖汉旗兴隆洼遗址的发掘。

那真是每个考古人梦想中的史前遗址：站在对面山坡上，可以看到成排的灰土圈，正是排列有序的半地穴房址的倒塌堆积；揭去 20 多厘米的表土，铲平地面，方形房址轮廓清晰；逐层清理到涂抹黄泥的居住面，满屋的遗物。尤其是因某种原因，被火烧后废弃的房址内，遗物的密度和摆放位置，让人相信，历历在目的就是 7000 多年前的生活场景。你仿佛可以看到，父亲用磨盘和磨棒研磨谷物，把金黄的黍粒捧入身旁的高罐中储存；也可以看到，母亲从灶旁的小罐中舀出一勺肉汤，喂给孩子。大大小小的筒形罐和钵形罐，不再单调枯燥，而是有了温暖的情感。从此知道，面对陶片，既可以见物，又可以见人。调查中，探方里，库房内，每当拾起一枚陶片，常会感受到这样的温暖，浮想联翩。这样的感受，并没有影响我对陶器类型学重要性的认识。写硕士论文的时候，选择以良渚文化分期为题，就是想加强对陶器类型学的理解。

从此，对陶片的感觉由"逃之夭夭"，变成了"陶之夭夭"——陶片中蕴含古人生活信息之丰富，正如"桃之夭夭，灼灼其华"，耀人眼目。

2000 年，赴澳大利亚乐卓博大学（La Trobe Univesity），随刘莉老师攻读博士，比较系统地学习了西方关于史前社会发展演变和文明起源的理论。其中关于社会复杂化与手工业生产专业化关系的讨论，不少是以陶器制作研究为案例的。博士论文的题目，是辽西地区的社会复杂化进程，这自然离不开陶器研究。除了依据陶器类型演变确定文化分期之外，也有些"透物见人"的讨论：比如兴隆洼文化时期陶器的半专业化生产、房屋内的陶器摆放与功能区划分，红山文化无底筒形器的制作，小河沿遗址陶窑与陶器生产等。

2006 年，参加第二期"中华文明探源工程"的研究，在承担灵宝西坡遗址发掘项目之外，还有幸参加了袁靖老师主持的生业与中华文明起源课题，牵头做陶器多学科研究的子课题。主要工作是设计合理的陶片样品选择方案，分析陶土的常量元素和微量元素，发现差别，以此讨论陶器专业化生产和产品交流。课题取得了一些成果，比如发现二里头遗址白陶可能来自不同遗址，同时期的南洼遗址白陶则只有一个来源。但总体而言，并未达到预期的目标。黄土地区陶土的常量元素表现出广泛的一致性。一个遗址内，样品检测结果没有显著区别，难以作为专业化生产的证据。中子活化分析，又涉及样品提纯等问题，没有获得可靠的结论。在此期间，西坡遗址墓地随葬陶器残留物分析倒是有些发现，在簋形器土样中发现了植物脂肪残留。由此发现成分检测技术还需要继续提高分辨率，也需要与考古背景紧密结合。

此后很长时间中，我没有再做与陶器有关的研究，但同事和学生的研究会涉及陶器，时常与我讨论，让我一直保持着对陶器研究的关注。

2007年，乔玉受邀参加《尉迟寺发掘报告》（第二部）的整理工作，撰写有关聚落人口推测的章节，我们经常交流。尉迟寺遗址房屋保存之完好，地面遗物之丰富，堪比兴隆洼。我们都参加过遗址的发掘，感受过满屋陶器的震撼，认为居住面陶器数量和种类是推断人口及社会亲族组织的重要依据。该遗址居住面陶器总数为948件，用于居住的每座房屋平均拥有的陶器数量为16件，符合一个核心家庭使用陶器的数量。因此，可以推测，由于某种原因，聚落废弃时，几乎全部陶器都未带走。由遗址的墓葬可以知道，鼎几乎是每人必备的随葬品，个人相关性最强。居住面保存各类鼎205件，平均每座用于居住的房屋3.5件。由此，可以推测，聚落人口数量在200人左右，每个核心家庭3—4人。这一结果与通过居室面积和数量做出的人口估算近似。此外，陶拍分布在不同的房屋组中，反映出多数扩展家庭可能有自己的制陶手工业。

付永旭整理西朱封报告时，我们经常讨论墓葬精致黑陶的专业化生产问题，焦点是如何评价工匠水平。想到一个办法——测量口径的圆度，计算其与标准圆的误差，误差越小，工匠水平越高。为此，我们还找来现代瓷器质量标准做参考。当时就认识到，解决这个问题，实际需要大量的民族考古和实验考古研究。他此后一直保持着对陶器的热情，真的做了民族考古调查，对快轮成型和慢轮修整的辨别等问题，提出了很有说服力的见解。彭小军在攻读研究生期间，对二里头遗址陶器上的指纹产生兴趣，我们一起在网上搜集西方学者相关研究的资料，讨论提取指纹的方法和研究的角度，发现也许可以通过这些指纹判断陶工的性别，以及是否有未成年人作为学徒参与制陶。最后，他在2011年发表了一篇颇具新意的论文。

我的学生们，也多对陶器兴趣浓厚。其中一位的硕士论文，做的是西坡遗址小口尖底瓶口部制作方法的实验考古研究。一位博士，正准备做尉迟寺遗址陶器研究，希望通过对陶器外形和纹饰的细致观察和测量，分辨出不同陶工的个体特征，再分析不同陶工作品在聚落中分布的情况，由此可以讨论很多有意思的问题。另一位博士，正在尝试用AI技术识别彩陶图案的"指纹性"特征，以此识别绘制者。

2015 年，我因为主持洪都拉斯科潘遗址的考古工作，开始学习中美地区考古，从此对图像研究产生了浓厚兴趣。2019 年开始，连续写了多篇中国史前图像解读的文章，自得其乐，其中很多是对陶器上图像的解读。包括史前陶器上与天极宇宙观有关的图像，仰韶文化彩陶的鱼鸟转生主题、对鸟主题，良渚文化精致陶器上的蜷体鸟纹等。这也算是陶器研究的一部分吧。庙底沟类型彩陶表现群鸟孕育的如繁花一般的图案，真如"桃之夭夭，灼灼其华"，令人惊艳。我自己也对"陶之夭夭"有了更深切的体会。每年都有不少机会到考古工地观摩新发现，拿起陶片时，总算能够大概理解各位大先生们对摸陶片的痴迷了：比如三星村遗址的一件鼎足，会让你想到宁镇地区文化与马家浜文化、崧泽文化的关系；比如在淮安黄岗遗址，一片与高庙遗址几乎完全一样的刻划纹白陶，让你惊叹 7000 多年前的远距离交流；比如在马家窑遗址马家窑期的一片彩陶上，看到锯齿纹，让你想到半山期锯齿纹自有本土的渊源，不必向中亚追溯——浮想联翩之际，小小的陶片，真是可以让人爱不释手。

秦小丽和张萌两位老师，近年来致力于陶器研究的实践和教学。2022 年，他们组织编写出版了《陶器研究的理论与方法》一书，对欧、美、日陶器研究理论与方法进行梳理与综合分析，涉及陶器的制作技术、纹饰风格、功能、产品流通、消费，以及陶器的文化背景、陶器民族学、陶器社会学，广受好评。现在，他们又编著了这部《陶器研究与社会重建》，以七位 20 世纪以来，在陶器研究领域卓有建树的美国学者的学术传记的形式，别开生面地讲述了陶器研究的方方面面和个中甘苦，对有志于陶器研究的学子和学者，是最贴心的指南。

秦老师嘱我作序。但面对这些大家的成就，我实在没有资格写出学术评述，只能简述我揣摩陶片的学术简历，作为引玉之砖。

目　　录

序　章
资源与技术传统视角下的陶器研究与社会重建

秦小丽

　　陶器是考古学文化的重要物化体现。在文献史料还不充分的史前到早期青铜时代，陶器是考古学文化研究不可或缺的重要元素，蕴含大量社会、环境、文化与技术信息。无论是弃之不用的灰坑、灰沟和地层内的陶器，废弃房屋内发现的陶器，还是承担葬仪物化体现的墓葬随葬陶器以及手工业作坊内残留的各种与制作、烧制有关的废弃陶片、相关遗物，对我们陶器研究者来说，都是宝贵而不可多得的重要素材，也是我们得以窥视古人在陶器制作以及使用的背景资料来源。对考古学家来说，陶器研究已经形成一套成熟可靠的概念与研究方法。在考古学家与民族考古学家的努力之下，借助陶器类型学、文化因素分析法、科技分析、技术操作链、陶器生命史和技术行为链等中外理论与方法，一件陶器从陶土获取、制备到成型的一系列具体的技术过程能够为我们所知。如今陶器研究在理论、方法和技术领域不断深化，也为整体意义上的考古学研究开拓了更广阔的视野。

　　资源与技术永远是人类社会生存发展不可分割的组成部分。玉石矿物、漆木制品和陶瓷器等都是自然资源与人类加工技术的结晶，它蕴含了人类对自然的认识、熟悉、掌控和利用，更是自然界对人类社会的回报与馈赠。而恒定的自然界，借助人类智慧与加工技术，创造了人工制品的神奇之作，提高了人类生存的质量与同自然和谐相处的条件，也为后人留下了大量宝贵的技术传统。陶器作为这一技术传统的载体之一，是先民一系列技术实践活动的最终物质遗存，包括陶土资源的获取、制备、成型、烧制等。这些活动又与更广泛的生活、生产过程密切联系在一起，为我们留下了陶器在制作技术与使用功能上的许多谜团。要想解开这些谜团并了解古人遗留的宝贵智慧，我们就需要从资源与技术传统的视角下审视陶器制作与功能在当时社会中的角色与作用。

他山之石，可以攻玉。20世纪以来，国外考古学界在陶器研究理论与方法方面取得的成果与进展，有许多值得我们参考与借鉴的地方。特别是美国学术界从20世纪50年代开始，就涌现了安娜·谢泼德这样在陶器研究上颇有建树的学者，他们的很多研究思路，以及对陶器在古代社会具有的资源、技术与社会人文价值的认识在今天仍然具有鲜活的意义。而将科技分析方法应用于陶器分析的首创之举，也奠定了谢泼德在世界考古学界陶器研究领域的重要贡献。她的著作在出版之后7次被再版印刷的缘由也正在于此。纵观20世纪以来美国学术界在陶器研究方面的成果，在安娜·谢泼德之后还有多位建树颇丰且在学术界留下了丰富而独特的陶器研究理论方法的学者。将这些独具特点的学者在陶器研究上的独特之处，置于其所在的社会文化环境、学术氛围以及个人教育研究经历中进行理解，能够带给我们关键启发。一个人的研究成果与其教育研究背景、所参与的研究项目以及所专注的地域和考古学与民族学文化的田野调查资料研究息息相关。而这些经历也能大致勾勒出20世纪以来美国学术界在陶器研究上的历程，以及不断革新变化进展的诸多细节与背景，这些变化既有时代特征，也是当时这一批考古学家在其所担任的科研项目中对一些特定考古学文化区域或者具体遗址中出土陶器在研究方法上的探索与尝试。这种尝试的心路历程也正是每一位考古学家在面对一批新的考古资料时会有的经历与思考，而新的研究方法也正是孕生于这些思考中。它与我们这些时常工作在考古发掘第一线，随时都可能遇到新资料时必然会经历的探索、困惑、收获相关联，也是最终形成新的想法并经得起考验的具体研究方法产生的背景与基础。

基于以上思考，与此前的《陶器研究的理论与方法》相比，本书的编著采取了另一种形式。前书主要是针对陶器本身介绍基础研究理论与方法，涉及不同学者在陶器研究领域中同一个问题上的研究成果；而本书则介绍了一系列不同年代、不同学者的学术实践。前书主要着眼于对陶器本身的研究理论与方法，其主要线索分为两大部分：第一部分是陶器研究方法，首先是陶器原材料的获得、制备以及陶土的物理和化学性能在制作过程中的变化；陶器制作技术的具体程序与使用的工具；陶器坯胎的干燥；陶器烧制方式——露天平地堆烧还是半陶窑或者陶窑烧制以及成品率、产品的消费。其次是陶器的属性分析与功能研究方法。最后是陶器分类与定量分析。第二部分是陶器的研究理论，首先介绍了陶器与社会演进的关系、陶器与技术组织、陶器与人、陶器的风格与装饰、陶器的稳定性与变化等几大方面理论的基本概貌。不过，该书以具体知识为核心，在组织结构上没有重点介绍这些知识的书写者——20世纪以来美国学术界在陶器研究领域卓有建树的考古学家们。他们有怎样的个人学术经历？他们在不同的重大项目中的陶器研究上遇到什么问题？在面对这些问题时，他们有何种研究过程与思考细节？这些学者在陶器研究上持续不断贯通一生的探索之路，虽然转战不同学术机构，横跨数个研究项目，然而却执着于陶器研究中的某个问题坚持不懈，最终使其成为学术界公认的陶器研究理论与方法。他们的研究历程启示我们，在学术研究课题上深度思考、持续坚持，才能取得创新性的成果。同时也启示我们，大多的陶器研究理论都源于对田野发掘、民族学调查等实地获得的第一手资料具体深度思考而形成的结果。本书将从这样一个关注点出发，选择了七位在不同时期、不同历史背景下的重要陶器考古学家，介绍他们的学术历程，以及贯通其一生对陶器研究的持续性思考与探索。而这些探索既离不开当时的社会环境、学术背景，也离不开每位考古学家本人所在学术机构研究项目的推进和其在陶器研究理论、方法上的开拓性思考、坚持与创新。本书选择的七位学者在研究上的共同之处是都关注陶器研究中资源与技术传统的重要性，尽管他们分别在陶器科技分析、陶器生态学、陶器社会学、陶器的生命周期与行为考古学、陶器的民族考古学、陶器与意识形态、长距离政治－经济互动的研究以及陶器理论、文化过程等方面做出了个人风格鲜明的重要成果，但是他们也不是仅仅限于这些方面，而是相互跨越交叉，展现出了对陶器研究的多角度思考和多学科并进的研究丰度。

　　本书旨在以20世纪以来美国考古学界在陶器研究领域卓有建树的考古学家的学术经历，串联起研究者在彼时彼地如何提出问题、解决问题的学术史。在勾勒出每个人的学术历程之后，本书将在考古学理论视野下去思考陶器研究背后的理论逻辑，并阐述陶器研究对于建构考古学理论所起的作用。

一、资源与技术视角下陶器研究的开创之作：谢泼德与赖斯的巨著

　　20世纪初，位于美墨边境的美西南地区是美国考古学研究的重点关注区

域之一。1910 年学术界开始在该地区进行大规模的田野调查，大量采集地表遗留的陶器碎片以获取陶器类型及其分布，构建起考古学文化时空框架。在研究方法上体现着第一代美西南考古学家的陶器研究向第二代陶器研究转变的节点，在第二代陶器研究策略中，陶器是被当作一个中心遗存的重要因子来看待的。面对数目庞大的碎陶片，考古学家们的观察需要从精细化和系统化，甚至是标准化的新角度整理陶器碎片。然而，碎陶片不同于完整器物，人们在二者上易于把握的特征是不同的：陶器碎片的器形难以把握，只有偶尔看到口沿、腹部和底部的一些形状，器形的标准才可以捕捉到；而陶片表面的装饰内容多被切割得支离破碎，学者们对此的观察与整理主要被限定为风格和颜色组合。此外，以这些为标准而整理分类的陶碎片所提炼出的分析特征多依赖个人的主观判断，阻碍了这种标准以语言的形式在不同学者之间互相连通，也就阻碍了标准化的实现。20 世纪末，区域陶片分布调查兴起，学者们开始着手分析同一地区内差异颇大的陶器类型，因此全新的陶器分类是美西南地区陶器研究的显著特征。在 20 世纪 30 年代美西南地区陶器研究的基础上，安娜·谢泼德以全新的陶器科技分析方法投入佩科斯项目的陶器研究中，这个研究成果对她的学术生涯和美西南以至全球性的陶器研究方法论产生了巨大影响，也是首次明确将科技分析方法应用到考古学研究中。谢泼德的研究实践定位是"陶器技术研究"，其手段是对陶器进行科学分析。她认为陶器技术研究主要体现在对制陶原料的鉴别、对其来源的定位、对各项技术指标的判断，以及参照精确而客观的标准对陶器性能的描述，以此复原陶器技术的发展史，准确而详细地复建陶器技术的发展传统、考古学文化之间的交流和影响的证据。谢泼德在佩科斯遗址的工作使得自己的研究框架由理论变为现实，进而发挥了长久的学术影响。在此后 20 余年的不断推进研究中，谢泼德对于陶器技术研究不同层次的思考都得到了不断丰富，她感受到了将这些思考彻底予以系统化的必要性，因此将陶器技术研究体系化便是她的经典著作——《为考古学家书写的陶器分析》一书撰写的动机与背景。

谢泼德的陶器技术体系考虑了个人、社会、风格、自然等不同因素在逻辑与技术现象上所具有的关联性。相较于从器物风格入手，以原料产地鉴定为代表的陶器技术研究是一种对标准本身来说更客观的方式。这种做法本质上是把技术因素和风格因素结合起来，纳入分类学的框架中。在研究中会遇到的情况是识别出了在技术上与本地典型器物不同的陶器，但不能证明这种器物来自外地。对此，谢泼德提出了陶器技术生产与原有类型发生变化的种种可能性：个人创造性、生产事故、特殊功用陶器、材料的缺乏以及某种器物的出现或衰亡等因素。谢泼德还从技术这个新维度出发给外来陶器与本地陶器这个老生常谈的话题赋予了新的见解：首先，外来陶器与本地陶器的共存不只是空间因素的反映，还体现了不同陶器类型之间的共时性，也就有助于陶器的时空框架的建立；其次，外来陶器的出现本身需要解释，它是某种意义上的文化交流的一部分。完成陶器的时空框架是进行后续研究的基础性工作之一，共时性与历时性共同构成时间框架，而历时性所依赖的是陶器先后产生的分类演变。总而言之，科学分析方法与陶器技术研究是谢泼德进行陶器研究最具特色的部分，而将陶器风格从器形分析延伸出来，结合技术、原料或是功能等不同维度充实陶器的文化因素，还原不同的人类行为，其显示出谢泼德跨越出文化历史考古学的明确态度和理论贡献。

普鲁登丝·赖斯是在1973年谢泼德去世之后成长起来的又一位女性考古学家。1976年硕士毕业的赖斯，在系统学习了马特森的陶器生态学思想和跨学科陶器研究方法后，投入低地玛雅陶器和文化的研究。在佛罗里达大学执教期间，赖斯继续在危地马拉佩滕湖区进行低地玛雅考古调查，同时，她在陶器科技分析及其相关授课上积累了长期经验，这是她于1987年出版具有参考书性质的重要著作《陶器分析：资料手册》的基础。20世纪60年代后期至70年代，美国考古学科迎来巨变。"新考古学"或者称为"过程考古学"的学术浪潮席卷整个美国考古学界，促进了整个考古学研究理论与方法的探讨、进展，对陶器研究的影响也非常大。普鲁登丝·赖斯的考古事业，特别是她的陶器研究正是在这样的背景之下发展起来的。陶器生态学训练与赖斯在危地马拉地区的考古实践是她学术生涯的重要基础。陶器生态学源自文化生态学理论，而文化生态学理论认为文化是人类超机体的适应系统，包含着很多内在关联的亚系统，它们维持着动态平衡。马特森提出的陶器生态学从陶器研究方面发展了这一理论，他认为："除非陶器研究能够更好地理解这些器物制造和使用的文化背景，否则它们就只是价值有限的枯燥记录。"这种方法尝试将当地陶工所拥有的原材料和技术与他所设计产品的文化功能关联起来，在生态情境中考察陶器。因此不仅要从陶器考古记录看到人类制陶的系统行为，还要通过它去观察社会的其他方面。陶器生态学研究步骤有以下三点：第一，陶器环境及资源获取技术的分析；第二，陶器制作中行为模式的分析；第三，确定生产和"消费"陶器所涉及的行为模式与文化其他方面的互相影响程度。可以说陶器生态学的基本思想和这三项步骤是赖斯陶器研究的基本框架，贯穿了她的整个陶器研究历程。此外，赖斯还致力于通过陶器数据研究人类行为，尤其重视陶器生产专业化和科技分析背景下陶器的分类及类别概念的界定。

赖斯的《陶器分析》在基本结构上和谢泼德的经典之作一样，都包含三个主体部分：陶器制作的原料及其性质、陶器制作的工艺技术、研究陶器的方法。而赖斯立足于谢泼德的先驱之作，加入了前作出版 30 多年来的最新成果，她将更多笔墨放在了与"人的行为"相关的方面，体现了过程考古思潮在陶器研究上的影响。相隔 30 余年之后的 2015 年，赖斯再版了《陶器分析》，对全书做了较大的修订。首先是增加充实了陶器生产专业化、行为考古学、民族考古学以及新的科技考古方法在陶器研究中应用的内容，同时更多关注考古学中对陶器研究结果的阐释以及陶器起源多样化理论。而最为重要的是，赖斯的这些成果不是纸上谈兵，而都是基于她研究生涯中的多项考古项目实践性研究成果基础上形成的。比如科技考古的实践源于马坎奇岛陶器分析，陶器生产专业化则是基于危地马拉山谷白陶、玛雅陶器和秘鲁莫克瓜的研究，行为考古学和民族考古学则基于对玛雅低地陶器风格和纹饰的研究。而有关考古学中陶器分配问题，她参考了民族志中对分配行为的记录，包括互惠、再分配和交换三类分配行为，以及陶器从生产者转手给使用者的五种途径。而在这一列系列的研究性实践中，她都将陶器生态学以及诸多陶器理论贯穿其中，这些具体的陶器研究案例完整地体现了她的学术思想和关注点的连续性和变化趋势。

二、陶器社会学：朗埃克的菲律宾民族考古学调查

威廉·朗埃克在考古学理论与方法，尤其是民族考古学方向做出了卓越的贡献。他将陶器研究置于过程考古学和文化系统的行为背景中，积极探索陶器与各种社会、技术、功能和经济过程等多方面的联系。他和詹姆斯·希尔共同开创了新考古学的重要研究领域之一——陶器社会学，深刻改变了美

西南陶器考古的理念与方法。陶器社会学尝试通过陶器类型与纹饰研究，重建普韦布洛人祖先聚落内和聚落之间的社会组织及其与生态环境的关系。朗埃克以卡特牧场项目为基本分析资料的陶器社会学研究，吸引了一大批考古学家在不同遗址内进行相同的考古实践，也引发了围绕陶器研究的激烈讨论，其主题涵盖各个方面，如陶器装饰设计、风格研究、分类方法、形成过程等。这些讨论推动了朗埃克在后续的菲律宾卡林加民族考古学研究中逐步扩充陶器社会学的研究内容，探讨陶器的生产、消费、交换和废弃等生命周期及其与社会政治、经济、文化的联系，陶器社会学的研究内涵由此得以丰富，并对世界陶器考古学研究产生了巨大影响。对朗埃克来说，在菲律宾卡林加地区践行的是另一种含义的陶器社会学，即从"活着"的民族中窥视陶器与人类行为、社会与文化的密切关联，为阐释考古材料构建了丰富的民族志类比模型。朗埃克聚焦于卡林加陶器生产的技术与风格，在黏土来源和技术选择、陶器生产与技术变革、陶器性能及标准化、陶器装饰风格差异及影响因素、家户间陶器的空间分布模式、聚落间陶器的生产与交换、地域间陶器的流通与社会边界、陶器交换网络形成等方面进行了长时间的民族学调查，取得了巨大的学术成就，也培养了一批年轻的学术新秀。

　　朗埃克在卡特牧场遗址和美西南考古涉及的陶器社会学，包括使用定量分析技术、先验假说与演绎的过程、尝试重建古代社会的努力等，这些具体成果直接或间接地激发了一系列的考古学研究主题，如陶器设计元素和属性的分类系统、风格属性与文化传播、演绎法与定量分析的应用、对遗迹文化与自然形成过程的关注等。而对陶器社会学的反思让朗埃克转向寻找民族考古学证据，以检验他在卡特牧场遗址的先验假说。在20世纪70年代希弗等人提出的陶器生命史和行为考古学指导下的行为链分析和人工制品设计等方面的创新性思路推动下，朗埃克也在菲律宾的卡林加民族考古学实践项目中扩展了相关研究范围，关注陶器的使用寿命和痕迹观察，加强了对卡林加陶器在生产、消费、交换和废弃等生命周期的关注及其与社会政治、经济、文化的联系。这在某种程度上延续和丰富着他早年提出的陶器社会学研究的内涵。朗埃克主持的卡林加项目探讨了陶器变异性与社会、技术、功能、经济过程等多维度的联系，是世界上最成功的民族考古学项目之一。他的这项研究所带来的影响力也通过他的学生们在世界各国的考古学界发挥着作用。例如，小林正史在日本考古学界将这样的民族调查持续至今，通过长期连续的民族考古学调查项目，研究泰国、老挝、缅甸、菲律宾、印度、斯里兰卡和越南等地的原始民族陶器生产与使用，形成了一系列丰硕的成果，也为日本考古学中陶器研究方法带来了全新的思路，开拓了新的研究领域，并由此引领了一批日本年轻学者持续至今的在陶器研究领域的深耕与拓展。熊本大学久保田慎二的长江下游陶器中的炊煮器使用与稻作利用、黄河流域二里头文化时期炊煮器与杂谷类食物的利用等研究成果，正是对小林正史这一研究方法的延续与继承。

三、陶器生命史与行为考古学：希弗和斯基博的陶器研究新视角

在北美考古学界，迈克尔·希弗是一位承前启后的重要人物，他的学术之路开始于正统的过程考古学训练，但他却并未停留在此处，而是走向了自己开创的新方向——行为考古学。这是他与出生于 20 世纪 60 年代的斯基博一起在陶器的生产和使用，以及考古学和民族考古学理论方面的新创举。行为考古学关注的焦点是行为，即日常生活中的活动。然而，行为并不像生物学或心理学那样仅仅被认为是有机体的身体运动，同时也包括参与相互作用的任何人工制品。其中，希弗做出重要贡献的部分包括遗址形成过程、行为链/生命史和技术变化，这些在理论和方法层面对日后的陶器研究产生了深远影响。行为链描述一个元素（例如某种食物、燃料、工具或设施）在一个文化系统的"生命"中参与的所有活动的序列，其中的链接由一个或多个活动组成，这些活动由人与人之间、人与物之间以及物与物之间的多种特定交互组成，最小的单元是单个活动。活动则被定义为至少一种能量源与至少一种其他文化元素之间的交互。行为链对古代技术研究来说是非常适用的思考路径。如果考虑陶器的生命史并构建其行为链，则很容易观察到陶器生命周期中的哪一环节要求工匠选择此种制作技术而非另一种技术。例如，陶炊煮器在使用环节要盛装食物、接触炉灶火焰并经历反复加热冷却，陶工便会在制作时就添加羼和料来提升抗热冲击性。20 世纪 80 年代以后，希弗和斯基博将行为链理论应用于技术变革研究上，特别是陶器的技术变革，而这要求考古学家首先了解古代工匠技术选择背后的原则。而行为链可以引导我们考虑技术行为的全过程——原材料采办、制作、运输、分配、使用、存储和检索、

保养和维修、再利用、清洁和废弃。古代工匠的技术选择决定了人工制品的形制属性，即器物的各种可观测记录的特征。形制属性反过来又影响到性能特征，即人工制品为了在特定活动中履行其功能而必须具备的行为能力。由于技术选择和性能特征之间缺乏一对一的关系，以及"此消彼长"的普遍存在，工匠可能很难设计出一个能够优化所有与活动相关的性能特征值的产品。这便是行为考古学在古代技术研究中的另一项重要方法论贡献——设计过程中的技术妥协。当技术妥协发生时，其中一些性能特征以次优但可接受的水平实现。因此"性能特征"和"技术妥协"概念可以助力陶器技术研究。希弗和斯基博在这一框架内发展出一整套陶器研究体系，让我们从关注陶器本身更进一步到关注其背后工匠的制陶行为、消费者的使用行为等。针对不同层面的信息，希弗和斯基博合理地区分开陶器材料的材料属性、形制属性和性能特征，使陶器功能研究与具体多样的人类行为更紧密地联系在一起，拓展了陶器研究的思路并尽可能地实现透物见人的研究理念。这些理念也反映在两位学者的考古学推理中。

　　民族考古学与实验考古学也是希弗和斯基博长期关注的两个重点课题，特别是关于陶炊煮器表面处理研究与陶器使用磨损研究。他们通过实验考古学对炊煮器的加热效果、抗热冲击性、抗热剥落性等使用功能进行实验与数据采集；也对陶器使用中的磨损会产生影响的方向性、速率和力量进行实验，以获得相关数据；同时还通过民族考古学调查对陶器的使用痕迹进行分析。斯基博承担并完成了上文所述菲律宾卡林加民族调查项目研究的子课题——使用—改变研究。其核心是观察陶器在整个日常周期中的使用情况，比如烹饪、搬运、清洁、储存等。斯基博以这种方式观察了 40 个家庭，以笔记和照片的形式详细记录了所有陶器的使用活动。同时他还获得了每个家庭的完整陶器清单，即容器的数据，包括类型、大小以及何时和如何获得等信息。斯基博对陶器使用的描述集中在日常的米饭、蔬菜和肉类的烹饪，与每种烹饪方式相关的不同活动都反映在内部的碳化和外部的烟熏、损耗、残留物中。他对卡林加人日常炊煮中的湿烹饪模式（即水煮）和干烹饪模式（即烤炒）等在炊煮方式、温度和用火在陶炊煮器上可能形成的残留痕迹进行了详细观察与记录。他认为湿烹饪模式和干烹饪模式是两种典型的烹饪方式，建立了相应的残余物分布模型。这些规律和模式对解读考古材料中陶器的使用痕迹意义重大，当考古材料中陶器出现类似的模式，便可以推测古代人类是否也有过相应的行为。由此可知希弗和斯基博实验考古模式，有别于现代陶瓷材料学，而是立足考古学研究，在陶器材料、性能方面提供了丰富的参考信息。斯基博在菲律宾开展的民族考古学项目，推动了陶器使用痕迹研究，为陶器功能研究做出重要贡献。

四、陶器与意识形态：克朗对长距离政治 – 经济互动的研究

与前面几位相比，克朗如今仍然活跃在考古学界并不断产出新的陶器研究成果。特别是克朗作为美西南陶器研究主力，在新墨西哥大学建立了陶器研究实验室并持续开设陶器研究的课程，培养了一大批新生代的陶器研究学者。她自己在陶器研究方面的突出贡献主要体现在陶器与意识形态、教与学以及通过对黑色饮料的科技分析而产生的在长距离政治 – 经济互动方面的研究。陶器作为日常生活用具而产生，它似乎与上层社会交流、意识形态的相关性距离甚远，然而在田野考古资料的研究中，发现事实并非如此，甚至在陶器产生之初，生活的需求也并不是陶器产生的全部起因，而与威望技术理论也紧密相关。克朗的《陶器与意识形态：萨拉多多色陶器》一书就是从陶器研究来解读社会意识形态的尝试。萨拉多多色陶器是一种独具特色的陶器，一般认为萨拉多人在公元 950 年左右从吉拉河上游地区迁入萨拉多文化的中心地带——通托 – 格洛博地区，并在公元 1100 年左右与来自小科罗拉多地区的移民会合。吉拉河上游地区的陶器制造技术与小科罗拉多的装饰风格相结合，于是产生了独特的萨拉多多色陶器。克朗共收集了 1000 多件萨拉多多色陶器，对其中 779 件做了详细记录。她的记录包含 40 个变量，涵盖陶器的形制、技术、设计、使用四类属性。整合 20 世纪 50 年代以来完成的岩相分析结果、X 射线荧光分析结果和中子活化分析结果，并进行补充分析。美西南地区有 3 个主要的文化群体——霍霍卡姆、莫格隆和阿纳萨兹，萨拉多多色陶器是已知的美西南地区唯一在这 3 个族群都制造的陶器类型。综合陶器属性的分析需要解决陶器的生产组织、图像含义和所属族群的问题。在 14 世纪，萨拉多多色陶器在很多地区出现了特定风格或称地域区别，这些具有地域区别的风格是由移居者的定居和新的互动带来的。定居在不同地区的移居者虽然仍熟悉并制作着旧有的派恩代尔风格的陶器，但他们也在原料和工艺上融

合了新住地的技术，形成了不同的风格。萨拉多的整套图标体系中，某些图标出现在不同地区的器皿上的频率不同，这或许与各个地区区域性崇拜中教派利益的发展有关。随着移居者的定居时间拉长，萨拉多区域性崇拜又转入祖先崇拜和政治崇拜，最终，在公元 1450 年左右，萨拉多多色陶器不再生产。她的这一研究在美西南考古学界引起关注，其研究成果被评价为美西南地区内外分析和解释陶器的基准。她在研究上使用的证据是多路并行的，使用科技手段的成分分析、对功能和用途的磨损分析，以及关于风格和设计元素的分析。这些综合的证据使克朗的论述基本严密，具有很强的说服力，也成为她在陶器研究上的代表作之一。

　　进入 21 世纪初，克朗因负责新墨西哥州查科峡谷中普韦布洛·博尼托的垃圾土丘项目等的发掘，开始了对筒形罐和美西南地区的黑色饮料消费仪式的研究。她与科技分析人员利用高效液相色谱联用质谱仪对 5 件筒形罐的残留物进行分析，发现了可可碱的存在，美西南的环境不适合可可树的生长，因此认为可可饮品应该是一种外来饮品，其来源地应该是美国南部地区。以此为契机，她与她的团队又对美国西南部和墨西哥西北部 18 个遗址的陶片进行了类似的检测，试图弄清这些遗址使用的仪式性饮料在成分上有何差异，是否有相关联的物品交换网络，这就是克朗又一个研究项目——可可与代茶冬青的黑色饮品的消费研究。尽管在美西南和墨西哥西北的历史文献中没有记录有关代茶冬青或可可的使用，但是基于陶器科技检测结果，克朗认为从公元 750 到 1400 年，该地区广泛存在代茶冬青或可可的使用。一个遗址中可能同时存在单独饮用可可或单独引用代茶冬青的情况，且使用代茶冬青饮料的地区比使用可可饮料的更广阔。在特定时期和一些地区，可可和代茶冬青饮料的使用可能是仪式上的重要内容，尽管盛装饮料的陶器器皿类型没有严格规定。克朗的这一研究，在美国考古学界和一般民众中产生了巨大的影响，使她在 2014 年被选为美国科学院院士。

　　克朗还在陶器制作中的教与学以及霍霍卡姆地区的性别研究上多有建树：对教学框架的思考使我们对陶器的生产衍生出更复杂和具体的猜测，比如陶器的生产和学习或许是全社会参与的过程，每一件陶器都可能有多个潜在的生产者。在教学过程中呈现的具体的合作生产模式对已有的、基于单一生产者的陶器生产模型提出了挑战。对教学框架的探索为我们研究陶器提供了一个新的视角，使研究者有机会了解陶工之间的交往，陶器因而被视为社会生活中更生动的一部分。在此之前，对陶器的整体视角着眼在陶器群的特征或以此推断的人群特征，而忽略了参与陶器制作和贸易的个体。克朗的教学过程分析借鉴了发展心理学和神经生理学的成熟理论，综合地评估陶器上的初学者痕迹，然后结合学习框架理论和民族志对教导者和学习者的合作模式做出推断，据此推测该教学模式形成的物质文化的变化速率和知识传承的氛围，甚至以此解释陶器所代表的社会背景的变化。

五、陶器生态学与民族考古学：阿诺德的陶器理论与文化过程

阿诺德的陶器研究始于玛雅蓝，他运用民族志方法和 X 射线衍射分析，与众多学者一起对玛雅蓝进行了多种科技分析，证实当代玛雅人对坡缕石独特的物理特性了如指掌，并将其用作玛雅蓝陶器靉和料的关键成分。以此为契机，阿诺德开始了他持续一生的陶器民族考古学研究。他的研究是基于他在 53 年间对尤卡坦蒂库尔持续性的田野调查与访问进行的。他开始使用的是一种叫作"新民族志"或"民族科学"的问答启发式方法获得数据的。但是随后他意识到这个远远不够，便开始在学习当地的原材料种类、窑炉部件、烧制阶段知识的基础上转向使用参与式观察的调查方式。通过上述 53 年的连续调查与数据收集，阿诺德最终构建了 3 个主要的电子数据库，即陶工谱系数据库、生产单位数据库和 451 名陶工个人数据库；也因此完成了他关于玛雅陶器研究的三部曲：《玛雅社区的社会变迁和陶器生产与分布的演变》《玛雅社区陶器生产组织的演变》和《玛雅陶工的本土知识：认知、参与和实践》。

关于陶器设计的研究是阿诺德博士论文的主题，也是他后续一系列关于陶器设计研究的起点，他提出一个由 3 个层次构成的基于民族志数据的陶器分布识别模型：第一层次是制陶资源的数据；第二层次是从设计到成型方法的识别，并附有与陶工的民族和语言群体有关的数据；第三层次的分析涉及陶器的设计结构和对称性，对其分析的数据可以帮助识别生产该陶器的陶工群体。因此，高频率的设计结构和组织模式是一个独特的陶工群体的产物。这些设计模式是社区空间组织和利用模式的真实行为表现，是社会互动的"真实"模式具体化的结果。阿诺德对于陶器及其原材料的科技分析涉及的另一个主题是陶器成分与陶工、生产社区的关系。陶器反映了原材料来源的化学信息

和陶工行为信息，同一社区使用相同来源的原材料制作的陶器在化学成分上是相似的。陶器的黏土成分是区分一个社区和另一个社区的化学模式的主要变量，因此，每个社区的陶器化学模式实际上对应于一个由本社区陶工开发的独特资源区域。同时，他也强调了要考虑到羼和料在陶器与生产地点或来源区的联系中的重要性。他认为这种技术有助于考古学家将考古遗址周围收集的原材料与实际生产的陶器联系起来。其使用民族考古学，成功地检验连接物理科学数据和人类行为的解释假设，然后使用行为标准仔细选择当代陶器并使用中子活化分析这些陶器。例如，当分析陶器原料可以确定实际的地理区域时，古代陶器的中子活化可以提供一个强大的工具来确定跨时空的社区间的互动。

他还比较了危地马拉、秘鲁、墨西哥三地制陶社区所发现的陶器坯料数量、种类、成型技术、器皿形状的数量以及装饰技法的数量，尝试概括技术多样性在这些地区的陶器生产的生存能力和演变中如何发挥作用：较少的标准化和更多的选择确保了适应性和生存能力，拥有最多技术选择和更高的技术多样性的社区具有更强的生存能力。因此，多种多样的技术在经济上更加可行，对适应不断变化的社会经济条件至关重要，从而可以支持一个庞大的陶工社区的生存。他认为当通过分析陶器原料可以确定实际的地理区域时，古代陶器的分析结果就可以确定跨时空的社区间的互动。阿诺德总结了陶器民族考古学对考古学中陶器研究的启示：第一，它对陶器专业化的演变进行了深入了解，不再以"闲暇时间"或"剩余时间"等作为陶业发展并演变为专职工艺的单一原因机制，而是提出多因果系统；第二，陶器不是分析孤立意义上的"文化"的简单产物，而与环境有着重要的关系；第三，陶器生产的发生及其随时间的演变并不简单地反映文化历史模式，而是反映出有利于或限制陶器发展的某些文化和环境条件，其中一些因素独立于文化历史力量而存在；第四，为这项工作中阐述的过程提供了解释古代陶器的指导方针，只要当地环境是已知的，那么就可以应用于过去的任何文化，而不需要诉诸民族志类比。所有这些反馈关系最终都建立在黏土的化学和物理特性之上，为理解陶器与环境、文化的关系提供了基础。

将陶器生态学发展为陶器理论与文化过程是阿诺德的又一重要学术贡献，他非常认同用文化生态学的方法研究陶器，并为陶器生产与环境及其他文化之间的关系提供了跨文化证据。因为陶器制作是"攫取性技术"的一部分，是文化的技术或技术-经济子系统的一个高度专业化的部分，它因文化目的而适应。因此，作为更大的文化-环境系统的一部分，陶器与环境之间的联系应该是系统性的，对陶器使用生态学方法进行研究可以使民族考古学家将陶器、矿物成分和器形等与降雨、原料来源、定居模式、生计以及最终的社会组织等现象联系起来。研究表明，拥有更多和更优质的陶器资源的社区，往往在坯料、器形和装饰技术方面有更多的种类和多样性。危地马拉谷地的制陶是对农业贫瘠但拥有陶器资源土地的一种适应；每个社区的陶器也是对近邻这些社区特定资源种类的适应，社区的陶器反映了所在区域内的特定资源。受过程考古学的影响，阿诺德拓宽了陶器生态学的视域，借鉴系统论和控制论的观点，并利用跨文化比较来解释制陶工艺的起源和演变过程。他从反馈机制的角度论述了什么样的文化和生态过程有利于或限制了陶器的出现及随后发展成为一种全职技术工艺，并强调了这些过程对陶器工艺起源和发展的影响。

阿诺德在他的学术生涯中，坚持将自己定位为陶器理论的学习者、运用者以及很好的结合者。这与他一贯秉持的对待陶器理论的态度一致，他一直认为没有任何理论有独占的优势，应该是多种研究理论相加而形成陶器研究的整体视角。他学习并在墨西哥、危地马拉的研究中运用陶器生态学，在此基础上发展成自己的陶器反馈理论进而撰写《陶器理论与文化过程》一书，并通过洪都拉斯与奎努亚的实例进行验证。但他对于反馈理论的探索并未止步于此，而是在蒂库尔社区的长期耕耘中不断发展，在学习掌握了参与理论后将二者结合，为陶器研究提供了新的方法与思路。他一生的陶器研究实践启示我们，陶器研究不是一蹴而就的速成，而是在长时间的不断积累新资料、重复探索旧资料的枯燥分析过程中寻求新的思路与方法，而终将有所获得、达成创新，并与时共进。

六、结语

考古学中的陶器研究是一个永恒的课题，然而研究陶器的理论和方法则随时代的变迁而不断修正、重复探讨，进而创新与丰富。因为考古学资料的更新、增加以及对新资料的认识是一个动态的过程，这一点与其他人文社会科学相异。随着发掘手段与科技考古方法的不断革新，考古资料的获取范围也不断扩大和深入，透物见人的手段与对其社会文化背景的透视都成为可能。从 20 世纪 60 年代新考古学兴盛之前的文化历史考古学到过程考古学、后过程考古学等考古学研究理论不断变化，陶器研究理论与方法也浪涌潮流，顺势而进，因此也要求陶器研究者不断与时俱进、开放思路、扩展视野，对我国丰富而独特的陶器资料进行多角度、多思路的探索与分析。精细的个案研究与大尺度、广视野的宏观把控都是必要的研究途径。中国是世界范围内 6 个早期陶器制作发明的中心之一，也是世界上最早利用陶容器进行炊煮的地区之一，因此陶器与中华文明的形成、发展息息相关，是中华文明诸要素中不可或缺的因子之一。早期陶器是先民适应自然生存环境而创造的产物，也是资源利用、技术探索和文化传统之下的一种创举。因此，自陶器发明之日起，就融入中华传统文化的浪潮而不断发展，在数千年的历史长河中影响和改造着人们的日常生活，塑造着人们的行为习惯和文化传统。陶器研究一直以来都是我国考古学研究中的重要课题之一，几十年来取得了大量的研究成果，为我们拓展新视角奠定了坚实的基础，尝试从资源与技术传统视角对陶器制作和功能进行研究，必将给这一研究领域带来新的思路，使得陶器这一载体成为早期社会重建的重要指标，为中华传统文化中人工制品在资源与传统技术研究方面做出贡献。

第一章
安娜·谢泼德

    安娜·奥斯勒·谢泼德（Anna Osler Shepard，1903—1973），著名陶艺家，20世纪最重要的考古陶器研究学者之一，也是陶器科学分析的一位主要先驱，主要研究方向为美西南与中美洲的陶艺制作技术、制陶原料产地、制陶族群的互动。

    1922—1926年，先后在南加州师范学院和内布拉斯加大学攻读社会学与人类学并获学士学位和哲学辅修学位。1926—1929年，在圣迭戈人类学博物馆任民族志方向的策展人。1929年，在新墨西哥大学攻读田野考古方向硕士学位，但中途退学。1931—1936年，任新墨西哥博物馆人类学实验室研究助理。1936—1957年，在卡内基研究所任历史研究部临时研究人员、正式研究人员（1937）、陶器技术研究实验室负责人（1937）、考古研究部研究人员（1951）。1948年，于科罗拉多大学化学系获得博士学位。1957—1970年，在美国地质调查局任研究人员，主要研究方向是地球化学和岩相学。

    1931—1936年，与阿尔弗雷德·文森特·基德（Alfred Vincent Kidder）共同研究佩科斯（Pecos）遗址出土陶器，其中较系统地梳理了陶器制作技术研究方法，使该研究成为此领域的研究范例。1936—1957年，先后对格兰德河上游地区（Upper Rio Grande）的陶器（1937）、中美洲地区的含铅陶器（Plumbate vessel）（1941）和美西南地区北部阿纳萨兹（Anasazi）文化的红色和棕色陶器（1947）进行了制作技术研究。1962年，对玛雅蓝（Maya Blue）颜料进行了科技分析。

    谢泼德的主要著作有：《佩科斯陶器》（*Pottery of Pecos*，Kidder and Shepard，1936）、《为考古学家书写的陶器分析》（*Ceramics for the Archaeologists*，

1957）、《玛雅蓝：替代性假说》(*Maya Blue: Alternative Hypotheses*，1962)、《陶器工业化的开端：以瓦哈卡峡谷为例》(*Beginning of Ceramic Industrialization: An Example from the Oaxaca Valley*，1963)等。

第一节 创作的底色：早年经历与学界状况

一、谢泼德的早期教育经历

安娜·谢泼德于1903年出生在美国新泽西州的默昌特维尔镇（Merchantville）一个化学家家庭中。其父亨利·沃伦·谢泼德（Henry Warren Shepard）是一位工业化学家，同时也对美洲原住民的文化，特别是对古普韦布洛（Ancestral Pueblo）文化颇感兴趣[1]，虽然具体情况已很难考证，但据此可以判断家庭氛围对安娜的理化知识启蒙、科研兴趣培养以及未来志业选择等方面都有一定影响。安娜·谢泼德后来开展陶器科学分析时，她的父亲也在佩科斯、阿纳萨兹和阿瓦托比（Awatobi）等多个项目的陶器研究中辅助和指导了她的实验工作。[2]

谢泼德早年的经历不甚清晰。1922年，她在加利福尼亚的圣迭戈获得了高中文凭，随后就进入该城的南加州师范学院（the Teacher's College of Southern California）[3]进修人类学。在该校，她结识了讲师韦斯利·布拉菲尔德（Wesley Bradfield），后者对谢泼德后来的工作和科研产生了十分强烈的影响。[4]1924年，谢泼德转入内布拉斯加大学社会学与人类学专业就读，同时辅修哲学。在那里，她接受了赫顿·韦伯斯特（Hutton Webster）的指

---

① Shepard, Anna O. (1971a). "Technological Note on Awatovi Pottery". In *Painted Ceramics of the Western Mound at Awatovi* (pp. 179-184), edited by Watson Smith. Harvard University, Cambridge.

② Shepard, Anna O. (1971b). "Ceramic Analysis: The Interrelations of Method"; "The Relations of Analysts and Archaeologists". In *Science and Archaeology* (pp. 55-63), edited by Robert Brill. Cambridge: MIT Press. p.57.

③ 即后来的圣迭戈加利尼亚（California State College in San Diego）。

④ Hewet, Edgar L. (1927). "Official Acts and Administrative Reports of the School of American Research", Santa Fe, New Mexico, U.S.A., 1918 to 1927. *Archaeological Institute of America*, Santa Fe. pp. 88-89.

导。[1]1926年，谢泼德获得了学士学位。

在本科学习阶段，谢泼德接受了基础而系统的人类学教育。这一时期谢泼德身边的老师，如布拉菲尔德、韦伯斯特，都以重视数据化和精确性而著称。[2]总之，此时的谢泼德显然已经在相当程度上形成了后来被公认具有的那些气质——严谨、细致、注重数据验证、强调学术的科学性。在本科期间，她还利用了三个暑假假期前往美国西南部原住民文化最集中的新墨西哥。她在那里参加了美国研究学院的田野项目，实地考察了古普韦布洛文化的大基维拉遗址（Gran Quivira）和圣克拉拉普韦布洛（Santa Clara Pueblo）。由此，她对当时的田野考古工作有了实际的感受。[3]

本科毕业后，谢泼德接受了埃德加·李·休伊特（Edgar Lee Hewett）的建议，到圣迭戈人类博物馆担任民族志方向的策展人。时任该馆副馆长的布拉菲尔德成了她事实上的导师。谢泼德在博物馆主要负责与制篮、制陶技术相关的展览，同时也在实验室里协助处理布拉菲尔德收集的明布勒斯（Mimbres）陶器材料。谢泼德对这些材料进行分类、修复并描述其技术，从而获得了陶器分类与科学分析的最初体验。布拉菲尔德不仅具有顶尖的技术，还对考古学有着极大的热情和整体性的看法。他向谢泼德提出了许多陶器研究上的设想，其中，特别强调了用多种物理和化学方法研究陶器浆料成分的重要性。他把陶器科学分析视为重建历史文化的最重要工具。[4]布拉菲尔德从标本的选取及分析方法到数据分析的各个环节，都对谢泼德进行了指导。起初他支持采用化学分析方法，随着与美国地质调查局的沟通，他又指导谢泼德转向岩相学分析。1928年，布拉菲尔德病重并于次年去世，谢泼德接手了布拉菲尔德的工作，并矢志于陶器科学分析，这是在"布拉菲尔德影响下的努力"[5]。

在布拉菲尔德的推荐下，谢泼德前往新墨西哥大学人类学系攻读硕士学

① Morris, Elizabeth A. (1974). "Anna O. Shepard, 1903—1973". *American Antiquity*, 39(3), 448-451.

② Johnson, E. Dana. (1930). Wesley Bradfield. *American Anthropologist*, 32 (3), 569-570.

③ Hobbs, Hulda R. (1941). The Record of Sam Hudelson. *El Palacio*, 50, 167-171.

④ Shepard, Anna O. (1936). The Technology of Pecos Pottery. In *The Pottery of Pecos*, 2 (pp. 389-588), edited by Alfred V. Kidder and Anna O. Shepard. Yale University Press, New Haven. p. 392.

⑤ Shepard (1936).

位。她最初的硕士论文构想根植于对明布勒斯陶器开展的科学分析实践，且对此进行了扩充，并将设想中的论文题目暂定为"陶器分析的系统方法"（*A Systematic Method for Pottery Analysis*）[①]。这个视野广阔的题目透露了谢泼德的"野心"——她认为陶器分析方法的未来必须以科学分析来实现。例如，应当利用客观的标准去重新记录陶器的各个特征；利用科学分析确定陶器的烧成温度和气氛，确定羼合料的类型、丰度及浆料、彩绘和陶衣的化学成分等。由于题目过大，谢泼德最终还是放弃了这一设想。随后她又提出了"祖尼陶器的研究"（A Study of Zuni Pottery）和"明布勒斯地区的一个地穴房屋遗址"（A Pit House Site in the Mimbres Area）两个题目。[②] 由于她的课题从选题到方法都完全来自布拉菲尔德的构想，同时她又需要完成后者未竟的项目，以至于时任新墨西哥大学人类学系主任的埃德加·休伊特否决了谢泼德的论文题目。休伊特建议谢泼德专注于最初提出的想法，即以全新目标审视陶器分析，如果无法完成，那么则建议在课程修读完成后退学。最终，谢泼德在1929年完成秋季学期的学习要求后选择了退学。在新墨西哥大学就读期间，她在查科峡谷（Chaco Canyon）的田野工作中也尝试采用了一些科学分析方法研究陶器。[③]

在完成了对布拉菲尔德未竟的卡梅伦溪（Cameron Creek）项目的整理后，谢泼德开始潜心进修陶器分析所需的各种知识。1930年，她进入克莱蒙特学院学习晶体光学，这是因为陶土作为一种矿物，是属于晶体的。1931年，可能是在曾任该馆馆长的埃德加·休伊特的建议下，她进入新墨西哥博物馆的人类学实验室从事陶器研究[④]，主要是担任杰西·努斯鲍姆（Jesse Nusbaum）的研究助理。但是，在这一实验室中对她影响最大的应该是与阿尔弗雷德·文森特·基德（Alfred Vincent Kidder）的结识。

基德是一位虽然已有了巨大影响力，却没有陷入保守立场的考古学家。他对当时的谢泼德起到了无可替代的巨大作用。1931年，基德邀请谢泼德合

① Bishop, Ronald L.（1991）. Anna O. Shepard: A Correspondence Portrait. In *The Ceramic Legacy of Anna O. Shepard*（pp. 42-87）, edited by Ronald Bishop and Frederick Lange. University Press of Colorado.

② Bishop（1991）.

③ Morris（1974）.

④ Morris（1974）.

作，测试佩科斯陶器岩相学研究的效果 [1]，之后正式把谢泼德引入了佩科斯这一学术实践的重镇。基德本人在该遗址深耕多年，对该遗址的陶器进行了充分而系统的考古学研究（将在下文详述）。[2] 就这样，在家庭、求学和工作中，特别是在亨利·谢泼德、韦斯利·布拉菲尔德和阿尔弗雷德·基德的影响下，谢泼德以其渐渐形成的学术气质和研究范式，走向了学术重镇——佩科斯。而这时的佩科斯，在经历了美西南地区陶器研究范式的多次转变之后，在 20 世纪 30 年代以崭新的面貌开始迎接为它带来新一轮转变的学者——安娜·谢泼德。

二、20 世纪 30 年代美西南的陶器研究

美西南地区位于美墨边境，其范围主要包括现在的新墨西哥州和亚利桑那州，以及犹他、科罗拉多、内华达、加利福尼亚和得克萨斯等几个州的部分地区。在前殖民时代，这里主要分布着阿纳萨兹、莫格隆（Mogollon）和霍霍卡姆（Hohokam）三支原住民文化。这三支原住民文化都擅于制陶，尽管由于殖民者和美国政府的压力，其活动空间不断缩小，但仍有大量的陶器文化遗存散布在内华达山脉和格兰德河（Rio Grande）之间的广袤大地上。由于美西南地区的殖民、开发和建州时间比较晚，且人口稀少、气候干旱，因此原住民遗留下的史前遗存保存相对完好，从一开始就为美国考古学家和人类学家所重视。

从美国夺取新墨西哥领地开始至 20 世纪初，美国考古学家对这些原住民遗存进行了初步的了解、探索与研究。他们首先注意到了上述三支原住民文化各异其趣的精美陶器。但是，陶器往往都是与墓葬、建筑及其他文化遗产一起被发现的，陶器只是众多文化表现之一，仅体现了原住民文化的一个方面。考古学家们在墓葬等遗迹中发掘和采集出完美的陶器标本，对其特点

---

① Shepard, Anna O.（1942）. *Rio Grande Glaze Paint Ware: A Study Illustrating the Place of Ceramic Technological Analysis in Archaeological Research*. Carnegie Institution of Washington, Washington, D.C.

② Thompson, Raymond H.（1991）. Shepard, Kidder, and Carnegie. In *The Ceramic Legacy of Anna O. Shepard*（pp. 11–41）, edited by Ronald Bishop and Frederick Lange. University Press of Colorado.

进行基础的分类①，便可以满足他们对原住民文化的研究要求。但随着历史文化传统在考古学界的迅速兴起，考古学家们感到有必要提取更多的信息，例如陶器的形态类型与形成过程——这是在时间和空间上进一步细化各原住民文化框架的有效工具。这样，从墓葬中出土的精美陶器就显得不够用了。所以，考古学家们将视线从建筑物和墓葬出土陶器转向垃圾堆等生活堆积区出土的大量陶器碎片，这些陶片多出土于不同地层层位，具有相对年代学的意义。要将这些不同地区的大量陶器碎片进行空间上的整合，就要开展大面积的考古调查。因此，1910 年之后，考古学家开始在美西南地区开展田野调查，大量采集地表遗留的陶器碎片以获取陶器类型及其分布。雷蒙德·汤普森（Raymond H. Thompson）把这个过程称为从第一代美西南考古学家的陶器研究向第二代陶器研究的策略转变②，基德正是这次转变的重要推动人之一③。

在第二代陶器研究策略中，陶器是被当作一个中心遗存的重要因子来看待的。基德认为美西南地区陶器研究的时代（ceramic periods）就此来临。④面对数目庞大的碎陶片，考古学家们的观察必须精炼，必须用体系的甚至是标准化的新尺度去处理这些碎片，最好是像工业领域中处理各种原材料一样。然而，碎陶片不同于完整器物，人们在二者上易于把握的特征是不同的：陶器碎片的形态不易把握，偶尔看到口沿的形状或是看出腹部和底部的一些类型，器形的标准就可以被捕捉到；而碎片表面的装饰内容多被切割得支离破碎，学者们对此的处理标准主要被限定为风格和颜色组合。但是，这些为标准化处理碎片而提炼出的分析特征非常依赖个人的主观判断，特别是对外观风格的"感觉"。⑤这反而阻碍了这种标准以语言的形式在不同学者之间互相连通，也就阻碍了标准化的实现。

陶器研究方法并非一成不变。第一次世界大战结束后，从动员状态中解除的美国社会和考古学界需要集中处理几年来积压的发掘项目。美西南地区又开始注重对单个遗址的发掘和对遗址内陶器的系统分析。到了 20 世纪 20

---

① Kidder, Alfred V.（1936）. Introduction. In *The Pottery of Pecos*, 2, edited by Alfred V. Kidder and Anna O. Shepard. New Haven: Yale University Press. p. XXI.

② Thompson（1991）: 19.

③ Kidder, Alfred V.（1931）. *The Pottery of Pecos*, 1 . Yale University Press, New Haven. p. 7.

④ Kidder（1936）: XXI.

⑤ Kidder（1936）: XXII.

年代末，考古学家又开始认识到需要确定在这段时间内发掘出土的许多不同类型陶器的分布范围。区域陶器碎片调查因此而复兴。这时，考古学家在调查中累积了大量各类陶器类型学分析的资料，开始试图为陶器类型分析制定统一的名称和体系。在美西南第一代陶器研究方法中，考古学家们用最显著的陶器特征（通常是表面基础陶色与装饰颜色的组合）来为他们分出的陶器类别命名。在研究方法转向区域性调查后，考古学家们注意到了陶器类型的地区差异，于是以地区为陶器类型命名的方法一时间蔚然成风。随着研究向更细致的方向发展，考古学家开始着手分析同一地区内差异颇大的陶器类型。此时，包括基德在内的一些考古学家采用的陶器命名方式在 1927 年、1929 年两次举行的佩科斯会议和 1930 年举行的全球会议（the Globe Conference）上被通过 ①，从而成为美西南陶器分类的通用命名法。这种命名法由两项组成，第一项代表此类型发展最充分的地方，第二项则是一个技术上的描述性术语。例如，明布勒斯黑白陶（Mimbres Black-White）可以理解为在明布勒斯地区发展最充分的莫格隆文化黑白陶器，而上格兰德河刻划陶器（Upper Rio Grande Incised）则是一类在格兰德河上游地区最为典型的表面刻划陶器。由此，在先前的标准化实践基础上，这些区域性的乃至世界性的会议为美西南地区确定了陶器类型学研究的垄断性标准。

这种发展到全新高度的陶器分类是美西南地区陶器研究的显著特征。它令美西南地区的陶器研究变得秩序井然，本地陶器年表乃至于文化年表由此得以建构。但与此同时也出现了一些批评，其主要来自西南地区以外的考古学家。首先，在西南地区以外的陶器研究传统中成长的学者无法接受这个分型定式的垄断性研究标准。它十分细节化，高度专门化，内部类型复杂繁多，严重阻碍了外来学者对其进行了解和解读。当然，这种现象在考古学界和其他现代学科中非常普遍，而且完全是技术性的，随着现代考古学界的互相协调，能够以一种更具适应性的形态出现。其次，一些学者指出，这种陶器分类根基不稳：它依赖于对大面积调查获取的陶器碎片进行分析。而调查在很多情况下只被认为是考古发掘的不完美的替代品；陶器碎片也遗漏了太多信息，例如上文指出的器物形态、装饰内容及整体设计。再次，已经产生的陶器类

---

① Kidder, Alfred V.（1927）. Southwestern archaeological conference. *Science*, n.s., vol. LXVI, no. 1716, pp. 489-491. Lancaster.

型并没有得到完整和充分的描述。毕竟，自从一切产品都有了标准和尺码之后，人们就很难注意到其他信息了。在不充分的采样方式中获得了不充分的信息，再根据不充分的标准进行分类，这的确很难令外来考古学家满意。在他们看来，美西南地区的考古学家过分追求细节，忽视了对整体的历史含义进行把握，因而大有舍本逐末之势。基德用一句话对他们的态度做了总结：陶器分类堕落了。[1]

　　显然，20世纪30年代美西南地区陶器研究总体上（尤其是其主要的分析方法与分析对象）与安娜·谢泼德在早期成长与受教育的过程中偏好的科学分析类型相去甚远，总的来看其仍然处于前技术研究时代。但是，这一时期的美西南陶器研究并非完全没有接触过科学分析。20世纪20年代晚期，新墨西哥大学为学生提供的田野项目中就有陶器科学分析的内容，但除了谢泼德等少数学者外，其余人并没有在后来的学术实践中转到这一方向。[2]这显示出美西南考古学家（Southwesternists）对陶器科学分析有着复杂的情绪。[3]前文提到，对陶器碎片上很多特征的把握是非常个人化的，因此他们普遍希望能用更加客观、可测量和可记录的标准来推进陶器分类的标准化。[4]在这个意义上，陶器科学分析对他们而言是有亲和力的：物理和化学特征显然要比原有标准更客观。可能是出于这种认识，布拉菲尔德鼓励谢泼德从事陶器技术研究。[5]但是，美西南考古学家们认为，陶器的科学分析所体现的特征，例如原料的具体成分，完全不适合作为分类的主要逻辑。原因很简单：在他们看来，古代制陶工人们在考虑他们的陶器时，器皿的表面特征才是最值得注意的因素，将陶器胎料成分作为基本分类标准产生的体系与时空框架基本无关，所以具有极大的误导性。[6]基德也认为装饰才是陶工最关心的事，尽管他对陶器科学分析没有抱以很保守的立场。美西南考古学家还认为，对考古材料的分类应当由考古学家而非技术专家开展，因为只有他们才了解需要解决的历史

[1] Kidder（1936）: XXV.

[2] Thompson（1991）: 14.

[3] Kidder（1936）: XXII.

[4] Hargrave, Lyndon L.（1932）. *Guide to forty pottery types from the Hopi country and the San Francisco mountains, Arizona.* Museum of Northern Arizona, Bull. 1. Flagstaff, 9.

[5] Kidder（1936）: XXV.

[6] Hargrave（1932）:8.

文化问题，但是，他们在未经高成本训练前又都没有能力进行这种科学分析。于是，他们就认为在技术学者研究出合适的高效工具前，考古学家应当在陶器技术研究上谨慎一些。[1]

　　以上的情况基本形成了 20 世纪 30 年代美西南地区陶器研究的基础。在这种情况下，安娜·谢泼德以全新的方法论投入佩科斯陶器的研究中，这个研究的成果在同时代的其他学者和谢泼德本人看来都很满意，它将同时对她的学术生涯和美西南以至全球性的陶器研究方法论产生强烈影响。

第二节　实践的推进：在美西南与中美洲

一、一战成名：谢泼德的佩科斯陶器技术研究

　　谢泼德在基德的影响下开展了她在佩科斯遗址的技术研究实践，这是谢泼德首次开展的系统性陶器科学分析与技术研究。这个实践在多个方面详细展示了她早期的研究体系，以及这个体系是如何与美国当时的陶器研究状况相融合的。基德本人正是这个融合过程的重要人物之一：他在谢泼德之前就曾对该遗址的陶器进行过一定研究，随后在与谢泼德共同完成的《佩科斯陶器》第二部[2]中更进一步显示了这种融合在他身上产生的转变。事实上，这个转变同时也可以视为当时考古学界对谢泼德的陶器研究做出的普遍反应。在展开这一系列内容之前，首先对佩科斯遗址的基本情况及其早期研究内容做一个简略回顾。

（一）佩科斯遗址的基本情况

　　佩科斯遗址位于新墨西哥州州府圣塔菲（Santa Fe）的东南方，格兰德河最大的支流佩科斯河发源地附近的河谷中，是一处古普韦布洛人在较长时期内的定居点。在 1915 年，基德就依据当时出现不久的、通过大量陶片进行类型学研究的方法完成了对佩科斯遗址中带釉陶器相对年代的基本顺序排列[3]。

---

　　[1] Kidder（1936）：XXVIII.

　　[2] Kidder, Alfred V. and Shepard, Anna O.（1936）. *The Pottery of Pecos*, 2. Yale University Press, New Haven.

　　[3] Kidder, Alfred V.（1915）. Pottery of the Pajarito Plateau and of some adjacent regions in New Mexico. *Memoirs American Anthropological Association*, vol. 2, pt. 6, pp. 407–462. Lancaster.

在 20 世纪 30 年代美西南地区陶器分类标准化的尝试中，特别是在 1930 年全球陶器研究会议上，学界开始鼓励一种从区域视角而非时间因素进行陶器分类的做法。1933 年，梅拉（H. P. Mera）用这种新的分类方法对佩科斯遗址进行了分析[1]，得出的新分类结果与基德早期的分类结果可以互通。根据这些结果可以大致复原佩科斯遗址的基本情况。

在大普韦布洛期（the great Pueblo period，1100—1300 年），佩科斯河谷首次有制陶的美洲原住民定居。这一时期他们在河谷的上游和东部建立了一些小型社区。此时这些居民主要使用一种黑白陶器，与西部、西北部的其他同时期群体所使用的陶器相合。这一时期的佩科斯河谷乃至于整个新墨西哥州中北部地区，比新墨西哥州、亚利桑那州交界地带的小科罗拉多河谷等地区在文化上要更落后。在 1300 年左右，大普韦布洛期进入尾声，佩科斯河谷的多数定居点遭到废弃，而部分"叉状闪电"[2]（Forked Lightning）栖居点的居民在该地附近建立了佩科斯定居点，其他一些小村镇的居民也加入进来。黑白陶器此时仍然流行，从此种陶器可以判断出佩科斯发展到了相当大的规模，但制陶技术此时处于退化阶段。

在这之后，两种更精致的陶器，即维尤黑白陶（Wiyo Black-on-white）[3]和釉陶出现了。维尤黑白陶起初还较为重要，但很快就降为次要器物并一直延续到釉陶时代的末期。佩科斯遗址的釉陶大概是在 1375 年引进的，不久后就成为佩科斯的主要装饰陶器并持续流行到 1700 年。这种釉陶的釉是纯装饰性的，只是部分覆盖在陶胎上，它的流行年代与普韦布洛衰落期（regressive Pueblo period，1300—1700 年）相对应。这一时期是佩科斯在规模和文化上的顶峰，也是整个新墨西哥中北部普韦布洛文化的顶峰。釉陶在这一时期有一系列连续的顺序和阶段，这已为基德和梅拉所探明。维尤黑白陶最终消失。在釉陶时代末期，两种没有装饰的非烹饪器皿，素面红陶（plain

① Mera, Harry P.（1933）. A proposed revision of the Rio Grande glaze paint sequence. Laboratory of Anthropology, *Archaeological Survey*, Technical Series, Bull. no.5. Santa Fe.

② "叉状闪电"是大普韦布洛时期佩科斯河谷中一处较大的居民点遗址，位于格罗列塔溪（Glorieta Creek）西岸，基德于 20 世纪 20 年代末对其进行了考古学研究。该居民点在公元 1225 年至 1300 年间有数百人居住。

③ 此类陶器从 13 世纪中期延续到 15 世纪中期，曾被视为北格兰德的代表器物，当下通用定名即来自梅拉于 1933 年用新的分类方法对佩科斯进行的研究。而在基德 1915 年对佩科斯的陶片类型学研究中，此器物被称为"Biscuitoid"，谢泼德也在研究中使用了这一名称。

red）和素面黑陶（plain black）开始使用。最后釉也逐渐退化并消失，在 17 世纪末被颜色暗淡的现代陶器所取代。以素面红陶和素面黑陶为主的现代陶器继续在佩科斯流行了 130 年左右。在其整个发展过程中，佩科斯最直接地受到两个相邻地区的影响：一个是西南方向格洛列塔（Glorieta）山另一侧的加里斯托（Galisteo）盆地；另一个地区是从西北方向与佩科斯隔桑格里得克利斯托山脉（Sangre de Cristo）而对的圣塔菲地区。

　　佩科斯位于一个地质构造多样化的地区。遗址本身位于二叠纪沉积岩陡峭的格洛里塔台地（Glorieta Mesa）东部附近的一个山丘上。遗址北部和西北部是基督山脉，主要由前寒武纪的酸性结晶岩组成，佩科斯谷地的上游还有大量暴露的石灰岩。采自此地的制陶原料很容易与格兰德河上游的其他部分区分开来。对佩科斯影响最深的加里斯托地区和圣塔菲地区的地质情况则完全不同，加里斯托盆地周边山脉与丘陵有特殊的火成岩，而盆地内有优质的白垩纪沉积物可作为陶土；圣塔菲地区则以凝灰岩作为羼合料，用一种特殊的高吸附性膨润土作为陶土。[①]

　　谢泼德对佩科斯所在的地质环境有了清晰了解后，开始研究该遗址中出土的陶器。如前所述，这一行为是主动进行的一种新探索：谢泼德将她的佩科斯陶器研究实践视为对陶器科学分析研究的价值和意义的检验。因而，佩科斯的这些特点，即它曾被原住民长期占据、形成了已确认的地层年代关系和陶器类型关系等等，就构成了检验这一新方法的优势。[②] 它位于一个具有丰富地质构造的地区，也为贸易关系的调查提供了极大的便利。佩科斯的这些研究优势一定程度上说明了谢泼德的研究方法与侧重点。总之，谢泼德的佩科斯实践从落实和检验新研究方法的角度出发，研究的目的、方法和成果三个方面是其中值得注意的观察点。

（二）谢泼德在佩科斯研究实践的目的和方法

　　谢泼德对这个研究实践的定位主要是"陶器技术研究"，其手段是对陶器进行科学分析。在她看来，陶器技术研究的主要体现应当是对制陶原料的鉴别、对其来源的定位、对各项技术具体指标的判断，以及参照精确而客观的标准对陶器性能进行的描述。用科学分析方法研究了这些陶器技术问题之后，

---

① Shepard（1936）:576.

② Shepard（1936）:460.

研究进展从如下两个脉络与考古学的目的联系起来：复原陶器技术的发展史，更准确、更详细地复原陶器技术的文化发展、交流和影响的证据。[①]

谢波德认为将陶器作为手工艺品去研究，需要同时从技术和风格两个方面来把握。技术方面涉及陶工对材料的知识和使用它们的技能；风格方面则主要关注总体外观，特别是审美的标准及其发展。在技术研究方面，科学分析有助于探索原有的分析方法无法达到的内容；而在风格研究方面，由于风格的差异随着地域间距离的缩小而不断削弱，因此为从原料分析出发探索小范围内的文化及其交流提供了一种新的可行路径。从制陶业在古代社会中的地位来看，对陶器技术发展史的全面复原本身也是还原古代文化的一个重要部分。[②]

谢波德认为很难对碎陶片进行大规模的胎料分析，反驳了科学分析可以为陶器的分类提供全新标准的说法。她认可 20 世纪 30 年代陶器分类方法的权威性。但是，以科学分析推行的技术研究提供了在陶器研究中精确定量描述的可能性，这可以解决那个时代陶器研究中大量由主观因素所产生的问题。

为此谢波德制定了一整套以科学分析为主的陶器技术研究方法。这些研究方法对应着陶器技术的各个部分：陶器胎料（即陶土）的选择和制备、羼合料的添加、颜料的使用与装饰技法、陶器烧造的温度、陶器的各类精确物理性质。作为补充，谢波德还对要满足这些分析方法的考古材料提出了要求，为田野工作者提供了新的记录标准。

谢波德在这一时期对陶器技术研究方法的构想已经初步呈现出系统化的状态。她对这些方法可能解决的问题、需要采用的科学分析手段掌握得都比较充分。在阐释陶器胎料的研究方法时，她指出，了解陶土本身除了有利于分类之外，还可以在三个方面促进考古学的研究：首先，陶土的特性决定了其所能显示陶器制备方法的方式；其次，对陶土的准确鉴定有助于确定其产地；再次，许多具有普遍意义的问题只有在了解了陶土的性质之后才能回答，因此对陶土的了解越多，能回答的问题就越全面。

1936 年出版的第二部《佩科斯陶器》是谢波德佩科斯陶器研究的成果。它记载了谢波德对陶土科学性质的基本了解。这些内容包括：陶土作为一种黏

① Shepard（1936）:389.

② Shepard（1936）:393.

土在矿物学上的起源和性质，其主要种类与各自特性，陶土在加热时物理性质的变化及其阶段，与水相关的各种特性等。[①] 为了探索这些性质，谢泼德介绍了主要的科学分析方法。光学研究和岩相学分析可以观察陶土的晶体结构，晶体结构与颜色、密度和耐火度等物理性质可以区分陶土的种类和状态，陶土种类的区分又服务于产地的确定；可塑性、收缩性等性质的研究则直接与制陶过程中可能产生的变化相关；加热分析有助于研究陶土在烧制过程中的各种形制变化，还原烧制过程。谢泼德还介绍了陶土材料化学分析的现状，但她同时指出，这一领域当时发展还不充分。[②]

羼合料是除陶土之外另一主要的制陶原料，是对人为添加在黏土中的非可塑性材料的称呼。这种材料的功能主要是降低黏土的致密性，减少使陶土到达可塑状态所需的水量，并使得水分可以在加热中更快逸出，从而防止陶器表面的收缩、开裂、起泡、剥落或膨胀。羼合料的选取没有标准，所以它是在不同地区之间差异最大的制陶原料。研究者也可以用光学原理和岩相学分析较容易地对羼合料做出比较充分的鉴定。[③] 因此，羼合料分析对陶器产地研究而言是最重要和最主要的研究手段之一，这在佩科斯陶器研究的实践中也得到了充分检验。另外，羼合料与陶土的比例分析也为复原制陶技术提供了参考。

主要的制陶材料还包括陶器的装饰颜料，这又与具体的制陶装饰技法相关。对陶器颜料的研究是普韦布洛陶器研究的重要方面。谢泼德总结了这些研究，据此构建了陶器颜料研究的一个基本框架。[④] 在这个框架中，化学分析是颜料成分定性、定量分析的关键方法，热试验和光学研究也常常为颜料识别提供依据。颜料识别后，需要以实验考古等方式确定颜料的黏度或附着质量，从而为分析颜料附着方式提供参考。普韦布洛陶器主要采用的颜料可以分为矿物颜料和有机颜料两类，由于陶器往往需要烧制，因此以何种技法使有机颜料在烧制过程中得以保持是谢泼德颇感兴趣的一个问题。[⑤] 她通过颜料添加物、特定颜料与特定陶土间的相互作用和对燃烧气氛、温度、时间的分

---

① Shepard（1936）:349-405.

② Shepard（1936）:400.

③ Shepard（1936）:411.

④ Shepard（1936）:412-422.

⑤ Shepard（1936）:414.

析等来系统地考虑这个问题，这需要不断地试验和对各类制陶原料物理化学性质的了解。对各类颜料进行黏合、抛光也需要试验来探索与其相关的各种装饰技法和制陶技术。

烧制过程是制陶流程中相当重要的一环。因为在这个过程中各类制陶原料会发生变化，所以对烧制过程的明确把握不仅关乎这一环节本身，还影响到对其他制陶环节的陶器技术研究。谢泼德特别关注烧制过程中的气氛、温度和时间等因素[1]，因为它们是影响陶器各类性质变化的主要因素。为了还原烧制过程，谢泼德采用了现生民族志观察及各类系统而多样的复烧试验等研究方法。[2] 此外，通过分析各类物质在不同温度下的热反应，可以将陶器中部分矿物的物理状态等作为温度指标。[3] 这当然也有赖于对各类制陶原料的理化性质及其变化的充分了解。

在通过科学分析等手段进行陶器技术分析时，还需要使用某些可比较的标准和测量方法对陶器各类物理特性进行科学描述。学界在此前大多使用比较主观、相对性的语言去描述陶器的颜色、质地、硬度、强度、密度和孔隙度等特点[4]，这对陶器研究产生了一定限制。谢泼德参考现代商业陶器的物理性质测定、表述方法[5] 及其他材料学中的相关实例，为陶器上述物理性质的描述提出了一套体系。

最后，上述研究方法还要求田野工作者在陶器记录方法上做出一些改进。谢泼德希望田野工作者的陶艺感觉、直觉和经验可以标准化和具象化。为了服务于上述研究方法，谢泼德为田野工作者整理了其应当注意的要点。这些要点涵盖了如下方面：胎体与羼合料的各类物理性质，陶器表面和陶片断面的磨损与剥落，陶器表面包含颜料颜色、光泽度、均匀度等在内的装饰特征及器物表面的立体特征等。[6]

在考古学的研究方法之外，谢泼德还认为民族志的观察本身是进行陶器研究的重要方法。她指出了现生民族志观察有两个重要功用：为陶器技术研究

① Shepard（1936）:420.

② Shepard（1936）:422-423.

③ Shepard（1936）:428-429.

④ Shepard（1936）:430.

⑤ Shepard（1936）:430.

⑥ Shepard（1936）:437-445.

提供应关注的重点和直观认识到可能存在的问题；在特定情况下直接反映制陶过程的具体问题。[①] 谢泼德认为，应当全面观察现代陶工的一整套制陶流程，这包括材料的识别和准备、器物成型、干燥、最后的修整、涂绘及烧造等等。除了解具体技术流程之外，还应该进一步探索他们采用这些做法的背后原因。

这样，谢泼德就为在佩科斯的陶器研究实践搭建了一个研究框架。该框架以科学分析为主要手段，以陶器技术研究为核心，不仅为现有以分类学为主的陶器研究框架提供补充，还衍生出独有的问题意识。谢泼德尽力使自己的研究更为客观和标准化，即为陶器研究注入一种科学精神。总而言之，佩科斯陶器的研究是制定和检验以科学分析方法为主要突破点的陶器技术分析程序的尝试。它既是一种全新的方法，也带有一种全新的目的。

（三）谢泼德在佩科斯研究实践的主要成果

谢泼德的研究在基德对佩科斯陶器完成的分类学排序的基础上进行，这能使其科学分析有更多的历史含义。她结合了分类学研究中每个时期陶器在形制、装饰上的差别，进一步论述了各个时期陶器因使用特定的材料和固定的方法而具有的独特技术特征。[②]

谢泼德指出，在黑白陶器时期，器物表面的装饰是淡灰色陶胎或陶衣上的深灰色有机颜料，淡灰色陶衣、陶胎是氧化性不强的体现。在这一阶段没有见到获得其他装饰效果的尝试，但在制陶原料方面渐渐显示出多样性。谢泼德推测，这可能是贸易和外部影响的体现，并不能说明本地制陶工人的技术改进。烧制温度和方法也没有变化的迹象。谢泼德还从有机颜料的颜色入手还原烧制温度和气氛，探索黏土本身的高吸附性。有机颜料还需要陶工控制烧制时间以免有机物燃烧殆尽。这体现了一个互相关联的制陶流程。[③]

以上只是以黑白陶器时期为例指出谢泼德的研究方法与研究结论是如何有机、系统地结合的，谢泼德的全部研究过程在这里没有必要逐条复述。以羼合料鉴别为主的陶器产地分析和前述的主要陶器技术研究方法使她能够充分研究历时变化的陶器区域交流状况。其研究结果显示了一个更为详尽、具体而生动的时空接触演化图表，其主要结果可以总结如下。

---

① Shepard（1936）:447.

② Shepard（1936）:577.

③ Shepard（1936）:578.

黑白陶器时期是佩科斯陶器的形成期，在此期间圣塔菲和加里斯托两个地区都对陶器标准和传统的形成做出了很大贡献。这一时期的本地器物大多装饰简单，制作技术原始，代表了第一批本地定居者在贸易关系建立之前的原始制陶水平。随后，陶器胎料开始发生变化，原料研究指向了与圣塔菲地区的贸易。贸易不仅使得陶器胎料发生变化，还使本地陶器装饰风格也受到了影响。谢泼德从加利斯托地区特有的陶片羼合（sherd-tempered）的裂纹型（Crackle type）器物来研究这一地区对本地制陶的影响。她指出加里斯托地区的影响直到黑白陶器时期的中间才变得重要。在该时期的后端，加里斯托裂纹型器物终于取代了来自圣塔菲地区凝灰岩羼合（tuff-tempered）的蓝灰型（Blue-grey type）器物，成为主导类型。谢泼德在研究裂纹型陶器使用加里斯托地区陶器碎片作为羼合料时，指出有必要区分技术上的学习和贸易本身的结果。在这一时期的最后，裂纹型陶器的衰落和含凝灰岩羼合料陶器的兴起又显示了影响地区的最后转变。谢泼德发现，完全起源于本地的罗威型（Rowe type）器物粗糙而易碎，与受外来影响而出现的器物类型差别较大。[1]

釉陶的出现不仅在形式和风格上是第二个阶段开始的标志，也是技术上的伟大创新。这一阶段的其他技术改变还有将含铁黏土作为陶衣和彩绘使用。与含铁陶衣的显色相联系的是在烧制过程中使用氧化气氛，这又使得哑光的有机涂料被废弃。这样谢泼德就还原了一个互相关联的制陶流程。[2]这一时期还出现了维尤黑白陶这一新的陶器类型。谢泼德通过胎料分析得出这是圣塔菲地区外来影响的体现。[3]釉陶是这一时期观察陶器技术演变的核心，因为这是陶工的主要兴趣所在。釉陶技术的学习本身就是佩科斯本地制陶业独立性的最大标志，因为在此之后很长一段时间内本地陶工自行制作了大部分陶器。在谢泼德看来，这个制陶工艺发展过程在以下几方面有较大研究意义：对一种独特的新技术的引进和建立的历史之记录；对初学者的错误和失败的显示；对技术习得后发生的变化和发展之明晰。对这些方面的研究需要用到的主要鉴别依据是原料处理、羼合料运用和装饰技艺等方面的科学分析证据。[4]在更大

[1] Shepard（1936）:578.

[2] Shepard（1936）:578.

[3] Shepard（1936）:576.

[4] Shepard（1936）:579.

的时间框架下，这有助于了解一个族群花了多长时间、以何种方式获得全新的制陶材料、习得全新的制陶方法。这个过程集中地体现了制陶工艺进展与交流的结合。

　　谢泼德把这个制陶工艺发展和交流的过程具体地揭示了出来。她指出，Ⅰ型红釉陶（Glaze 1 Red）很快就完全取代了黑白陶器。通过胎料分析，能够确认，这是受加里斯托地区影响的结果。考虑到本地器物在釉料生产上的困难、优质红色黏土的稀缺及氧化气氛烧制经验不足，谢泼德认为加里斯托地区的影响更可能是器物贸易而非技术交流。她还进一步推测这反映了加里斯托陶工对釉料来源的保密。在认识到维尤黑白陶器始终使用特殊的陶土与凝灰岩羼合料后，谢泼德认为这代表了圣塔菲地区的贸易品从未被本地陶工仿制过。为什么本地多数陶工能够全面接纳新的种类，但自身却停止制作装饰器皿呢？她认为这可能是因为缺乏材料和经验，因此没有能力及时进行本地模仿。她指出本地陶工不是没有尝试过仿制，因为发现过少数Ⅰ型釉陶使用本地砂质羼合料的痕迹。但是这类器物烧成温度过低，不能使釉面产生熔融，釉料也通常会磨损。谢泼德通过原料分析发现，从Ⅱ型到Ⅳ型釉陶，制陶原料逐渐本地化，可见本地陶工也逐渐掌握了釉陶的制作技术。Ⅱ型到Ⅳ型釉陶流行的时期也是佩科斯制陶业最重要的独立制陶时期。这一时期也有少部分的非本地釉料和维尤黑白陶器存在，因此佩科斯与加里斯托地区、圣塔菲地区还存在少量的贸易。相较于釉陶，维尤黑白陶器一直没有本地化。这一方面可能是因为缺乏必要的材料，另一方面可能是本地陶工认为其缺乏吸引力。再之后，本地制釉技术产生的Ⅴ型釉陶代表了佩科斯地区对釉陶系列的一个真正独特贡献，因为在这一时期没有发现任何外来的羼合料。但是之后的Ⅵ型釉陶中有大量的外来羼合料，这说明又出现了釉陶几乎完全依赖外来的局面。谢泼德对此认为是陶工对自己独立创烧的Ⅴ型釉陶怀有感情，因此才从未试图去仿制Ⅵ型釉陶。在釉陶时期，佩科斯地区在使用的陶土、羼合料和烧制方法上几乎没有技术变化的证据，只是在氧化气氛和温度上有一点突破。①

　　上述研究成果良好地体现了谢泼德的研究方法实现全新陶器研究目的的整个过程。陶器的各类原料分析、处理及烧造温度、气氛和时间的变化都通

____
① Shepard（1936）:580-581.

过科学分析得到了比较明确的呈现。而且，这一制陶技术流程内部的许多环节在科学分析中都能够以互相关联的形式出现。谢泼德通过对不同时段制陶技术的复原而成功展示了佩科斯地区制陶技术的进步。通过对制陶原料的鉴别，该地区与毗邻地区在不同层次上的技术交流与贸易过程，技术交流对佩科斯地区陶艺发展的作用亦有所影响。谢泼德也在一些情况下推测了当时陶工的各种行为和心理。最后，这个陶艺发展过程由于是在基德等人的分类学序列基础上进行的，每种技术变化都为这个形式分类学序列提供了分类意义上的补充与根据。

在上述成果之外，谢泼德希望佩科斯的陶器研究结果能与整个格兰德河上游地区陶器发展及其历史和社会学意义结合起来。她对区域性研究、贸易关系变化、过渡时期的材料鉴别与技术识别，以及从贸易、技术交流到族群流动等不同层面的陶艺融合等方面都提出了一些见解，显示了她学术兴趣的扩展。她还对应用各种科学分析方法进行反思：她肯定了岩相学研究和通过矿物变化探索烧制温度等方法的必要性，但也指出在色素分析等方面还存在的局限性；另外，诸如孔隙度、硬度、纹理和颜色等制陶原料的物理特性研究的重要性也还有待重视。

（四）谢泼德对佩科斯陶器研究实践的影响

谢泼德的上述陶器研究成果因其系统性和多样性得到了学界的认可，从而产生了较大的影响。这些研究成果在内容上也对前人研究结论产生了冲击，这有助于强化学界对其研究成果的重视程度，进一步突出了其研究影响。以往研究普遍认为普韦布洛村庄大多是独立的经济单位[1]，而谢泼德对技术研究结果的解释所呈现的图景则是佩科斯具有大量的贸易和对位于中心地区村庄的依赖，还揭示了陶器生产的专业化和产业化。谢泼德虽然对此始终表示了谨慎态度，但这一成果的影响力度还是可以通过基德等人的不凡评价表现出来——在认识了谢泼德的研究成果后，基德甚至认为有必要对整个美西南地区的制陶业重新进行彻底的定位和排列。[2]

对谢泼德本人来说，这一研究实践更重要的成就或许是证实了她的研究信念：陶器技术研究并不主要是分类学的工具，而是一种更好地理解陶器特性

---

[1] Shepard（1936）:581.

[2] Kidder（1936）: XXIII.

实际含义的手段，从而可以扩大陶器在解释考古数据方面的作用。就谢泼德佩科斯陶器研究的目的而言，这些新的作用至少包括对有如器物贸易、技术交流和族群融合等不同层次的文化联系进行解释，以及对制陶经济史研究本身的完善等等。谢泼德赞同佩科斯陶器的原始分类充分说明了形式和风格作为分类标准的有效性，但是当时的考古学家常常不能正确解释这一分类。因此，技术对分类的具体贡献是，通过标准化的识别和描述方法使所有数据具有可比性，避免混淆和误解，从而促进文化历史的考古学研究。以陶器科学分析为主要手段的陶器技术研究自此证明了它在补充回答分类学等旧有研究问题、拓展阐释新研究问题上的重要作用。基德指出，谢泼德对陶器属性的多样性和确定性的识别表明了类似方法能够广泛适用，她的工作拓宽了考古学家对原始陶器技术的理解。此类研究会给美西南地区考古学带来其长期迫切需要的准确性。[①]

　　普鲁登丝·赖斯（Prudence Rice）称赞说，这个研究案例是谢泼德远见卓识成就的纪念碑。[②] 雷蒙德·汤普森则认为这一研究引起的陶器研究转变与基德等人从第一代西南地区考古学家向大量碎陶片分类学研究的转变同样重要。[③]

　　可以说，一个强有力的、直观的研究结论使得考古学家们认识到研究方法的重要性。陶器技术研究打开了更广阔的视野，产生了许多新的问题，而且也有可能指出解决这些问题的研究方向。

　　佩科斯陶器研究的重要性还以一种令人啼笑皆非的方式呈现出来——在这个研究实践之后，即使是谢泼德本人也没能再完成一个令她自己同样满意，或是对学界产生更重要影响的陶器研究实例。如前所述，佩科斯遗址的地质特点和人类的长期居住史赋予了谢泼德的研究以先天的优势。在其他美西南和中美洲的研究中，她再也没有找到第二处能够实现考古材料与科学分析证据融合地如此完美的遗址，在后续研究中的解释和讨论部分她也没有表现出在这里表现过的这种信心，而是始终在重复强调需要更多证据。[④]

---

　　① Kidder（1936）：XXII.

　　② Rice, Prudence M.（1984）. *Pots and Potters: Current Approaches in Ceramic Archaeology.* Institute of Archaeology, Monograph no. 24. University of California, Los Angeles. p.166.

　　③ Thompson（1991）：19.

　　④ Thompson（1991）：34.

正如前文所述，笔者把 20 世纪 30 年代的美西南地区陶器研究称为"前技术研究时代"。当然，实验室考古工作已经被很多学者尝试过，但要么没有成系统化，要么则没有产生过激动人心的成果。谢泼德本人在来到佩科斯遗址之前，尽管也有各种科学分析和技术研究的系统性思考，但尚未付诸实践。在这个意义上，佩科斯遗址的工作使得谢泼德的研究框架由理论变为现实，进而发挥了长久的学术影响。在此后卡内基研究所的工作中，谢泼德在美西南地区和中美洲通过各式各样的研究工作进一步使这个实践结果更加丰富、成熟，并最终成为思辨的体系。

二、卡内基研究所：谢泼德学术研究框架的孕育

谢泼德与基德的合作与友谊是在佩科斯的陶器研究实践中建立的，但在此之前，谢泼德就已经在学术生涯的职业选择上受到了基德的影响。1931 年，基德与杰西·努斯鲍姆安排谢泼德在人类学实验室从事卡内基研究所的项目。[1]在佩科斯的研究结束后，谢泼德于 1936 年成为卡内基研究所历史研究部的临时工作人员，并在基德建议下在该研究所的地球物理实验室学习了三个月的岩相学分析。[2]1937 年，她成为卡内基研究所的正式研究者，同年，她搬到了科罗拉多州的博尔德市（Boulder）。在那年的 10 月份，她在那里建立了陶器技术研究实验室（Laboratory for the study of Ceramic Technology）。[3]

这是谢泼德在其主要学术生涯中最重要的一次职业转变，卡内基研究所成为她今后二十年内持续的研究场所。正是在该研究所的二十年内，谢泼德开展了大部分陶器科学分析的研究实践。卡内基研究所不仅为谢泼德提供了一个合适的实验室，而且在稳定的分析材料供应、同考古学界和科学界的联系交流、专业培训的机会等方面给予了她持续的支持。[4]这对她的陶器科学分析起到了十分重要的作用。在卡内基研究所工作期间，谢泼德发展了她在佩科斯研究实践中初步形成的陶器科学分析方法与技术研究框架，从而形成了其独有的学术范式。

---

① Kidder, Alfred V.（1937）. Annual Report of the Chairman of the Division of Historical Research. *Year Book* 36. Carnegie Institution of Washington, Washington, D.C. pp.135-160.

② Morris（1974）:449.

③ Thompson（1991）: 25.

④ Thompson（1991）: 26.

（一）陶器技术研究的巩固和新问题的出现

谢泼德对她的卡内基学术研究生涯具有清晰的认知和定位。在陶器技术研究实验室运作的第一年，她就明确表达了自己的目标：要同时进行玛雅人和阿纳萨兹人的陶器研究，因为这样会使更多的材料和问题呈现出来；此外，她着重指出设立陶器技术研究验室的初衷是进行广泛而系统的调查，以期获得具有普遍历史意义的数据，而不是为用于杂项和不相关鉴定的分析提供设施。[1]谢泼德的这番表述体现了她在以陶器技术研究复原古代社会上面的雄心壮志，但也预见了依赖科学分析的技术研究会被限制为一种纯工具性手段的可能性。不幸的是，她的这种预见在一定程度上变成了现实。谢泼德坦言，她很难在问题导向的学术研究和为考古学家检验其陶器分类标准的常规分析工作中取得平衡。[2]由于科学分析和技术研究这类工作常常疏离于考古学家的陶器分类学研究，在陶器研究中出现了极端专门化的状况[3]，以至于她的研究成果常常只能躺在考古学家专著中的附录里。[4]

为了打破陶器技术研究边缘化的局面，谢泼德决心在美西南和中美洲的这两支古老族群——阿纳萨兹人和玛雅人所遗留下的丰富遗物中主动开展学术实践，巩固其研究体系。在这个过程中，她要发现和解决新问题，从而推动这一学术范式的继续发展。她决定首先通过对格兰德河上游地区釉陶的研究来开启这一学术计划。她之所以做出这样的选择，一方面是因为她熟谙佩科斯遗址陶器研究，此项目可以视为对原有学术计划的衔接；另一方面，相比于中美洲，普韦布洛陶器的考古学研究更为成熟[5]，其分类学研究和时空框架研究更丰富。因而，陶器技术研究的成果可以更充分地与考古学研究相结合，从而帮助阐明技术分析在陶器考古研究中的地位。谢泼德利用对陶器胎料和釉料的科学分析数据来呈现这一区域内釉陶的生产区域、生产中心和交易范

---

① Shepard, Anna O.（1939）. Ceramic Technology. *Year Book* 38. Carnegie Institution of Washington, Washington, D.C. pp. 159-160.

② Shepard, Anna O.（1948）. Ceramic Technology. *Year Book* 47. Carnegie Institution of Washington, Washington, D.C. p. 219.

③ Shepard, Anna O.（1946）. Ceramic Technology. *Year Book* 45. Carnegie Institution of Washington, Washington, D.C. p. 212.

④ Morris（1974）:448.

⑤ Shepard, Anna O.（1941）. Ceramic Technology. *Year Book* 40. Carnegie Institution of Washington, Washington, D.C. p. 302.

围，并以与佩科斯地区相似的方式还原生产过程。

1941 年，日本海军偷袭珍珠港，美国正式对轴心国宣战。"二战"的战时动员政策和特殊经济体系对田野考古实践实行了极大的限制，但同时也持续数年地减轻了谢泼德的实验室对考古材料进行常规科学分析的压力。[①] 谢泼德利用这一段时间对玛雅陶器的材料进行了广泛的分析，并将含铅陶器作为其研究的核心对象。含铅陶器是中美洲分布最广的陶器，长期以来它的生产地都是个谜。但是，它的广泛分布又说明了它对阐释人群居住、交换和联系等问题的价值，而这些正是谢泼德非常关注的问题。[②] 因此，她希望这个研究实践会成为一个促进技术研究和明确考古问题之间相关性的尝试。[③] 谢泼德在这个研究实践中重点关注的问题仍然从材料和技术两个方面出发。X 衍射分析以及微量化学分析结果表明含铅陶器表面的玻璃状外观并非铅釉，复烧试验最终说明这可能是含铅陶土形成的陶衣。谢泼德致力于在尤卡坦半岛和危地马拉对陶器胎料和羼合料进行岩相学分析，以判断这种器物的生产地和可能的仿制品，探究它们更广的贸易范围。在这个过程中，她将风格研究和原料差异结合起来考虑。这两种标准的结合可以很快在一个地区内识别出占主要部分的含铅陶器类型，这往往会被认为是当地生产的，之后，一些混合材料的类型和少部分的新陶器类型则会被认为是贸易产品或其他文化交流的产物。谢泼德认为这种方法对器物产地的判断提供了崭新的思考框架。[④]

1947—1950 年，谢泼德主要研究美西南地区阿纳萨兹文化中的莫格隆陶器。这是她发展自身研究框架的又一个有趣实践。[⑤] 莫格隆文化分布于美国新墨西哥、亚利桑那两州南部和墨西哥的北部，整体上位于美西南地区的南部；阿纳萨兹人创造的古普韦布洛文化则主要分布在新墨西哥、亚利桑那两州的北部和科罗拉多、犹他、内华达等州的南部，整体上位于美西南地区的北部。学界在莫格隆文化的定位上长期局限于在一种独立文化和一种普韦布洛变体

① Shepard（1946）:211.

② Shepard, Anna O.（1942）. Ceramic Technology. *Year Book* 41. Carnegie Institution of Washington, Washington, D.C. p. 271.

③ Shepard, Anna O.（1944）. Ceramic Technology. *Year Book* 43. Carnegie Institution of Washington, Washington, D.C. p. 173.

④ Shepard（1946）:212.

⑤ Shepard（1948）:219.

文化之间的争论。谢泼德决心绕过定义问题而直接探究两种文化的交流状况。她的研究立足点是在盛行灰色、白色陶器的美西南地区北部发现的带有莫格隆风格的棕色、红色陶器。[1] 为了把这个问题搞清楚，她首先从材料和烧造方法两个方面去探索影响两地陶色差异的因素，并指出该地区北部中含铁黏土的缺乏是陶色差异的重要原因，忽视这一点可能会夸大制陶方法上的文化差异。通过使用在含铅陶器研究实践中形成的产地分析研究框架，谢泼德分析出了北部的棕色和红色陶器的产地。研究结果表明，北部的此类陶器尽管显色相类，但显色原因却大相径庭，制陶原料也偏多样化，呈现出颜色与材料之间的张力。羼合料分析和胎料分析显示这些原料大多来自北部，南部的火成岩羼合料很少出现。真正属于莫格隆陶器的碎片仅占极少部分，而且这些碎片还多来自南部偏北地区，即美西南地区的南北交界地带。北部的这些棕色和红色陶器多是由五花八门的制陶原料通过不同方式烧成的，质地低劣。最后，谢泼德给出的解释是，制篮者Ⅲ期（Basketmaker III period，500—750年）的阿纳萨兹陶工在受到莫格隆文化影响后，出于其试验倾向和提升技术的积极尝试而试烧了这些棕色、红色陶器。[2] 在这个研究案例中，她认识到，在缺乏外来陶器（intrusive pottery）的情况下，新现象的出现有着思想层面的文化交流、本地的试验与技术进步等多种原因。谢泼德从文化历史的角度思考到进化论的角度，注意从迷惑性的文化面貌中析出不同层次的文化因素。在这个过程中，技术研究内部，如颜色等物理性质表现和制陶材料分析之间的张力也显现了出来。相比于佩科斯的初步实践，谢泼德的陶器技术研究框架已有了长足进步。

　　谢泼德在卡内基进行的研究实践，逐步完善了她的研究框架，也令她所依赖的科学分析技术和具体研究方法不断创新和进步。这些变化往往是同时产生的。

（二）新技术与新方法的学习与应用

　　化学分析是谢泼德在科学分析技术上最突出的创新。上文中曾经提到，

---

[1] Shepard, Anna O. (1949). Ceramic Technology. *Year Book* 48. Carnegie Institution of Washington, Washington, D.C. p. 235.

[2] Shepard, Anna O. (1950). Ceramic Technology. *Year Book* 49. Carnegie Institution of Washington, Washington, D.C. pp. 204-205.

化学分析方法在谢泼德刚刚开始学术生涯时的使用还比较欠缺。其原因一方面是陶器科学分析本身还处于起步阶段，另一方面是化学分析技术发展还不充分。谢泼德很注意在陶器科学分析中拓展新技术的应用。1939 年，她在科罗拉多大学化学系的协助下习得了对微量样品进行定量测定的方法。当年她就在实验室中开展了微量化学分析和主成分分析的系统性工作。化学主成分分析应用于陶胎和陶衣的黏土成分分析，微量化学分析则应用于黏土、羼合料、颜料和釉料等各种各样的原料分析上，这极大丰富了陶器原料科学分析的内容。[①]

随着研究的逐渐进行，谢泼德也开始直接从实践中学习和应用新方法。在对格兰德河上游地区釉陶的釉料研究过程中，由于当地陶器因贸易发达而具有多种因素的混合，单独的分类学已经不能支撑她的陶器研究，她因而认识到把陶器风格与技术证据联系起来的重要性。[②]在探究中美洲的含铅陶器产地与贸易时，她研究了博物馆大量较完整的陶器器物，以开展陶器风格研究，从而与技术研究相结合来辨析不同类型的含铅陶器。[③]谢泼德虽然在佩科斯的研究中就把技术与风格都当成作为工艺品的陶器之研究的一部分，但二者的真正结合是在卡内基的陶器研究实践中慢慢形成的。

谢泼德对陶器风格的研究使她的注意力转向陶器形态和装饰。在当时考古学家一般采用的分类方法之外，谢泼德还从她独具特色的对客观、科学和标准的浓厚兴趣出发，挖掘陶器风格研究的新方法。这个新方法的关键是对设计中"对称"的研究。谢泼德总结了七种对称的基本类型并将之应用到含铅陶器的带状或线状装饰之中。[④]她指出对称对于平衡性、节奏和动态特性等都可能有连带研究意义，这些因素不只是描述性的，也是分析性的。[⑤]谢泼德认为，有必要将陶器形状的知识进行总结，以达到形式分类的系统化。考虑到这些数据的标准化、总结性和系统化的工作，她开始尝试推广穿孔卡片（punch card）的使用。

① Shepard, Anna O.（1940）. Ceramic Technology. *Year Book* 39. Carnegie Institution of Washington, Washington, D.C. pp. 275–277.

② Shepard（1941）:302–303.

③ Shepard（1942）:271–272.

④ Shepard（1944）:173–174.

⑤ Shepard（1946）:212–213.

穿孔卡片是前计算机时代的一种信息储存系统。它对卡片进行某种标准化的穿孔，并通过不同的编码规则在不同孔的位置记录不同信息，据此实现信息的储存、处理、统计、索引和检索等功能。尽管随着电子科技的发展，穿孔卡片逐渐被淘汰，但谢泼德在这个时期将穿孔卡片应用到陶器研究上的举动却有着引人深思的象征意义。她将陶器的产地、时代、分类、原料成分和各种技术特征都设计成代码，并印制了编写此种代码的穿孔卡片。[①] 于是，她以一种标准化的方式对风格和技术等不同方面的研究内容进行了较高程度的整合。这既是她一贯的科研特质的体现，也是手段层面的一个成就。

在以全新的方法和技术研究陶器的过程中，谢泼德对陶器技术研究的不同层次的思考都得到了不断丰富。因此，她感受到了将这些思考彻底予以系统化的必要性，这种必要性不仅是对她本人的陶器研究实践而言的，也是对将她的研究框架向考古学家进行推广而言的。

（三）谢泼德陶器技术研究的体系化

早在 1943 年，谢泼德就感到有必要为考古学家写一本关于陶器分析方法的手册，所搜寻的参考书目主要包括当时最新的陶器研究和技术人员感兴趣的分析方法的最新期刊文献。[②] 她之所以这样做，是因为她认为有必要将自己在陶器分析方面的部分经验介绍给考古学家[③]——如果考虑到她的技术研究成果长期被冷落的话，这一点并不难理解。后来，她进一步把出版目的总结为三个方面：为考古学家呈现适用的技术和科学领域的陶器研究，总结和批判性评估陶器考古研究的分析方法，回顾和检查她自身研究解释的基础。[④]1946 年以后，谢泼德开始了这份手册的编写工作，并很快将其升格为一本全面性专著。到 1954 年，她正式把这本书命名为《为考古学家书写的陶器分析》（ *Ceramics for the Archaeologist* ），该书的主要内容也基本完稿，只待修订。[⑤] 谢泼德在研究过程中对陶器的功能、风格、分类和技术等不同方面的观点都

[①] Shepard, Anna O.（1947）. Ceramic Technology. *Year Book* 46. Carnegie Institution of Washington, Washington, D.C.p.191.

[②] Shepard（1944）:174.

[③] Shepard（1946）:214.

[④] Shepard（1947）:190.

[⑤] Shepard, Anna O.（1954）. Ceramic Technology. *Year Book* 53. Carnegie Institution of Washington, Washington, D.C. p. 295.

将在这本书中得到体现。她针对整个考古学界的陶器研究进行了思考，并把自己和考古学家的工作都放到理性的体系下，从考古学的需要出发进行评判。可以说，这本在当时即将付梓的书是谢泼德直至那时的全部学术思考的凝练。站在今天的角度来看，该书也是谢泼德毕生学术成就最突出的体现，是她为陶器研究所施加之影响的关键载体。

第三节 系统的理论：形成范式的学术著作

谢泼德对其在卡内基研究所工作生涯的最后时期准备的那本书——《为考古学家书写的陶器分析》（本节中有时简称为"专著"）的书写目的有着明确的认识，该书在其学术研究中的定位也随之确定。考虑到陶器考古学研究和技术研究之间的隔阂和疏离的反应，谢泼德需要对考古学家和陶艺家"共同兴趣和理解的目标"做出贡献。[1] 她需要为考古学家阐明她所做的工作，也希望能引起他们的关注。因此，她除了要全面叙述陶器科学分析和技术研究所采用的主要技术、方法及理论，并阐明这些研究所能达到的目的之外，还要明确解释这些目的能在多大程度上改善考古学家的陶器研究。这自然就要求谢泼德对考古学上的陶器研究做出关键性的评估，并最终把它们提升到整个考古学的高度上。换言之，这本书不仅是在阐释一种分析，它本身就是某种分析和思考的载体。在这个思考的载体中，谢泼德想要阐释的陶器技术研究的内容也呈现出自我审视的状态。

谢泼德为了实现她的目标，必须尽可能使这本书在内容上面面俱到。在看待这本书的作用时，应当以历史性的眼光对谢泼德本人的学术研究及整个陶器研究做出批判性的回顾和评价，此外还要针对考古学这一体系来框定她的观点。这本书以向考古学家的介绍为出发点，最后则成为谢泼德在陶器研究上几乎全部学术观点之体系构建的核心载体。因此，从陶器技术研究到陶器考古研究，再到整个考古学这三个不同层次梳理这部著作，就构成了探索谢泼德学术研究体系的可行途径。

---

① Shepard, Anna O.（1956）. *Ceramics for the Archaeologist*. Carnegie Institution of Washington, Washington, D.C.（12th printing, 1985.）.p.1.

一、《为考古学家书写的陶器分析》之"书写"

早在 1943 年，谢泼德就开始构思与准备《为考古学家书写的陶器分析》，三年后开始撰写，到 1954 年该书基本成形并进入打磨阶段。1956 年，这本专著的第一版作为卡内基出版系列中玛雅项目的最后一卷（第三卷）出版。[①] 可以看出，该书的写作与谢泼德的研究框架成形是并行的。在该书出版前的一段时间内，谢泼德已经把主要精力放到它最后的撰写和修订上。在该书出版一年后，她离开了卡内基研究所。从某种程度上讲，这本书的书写与谢泼德在卡内基研究所的研究实践紧密相连。之后，她的研究项目不多，有影响力的研究成果也是对当年在卡内基研究所的陶器研究实验室中开展的研究进行的整理和再分析。[②] 将《为考古学家书写的陶器分析》一书的书写过程直接视作与谢泼德全部学术活动的联系虽然不无武断，但也有其一定意义上的合理性。

谢泼德的"全部"学术活动，按照《为考古学家书写的陶器分析》一书的基本书写结构，可以大致归纳为以下层次：对陶器相关理化知识的学习、探索和总结；陶器的科学分析方法和其他技术性工作方法的应用和发展；形成陶器分析数据的考古学解释和研究的方法论；在考古学研究体系下研究陶器并形成范式。这些虽在内容和层次上相互有别，而其内部又紧密相连。在书写结构上，她将与陶器相关的理化知识按与制陶原料抑或与制陶过程相关分为两章（第一章和第二章）。显然，这个层次尽管还没有表达具体的研究问题，但它的区分标准已经暗含了谢泼德的研究逻辑。不过，尽管从制陶流程出发的理化知识表述与第一章介绍的理化知识大体可以这样归入同一层次中，但是，这一章包含大量对人类行为的描述，相对而言与研究问题的相关性也更直接。下文将对此书进行分章简介。[③]

第一章内容的核心是制陶原料，具体包括黏土、非塑性材料、无光泽颜料、釉料等。主要内容都是她在佩科斯陶器研究中实践和思考过的。谢泼德在这里主要是以材料学的角度讲述各种原料的实质、地质生成过程和各类理

---

① Thompson（1991）: 41.

② Morris（1974）:449.

③ Shepard（1956）.

化性质。当然，专著也强调它们在考古实践中重点表现出的形态与性质，以及说明这些性质如何适用于陶器或与陶器相关的研究。

第二章的写作逻辑则符合对现代尚未采纳轮制制陶方式的民族志观察所总结出的顺序——黏土的测试，胎料的制作，羼合料的使用，各种塑形方法，对表面的打磨、抛光，施加陶衣、装饰、晾坯，烧制和烧制之后的处理。讲述的内容除每个过程的具体技术细节外，还涉及一些理化知识，主要是各类材料在不同过程中所发生的性质与状态转变。其中，特别强调了材料的某些性质在特定的技术细节中产生的有助于研究和有标志性的形态变化。

第三章阐述的是具体的陶器科学分析方法与描述方法，以及由此开展的陶器技术研究和形态研究。描述方法强调的是客观性，主要是对陶器的各类物理性质，如颜色、质地、硬度、光泽、强度等方面的描述，与考古学家一般具有的"陶感"形成了对比；科学分析方法则主要介绍了岩相学、光学、微量化学成分分析、光谱分析、差热分析、X射线衍射分析等主要采用的制陶原料分析方法。而后，谢泼德又遵循原料与技术两个方向对一些重要的技术研究方法做了介绍。在原料方面，主要介绍了各类原料中不同功用和产地的鉴定方法及人为痕迹的观察；在技术方面，主要是依照第二章书写的制陶技术流程分别讲述各种工艺细节的研究和技术还原。这一章同时书写了对器形和陶器装饰风格设计的研究，即她在卡内基研究所形成的标准化、客观化的类型分析和装饰研究方法。她把器形的各个部位分别看待，并提出了一些形状的基本类型研究的观点；装饰设计书写则从装饰部位、构图结构、对称等方面表达了她的观点。

谢泼德把这一章冠以"陶器分析和描述"的名称，但它内部显然涉及了研究的多个不同层次。陶器科学分析与科学描述的方法直接依托于与陶器相关的理化知识的具体内容；陶器的技术研究（包括原料研究和具体制陶过程研究）和形态研究，在逻辑上则是对科学分析方法所产生的数据和对陶器其他客观信息的进一步分析。在这些分析的结果之上，专著第五章转向一些陶器的具体考古学问题的研究。当然，在这本书中可能并不仅仅只有这样一个绝对和单向的逻辑链条。

在很多案例中，我们可以看到另一个写作逻辑的存在证据。如在第三章中，谢泼德依据其所研究的问题而特地提出了许多科学分析内容。在对各类制陶原料的研究中，以羼合料为例，她除了进行一般的分类和鉴别之外，还特别提出从陶器群中鉴定外来羼合料的研究过程，并与第五章的内容做了关联分析；又如，在描述对颜料和釉料的分析方法时，她从陶器分类学的研究目的出发，对化学定量分析做了特定评价。因此，她的书写逻辑是从陶器技术研究走向考古学问题的析出，还是以考古学问题为导向去探索特定的陶器技术研究，这个问题的答案不会是唯一的。相较于考古学家中的陶器研究学者，谢泼德显然具有更强的陶艺家和科技专家的属性。考古学家是从陶器的废弃状况开始他们对陶器的认识和研究过程；而谢泼德则更多地从陶器及其原材料和生产过程的认识开始，探索可能产生的考古废弃状况，这也是这本专著的一个主要书写逻辑。但是，正如谢泼德自己所说的，她也是从考古学进入陶器技术研究的，她也能认识到考古学家对陶器的具体所思所想。所以，在专著中这两种书写逻辑一定是交织的，而这又反映了谢泼德自身学术培养过程的双重性。之所以说专著的书写可以算作谢泼德"全部"学术活动的融合体现，其原因也在这里。

在两种逻辑的共同作用下，谢泼德继续在第五章书写她对陶器分析数据解释的全部看法。她重点关注了与陶器贸易交换、陶器时空框架的确立、陶器代表的文化交流、陶器工艺的经济学研究、陶器的艺术史和技术史研究等问题。这些问题当然集中代表了她对陶器研究本身的研究价值取向。

在研究方法（第三章）、研究理论和问题（第五章）之间，是她对当时的陶器分类学研究现状的观点表达（第四章）。陶器分类学既是谢泼德主要接触的考古学家陶器研究中最常见的研究方法，也是她进行常规技术分析时常常需要配合的陶器研究方法。显然，谢泼德对这种方法有着自己的思考和见解。这种方法实际上与各类技术研究方法处于同一理论层次，它们共同构成具体研究理论和问题（第五章）的基础。在这里谢泼德除了阐述她对类型学研究的看法之外，还介绍了穿孔卡片和统计分析方法在分类学研究中可能起到的作用。

二、《为考古学家书写的陶器分析》之陶器分析

尽管《为考古学家书写的陶器分析》一书可以视为在文本上对谢泼德所做的学术活动的反映，但这并不意味着该书中所具体书写的"陶器分析"的

内涵和意义能在谢泼德的陶器分析学术实践中得到说明。谢泼德对每一种单独的制陶原料都分别有其分析手段和可延伸的研究框架。但在这里，有必要从整体上对谢泼德在书中呈现出的陶器分析体系进行把控，并通过比较进一步认识其独到之处。

科学分析方法与陶器技术研究是谢泼德进行陶器研究最具特色的部分。她在此书中向考古学家们主要介绍的这部分内容不仅是作为内容主体，也是作为逻辑基础而存在的。科学分析方法和技术分析究竟意味着什么？它们本身在当时的前卫性和稀有性并不能简单地为其价值背书。它们基于从器物的埋藏学过程的起点之前来开启研究的逻辑，是其最鲜明的特征。那么，不妨从这一点出发来了解谢泼德的陶器研究。

陶器的原料和生产过程是先于陶器的埋藏学过程而存在的，它们是该过程的前置条件。陶器技术研究正是专门以陶器的原料和生产相关的部分作为研究对象的。谢泼德对陶器的原料及其生产过程所特别采取的每一种分析手段与解读方法，当然也就是她在陶器技术研究上的开创性贡献。而由于陶器的原料、生产过程与埋藏学过程之间的逻辑关系，20 世纪上半叶的西南考古学家若也要从生产视角进行陶器研究则比较困难。埋藏学过程使得考古发掘所得的陶器资料支离破碎，因此信息仅保留在残缺的"可见"部分中。要想直接切入问题，将考古材料与陶器原料、生产过程这两个方面连接起来，与其依靠考古学研究，不如依仗材料学技术和民族志观察。民族志观察将整个技术过程呈现在研究者面前；材料学技术归根到底则是一种理化分析，它通过确定无疑的自然规律直接攻克研究对象的全部物质基础。可见，这些研究方法的特点决定了其研究从原则上说可以绕过埋藏学附带的迷雾，并"完全"覆盖研究对象。当然，限于具体研究方法与技术水平，在研究对象中提取的信息永远都不可能达到"完全"的效率，谢泼德本人在此所得到的结论也不能予以无限扩大。但是，随着时代的发展，一切可能会被新解读出的信息始终都包含在这个研究对象之内。随着埋藏学过程的进行，这些信息部分可能已经不可逆地从陶器遗存上消失，但是很多信息仍然在考古学家的分析之下以新面貌被挖掘出来，例如各类加工痕迹新的含义；还有很多信息则在考古学家不可见的领域释放出来，例如各类原料对陶器产地的确定，并且随着时代的进步可以不断更新。这也是谢泼德认为应该避免对具体的科学分析方法设立大纲或是为技术研究设立研究框架的原因。随着科技的发展，探索出的具体内容都是暂时的，考古学家唯有把握了这一研究逻辑和原则，才真正获得了提出问题和根据问题设置方法的机会 。

　　或是出于谢泼德本人的学术兴趣，或是由于科学分析对科研惯性的培养，谢泼德即使是在陶器科学分析以外的陶器研究部分，也十分强调客观性、标准性和科学性。这一点从她对陶器的类型学研究和装饰设计研究提出的分析方法来看是很清楚的。这似乎给人一种印象，即谢泼德好像是沉浸在科学的温泉中，对与人类相关的情况则有所回避——事实当然是完全相反的。谢泼德选择进行的陶器技术研究，由于其直接在陶器的生产端介入问题，因此反而是与陶器中的人类行为接触最紧密的研究之一。陶器的生产技术本身就是人类行为的体现，为实现这一研究所借助的两种手段——科学分析和民族志观察[1]，一个可以在细节处还原人类行为，另一个本身就与古代人类行为具有直观上的联系。谢泼德还对技术研究中出现的古代陶工的非理性因素表示了兴趣。[2] 这就是说，除了陶器研究学者本身在研究上的主观性之外，她对任何陶器研究中会接触到的人和主观世界都表示欢迎。在民族学还没有完全与考古学相结合的时期，谢泼德尽可能地借助纯理性工具而比很多考古学家都要接近陶器背后的人。这也是研究内容和研究方法相互成就的一个表现。

　　正如前文所梳理的那样，截至 20 世纪 50 年代，科技使得谢泼德在这一信息库中所挖掘出的主要成就，集中在陶器产地、陶器时空框架、陶器交换与文化交流，以及陶器工艺的经济学史、艺术史和技术史研究上。这些问题是通过双重的逻辑诞生的：它们主要是谢泼德在陶器技术研究的方法论上构建的研究理论，同时也是谢泼德对美国当时文化历史考古学之下以分类学为核心的陶器研究现状所作的回应。

　　谢泼德的陶器技术研究在制陶原料与方法上的双重推进带来了两条相互交叉的研究主线，即陶器的原料产地和特定的制陶技术。它们必须依托特定的考古学理论或研究问题才能发挥作用，因为谢泼德并不认为陶器考古研究可以把陶器本身作为某种目的。[3] 它们对考古学理论的依附将在下一小节进一

----

① Shepard（1956）: 93.

② Shepard（1956）: 54.

③ Shepard（1956）: 334.

步阐释，这里可以先从研究内容上比较谢泼德的研究问题相较考古学家而言有何种特色。陶器的原料产地问题是在对原料的科学分析中自然生发出来的问题。各种原料处在不同的地理环境中，具有不同的理化性质，而原料的产地鉴定又与陶器的产地判断逻辑上自然关联。美西南考古学家在陶器全球会议上确认，地理位置在陶器分类中是一个必需的要素，那么在具体地域中确认本地类型陶器、排除外来陶器就成为一种必然，也是在这种体系下进行一切研究的基础。相较于从器物风格入手，以原料产地鉴定为代表的陶器技术研究是一种对标准本身来说更客观的方式。这种做法本质上是把技术因素和风格因素结合起来，纳入分类学的框架中。在研究中常出现的情况是识别出了在技术上与本地典型器物不同的陶器，但不能证明这种器物来自外地。对此谢泼德提出了陶器技术生产与原有类型发生变化的种种可能性：个人创造性、生产事故、特殊功用陶器、材料的缺乏及某种器物的新出现或衰亡。[1] 在这里，谢泼德考虑了个人、社会、风格、自然等不同因素在逻辑上与技术现象所关联的产物。这还不能直接称之为将群体作为一个系统看待，但对群体的文化内涵和可能影响的方式，她显然已不满足于文化历史学派的一般解释。

外来陶器的识别还与以下两个问题紧密相关：首先，外来陶器与本地陶器的共存不只是空间因素的反映，还体现了不同陶器类型之间的共时性，也就有助于陶器的时空框架的建立；其次，外来陶器的出现本身需要解释，它是某种意义上文化交流的一部分。完成陶器的时空框架是进行后续研究的基础性工作之一，共时性需要与历时性共同构成时间框架，而历时性所依赖的是陶器先后产生的分类演变。谢泼德对这个老生常谈的工作提供的新见解也是从技术这个新维度出发，补充器形和风格的分类演变。技术与器形、风格不同，它的演变尽管无绝对规律可循，但常常是基于知识和对某种目的的预期，会给器物的时间表带来不同的刻度。要做到这一点，还需要在技术变迁中排除材料变化的影响，因为后者的偶然性更强。此外，在陶器技术研究中，有必要在一般性的和容易泛化的技术内容，与专门性的、特殊的技术内容之间做出区分。前者如陶色的共存或变化或磨光、陶衣等技术应用，后者如颜色组合和特定性质颜料的运用。显然后者作为确定共存和演变等现象的证据来说更加确切。这说明，谢泼德的陶器技术研究不仅能以新的维度协助分类学做

---

① Shepard（1956）：336.

其最主要的工作，而且已经成熟到了能够为这个新维度设立科学框架的程度。

在时空框架确立之后，外来陶器所代表的文化互动研究就可以提上日程了。很显然，这个问题正是文化历史考古学家所主要做的工作之一。谢泼德对他们的工作也表示了批判性的态度。她指出，一种常见的情况正在使陶器的文化历史研究体系变得表面化，那就是满足于从陶器类型出发，对类型之间的异同情况做出文化关系或族群影响的简单概括。[①]谢泼德提出的核心问题是相似性应当如何被解释。在通过原料分析区别出外来器物和本地生产的具有外来类型的器物之后，还应考虑如何区分对器物的简单复制和借用其他文化的想法。针对这个问题，谢泼德将形状、设计上的完全雷同与局部元素的模仿、借用之间进行了区分[②]，而对功能、风格或是技术的不同模仿也代表着不同的动机。总而言之，将风格从器形分析延伸出来，结合技术、原料或是功能等不同维度充实陶器的文化因素、还原不同的人类行为，是谢泼德对文化历史的明确态度和理论贡献。

这一逻辑的继续发展就是谢泼德开始将产地分析指向的器物贸易进行系统化研究，她将陶器视为一种经济产品加以分析。她的这种研究设计包括：贸易陶器的识别，贸易量、贸易距离的判断和贸易网的构建，陶器贸易与其他经济活动的关系，陶器的交换和运输方式、运输者身份，不同功能和技术水平陶器的贸易状况比较。这个研究框架包括空间关系、经济模式、陶器商业化程度、人对各类陶器的认知和重视程度等多方面内容。此外，谢泼德很早就认为，作为一种工艺品，陶器具有制陶技术和风格两个层面的属性。对这两个层面，她认为有必要构建陶器考古的工艺史研究，也即作为手工业史一部分的技术发展史和装饰艺术史的研究。技术发展史研究是对陶器进行技术分析之后的自然延伸，它与装饰艺术史共同构成谢泼德对陶器这一研究对象本身进行分析的最终命题。[③]

谢泼德针对陶器研究所形成的问题及其主要研究框架可以看作她对陶器考古如何反映古代文化的最终看法。在她看来，陶器仍然是能够反映文化和历史的主要载体之一，尽管其重要性可能因为埋藏学原因被夸大。这种反映

---

① Shepard（1956）：350-351.

② Shepard（1956）：351.

③ Shepard（1956）：331-363.

的主要方式，一方面是时间和空间上的，即以陶器功能、技术和风格等维度构建时空框架来观察人类不同层次的文化交流和经济关系；另一方面，则是从陶器装饰艺术和制陶技术中映射古代人类生活的诸多具体方面。例如，每个族群的独特制陶及用陶现象、经济发展水平与在经济体系中的定位、包括宗教和审美在内的对陶器的主观看法等。可以说，这对在方法论上陷于萎靡的美西南陶器研究乃至于整个美国文化历史考古学都具有不可忽视的贡献。

三、《为考古学家书写的陶器分析》之考古学

在一个生态系统中，一个物种总会占据它独特的生态位（niche）。这个生态位既是它在生态系统中的定位，也是它与生态系统中的其他生物，从而与生态系统本身进行互动的途径。相应的，把每个考古学家看作在考古学史上占据一个生态位的想法可能有助于增进对这位学者的理解。《为考古学家书写的陶器分析》既是谢泼德向考古学家进行阐释、批判或呼吁等主动性学术表达的产物，也是她本人学术体系的凝练。这样来看，将这本书作为谢泼德在考古学界所占据的生态位的一个缩影是很合适的。值得注意的是，当考古学界这一"生态系统"本身发生了变化之后，它也对谢泼德的生态位施加了一定影响，从而使得这一"生态位"带有了动态色彩。

在专著第一次出版的 1956 年，美国考古学还处于文化历史学的时代，其在陶器研究领域运用的分类法所产生的缺点被谢泼德明确认识到并予以了补充。对文化历史考古学而言，这种补充意味着谢泼德是在什么样的生态位上与之进行的互动，这种互动基于什么样的缘由，它应该归结于什么。这些问题无不值得深入思考。作为这些思考的前提，首先应当回到当时的文化历史考古学中去。

文化历史考古学源于欧洲，滥觞于 19 世纪民族主义兴起之时对民族身份的普遍兴趣。出于对各自民族的尊崇，欧洲各国的考古学家渐渐放弃了单线进化论的观点，开始强调自身民族的文化特质。既然如此，各民族的先民就应当具有独一无二的身份，各个不同的族群之间有不同的文化发展脉络。所以，迁移和传播就渐渐成为强调族群异质性之时解释文化变迁的自然理由。各个"特殊"族群最终形成了"考古学文化"的概念，并为戈登·柴尔德

（V.Gordon Childe）系统化为一种研究框架。①1910 年以后，文化历史考古学传入北美，如第一节中提及的基德等人于同一时期在西南地区推动的陶器研究的第一次大转型，也正是这一波考古学思想转变中的一个现象。

在文化历史考古学于美国考古学界发展了几十年后，不仅是谢泼德这类"旁观者"，很多身处其中的考古学家也在尝试对文化历史考古学进行反思和修正。在谢泼德《为考古学家书写的陶器分析》第一版出版的三年前，菲利普·菲利普斯（Philip Phillips）和戈登·威利（Gordon R. Willey）在一篇名为《美国考古学的方法与理论：文化历史整合的操作基础》②的文章中就批驳了美国文化历史考古学的空心化。他们称，美国的文化历史考古学已变成了对碎片化的时空框架进行的拼图游戏。③美国的文化历史考古学在理论设计上以时空关系（space-time relationships）和情境关系（contextual relationships）为主要研究工具。在不同的文化形式之间通过扩散、贸易和迁徙而产生历史关系时，时空关系就转变为情境关系；时空关系则为情境关系提供历史适应性。④那么情况就非常清楚了：谢泼德所批判的"陶器分类学浮于表面"这一现象正是美国文化历史考古学"重视时空关系这一编年体系，忽视其情境关系等内容填充"这一取向的具体表现。

如前所述，谢泼德所做的，就是在陶器研究领域利用她的方法去填补这个内容空白。她所用的"填充物"，是对技术史、艺术史、经济关系等进行的综合研究。面对同一个问题，菲利普斯和威利尝试的是以一种统合的文化历史单位性研究概念去填充。他们从人类实践、空间和文化形式这三类范畴的交点中提炼出一组基本概念，其核心是"水平期"⑤（horizon）与"传统"⑥

---

① 布鲁斯·特里格：《考古学思想史》，陈淳，译，中国人民大学出版社，2010 年，第 165–187 页。

② Phillips, Philip and Gordon R. Willey.（1953）. Method and Theory in American Archeology: An Operational Basis for Culture-Historical. *American Anthropologist*, 55（5），615–633.

③ Phillips and Willey（1953）:615.

④ Phillips and Willey（1953）:616.

⑤ "水平期"一词来自"水平期风格"（horizon style）。菲利普斯和威利将其定义为一种可识别的文化风格在特定而短暂的时间段内表现的空间连续体。

⑥ "传统"一词使用极为广泛而混乱。菲利普斯和威利将南美安第斯地区的"陶器传统"（pottery tradition）研究视为他们所使用的该词的来源。他们将其定义为一种特定地区的陶器等文化要素在较长时间段内的文化连续性，也即在时空意义上与"水平期"完全相反。

（tradition），"段"①（phase）和"组构"②（component）。③"传统"和"水平期"都代表了文化形式的时空一致性，但前者强调具体空间中的较长时间延续，后者则更强调有限时间段中的大空间范围内相似；"组构"则是某个时间、空间的小切面中一个具体的文化表现形式，分别于时间和空间中分布在"传统"和"水平期"的维度上；"段"由"组构"构成，它因而表现了在一定的时间、空间延续性范围内，可以彼此区分的基本文化单位。他们打算以这些有具象意义的基本单位和维度作为考古学文化的填充物，来重构美洲原住民的历史和史前史。

如果按照两位作者所言，他们的理论可以是文化历史考古学自身的修复机制的话，那么，谢泼德的补救办法确定了她在考古学界的"生态位"。当然，两种补救完全不处于同一个平台上，菲利普斯与威利从整个考古学的角度看待问题，谢泼德则是站在陶艺家的立场上延伸评估考古学陶器研究问题。但是，如果把问题限定在陶器上，那么我们还是可以做出下述的大致比较。谢泼德填补的内容，如技术史和艺术史等研究问题都是从一个延续的时间中对一个制陶群体的具体文化表现的梳理。若从菲利普斯和威利的体系出发，把这些内容理解成"传统"的具体表现（谢泼德在技术、工艺等补全内容中也多次直接谈到"陶器传统"④）、几种"组构"在时间上的延续及"段"的一些方面，也并不是不可理解的。可以说，菲利普斯和威利从彻底重新整合的过程中系统地处理文化历史考古学的自我补救；谢泼德则从陶器技术研究出发，在内容和层次上都比较适当地（虽是以不那么彻底和系统的姿态）实现了对文化历史考古学中陶器研究的部分补救。既然其在内容的本质上是可以与威利等人兼容的，那么她的补救也可以看作是文化历史考古学的自我补救。

这样，我们就把谢泼德的"生态位"及其与"生态系统"的互动，都纳入了文化历史考古学。这样的处理如果当作最终结论来看当然不谨慎，但作

①"段"一词被菲利普斯和威利定义为一种集合了时间、空间和文化这三个要素的综合体，不同时间、不同空间的"段"之间必须可以彼此区分开，但其边界是弹性的。由此"段"可以称为研究考古学的一个类似基本单位的概念。它对应北美东部考古学家使用的"点"（focus）一词。威利和菲利普斯使用"段"来代替"点"是因为"点"一词使人感受不到其应承载的时间内涵。

②"组构"一词被菲利普斯与威利定义为一个具体的"段"的实际文化表现。正是这些不同的文化表现使得一个"段"能被区分出来。每个"段"应由不止一个"组构"构成。

③ Phillips and Willey（1953）:619-626.

④ Shepard（1956）: 164.

为观察视角来说有其合理性。谢泼德对陶器研究的许多考古学分析当然是在文化历史考古学的框架内进行的——除前文提及的内容之外，她还重视对以"外来陶器"为代表的不同人群之间的交流的研究，将"外来陶器"作为陶工试验新方法，从而成为文化变迁的重要刺激源。这些看法如果说是对传播论的忠实复刻，也不奇怪。谢泼德坦言，陶片如果只被用作时空标签，那么它作为文化的一面才真正被忽视了，她认为文化应当由材料和艺术组成的陶器工艺来反映。[①] 况且，谢泼德与之打交道的主要是美西南考古学家，如果在这种情况下她都没有自然融入文化历史考古学的河流，那么就很难说她是对考古学陶器研究有积极性的学者。但是谢泼德的"生态位"是否有向其他考古学理论和思想延伸呢？

答案是肯定的。在 20 世纪 50 年代，针对文化历史考古学的种种反思和改变已经很多，其中有很多被纳入了"早期功能过程考古学"的范畴。[②] 撰写那篇文化历史考古学的"自我补救"文章的戈登·威利本人即早期功能过程考古学中聚落考古学的重要代表人物。在同一篇文章中，他和菲利普斯指出，近来学界对文化历史考古学修复过程主要表现为对文化、自然背景以及延伸出的功能性的解释。[③] 谢泼德的陶器技术研究，着重强调材料——自然背景的一部分——对技术这一人类活动的制约作用，并常常去研究双方的关系。这种现象并非与功能论毫不相关。此外，谢泼德的制陶过程复原研究以对现代前轮制陶时代的陶工的民族志观察为基础之一。在这个意义上分析的很多问题，如新制陶技术出现的社会和个人因素等，也都依赖于把现代陶工作为社会整体的一部分去观察和理解，进而投射到史前陶工上去。这种近似社会人类学的方法也是早期功能过程论的表现之一。[④] 因此，谢泼德以《为考古学家书写的陶器分析》向考古学做出学术表达的同时，也是她在不同的考古学思想中所占据的"生态位"的表达。

那么，谢泼德对早期功能过程论的涉及是如何缘起的呢？这同样可以用《为考古学家书写的陶器分析》的潜在双重逻辑来解释。首先，谢泼德明确在

---

① Shepard（1946）:191.

②《考古学思想史》，第 239 页。

③ Phillips and Willey（1953）:616.

④《考古学思想史》，第 243-245 页。

书中提及过她对格拉厄姆·克拉克（J. G. D. Clark）关于成体系研究经济关系的想法，并与自己的陶器贸易分析部分进行了结合。[1]因此，她一定从考古学这一角度的问题意识出发，对研究方法和内容有过新的考虑；另外，从陶器生产过程出发的主要逻辑对她这种思想定位的形成起到了绝佳的作用：从生产端着手，也即从材料和生产过程着手，竟是如此自然地把环境要素和人类的整体行为视作必然的调查对象。这对考古学家来说，似乎有些发人深思。

生态系统也在发生变化——进入 20 世纪 60 年代后，以路易斯·宾福德为代表的年轻一代考古学家以《作为人类学的考古学》的发表为标志开启了考古学的新时代。[2]从上文对谢泼德早期功能主义因素的分析来看，新考古学"更科学、更人类学"[3]的号召对谢泼德的分析体系来说得心应手。不过，如果要把她的科学分析和新考古学所提倡的学术研究范式强行联系起来，那也有些夸大。但是，面对考古学界发生的巨大变动，谢泼德明确做出了回应。在 1965 年出版的《为考古学家书写的陶器分析》第五版中添加了这些回应。

在新版序言中，谢泼德除回应了自然科学的进步和计算机的应用所导致的科学分析手段和数据处理方法的更新外，对考古学界的新现象也做出了回应。她指出，新的现象是考古学家们越来越广泛地以成分、技术等客观标准作为陶器分类的新依据。她对整个的考古学陶器研究目的的转变表示欢迎。朗埃克（W. A. Longacre）表示，陶器分析的新任务是理解社会关系[4]，谢泼德完全同意朗埃克关于共同构建研究模型以促进这一目标的提议。[5]谢泼德还进一步强调了借鉴人类学成果的意义，当然，是在认识到史前社会与现代前轮陶工的巨大差异的前提下。这一点除了体现在《为考古学家书写的陶器分析》在 60 年代的这一再版书中之外，还体现在谢泼德在 60 年代仅有的几次大型研究成果发表的"陶器实验室笔记"中。那些成果是对她此前在卡内基研究所陶器实验室中做的一些工作的重新整理。其中有一个成果是她在卡内基研究所做研究时，对墨西哥的瓦哈卡河谷现代制陶社会进行民族志观察之

---

① Shepard（1956）:353.

②《考古学思想史》，第 298 页。

③ 马修·约翰逊：《考古学理论导论》，魏峻，译，岳麓书社，2005 年，第 34 页。

④ Longacre, William A.（1964）. Archaeology as anthropology: a case study. *Science*, 144（3625），1454—1455.

⑤ Shepard（1956），Foreword to fifth printing.

后完成的。她在民族志观察中对陶器技术研究的问题和应当采取的方法进行了系统地思考。[①]因此，完全可以说，谢泼德在考古学界所占据的"生态位"是有其自身生成逻辑，但也内嵌在考古学界发展的洪流中的。谢泼德为考古学家书写的专著是对考古学界和她自身所同时进行的一体两面的学术表达，这个表达也是随着考古学界的发展而变化的。它通过谢泼德在 60 年代所进行的其他学术活动使得其"生态位"一直更新到她的学术生涯的最后，就像考古学这个动态的"生态系统"一样。

结　　语

随着 20 世纪 60 年代谢泼德将"陶器实验室笔记"陆续发表，她最有影响力且成规模的学术研究活动就完成了。在此之后，她还陆续发表过一些陶器技术研究案例的见解或是评论。1966 年，她在以色列的希伯来大学做了一段时间的访问学者；1969 年，在密苏里大学艺术史与考古学系教授了一学期课程；1970 年，她正式退休。[②]遗憾的是，退休并不是她安宁生活的开始，而是健康衰竭的发端。1973 年，她在卡内基研究所所在的科罗拉多州的博尔德市——这个设有她陶器技术研究实验室的城市中去世，享年 70 岁。

谢泼德虽已逝去，但她的学术研究所产生的影响却是不可磨灭的。的确，她只在 1969 年，即她学术生涯的最后阶段才在大学里教了一学期课程，因此她并没有通过教学传播多少影响力；但是，她的实干精神和实践过程吸引了一代又一代的考古学家直接从其学术成果中得到有益的教育。正如前文明确提及的，她的首次大规模陶器研究实践——对佩科斯陶器的技术分析不仅折服了基德等老一辈考古学家，还使同时代的考古学家产生了陶器研究的巨大转变，并且为后来的美西南考古学家树起了丰碑。然而，最能代表谢泼德学术影响力的，还是她的主要著作《为考古学家书写的陶器分析》。1956 年此书第一次出版，次年就有新版发出，截至 1988 年，此书已经印刷过 12 次，共11950 本，是卡内基研究所最畅销的学术书籍之一。这本书单本均售价 11 美

---

① Shepard, Anna O.（1977）. *Notes from a Ceramic Laboratory*. Carnegie Institution of Washigton, Washington, D.C.

② Morris（1974）:449.

元，是考古学著作中为数不多的物美价廉的书籍之一[①]，当时在加州科学院人类学系任职的考古学家琳达·柯德尔（Linda S. Cordell）认为，美西南地区所有考古学专业的高校学生掌握的陶器技术研究术语几乎全部来自这本书。[②]

毫不夸张地说，谢泼德可以算作是美国乃至世界范围内的考古学陶器技术研究的开创性人物之一。她倡导陶器科学分析和陶器技术研究，并开创性地应用了大量的手段与方法，这些方法在今日还在继续运用，充分体现出了她持续的影响力。在历史文化考古学逐渐走向空泛化的时代，她超前地扩展着陶器研究的解释框架，并使之可以在内容上填补古代社会的研究空白。在这个框架于她本人的构想中形成体系之后，她把这个成熟的体系抛向了考古学界，并随着学界的反响和变化调整着自己的表达。她希望考古学家明晰的不仅是她表述出的具体知识，也包括她所采用的陶器研究借以推进的内在逻辑。根据这个逻辑，考古学界是可以随时代的进步不断形成新见地的。

谢泼德还在考古学陶器研究及考古学界形成了自己的"生态位"。这个"生态位"曾经是活跃的、动态的，总体来说是位于学术界超前的位置的。这种超前性为谢泼德赢得了尊重，从而扩大了她的影响力。除文中一再强调的那些具体内容之外，还有两点值得强调：一是推动考古学陶器解释框架的不断扩大，实现对古代社会更充分的复原；二是提高科学和客观精神在陶器研究中的重视程度。

但是，事情的另一面也必须被客观认识到。在 1988 年为纪念谢泼德举行的会议上，学界在充分认可了她不可否认的地位和影响力之后，也正视了她的影响力未能充分地在学界产生显著效果这一事实。[③]在谢泼德生前，尽管她主动以系统的、问题导向的陶器分析积极提升其影响，但她的成果还是常常被忽略的，并沦为考古研究成果的技术分析附录。在她身故之后，尽管随着科技的发展，能理解她所讲述内容的学者越来越多，但从陶器技术分析出发

① Thompson（1991）：41.

② Cordell, Linda S.（1991）. Anna O. Shepard and Southwestern Archaeology: Ignoring a Cautious Heretic. *In The Ceramic Legacy of Anna O. Shepard*（pp. 132−153）, edited by Ronald Bishop and Frederick Lange. University Press of Colorado.

③ Sabloff, Jeremy A.（1991）. Toward a Future Archaeological Ceramic Science: Brief Observations: From a Conference. *In The Ceramic Legacy of Anna O. Shepard*（pp. 394−400）, edited by Ronald Bishop and Frederick Lange. University Press of Colorado.

的数据解释方法实际上仍处于停滞状态。[①]这个情况与谢泼德的精神完全抵触。特别是在中美洲，后来的学者们对相似问题的研究很少直接以谢泼德的研究为基础。[②]这说明谢泼德的影响力在理论、方法和实践层面都受到了限制。造成这种结果的原因是多方面的：考古学界在 20 世纪上半叶对目标和理论的漠视，科学分析和技术研究本身的门槛要求，谢泼德缺少课堂教学活动，以及她对别人解释自己分析思想过于谨慎等。

总而言之，谢泼德所产生的影响是不容忽视的，但就目前而言，她对陶器研究做出的贡献比起她本可以做出的贡献而言还是有所不足。在此，尽管我们对谢泼德本人做出了诸多评论，若是考虑到她仍在产生的影响，目前的任何评语均为时尚早。时至今日，她的学术成果仍在发挥作用，仍对世界各地的新一代学生们产生影响。因此，不妨将这个问题留一部分给时间解答。至少在可以预见的未来，由谢泼德参与创建的陶器技术研究体系将继续发展，她的学术影响力将与世长存。

大 事 年 表

1903 年，出生于新泽西州默昌特维尔镇。

1922 年，就读于南加州师范学院。

1924 年，转入内布拉斯加大学。

1926 年，获得内布拉斯加大学社会学与人类学学士学位和哲学辅修学位。

1926—1929 年，就职于圣迭戈人类学博物馆，在韦斯利·布拉菲尔德指导下进行陶器研究。

1929 年，转入新墨西哥大学学习，后退学。

1931—1936 年，就职于新墨西哥博物馆，任人类学实验室研究助理；与阿尔弗雷德·基德共同开展佩科斯陶器研究。

---

① Crown, Patricia L. (1991). Appraising the Legacy: A Thematic Synthesis. *In The Ceramic Legacy of Anna O. Shepard* (pp. 383-393), edited by Ronald Bishop and Frederick Lange. University Press of Colorado.

② Rands, Robert L. (1991). The Intellectual Development of Mesoamerican Archaeology and an Assessment of Shepard's Influence. *In The Ceramic Legacy of Anna O. Shepard* (pp. 154-173), edited by Ronald Bishop and Frederick Lange. University Press of Colorado.

1936 年，发表《佩科斯陶器》（*Pottery of Pecos*）；进入卡内基研究所。

1937 年，创办卡内基研究所陶器技术研究实验室；研究格兰德河上游地区的陶器技术。

1941—1946 年，研究中美洲地区的含铅陶器产地与技术。

1947 年，研究阿纳萨兹文化的红色、棕色陶器。

1947—1957 年，撰写《为考古学家书写的陶器分析》（*Ceramics for Archaeologists*）。

1948 年，获得科罗拉多大学化学博士学位。

1957—1970 年，就职于美国地质调查局，研究地球化学和岩相学。

1962 年，研究玛雅蓝颜料性质。

1969 年，任教于密苏里大学艺术史与考古学系。

1970 年，退休。

1973 年，去世。

第二章

普鲁登丝·赖斯

普鲁登丝·赖斯（Prudence M. Rice），生于 1947 年，是美国著名人类学家和考古学家，主要研究方向为拉丁美洲的史前陶器和玛雅文明。她尤其关注陶器的材料、风格和技术研究，撰写了陶器研究的重要著作《陶器分析：资料手册》（*Pottery Analysis: A Sourcebook*）。

1965—1971 年，赖斯就读于北卡罗来纳州的维克森林大学（Wake Forest University），相继获得了人类学学士和硕士学位，随后进入宾夕法尼亚州立大学（Pennsylvania State University）修读人类学博士学位，师从著名的跨学科考古学家弗雷德里克·马特森（Frederick R. Matson），并于 1976 年毕业。在此期间，她系统学习了马特森的陶器生态学思想和跨学科陶器研究方法，同时也参与了对玛雅文化的调查项目，开启了对玛雅陶器及社会文化的研究。

博士毕业后，赖斯加入佛罗里达州立博物馆，领衔创办了博物馆的陶器技术实验室，并成为佛罗里达大学人类学系教授。在佛罗里达大学执教期间，赖斯在危地马拉佩滕湖区（Petén Lakes）的低地玛雅考古调查持续进展，同时，她在陶器科技分析及其相关授课上积累了长期经验。这是她于 1987 年出版的具有参考书性质的重要著作《陶器分析：资料手册》的基础。赖斯还曾任美国考古学学会（Society for American Archaeology，简称 SAA）执行委员会成员、考古科学学会（Society for Archaeological Sciences，简称 SAS）秘书长办公室成员。20 世纪 80 年代后期，她主持了在秘鲁莫克瓜殖民时期的酒厂调查项目（Moquegua Bodegas Project）。

1991 年，普鲁登丝·赖斯与丈夫唐·赖斯（Don S. Rice）一起成为南伊利诺伊大学（Southern Illinois University）人类学系教授，直至 2011 年荣休，并在 1993—1999 年间担任了系主任。在此期间，莫克瓜项目的成果陆续发表，赖斯的研究重心回到低地玛雅，接续此前在佩滕湖区东部、中部的调查，将目光转向了湖区西部。进入 21 世纪，她出版了多部关于玛雅政治、历法、意识形态、族群身份的综合性著作，但是陶器研究始终是她玛雅社会文化研究的重要基础组成。

第一节　勃兴的年代：教育背景与学术起点

20 世纪 60 年代初，"新考古学"也就是后来被称为"过程考古学"的思想浪潮席卷而来，震动了整个美国考古学界。不久之后的 60 年代后期至 70 年代，美国考古学学科迎来了大发展的时代，尤其考古学在高等教育方面呈现出井喷式的增长。[1] 普鲁登丝·赖斯的考古学生涯正是在这样的背景之下乘风起航。

一、求学之路：从北卡罗来纳到宾夕法尼亚

赖斯的出生地梅尔罗斯（Melrose）位于美国东北部马萨诸塞州，今天属于大波士顿都会区的一部分。马萨诸塞州也就是"麻省"，是美国教育第一大州，梅尔罗斯有着农田和树林的自然风光，又临近波士顿，便于观看剧院表演和音乐会，是个接受文化熏陶的好地方。可以想象，早年的生活环境和教育或许对赖斯有着积极的影响。

从 1965 年至 1971 年，赖斯就读于北卡罗来纳州的维克森林大学[2]，分别于 1969 年和 1971 年获得了人类学学士和硕士学位。这所大学的人类学系是从社会学系中独立出来的，在赖斯就读时，社会学和人类学系已经是每年招生六七百人的大系了。赖斯对陶器分析的兴趣与硕士论文息息相关，她的论文分析了此前在北卡罗来纳州一个岩棚遗址发掘出土的材料，她在四十多年后回顾道："为了弄清楚那些看似脏污的陶器碎屑，我研读了安娜·谢泼德

---

① O'Brien, Michael J., R. Lee Lyman, and Micheal B. Schiffer. (2005). *Archaeology as a Process: Processualism and Its Progeny*. Salt Lake City: The University of Utah Press. p. 122.

② 初创于 1834 年的美国私立大学，1956 年迁校后发展迅速，1967 年从学院（College）转而获得更具综合性的大学（University）的地位。

精妙的著作《为考古学家书写的陶器分析》①。我顿悟了,茅塞顿开:我明白了
这些陶片上的红色是原始黏土中的铁所引起的。这一发现完全激发了我的想
象力。从那以后,我一直着迷于探索陶器属性的各种方法,它们与原始黏土、
其他资源的复杂关系,以及陶器的制作和使用。"② 从这段充满热情的回忆中,
可见赖斯受谢泼德影响至深,以及她写作《陶器分析:资料手册》并孜孜不倦
地推敲改版之初衷所在。

　　1971 年硕士毕业后,赖斯进入宾夕法尼亚州立大学③攻读博士学位,并于
1976 年完成学业。宾州州立大学的人类学课程可以追溯到 1953 年,于 1965
年独立成系。在人类学系成立上做出重要贡献的三位人类学家④是弗雷德里
克·马特森、威廉·桑德斯(William T. Sanders)和路易斯·杜普里⑤(Louis
B. Dupree),其中马特森是赖斯博士论文的指导教授,他与桑德斯都是论文
委员会(Dissertation Committee)的成员,他们是赖斯的重要导师。为了了
解赖斯的学术背景,在此也对这两位学者进行简单介绍。

　　弗雷德里克·马特森(1912—2007)在宾州州立大学人类学学科的发展
上功勋卓著,为了纪念他,校内建于 20 世纪 60 年代中期的人类学博物馆在
1991 年被命名为马特森人类学博物馆(Matson Museum of Anthropology),
足见他在学科建设中的贡献。马特森早年获得了伊利诺伊大学陶器工程学的
理学学士学位,之后于密歇根大学进一步深造人类学和陶器考古,分别获得
硕士和博士学位。1948 年,他作为矿物工程学院的教授来到宾州州立大学,
五年后转为考古学和人类学教授,直至 1978 年退休。⑥ 马特森既是一位陶器

　　① 可能是 1965 年版。

　　② Rice, Prudence M.(2015). *Pottery Analysis: A Sourcebook*(Second Edition). Chicago: The University of Chicago Press. p. xxiii.

　　③ 建立于 1855 年的美国公立大学,1953 年从学院转获大学的地位,目前其人类学专业在美国名列前茅。

　　④ Kolb, Charles C.(2020a). Sanders, William T.. In *Encyclopedia of Global Archaeology*(pp. 9443—9445), edited by Claire Smith. Springer, Cham. https://doi.org/10.1007/978-3-030-30018-0_3472.

　　⑤ 路易斯·杜普里(Louis B. Dupree, 1925—1989),美国人类学家、考古学家,主要研究阿富汗文化和历史。

　　⑥ Kolb, Charles C.(2020b). Matson, Frederick R.. In *Encyclopedia of Global Archaeology*(pp. 6861—6864), edited by Claire Smith. Springer, Cham. https://doi.org/10.1007/978-3-030-30018-0_3427.

工程师（ceramic engineer），也是科技考古学的先驱、陶器民族考古学家和民族志学者。这样的跨学科背景和对文化生态学观点[1]的接纳，造就了他全新提出的"陶器生态学"（ceramic ecology）概念。[2]陶器生态学的理论方法影响着同时代众多人类学和考古学学者，包括本书的主人公之一迪安·阿诺德。马特森所教导的学生也深入掌握了陶器生态学方法，并持续对其进行调整与改进，将这种研究观念发扬光大，赖斯正是其中的一员。

威廉·桑德斯（1926—2008）是一位在新考古学发展史上很有影响力的人类学和考古学家，他的主要研究领域是中美洲考古学与人类学。桑德斯在哈佛大学获得了人类学硕士（1953）和博士学位（1957），随后于1960年发起了开创性的特奥蒂华坎山谷项目（Teotihuacán Valley Project），这项调查后来扩展到整个墨西哥盆地。从20世纪60年代到80年代，他还主持了玛雅高地区的卡米纳留宇（Kaminaljuyú）及其附近危地马拉山谷的调查与发掘，以及洪都拉斯科潘（Copán）山谷的调查。桑德斯是最早尝试通过发展考古学理论提出关于文化的可检验假说，从而把考古学发展成为真正科学的考古学家之一。[3]他也是文化生态学的支持者，致力于调查基本的环境和考古数据，作为评估古代社会演变的基础。此外，他注重聚落考古，将分析范围从单个地点扩展到区域层面，以记录人口的增长和扩散，从而研究那些促进城市化和文明发展的过程。[4]桑德斯对中美洲的研究成果和理论关注点对赖斯的研究多有影响。

此外，赖斯在博士论文中也提到，她的论文始于与时任惠顿学院（Wheaton College）社会学和人类学系教授的迪安·阿诺德的讨论，他的兴趣方向和在

① 于1955年由朱利安·斯图尔德提出，是一门将生态学的方法运用于文化学研究的交叉学科，详见 Steward, Julian H.（1955）. *Theory of Culture Change: The Methodology of Multilinear Evolution.* Urbana: University of Illinois Press。

② Matson, Frederick R.（1965）. Ceramic ecology: An approach to the study of the early cultures in the near east. In *Ceramics and Man*（pp. 202‑217），edited by Frederick R. Matson. Chicago: Aldine.

③ Marcus, J.（2011）. William Timothy Sanders, 1926‑2008. In *Biographical memoir*, 27. Washington, DC: National Academy of Sciences. http://www.nasonline.org/publications/biographical‑memoirs/memoir‑pdfs/sanderswilliam‑t.pdf. 2022‑09‑15.

④ Kolb（2019a）.

危地马拉的研究帮助赖斯形成了自己的研究关注点。[①]可见，在赖斯的学术背景中，阿诺德也扮演了重要的角色。

就一位考古学者的学术生涯来说，博士论文往往被视为一个学术起点，因此接下来首先简要介绍赖斯的博士论文，初窥这位青年学者陶器研究的出发之地。赖斯这篇博士论文的论证结构条理清晰，也为陶器科技分析的论述逻辑提供了很好的范例。

二、陶器生态学的训练与博士时期的研究

赖斯的博士论文题为《危地马拉山谷中陶器的连续性和变化：白陶生产研究》，研究对象是危地马拉山谷的白陶（whiteware）。她在引言中介绍了这项研究的理论背景：传统的研究视角将陶器作为重建时空事件、反映社会文化行为、记录风格发展和技术进步的工具，而她所采用的新的理论方法是陶器科技分析[②]和陶器生态学。她认为陶器科技分析的优势在于能够定义独立于情境的比较单元（units of comparison），陶器生态学的优势则在于将陶器作为人类行为的产物来研究，而不仅仅把它们视为相关属性的集合。因此，她将二者的结合称作一种"技术－生态方法"（techno-ecological approach），这是一种相对客观的研究方法，重点是调查陶工应对陶器资源特点的行为。

陶器生态学源自文化生态学理论，这一理论认为文化是人类超机体的适应系统，包含着很多内在关联的亚系统，它们维持着动态平衡。物质文化（具体如陶器、石器等）就是各个亚系统，当一个亚系统发生变化，终将导致其他亚系统的变化，因为整个系统将追求一种新的平衡。这种观点是一种动态平衡的、系统的文化观，与传统的静态、规范式的文化观相对立。[③]马特森提出的陶器生态学从陶器研究方面发展了这一理论，他认为"除非陶器研究能够更好地理解这些器物制造和使用的文化背景，否则它们就只是价值有限的

---

① Rice, Prudence M.（1976a）. *Ceramic continuity and change in the valley of Guatemala: A study of whiteware pottery production*. The Pennsylvania State University, Ph.D. Anthropology, archaeology. p.ii.

② 原文为"ceramic technology"，为与"陶器技术研究"相区分，在此统一译为"陶器科技分析"。

③ 关于新考古学对文化动态发展过程的论述详见 a. Binford, L. R.（1962）. Archaeology as anthropology. *American Antiquity*, 28（2），217–225. b. Binford, L. R.（1965）. Archaeological systematics and the study of culture process. *American Antiquity*, 31（2），203–210.

枯燥记录"①，而在生态情境（ecological context）中考察陶器，有助于实现这一目的。这意味着要探究人类活动所留下的陶器记录，是如何在人类的文化和生活环境的互动之下产生的。具体来说，"这种方法尝试将当地陶工所拥有的原材料、技术与他所设计产品的文化功能相关联起来"②。马特森提出的这个概念明确指出，不仅要从陶器考古记录看到人类制陶的系统行为，还要通过它去观察社会的其他方面。

赖斯在博士论文的研究中具体地应用了陶器生态学方法，可以从中明确看到她受到的陶器生态学训练。在论文第三章的理论方法介绍中，她从斯图尔德提出的文化生态学三个基本步骤中获得灵感，转化为聚焦"陶器适应"的三个陶器生态学研究步骤：首先，陶器环境及资源获取技术的分析；其次，陶器制作中行为模式的分析；再次，确定生产和"消费"陶器所涉及的行为模式与文化其他方面的互相影响程度。陶器生态学的基本思想和这三项步骤是赖斯陶器研究的基本框架，贯穿了她的整个陶器研究历程，尽管在后期研究中"陶器生态学"一词已经很少被提及，但是生态学理论方法始终是她研究思想中不可忽视的重要基石。另一种"新方法"陶器科技分析则在第一项步骤中起到了重要作用，通过科技分析，可以调查陶器材料的物理、矿物学和化学属性，这是将物质文化与环境联系起来的最直接手段，是一种精确的、客观的、可复制的方法。赖斯尤其重视的一点是，基于科技分析所得出的比较单元，应当独立于文化情境，并可以通用于考古学陶器、当代陶器和制陶原材料，避免了因考古学、人类学和材料学使用不同学科语言和分类系统而产生的障碍，这对于研究陶器的原料使用和时空发展有独特优势。

赖斯的博士论文开宗明义提出了各个层次的研究目的，这与她所使用的理论方法也是相一致的。论文旨在确定如何利用物质文化的一个方面（陶器）来获取相关的其他文化领域（经济或社会模式）的信息，而具体目的则有三项：第一，重建危地马拉山谷白陶的生产和流通历史，重点调查山谷北部黏土资源的使用历史；第二，探讨随着时间推移而发生的文化、经济和生态过程，尤其关注陶器的手工专业化；第三，评估本研究中使用的科技分析程序的相对贡献，以确定哪些方法转化为文化阐释最容易或最有助益。

① Matson（1965）:202.

② Matson（1965）:203.

　　研究对象危地马拉山谷（the Valley of Guatemala）位于危地马拉南部的高地火山区域，该国首都危地马拉城和著名玛雅遗址卡米纳留宇都坐落于此。赖斯开展这项研究时，桑德斯刚刚完成了在卡米纳留宇的项目。山谷的历史分为形成期（Formative）、古典期（Classic）和后古典期（Postclassic）三个阶段。赖斯总结了对这一区域的现有研究，尤其详述了不同阶段的定居模式变化和作为研究背景的陶器数据：山谷中从形成期晚段开始出现社会分化，末段人口急剧增长，以卡米纳留宇为顶端开始融合为统一的社会政治实体；古典期早中段，卡米纳留宇成为山谷内初级国家系统的唯一核心场所；古典期晚段卡米纳留宇的地位下降，政治上分权化，各个政治集团激烈竞争；后古典期的人口持续边缘化分布，政治上进一步分权化。在陶器方面，形成期中段随着人类的定居出现了无羼和料、火山灰羼和料的两类白陶，到形成期晚段根据陶衣特征的不同又各自分为两种亚类，器类也趋于多样化，外来类型占比增加；形成期末段出现更多新类型，原有类型出现标准化趋势；古典期白陶占比大幅下降，新类型取代原有类型，粗制实用陶占比增加，总体上更强调高火候和耐火性，其中古典期中段的卡米纳留宇发现大量本地制造但带有墨西哥装饰主题和信仰标识的陶器；后古典期则以多色陶器和双色陶器的广泛分布为特征。

　　赖斯在这些背景信息的基础上进入对陶器生产流通的主体部分研究。首先，她描述了山谷的气候、地理和潜在制陶资源，列出了当代陶工使用的原材料和采集的样本，并对考古出土陶片进行分类描述。其中陶器原料样本来自当代陶工或他们位于山谷北部的取土地，考古学陶器样本来自山谷中的不同位置，时间横跨形成期中段至后古典期，其中白陶陶片又包含了 8 种不同器形。其次，她整理了对山谷中陶器制作的人类学观察数据，包括她对山谷北部村落奇瑙特拉（Chinautla）的制陶过程调查和现有其他研究。这些当代数据为研究古代人类制陶的行为模式提供了参考。继而，赖斯从物理属性、矿物学属性和微量元素特征三个方面，对陶片及原材料样本进行科技分析，并且罗列了每一类分析在内容上和方法上得出的结论。

　　赖斯指出，文化的影响其实就体现在器物属性在不同"类"上的不均匀分布，她从四个维度对器物属性数据进行了处理：第一，研究不同器类的属性分布，她关注到三类属性分布比较特别的器物，这为它们的生产模式提供了一些信息；第二，研究不同陶器类型①的属性分布，尤其重视与原料黏土样本的对应性，这能解决哪种类型的器物使用了靠近什么地方的黏土原料，或者与样本原料有着不同来源，诸如此类的问题；第三，关于类型和器类的空间分布，她发现不同白陶亚类在山谷中的地理分布有所差异，这为器物来源提供了参考；第四，属性、器类和类型的时间分布对考察制作技术的持续性变化趋势十分有意义，在与原材料样本相对应时，也能提示制陶原料使用的变化情况。在分析中，赖斯尤其重视陶器原料的来源问题，这与陶器生态学的理念、对手工专业化的探讨密切相关。

学位论文的结论部分略显冗长，赖斯后来在 1977 年发表的论文《危地马拉山谷的白陶生产：专业化和资源利用》对相关结论进行了梳理。②在白陶手工专业化方面，她认为两种器类都涉及专业化生产。第一，形成期中晚段的唇缘碗（labial flange bowls）在物理性质和矿物学组成上非常统一，表明使用的是同一羼和料来源，但微量元素显示两种模式指向危地马拉山谷北部及其西邻的萨卡特佩克斯（Sacatepéquez）山谷这两地的黏土。她推断两种黏土代表了使用同一来源的羼和料的两个生产区域，山谷以外的生产区可能在形成期末段归属于卡米纳留宇的"霸权"之下，因而两个制造中心的白陶产品通过单一的政治和经济渠道进行分配。第二，形成期末段的复合轮廓碗（composite silhouette bowls）都具有高硬度、高火候、质地细腻的物理性质，其羼和料使用非常统一，黏土皆来自山谷北部，并且这种黏土此前很少使用，在形成期末段强化使用于制作复合轮廓碗。这类器物出现于形成期晚段的陶器繁荣中，在末段的早些时候达到顶峰，主要装饰风格是外来的乌苏卢坦（Usulután）风格③，这种装饰类型在卡米纳留宇显著增长的同时，在查丘瓦帕④（Chalchuapa）大量发现，表现出二者之间长期维持的贸易关系。赖斯因此推测山谷北部的陶器专业化可能逐渐聚焦于生产这类外来风格陶器，不同类型的乌苏卢坦陶器对应于山谷北部不同来源的黏土。

---

① 此处类型指上文提到的两类白陶及进一步区分的四种亚类，类型由坯体有 / 无羼和料区分，亚类由陶衣特征区分。

② Rice, Prudence M.（1977）. Whiteware pottery production in the Valley of Guatemala: Specialization and resource utilization. *Journal of Field Archaeology*, 4（2），221–233.

③ 乌苏卢坦风格的陶器大量出现在今萨尔瓦多东部的查丘瓦帕遗址和乌苏卢坦遗址。

④ 位于卡米纳留宇东南部的玛雅高地遗址，在今萨尔瓦多境内。

总体上，从形成期中段到晚段，卡米纳留宇白陶占比大量下降，但火候更高且制作更统一，白陶生产日益受限，成为一种更需技巧、更专业化的生产。赖斯认为这一过程是山谷中持续的人口增长、集中和分层化的表现，白陶的使用日益局限于贵族自用、仪式或交换。它所使用的黏土在形成期晚段也逐渐被视为有价值的、定义身份的资源，受到家族、个人或其他社会群组的控制。根据这项研究的推论，赖斯提出了一个陶器专业化发展的初步模型，这将在下小节具体介绍。

在对陶器科技分析方法的评估方面，赖斯首先强调了黏土样本的重要性，因为它为陶片数据提供了参考标准，以比较陶片的分析结果的相似程度。此外，她指出相对简单而传统的物理分析的重要性和优先性，物理方法能获得最大量的信息，但以往程序上的随意性限制了它的潜力；而更复杂的矿物学和微量元素分析往往也更昂贵和耗时，它们在研究一些特殊问题上虽有充分的价值，但未必适合样本量和时间、金钱皆有限的项目。在应用这些方法时，问题的确定和研究设计是非常重要的。

三、对理论问题的关注与玛雅调查的开始

上述介绍的这项研究可以说奠定了赖斯学术生涯的起点，尤其她在陶器研究方面的理论关注点已经从中初现端倪，并在接下来的十年间进一步成形与完善，这些理论思考也体现了 20 世纪六七十年代行为考古学思潮的蔚然成风。

赖斯致力于通过陶器数据研究人类行为，尤其重视陶器生产专业化。她根据危地马拉山谷白陶专业化的博士论文研究，提出了一个陶器生产专业化发展的初步模型。[1] 从危地马拉山谷白陶的案例可见，经济专业化与社会复杂化密切相关，赖斯认为这也意味着资源的差异化分配和社会化管理。由此，她提出模型的前提假设：手工专业化代表了对某种资源的差异化的获取和利用模式，例如仅限于特定的社会阶层。

这个模型在理论上是一个连续体，但赖斯将其分成了四个步骤以便解释：第一，最初几乎每个家庭都从事陶器生产活动，它们的资源获取能力相同，生产的非标准化体现在技术特征与形制的高变异性、社会功能差异的不明显，

---

[1] Rice, Prudence M.（1981）. Evolution of specialized pottery production: A trail model. *Current Anthropology*, 22（3）, 219-240.

以及陶土原料组成、陶器形制和设计在遗址中分布的不均匀性；第二，陶工逐渐发展出某种低层次、非正式的专业化，例如家庭之间的陶器交换，住在黏土资源附近或技术更好的人制作更多陶器，这体现在制作技术的提高、某些种类器物的陶土组成标准化、装饰风格变异性降低、标准化产品分布更广等方面；第三，随着社会分化加剧，新兴贵族阶层掌控相关产品的生产和交换，陶工的压力和危机也日益增加，部分贵族商品可以通过一些特征辨别出来，如精美的装饰、陶土标准化或新资源的强化利用、标准化陶器更加有限或特殊的分布情境等，同时贵族之间的分权竞争使得陶器总体上的变异性大大增加；第四，进入分层社会后，生产行为和产品皆趋向于高度标准化，精英索取贡品的行为在经济活动中扮演重要角色，并促成乡村地区的强化生产，这个阶段可能发现陶器标准化生产的场所、工具和批量生产的标志，后者如实用器形标准化、便于叠放运输的器物特征、大量原料和成品的存放等，此时的标准化产品分布更为广泛，实用陶器的陶土原料也逐渐标准化。

　　上述模型是赖斯根据危地马拉白陶的研究构建出来的，所以她使用了另一个遗址巴顿瑞米[①]（Barton Ramie）的数据对模型进行了检验。这个遗址的陶器数据通过统计学分类量化后，使用曲线图表现陶器变异性的分布模式，赖斯还借用了生态学中丰富度（richness）和均匀度（evenness）的概念以对应模型中的检验标准。检验结果显示：巴顿瑞米的陶器呈现出趋向标准化的大体趋势，最早出现的红陶变异性急剧降低印证了模型第二步中对资源获取的限制，可能是早期贵族陶器的标准化；各类陶器都出现了变异性下降—增加—再下降的趋势，中间的变异性升高的峰值体现了模型第三步中提到的贵族陶器竞争品种的出现。总之，赖斯认为这个模型在一定程度上可以解释巴顿瑞米的陶器数据。

　　这篇论文所发表的《当代人类学》（Current Anthropology）也刊登了同行评论与作者的回复。针对赖斯模型的主要质疑集中在三个方面：第一，对社会政治演变和陶器专业化发展相关性的质疑——陶器专业化未必是社会政治需求的结果，很多其他因素可能在其中起到关键作用；第二，对专业化和陶

---

　　① 低地玛雅遗址，在今伯利兹境内。其发掘的参与者包括定居模式研究的先行者戈登·威利（Gordon R. Willey）、在玛雅低地开展定居模式调查的威廉·布拉德（William R. Bullard）及推动使用类型学方法处理玛雅陶器资料的詹姆斯·吉福德（James C. Gifford）等。

器数据之间关联性的质疑——变异性数据的波动未必是专业化过程的结果；第三，评论还提出了很多模型中未考虑到的变量。赖斯在对这些质疑的回应中，强调上述模型只是初步的开拓性研究，绝不是排他性的，而是为了推动对工艺专业化的研究和重视。她的目的是强调"中程理论"在构建行为阐释上的作用，从而提倡一种研究范式。此后，她依然保留了对陶器生产专业化问题的关注。

赖斯的另一个理论关注点是科技分析背景下的陶器分类及类别概念的界定。[①] 无论是危地马拉白陶研究还是巴顿瑞米的陶器数据分析，她都遇到了分析单位的问题——究竟应该将什么样的陶器作为一"类"来进行分析或比较？

赖斯认为，传统考古学使用的类型 – 变异系统（type-variety system）是基于风格属性的聚类而定义的，也就是基于外观形状和装饰，这些变量多对时间敏感。与这种分类法密切相关的是早期对年代学的关注，以及将陶器作为相对年代判断标准的研究目的。这类传统研究问题已经被与社会、行为或"过程"相关的问题所取代，然而相对应的陶器研究基础程序——陶器分类命名——却止步不前，新兴的陶器科技分析和民族考古学几乎没有给这一领域带来新的影响。评估时空关系时所使用的分类方案并不一定适用于其他研究目的，保守的分类系统甚至会阻碍陶器研究的发展。陶器科技分析开启了新的观察维度，如陶器组分，而现有的类型系统与科技分析的目的和结论并不能够很好地融合。

为了了解陶器分类的本质，赖斯回顾了罗伯特·邓内尔（Robert C. Dvnnell）对"分组"和"分类"概念的区分。邓内尔指出"分组"是现象学领域的，是对实际物体或事件的排列，而"分类"是概念领域的，是对属性或特征的排列，并且二者又各自分为等效的和等级的两种亚类。[②] 然而，组和类仅仅是数据或概念的组织，被用作推理和解释的基础，重要的是必须针对特定问题进行分类——赖斯认为在陶器研究中，分类学只是方法和工具，而不是目的或结论。具体来说，她站在陶器科技分析研究者的角度，认为在过

---

① a. Rice, Prudence M.（1976b）. Rethinking the ware concept. *American Antiquity*, 41（4），538-543. b. Rice, Prudence M.（1982）. Pottery production, pottery classification, and the role of physicochemical analyses. In *Archaeological Ceramics*（pp. 47 - 56），edited by Jacqueline S. Olin and Alan D. Franklin. Washington, DC: Smithsonian Institution Press.

② Dunnell, Robert C.（1971）. *Systematics in Prehistory*. New York: The Free Press.

程论研究中，分类单元应当具有解释意义，应该是"文化"上的真实单元，应当在科学上可测试、可验证，而不是仅存在于古代陶工思想中的心理模板。由此，她提出应当扩大已有的"器皿"（ware）概念的使用。这一概念在美国考古学中由来已久，是基于陶土质地和表面处理这两项主要技术特征的单位，较为符合理化分析研究陶土成分的需要。她最初思考将"器皿"的概念定义限于表面处理属性，因为这样更便于与类型 - 变异系统相协调。[1] 而随着实际研究经历的丰富和科技方法的发展，她的想法有所改变，提出这一概念应当完全基于陶土成分来定义，并以"陶土器皿"（paste ware）命名类别。此外，器皿的类别也应当按照类型系统的原则而组织，形成自上而下的层次结构，这种分类将能够融入更广泛的、以问题为导向的研究。[2]

赖斯在她的学术生涯中，一直探讨与改善以问题为导向的陶器分类法，并应用到其所主持的项目中，早期如马坎奇岛陶器的分类，晚期如科沃赫、伊察陶器的分类。后期的研究中，她逐渐放弃了彻底颠覆传统分类法的不实际想法，更加注重将这种问题导向的分类融入传统的类型系统，而不是脱离主流、独立于其外，这使之成为一种更加实用且具有包容性的分类思想和研究思路。[3]

在考古实践方面，赖斯就读博士期间参与了对危地马拉佩滕湖区的实地调查，开启了对低地玛雅的研究。此后，赖斯夫妇及他们的学生共同完成了一系列针对这一区域的考古实地调查，在地域上勾画出一条自东向西的清晰脉络，相关研究在赖斯的学术历程中占据主导地位。1973—1974 年，赖斯夫妇在爱德华·迪维[4]（Edward S. Deevey）的指导下，开展了亚萨哈 - 萨克纳布（Yaxhá-Sacnab）历史生态学项目，调查玛雅定居点在佩滕湖区最东部的亚萨哈湖和萨克纳布湖湖岸的分布和规模数据，判断人口的定居动态，评

① Rice（1976b）.

② Rice（1982）.

③ Rice, Prudence M.（2013）. Type-variety: What works and what doesn't. In *Ancient Maya Pottery: Classification, Analysis, and Interpretation*（pp. 11–28）, edited by James J. Aimers. Gainesville: University Press of Florida.

④ 爱德华·迪维（1914—1988），美国湖沼学家、生态学家、人类学家，历史生态学（Historical Ecology）概念的早期提出者和践行者，中央佩滕历史生态项目（CPHEP）的主持者。这一项目试图解释不断变化的气候环境给低地玛雅的人类活动带来的影响。

估环境的差异和变化带来的影响。[①] 接下来的数十年中，相关调查逐渐延伸到中部的马坎奇湖（Macanché Lake）、萨尔佩滕湖（Salpetén Lake）及西部的佩滕伊察湖（Petén-Itzá Lake）。在中央佩滕历史生态项目（Central Petén Historical Ecology Project，简称为 CPHEP）的大框架下，这一系列横跨历史学、生态学、地理学和人类学的调查研究项目为掌握佩滕湖区玛雅文化的基本信息打下了基础。本章第三节将对赖斯的具体陶器研究进行介绍，在这里首先强调的是，这些陶器研究都建立在广泛历史生态学调查的基础之上，不应当被孤立地看待。

第二节　世纪的耕耘：《陶器分析：资料手册》

赖斯在陶器理论研究方面最广为人知的成就莫过于她的著作《陶器分析：资料手册》，这部作品在 1987 年首次出版，被认为是谢泼德的经典作品《为考古学家书写的陶器分析》的继承者乃至替代者。在将近 30 年之后的 2015 年，《陶器分析：资料手册》再行改版，赖斯对其中的思路、结构、形式、内容组织等都进行了大量的调整和更新，纳入了更多新理论和新成果，充分地展现了这 30 年间考古学界陶器研究思想的革新，同时也表现出了她自身学术方向的选择。

一、《陶器分析：资料手册》第一版

1987 年，赖斯在佛罗里达大学人类学系执教已有 10 年。在这期间，她的研究重心持续聚焦于佩滕湖区的低地玛雅文化和陶器科技分析，直到 1986 年前后，她所指导的秘鲁莫克瓜酒厂项目（Moquegua Bodegas Project）启动，在佩滕湖区的田野工作方告一段落。1987 年是前一阶段研究开花结果的一年，她的两部著作《陶器分析：资料手册》和《危地马拉佩滕地区马坎奇岛：发掘、陶器和人工制品》同年问世。关于马坎奇岛陶器的研究将在后文中具体介绍，这里首先关注赖斯的陶器理论方法著作《陶器分析：资料手册》。

在 1987 年第一版《陶器分析：资料手册》中，赖斯首先定义了这部著作

---

① Rice, Don S. and Prudence M. Rice.（1980）. The northeast Peten revisited. *American Antiquity*, 45（3），432-454.

的定位、目标、写作方式和组织方式①，贯穿其中的是赖斯对陶器分析研究现状的理解和对其未来的展望。这本书的内容是关于陶器研究中的概念和重要议题的，它不仅仅面向人类学、考古学等社会科学家，也面向物理学家和材料学家，后者的专业知识正越来越多地用于科技分析。

赖斯的写作目标有三个：第一，她将这部著作定义为一本广泛的教学参考书，所以非常强调其中的概念和术语，希望借此促进各个相关学科读者之间的交流和理解。在这一点上她的作品显然和谢泼德的有同样的考量，不同之处在于赖斯本身接受的人类学训练让她更能从人类学、考古学的研究角度来看待和组织这些问题。第二，这本书尝试将当时各个领域的陶器研究组织成一个综合结构，这些有相当跨度的领域包括人类学和考古学研究、实验室研究、技术和文化的理论等等。第三，就考古学陶器而言，理论、阐释、整合上的不足与迅速发展的陶器分析技术已经脱节，缺乏理论和整合很容易导致对复杂问题的分析过度简化，因此作者希望充分介绍并引起人们对陶器相关问题复杂性的关注。

考虑到这本书的教学参考书性质，赖斯采用在深度和广度上较为平衡的写作方式。她选择了一些重要的议题和研究方法开展介绍，从其发展情况、具体方法、优缺点等几个方面进行梳理，并提供充足的参考文献以供深入研究。同时，她不希望去告诉人们应该如何研究陶器，而是介绍各种程序和方法，并且分析它们能得出的结论与不足之处。她也回避了过于具体化、个性化的问题，例如考古现场处理和数据记录等。

这部著作共有五个部分。第一部分介绍陶器的时空发展，总结了世界各地陶器的起源和历史。第二至四部分是主体部分，第二部分讨论陶器制作的原材料，介绍它们是如何影响陶器构造、陶器使用的原理，以及如何形成对陶器的科学分析和解释；第三部分重点介绍民族志和民族考古学在陶器生产和使用方面的观点，其中尤其关注这些行为在考古记录上的体现；第四部分讨论陶器的物理、机械、热、矿物学和化学性质，对考古学陶器的科学分析方法进行全面介绍。第五部分探讨了现代技术发展、殖民主义和旅游业对陶器发展和史前陶器研究的影响——考古学家既要充分认识民族志数据的价值，也

---

① Rice, Prudence M.（1987a）. *Pottery Analysis: A Sourcebook*. Chicago and London: The University of Chicago Press. pp. xxi–xxii.

要意识到古今类比中不可忽视的差异性。

从基本结构上，赖斯的《陶器分析：资料手册》和谢泼德的经典之作都包含三个主体部分——陶器制作的原料及其性质、陶器制作的工艺技术、研究陶器的方法，但其中的具体视角和关注点有所不同。谢泼德具有陶艺家的身份，她更注重工艺技术本身，以及具体研究方法的操作，而赖斯立足于谢泼德的先驱之作，加入了前作出版三十多年来的最新成果，并将更多笔墨放在了与"人的行为"相关的方面，体现了过程考古思潮的彻底浸润。同时，更多站在考古学家的立场上，在各个内容主题中提出了很多极具实际意义的"注意事项"（cautions），这些注意事项正是陶器研究"复杂性"的体现，为考古学阐释提供了重要参考。谢泼德开辟了一条崭新的大道，告诉我们陶器的各项分析研究"是"如何的，而赖斯则尝试描绘这条道路上的条条小径和磕绊，警告我们研究的阐释"未必是"如何的。

戈登·布罗尼茨基[①]（Gordon Bronitsky）对这两部作品进行了比较[②]，总结了内容上最显著的四方面差异，我们可以从中一窥赖斯对经典先作的继承与发展。第一，在陶器原料部分，赖斯扩充了黏土的定义，详细地从沉积情况、粒度、化学组成、矿物学和商业用途五种维度定义黏土，这些维度与陶器性能、陶工选择及陶器科技分析等过程考古研究视角密切相关。第二，赖斯在陶器装饰风格分析方面的篇幅大大缩减，布罗尼茨基指出这实质上表现出这本书的整体视角从文化历史框架中狭义的类型学问题，转向更广泛的技术能力及变化问题。[③]她梳理了各项设计分析理论和方法的发展脉络，尤其关注新近的风格信息理论（information theory），对应用案例只是简单介绍。第三，赖斯系统地表达了她对科技分析发展背景下陶器分类的理解，并增加了对考古学的采样和统计分析程序的剖析。她强调以解决特定的问题为目的，开发新的分类方案，其目标应当从建立年表转为解决风格或形态／功能的相关问题。对陶器定量研究程序问题的论述，则指导了如何最大程度地避免考古分析程序造成器物数据的"变异性（variability）"（这会干扰我们可观测的变异

---

① 戈登·布罗尼茨基，美国人类学家、考古学家，亚利桑那大学 1977 届博士，主要研究方向为北美史前文化和原住民。

② Bronitsky, Gordon.（1987）. Review of *Pottery Analysis: A Sourcebook* by Prudence M. Rice. *The Kiva*, 53（1），77-80.

③ Bronitsky（1987）.

性所昭示的文化现象），也体现了新考古学所强调的科学性。第四，赖斯延续
并加强了谢泼德对陶器作为一种经济活动的关注，谢泼德在其著作的"陶器
数据阐释"一章撰写了一节，简略点明了陶器的这一研究维度，而赖斯的著
作则以整个第六章的篇幅，结合经济人类学和民族志研究的观点详细论述了
这一问题。

　　赖斯认为，尽管民族志在陶器制造技术上提供了丰富的信息，但在考古
学依据民族志，重建的陶器生产模式并没有坚实的基础。当时的民族志对陶
器生产的社会经济组织尚未进行综合的研究，而考古学使用陶器中编码的行
为信息来推断生产，这些残留信息在民族志中也没有用以广泛对比的数据。①
《陶器分析：资料手册》第六章从组织和经济的角度讨论陶器的生产和分配，
重点关注生产和分配的安排方式、生产和分配二者的关系，以及这些数据对
重建史前状况的意义。赖斯回顾了既有模型，它们是欧洲经济史的遗产，在
史前陶器研究上存在很多缺陷，包括传统的直线进化论、对手工业和农业关
系的简单化理解、偏向关注工业化进程等，而史前陶器研究的理论建设实质
上存在空白。

　　在陶器生产和分配的研究议题中，赖斯首先关注的是陶器在何处生产，
以及生产是如何组织的——这是研究分配活动的必要前提。其中生产地点主
要通过历史记录、遗物空间分布，以及产地分析来实现。生产组织又包括生
产规模和生产模式，她批判性地介绍了当时理论界盛行的四种生产模式——
家庭生产（household production）、家庭产业（household industry）、个体作
坊（individual workshop industry）、核心作坊（nucleated workshops），认为
它们过于宽泛的概念表述并不利于手工专业化的研究。她转而支持用地点专
业化、生产者专业化、资源专业化的具体概念来理解专业化。此外，赖斯还
着重讨论了强化生产（intensification）和专业化生产（specialization）的概念
差异，对这两种情况的内涵和意义进行了辨析。

　　赖斯对生产模式的论述体现出了一种开放的态度，她不拘泥于前人提
出的模型，同样也将自己此前提出的专业化模型置之一旁，而是通过将这
个问题分解成单独的、含义明确的概念，以适应于不同的专业化研究方向，
其中又尤其偏重考古学研究的视角。地点专业化（site specialization）直接

---

① Rice（1987a）：168.

适用于考古学研究中手工专业化的某些方面，而生产者专业化（producer specialization）则属于更广泛的强化过程范畴，需要进一步细分才能用于考古学。[1]另外，赖斯提出了资源专业化（resource specialization）的定义：陶器制造中特定资源的选择性利用——这一概念与考古学陶器的产地分析十分契合，对于手工专业化研究具有一定意义。

在陶器分配问题方面，赖斯整理了民族志对分配行为的记录，包括互惠（reciprocity）、再分配（redistribution）、交换（exchange）三类分配行为，以及陶器从生产者转手给使用者的五种途径。当然，她也指出这些都是理想化模型，实际情况相当复杂，更可能是兼有的。在考古学上主要通过器物的占比数据和空间分布情况来研究这些分配行为。赖斯在书中延伸了此前专业化模型中提出的数据处理方式，介绍了使用分布曲线图的其他研究，并且详细论述了用标准化和多样性阐释人工制品变异性的原理和案例。

《陶器分析：资料手册》恰如其名，尽管未能提出任何革命性的理论，但它汇编与综合了陶器研究领域的诸多关键文献，为考古学陶器研究做出了巨大贡献。这部作品继承了谢泼德的传统，又展示了仪器物理科学技术与民族考古学这些新方法的起步与腾飞，在概念和内容上呈现出百科全书式的广博。尽管任何一位深入研究其中某一主题的评论家都可能会发现争论和批评的点，但这无损于该书在推广陶器理论、阐发陶器研究思路上的时代性价值。

二、20 世纪 90 年代以后对陶器理论问题的其他探讨

在《陶器分析：资料手册》出版后，赖斯虽然将更多的精力投入低地玛雅和秘鲁南部的考古调查，以及对玛雅文化的具体研究，但是她也始终关注着考古学界陶器研究理论的更新，并注重对这些新理论方法的总结思考。她在理论方法上紧跟潮流、与时俱进，结合自身的研究项目和学术兴趣点，形成了一系列陶器理论研究成果和评述，也为后来《陶器分析：资料手册》一书的修订打下了坚实的基础。

（一）陶器生产专业化

陶器生产研究一直是赖斯的研究重点，从 1981 年提出初步模型、1987 年出版《陶器分析》以来，她持续深入思考陶器生产的研究方法，尤其是生产

---

① Rice（1987a）：190-191.

专业化问题，广泛综合地探讨学界的各种观点。

手工专业化是陶器生产的主要议题之一，但是对它的考古学研究困难重重。首先，考古学上的专业化判断标准和民族志的判断标准关联性很低[①]，当时针对陶器生产的长期民族志调查仍十分缺乏，并且历经殖民时代与工业化的大变动后，民族志的研究结果能否直接与史前的生产情况进行类比存在疑问。其次，考古学对生产安排的观察受到众多因素的影响，包括生产者与消费者的关系和数量、从事专业化生产的时长与周期等。再次，深受民族志影响的专业化概念在考古学中显得模糊而难以界定，为考古学的手工专业化研究带来了很多争论与障碍。

赖斯支持从考古学的视角，将研究焦点从被视为"生产模式"的具体组织关系，转向从更广泛意义上，将其视为具有不同考古表现形式的一种模式，即上文提到的地点专业化、生产者专业化、资源专业化，以及后来补充的功能／产品专业化的概念。生产者专业化是人们普遍认知上的手工专业化，但在考古学研究上难以应用；地点专业化仰赖于生产地点的直接证据；资源专业化是赖斯提出的，尤其是针对陶器科学分析的产地研究，这又源自谢泼德对格兰德河流域的研究[②]；功能／产品专业化则可以从陶器产品这种间接证据中进行观察。

其中，产品专业化的观察视角日益受到关注，赖斯也是积极的开拓者，她对1981年初步模型中使用的多样性测量方法进行了改进。多样性的概念转借于生态学领域，是衡量过程考古学家所提出的"人工制品变异性"（artifact variability）的方法之一。赖斯详细剖析造成和限制陶器产品变异性的因素，思考多样性指数和陶器生产之间的关系。为了避免多样性衡量方法被不恰当使用的风险，她总结了在考古学陶器上衡量多样性的标准，包括对比较单元的性质要求、样本量要求，以及用作衡量多样性的陶器属性的选择。

---

① Rice, Prudence M.（1989）. Ceramic diversity, production, and use. In *Quantifying Diversity in Archaeology*（pp. 109–117）, edited by Robert D. Leonard and George T. Jones. Cambridge: Cambridge University Press. p. 109.

② Shepard, Anna O.（1942）. Rio Grande glaze paint ware: A study illustrating the place of ceramic technological analysis in archaeological research. *Contributions to American Anthropology and History*, no. 39, Publication 528. Washington, D.C.: Carnegie Institution of Washington.

在关于专业化研究的综述 [①] 中,赖斯广泛总结了最新研究中的专业化原因和专业化类型。她在 1981 年提出的模型将社会政治因素作为推动专业化生产的主要原因,她也广泛涉猎了其他学者的研究,涉及由经济因素、定居和强化生产因素、生态或环境因素驱动的专业化进程。她总结认为,这些过程都直接或间接涉及复杂社会发展中的人口增长和集聚。在专业化的类型方面,尽管赖斯提倡探索具体的考古学表现模式,但是她也同样了解其他通过各种参数划分的专业化类型,如卡拉·西诺波利(Carla M. Sinopoli)的管理生产、集中生产、非集中生产 [②],以及凯西·科斯汀(Cathy L. Costin)根据生产情境(独立或附属)、地理集中程度、生产单位规模和生产强度四个参数得出的八种专业生产组织类型 [③] 等。

(二)陶器研究发展的综述

赖斯对整个陶器研究领域发展的持续关注体现在她 1996 年发表的两篇关于陶器分析研究进展的综述性文章 [④],其中总结了从 1987 年《陶器分析:资料手册》出版以后出现的新成果,从功能研究、风格分析、陶器起源、组成分析、陶器生产和理论方法六个方面,论述了陶器研究在这不到十年间的迅猛发展,她尤其从综合性视角关注了发展趋势、领域交叉,并进行了批判性的评论。赖斯也开始意识到在文献急剧增长的情况下,陶器研究的综述不得不做出取舍。

首先,赖斯对比了《陶器分析:资料手册》之后的另外两部关于陶器研究

① Rice, Prudence M. (1991). Specialization, standardization, and diversity: A retrospective. In *The Ceramic Legacy of Anna O. Shepard* (pp. 257−279), edited by Ronald L. Bishop and Frederick W. Lange. Louisville: University Press of Colorado.

② Sinopoli, Carlo M. (1988). The organization of craft production at Vijayanagara, South India. *American Anthropologist*, 90, 580−597.

③ 科斯汀提出的八种专业生产组织类型是:个体专业化(individual specialization)、分散式作坊(dispersed workshop)、社区专业化(community specialization)、核心作坊(nucleated workshop)、分散式徭役(dispersed corvée)、附属个体(Individual retainers)、核心式徭役(nucleated corvée)、附属作坊(retainer workshop)。Costin, Cathy L. (1986). *From Chiefdom to Empire State: Ceramic Economy among the Prehistoric Wanka of Highland Peru*. Ph.D. dissertation, Department of Anthropology, University of California, Los Angeles.

④ a. Rice, Prudence M. (1996a). Recent ceramic analysis: 1. Function, style, and origins. *Journal of Archaeological Research*, 4 (2), 133−163. b. Rice, Prudence M. (1996b). Recent ceramic analysis: 2. Composition, production, and theory. *Journal of Archaeological Research*, 4 (3), 165−202.

的综合性著作，并从中确立自己的特色：一方面，她再次强调陶器分析和阐释问题的复杂性，反对过于简化地理解问题，尤其是关于风格分析和陶器生产的"标准化""多样性"等观点；另一方面，在对数据量化处理、陶器组合等传统问题投入一定关注的基础上，囊括器物功能研究、生产和分配等最新过程考古学议题尤显重要。①

陶器功能和使用方面，赖斯关注到实验考古学、民族考古学、残留物分析这些互相交错的领域为学科带来的重大进展，这些方法主要涉及陶器的技术性能。相较之下，风格分析领域则进入了盘点现有成果的阶段，"中程理论"日益受到重视，以理论批判和融合性研究为主要趋势。她强调根据民族志或民族考古学的研究结果来分析史前器物风格，将人工制品回归到情境中来解读它们的含义，这在她的风格分析实例中有所体现（见本章第三节）。陶器起源研究的突破性进展在于，越来越多的关注落到了流动狩猎采集群体中的陶器使用，同时，更加重视女性参与的性别视角也在重塑关于陶器生产的基本观念。陶器组分研究的新成果同样在于对方法和技术的批判性思考，这些思考不仅完善分析程序，也可能为建立陶器组成分析研究中的"中程理论"开辟新路。赖斯对陶器生产研究的回顾不再仅限于专业化问题，而是囊括了基本的陶器制作研究、产地研究、陶窑的发现等方面。在专业化问题上，她发现由于对多样性概念的严重负面观点，这一方法并未得到广泛应用；相对地，"标准化"（standardization）假设受到了更多青睐，因此，她针对"标准化"的概念和应用要点进行了分析。最后关于方法和理论，赖斯广泛论述了遗址形成过程、器物组合形成过程、颜色测量、进化考古学等出现了极大进展或当时最受关注的领域。

最后，赖斯总结了十项观察结果，描绘了当时考古学界有关陶器研究的趋势、挑战与不足，这些总结包括：（1）考古学家和民族考古学家在量化研究问题上受到的挑战；（2）陶器研究者日益关注数据的可及性和可比较性；（3）考古学家和科技考古学家（archaeometrists）之间缺乏真正的研究合作；（4）考古学家正努力从现有的方法中挖掘更多信息，从而更有创造性地去解决问题；（5）亟须针对陶器的长期研究，尤其是长期的民族考古学研究；（6）考古学家不加批判地借用民族考古学研究的同时，却往往忽视了历史考古学家的陶器研

① Rice（1996a）:137.

究成果；（7）"融合"（integration）成了陶器研究中的格言，包括生产与分配的结合、风格与组成或功能的结合、民族考古与考古学的融合等；（8）陶器研究中的自省自问带来了有益的发展；（9）仍有很多民族考古学家还未认识到将现代和史前文化进行类比时存在的问题；（10）仍有陶器研究者倾向接受对高度复杂问题的过于简单的解答。[①] 这些问题每一项都是一个深刻的警示或提醒，值得研究者反复深思与反省。

（三）陶窑研究与陶器起源研究

在 20 世纪 80 年代下半叶，赖斯开启了在南美秘鲁莫克瓜的酒厂调查项目。尽管这项研究聚焦于 16 世纪殖民时期到来以后的制酒产业，与她以往的史前陶器研究跨度甚大，但是在对莫克瓜陶窑的实地考察中，赖斯还是获得了一些独特的灵感。她区分了用于烧制陶器的大窑和用于煅烧的小窑，大窑烧制的产品是用来储酒或运酒等与制酒工业有关的陶容器，而在相关调查过程中，她对陶窑也产生了兴趣。她编辑了《史前和历史时期的陶窑》（*The Prehistory and History of Ceramic Kilns*）一书，尽管她并未作为陶窑的专业研究者在其中发表文章，但在前言中充分体现了她对窑炉定义的思考，以及对陶窑类型的归类总结。[②] 此外，在将制陶视为一种经济活动的观念中，陶窑的建造、维持、运作和烧制策略密切相关，因此她也探讨了无窑和有窑两种烧制策略与相应的燃料消耗情况，这是在消耗与产出之间实现平衡的要点之一——这方面讨论不限于史前，而多涉及从史前向历史时期的转型过程。

陶器起源研究是赖斯之前较少涉及的领域，她在 1999 年的文章[③]中对已有的陶器起源理论进行了评述，指出这些理论只是从不同的视角来考虑，而并非互斥。通过罗列分析世界各地早期陶器的考古材料和研究，她认识到陶器起源比新石器时代的转变显然更早，而早期用黏土制作的威望物品、技术上尚未成熟的"亚陶器"（subceramic）或"软陶"（software）在起源研究中

---

① Rice（1996b）：187-191.

② Rice, Prudence M.（1997）. Introduction and overview. In *The Prehistory and History of Ceramic Kilns*（pp. 1-10），edited by Prudence M. Rice. Westerville OH: The American Ceramic Society.

③ Rice, Prudence M.（1999）. On the origins of pottery. *Journal of Archaeological Method and Theory*, 6（1），1-54. 中译本为：《陶器的起源》，陈继玲译，《南方文物》2017 年第 3 期，第 241-261 页。

应当受到重视。从环境上，她总结发现早期的陶容器最常见于丰富多样的热带、亚热带地区，以及河流或沿海的复杂狩猎采集地区，这种催生陶器起源的独特背景条件值得进一步研究。在起源模式上，她因此支持布瑞恩·海登（Brian Hayden）的夸耀者（aggrandizer）、强化（intensification）、竞争宴飨等概念模型。[1]但她同时持有开放的态度，认为更有可能的情况是，在不同环境、不同时间、不同生存策略的人类群体之间，陶器起源遵循了多条路径，进化道路并不是单一的。

三、《陶器分析：资料手册》第二版

2015年，在赖斯退休的4年之后，也是《陶器分析：资料手册》出版的28年后，这本书的第二版问世。时隔将近30年修订的新版著作，在各个层面上都有相当大的改动，反映了在此期间赖斯的陶器理论思想和学术关注点的变化，同时也映射出这30年间美国考古学界陶器研究理论的革新思潮。

赖斯在第二版的前言中补充回顾了她写作《陶器分析：资料手册》的心路历程，一个重要的写作动机就是在20世纪80年代，被奉为考古学家的圣经的《为考古学家书写的陶器分析》已经与当时的考古人类学不合拍了。她总结道：从谢泼德的作品之后到她自己的第一版《陶器分析：资料手册》，陶器研究方面的重要事件是理化分析及其在研究产地和贸易方面的应用成果，而从第一版到第二版之间的新动向在于人类学理论中对物质性的强调，以及民族志研究的重大贡献。[2]考虑到多年来陶器研究的迅猛发展，相较于第一版内容的普遍性和广泛性，在第二版的时候，想要囊括所有的新成果、覆盖所有的理论和议题已经不可能了，所以赖斯在写作第二版时基于自身的经历对内容进行了重新筛选，更加聚焦于她所熟悉的美洲考古，以及加入更多历史考古学内容。她也展望在第二版出版以后的未来，陶器技术研究的重要革新或许将立足于自动化、数字化、高分辨率、三维图像处理和断层扫描技术等新领域。[3]同时她也声明了她的学术立场——考古学陶器研究的新理论、新方法层出不穷，而基于她自

① Hayden, Brian. (1995). The emergence of prestige technologies and pottery. In *The Emergence of Pottery: Technology and Innovation in Ancient Societies* (pp. 257−265), edited by William K. Barnett and John W. Hoopers. Washington, D. C.: Smithsonian Institution Press.

② Rice (2015): xxiv.

③ Rice (2015): xxiv.

己的文化环境，她承认对科技方法和实证主义的偏好，因此著作仍聚焦于过程和行为考古学的研究方法，如民族考古学，而非后过程论。

除了关于陶器原料的基本原理部分，第二版相较于第一版的改动是相当彻底的，从整体结构、章节划分，到具体内容、使用案例、索引文献等无不翻新。章节结构更为合理，而行文排布也更符合参考书的阅读习惯。在此，从六个方面尝试性地总结第二版最值得注意的修订之处。

第一，整体结构的大调整，呈现出对陶器研究更清晰的思路。最明显的改动是增加的第五部分"研究问题：考古学陶器的阐释"，这部分的内容基础来自第一版中分布于不同部分的研究议题，如陶器经济学、器物功能研究、装饰风格研究和其他特殊议题。这一部分的单独列出使得整书的逻辑结构更为合理，从理论（陶器原料的科学原理）到方法（民族学方法和科技分析），再到阐释，更加突出了对陶器分析结果阐释的重要性的关注，即如何从文献、数据到文化上的假设和推论。细部的结构调整也同样遵循更加合理的逻辑结构。在全书篇幅差异不大的情况下，章节数量从第一版的十五章到第二版的二十六章，将原本写在一章的不同主题拆分，使各个主题更加聚焦，更好地起到提供索引、便于开展教学的作用。

第二，著作的结构和内容更注重"行为"导向。在第一版中，赖斯更倾向于使用"过程"（processual）一词来定义自己的关注点和方法，而第二版中"行为"（behavioral）的研究取向几乎被提升到了同样的高度。她在第二版前言中声明"关注点更多在过程和行为方法"[1]，更是直接将第三部分的标题改为"行为：陶器制作的民族学视角"，体现出对自身使用"行为"方法的坚实定义。强调"行为"研究取向体现出了考古学界的新思潮，迈克尔·希弗（Michael Schiffer）等人在 20 世纪 70—80 年代提出了"行为考古学"（见本书第五章第二节），对考古学方法论产生了重大影响，赖斯也关注到了这一点，在第二版中，她不仅介绍了希弗及其学生创立的行为考古学方法，将之作为第二版的重要的理论参考，还纳入了 20 世纪晚期在这类思想指导下，民族考古学和实验考古学的大量新研究成果作为内容案例。

第二版对考古学阐释和行为考古学方法的加强，还体现在各种细部内容的调整上。在此以陶器原料相关原理的介绍为例，窥视本书在章节排布和内

---

[1] Rice（2015）：xxvi.

容编排上更突出陶工行为相关因素的证据。例如，第一版的第三章"黏土属性（一）：黏土／水系统"在第二版中拆分成了三个章节，将黏土加入水分获得可塑性、失水失去可塑性的过程、黏土之外材料的变化三个部分单独成章。这样，对可塑性和干燥收缩的影响因素的探讨得以提升到更重要的位置而单独成小节，而黏土的可塑性和干燥收缩恰恰是陶器制作过程中与人类行为最重要的关联点。通过对各种因素的剖析，可以发现人类的行为选择（如黏土选择、干燥方法）对这两个过程的影响是显著的。另外，第二版第六章"黏土加热变化"虽较之前版篇幅不变甚至还有所缩减，但逻辑结构明显完善。第一版以各种不同成分的加热变化为线索，最后再以总结形式叙述以温度为线索的烧制变化，有重复之嫌；第二版则直接以温度为线索，以 900℃为分界线，分述低温和高温两个温度阶段发生的成分变化和相变[1]（phase change）——这种逻辑更符合行为研究的需求，因为与陶工行为相关的是温度，而不是单独的矿物学组分，这更体现出研究陶器的考古学家的思路，而非研究个别矿物类别的材料学者视角。类似的以行为研究和考古学阐释为导向的结构内容调整贯穿全书。

第三，针对考古学陶器分析理论方法的增补完善和脉络梳理。 在介绍理论方法的第十二章中，赖斯从她的理论起点陶器生态学开始追溯，纳入了此后很多新的概念和方法。[2]首先介绍了实验考古学和民族考古学，并提及两个关注陶器的长期民族考古项目：菲律宾的卡林加项目和墨西哥恰帕斯的玛雅高地项目。民族考古学因为缺乏整套的理论而受到批判，也由此发展出了进化考古学，尽管它在理论上仍旧饱受争议，但无论是民族考古学家还是进化考古学家都更为关注学习策略（learning strategies）、物质技术的文化传递（cultural transmission of material technologies）这样的基本问题。继而是关于技术选择的理论介绍，包括了操作链方法、惯习理论、技术风格和设计理论等相关研究策略。最后叙述了行为考古学和生命史的研究方法。希弗及其学生的研究和他建立的传统技术实验室得到了广泛的支持，他们将实验考古

---

① "相变"指的是物质在外部参数（如温度、压力、磁场等）连续变化之下，从一种相转变为另一种相的过程。物质系统中，物理、化学性质完全相同，与其他部分具有明显分界面的均匀部分称为"相"，最常见的"相"有固相、液相、气相等。

② Rice（2015）：211–212.

学的方法应用到无数陶器技术、器物性能和遗址形成过程的研究中。生命史方法则是将对物质性和技术的兴趣与能动性理论相结合的产物，研究从制造到废弃的整个过程中，以及器物在不同社会、经济和政治背景下与人类的互动。这些都是从第一版到第二版的近 30 年间，美国（以及欧洲）考古学界关于物质文化研究理论的最新进展。

第四，陶器生产专业化研究方面，总结了理论和方法的新发展趋势。从赖斯 1981 年提出模型以来，关注各种驱动因素的陶器生产专业化模型被提出，更有越来越多对这些模型的质疑和批判，而最新的努力方向，是如何将众多变量结合起来，以阐明不同社会、政治和经济情况下的生产安排和变革，也就是将个体变量与总生产类型解耦，从而允许从理论和民族考古学的角度分别分析它们的作用。赖斯改变了她原有的概念使用，将"社区专业化"和"产品专业化"正式纳入参考书的体系。就产品专业化方面，赖斯顺应学界趋势，将"标准化"的概念及衡量方法提到了首位，而将她最初关注的"多样性"方法放到了次席。此外，她将商品（commodities）和商品化（commodification）作为理解与生产相关的产品分配与贸易的核心概念，出自马克思主义观点的 commodification[①] 取代了前版中的 commoditization，以体现人口增长和社会分化带来的产品市场中的需求增长。

第五，一些具体陶器研究领域最新成果的更新。例如陶器起源研究方面，否定了第一版中认为"陶器是新石器革命中一部分"的观点，关注非定居的狩猎采集群体生产和使用陶器的情况，尤其强调这类人群中陶器起源和社会复杂化的关系。[②] 相较于第一版止步于发现最早陶器的事实陈述，第二版系统地检验了关于陶器起源的假说和建立的模型[③]，这很大程度上来源于上文提及的赖斯此前发表的对陶器起源的研究。又如，陶器烧制研究方面，改变了烧制方法的分类，第一版中提及的传统明火烧制和陶窑烧制很难界定，这种不明确的概念在很多研究中也并不适用，因此改为以燃料和陶器的相对位置作为分类标准，这体现了赖斯在秘鲁莫克瓜的窑炉调查研究中得到的启发。

---

　　① 商品化（commodification）在马克思主义中，特别指原本不属于买卖流通范畴和通过货币实行交换的事物，在市场经济条件下已经转化或变异为可以进行买卖和货币等价交换，市场价值替代了其他社会价值。

　　② Rice（2015）: 8-10.

　　③ Rice（2015）: 10-13.

另外，陶器风格分析方面的各种理论也有很大发展，赖斯对其进行了重新组织。传统互动理论的焦点回归于学习策略和知识传递，风格信息理论则受到更多的重视，赖斯出于她本人的学术研究点，尤其强调了关于视觉可见性（visibility）和图像学（iconography）的方面（见本章第三节）。从20世纪80年代萌生而兴起的后过程考古学和上述陶器普遍性研究理论的革新，也给风格分析带来了深远的影响，如能动性和实践理论鼓励强调性别、身份、具体化（embodiment）和个人角色等，技术风格和技术选择模型也都带来了新的风格分析视角。[①] 为了整合陶器风格研究中的主要分析方法和维度，赖斯提出了一个三维三角双金字塔模型，以风格、技术和功能的三个研究重点为金字塔底座三角形的基点，而上下顶点构成了从个体选择／能动性到传统／限制的连续体。[②]

　　第六，补充了新的陶器科技分析方法和案例，更加聚焦于常用方法。 例如化学分析技术中，第一版中提及光学发射光谱已经不常用，而改进的激光烧蚀电感耦合等离子体质谱（LA–ICP–MS）正在兴起，第二版中就后者进行了进一步介绍。热分析技术统一归入考古测温（archaeothermometry），新增了将三种热分析技术结合的导数热重分析（TG–DTG）和差示扫描量热法（differential scanning calorimetry）。内容中也就各类分析技术介绍了新的案例研究。

　　总而言之，2015年的《陶器分析：资料手册》第二版相对于前一个版本不仅在内容编排和格式上更加符合参考书便于索引的需求，而且加入了近30年来陶器研究的最新进展，尤其表现在考古学陶器分析的理论、生产专业化和风格研究方面。尽管赖斯基于过程考古学家的立场，似乎对后过程论方法持保守态度，但她绝非对此漠不关心或一无所知，这从本书理论的广泛涉猎和她自身的研究实践中都有所体现。

第三节　焕新的思考：陶器研究实践

　　赖斯在陶器理论方面的论述主要集中于两版《陶器分析：资料手册》，然

① Rice（2015）：407.

② Rice（2015）：Figure 24.9, p.409.

而相比于陶器理论家，她更是作为一位陶器研究的实践者，活跃在考古调查和材料分析的前线。从具体个案中，我们可以看到她如何将陶器研究理念付诸实践，也能够从中清晰辨识出她本人主要理论关注点的变化。本节仅选取陶器方面的相关研究，不完全地概述赖斯的主要成果，以探寻她的陶器研究实践与理论之间的印证关系。必须注意的是，她在历史生态学调查、玛雅历法与政治、安第斯殖民历史等方面同样成就斐然，尽管在此略过不提，但这些都构成了其陶器研究的背景与基石。

一、科技分析实践：马坎奇岛陶器分析

赖斯的整个考古学研究生涯中最重要、最一以贯之的研究对象，莫过于佩滕湖区的低地玛雅文化，正如第一节所提及的，她在攻读博士学位期间就与唐·赖斯一起开展了对湖区最东部的亚萨哈湖和萨克纳布湖周边的历史生态学调查，在 1974 年项目完成后，她开始接触一批来自湖区中部马坎奇岛及周边的陶器资料。进入佛罗里达博物馆后，她正式接手了这批在 1968 年由威廉·布拉德发掘出土但尚未完成分析的陶器。然而，赖斯并没有立即对这批材料进行分析与撰写报告。直至 1979 年，针对佩滕湖区的历史生态学调查从最东部的两个湖泊扩展到了其他湖泊，马坎奇湖亦在其列，新项目的开展为原本空白的后古典期玛雅低地建立了基本的历史框架，也促成了对马坎奇岛材料的充分研究与解释。1987 年，赖斯对这批材料的研究报告方正式发表。[1]

针对马坎奇岛陶器，赖斯所采用的研究途径主要有三：第一，在布拉德陶器分类的基础上，吸收新出现的类型学类别并进行重新分类；第二，重点研究后古典期陶器的技术特征，试图建立解释陶衣和陶土变异性的框架，其中包括岩相学、中子活化分析、陶片复烧和浸泡实验；第三，通过显微镜观察、颜色测量和尺寸测量等，对大量陶片进行标准程序研究。[2]

在制作技术方面，根据陶器稳定而较高的技术水平（包括多重陶衣的装饰技术）、灰色有机陶土的持续使用、火云状表面和奶白色陶衣的持续出现

---

① Rice, Prudence M.（1987b）. *Macanché Island, El Petén, Guatemala Excavations, Pottery, and Artifacts*. University Presses of Florida, Gainesville.

② Rice（1987b）: 4–5.

等证据，赖斯认为马坎奇岛和湖区从古典晚期一直到后古典期的定居具有持续性。

对陶土和陶衣的研究是报告中的重点，赖斯关注了 Paxcaman 和 Trapeche 这两类陶器[①]，它们各自类别内部的技术特征都有很大差异，而二者之间则仅以陶衣颜色作为区分标准，前者是红色或橙红色，后者为粉色到奶白色。限于背景资料和样本，她尚无法评估陶土的物理性质和微量元素的考察数据在文化阐释上的意义，但尝试对陶衣颜色变异性进行解释和实验则带来了一条全然不同的思路。后古典期晚段，介于红色和奶白色之间的中间颜色陶片增多，这显然与后古典期早段可能存在的烧制技术较差而无法控制颜色的情况不同，于是针对这一现象，她思考了三种假说：（1）模仿其他陶器，这一假说暂时无法被证实；（2）陶衣组分或烧制技术的变化；（3）陶片沉积后的蚀变。为检验后两种假说，赖斯分别进行了陶片的复烧实验和用酸、碱溶液浸泡陶片的实验，结果显示烧制差异和沉积后的还原反应都能导致奶白色变为橙褐色，因而都有可能解释后古典期晚段中间色陶衣的增多。尽管这一研究并没有得出决定性的结论，但是对技术因素和沉积变化的广泛考量充分体现了陶器研究的复杂性——赖斯在她的陶器理论建构中反复强调了这一点。

陶器分类方面，在传统的类型 - 变异系统（type-variety system）以外，赖斯非常注重"器皿"（ware）的分类维度。她根据现有类别，识别每一个陶器类型的"器皿"类别，并详细说明后者的辨识标准，主要以陶胎的质地和颜色作为依据。就 Paxcaman 和 Trapeche 等类型内部陶胎特征差异较大的类别，赖斯总结了它们的特征，以"沃拉多无光泽光滑器皿"（Volador Dullslide ware）命名。她认为在这类情况下，陶衣特征是更适合的命名依据，这一标志性特征适用于区分大量的前古典期蜡质陶器和古典期光泽陶器。赖斯也承认，她所偏好的"陶土器皿"概念，即完全以陶土特征为标准的分类方式，在这一案例中并不能适应原有类型系统的层次分类程序。从中也可以看出，面对现实的陶器分类案例，赖斯从最初在理论上全力支持"器皿"概念的更广泛运用，转而更倾向于考虑将"器皿"类别与传统类型系统融合并行。

对马坎奇岛及附近湖区的陶器研究，也为综合性的历史重建提供了证据。如前所述，从古典期末段到后古典期的定居连续性在技术特征上体现明显，

① Rice（1987b）：104-117.

而从古典期晚段到末段之间的连续性相较之下却并不显著——以火山灰为羼和料的特征虽并未改变，但多色陶器消失。古典期末段的马坎奇岛体现出一系列本地化的发展，人口调查表明这里很可能是古典期晚段开始的经济和政治动荡避难所。然而清理毁弃原有陶器形成的沉积，以及岛陆之间陶器组合的较大差异，表明岛上的居民有意识地建立了分隔。后古典期似乎在维持生产或消费单位组成上发生了重要变化，人工制品类型的变化表明这时与此前生产和采集不同的食物，同时，陶容器尺寸变小，大容器变少，表明食物消费的家庭单位更小，同样支持这一观点。[1]

赖斯对马坎奇岛陶器的分析研究，从最基础的陶器材料整理与科学分析入手，就陶器的技术特征和变异性问题进行探讨，并结合更广泛调查所获得的背景资料，将陶器的物质文化系统与其他方面综合考量，重建马坎奇岛的定居历史。在这项研究中，赖斯融合了攻读博士期间的陶器生态学和陶器科学分析训练，以及她在开展玛雅田野实践时所践行的历史生态学方法，此研究报告是她早期研究的代表之一，体现出较为偏重器物科学分析的特征。

二、风格与图像学：玛雅的"意义"创造和表达

赖斯的一部分玛雅文化研究聚焦于陶器风格。她在《陶器分析：资料手册》一书中十分关注风格研究相关理论，尤其是在陶器研究中创造性地发展了风格信息理论；她强调要在史前器物的社会情境中去理解其风格的"意义"（meaning）或内容，后者包括关于群体身份的信息。因此，她的陶器风格研究立足于玛雅文化的背景，用图像学的方法着重探讨陶器风格或特定图像所创造、所沟通的"意义"，及其背后的观念和身份表达。

（一）后古典期的蛇和爬行动物主题

在对佩滕地区后古典期的蛇和爬行动物装饰形象的研究[2]中，赖斯首先回顾了这类符号在玛雅文化中的历史渊源。这类象征图像可以追溯到中美洲的前古典期[3]，从古典期到后古典期，它持续作为玛雅宇宙观的重要组成部分和

① Rice（1987b）：235–239.

② Rice, Prudence M.（1983）. Serpents and Styles in Peten Postclassic Pottery. *American Anthropologist*, 85（4），866–880.

③ 中美洲前古典时期包括如奥尔梅克文明、伊萨潘文明等。

玛雅艺术的常见主题。由于最初受到关注的仅限于仪式用器物上的装饰主题，因此赖斯将除了香炉（censer）以外的陶容器上的此类装饰作为分析对象。她概述了后古典期蛇和爬行动物主题所出现的陶器载体、装饰位置和结构，归纳出三类新的表现形式及其分布情况。此外，她还比较了同一时期的其他低地玛雅陶器，发现很难找到与此地图案对应的类似表现风格或具体形式，而遥远的墨西哥中部却出现了类似图案并且囊括了这三种表现形式。

根据最新调查资料，赖斯重新思考了佩滕地区后古典期的社会发展。传统观点认为，从古典期到后古典期，文化整体崩溃，精英权力也削弱了。然而，中央佩滕湖区的证据却表明人们在此处持续定居，体现出从古典期晚段到后古典期的连续性。她根据后古典期佩滕陶器上蛇和爬行动物的风格变异性，识别出两个主要风格区域，一个围绕东部的托波特（Topoxte），另一个是马坎奇－萨尔佩滕－佩滕－伊察湖区，前者与高地玛雅的关系更为密切，后者则与尤卡坦和墨西哥中南部体现出更多的相似性，尤其是爬行动物主题。

赖斯根据上述社会背景提出，佩滕后古典期的蛇和爬行动物表现的是中美洲广泛存在的一种艺术风格的本地表达，因此她也从这种广泛性的视角对陶器上这类艺术风格的意义进行考察。她认为艺术或风格是一种视觉交流方法，向物理或社会距离上遥远的个体传达信息，这些个体能够接收和解读风格中所包含的讯息。蛇和爬行动物的图像是后古典期中美洲地区国际公认的精英风格的一部分，并在本地和区域网络中起到作用。这种风格的信息传递作用正如马丁·沃布斯特（Martin H. Wobst）在风格信息理论中的概述。[1] 赖斯认为这种国际风格出现的原因根植于后古典期中美洲广泛的政治和经济生态：贵族群体出于表达他们相对于其他群体的地位、将自己区别于其他贵族的需要，同时还伴随着经济上重要的竞争性长距离贸易交换。广泛分享的国际风格所包含的一系列元素、主题和符号，又在区域性的精英亚风格中表达出来，可能反映本地群体的历史和特殊事件，这些装饰以可见度较高的方式呈现，作为参与这种商业交流的精英之间易于识别的视觉编码。就中央佩滕地区而言，在陶器上的蛇和爬行动物主题有时还与传统的玛雅坐垫符号一起使

① Wobst, Martin H. (1977). Stylistic behavior and information exchange. In *For the Director: Research Essays in Honor of James B. Griffin* (pp. 326-328), edited by Carol E. Cleland. Anthropological Papers, No. 61. Ann: Museum of Anthropology, University of Michigan.

用，后者是从古典期延续下来的玛雅精英象征符号。这种独特玛雅符号与更广泛的国际风格的结合，也是传统的本地身份识别符号与更广泛的精英地位表现的结合，表明了统治者和精英对其权威的双重确认。

这些发现意味着，后古典期对精英地位和统治象征的处理与古典期保持了连续性，传统观点中的"崩溃"并没有完全摧毁玛雅精英的传统符号形式与意义，在这一被认为崩溃后文化停滞的地区，当地精英通过风格表达，参与了体现为"国际风格"的中美洲广泛社会经济交流。

（二）古典期的猿猴图像

赖斯另一项关于古典期低地玛雅陶器上猿猴的图像学研究，目的则是破译符号背后的风格代码，了解它们在当时的情境中所表达的"意义"。[①]已有研究试图将低地玛雅陶器上的猿猴形象与其科学种属、物种分类对应起来，然而这类图像在玛雅世界观中可能作为一种超自然的神话形象，这种来源于多感官集合的图像，可能使用重叠的图像代码和符号，表达多个复杂关联的化身。从图像创造到今天的 1000 多年间，物种分布的变化和对其称呼语言的变化也会影响物种的对应研究。因此，依据解释这类猿猴图像的来源——玛雅史诗创世神话《波波尔·乌》（*Popol Voh*），作者从文化上重新定义了研究问题——探讨猿猴图像的情境意义。

通过对古典期低地玛雅陶器上猿猴相关图像的分析统计发现，吼猴在抄写图像中出现的频率较高，而蜘蛛猴在与表演相关的场景和携带物体图像中出现的频率较高。这表明玛雅人对猿猴类在角色上的定义具有双重性，生物上的不同物种之间存在文化差异。而考古学上发现的缺失也表明了猿猴类动物在当时可能存在不同意义：玛雅人没有像对待其他森林生物那样捕捉猿猴并将其带到人口集聚之地，或者没有将其遗骸置于类似其他动物所处的墓穴等场景中。

结合对生物不同行为的敏锐观察，玛雅人似乎将猿猴划分为不同的行为域。赖斯认为这些灵长类图像体现了玛雅世界观中普遍的二元性：就猿猴而言，一方面作为充满恶作剧意味的舞者和娱乐者角色，另一方面则体现为创造涂鸦和相关绘画艺术的博学实践者。此外，猿猴还在各类图像中扮演着可可豆的提供者和向消费者输送所需商品的旅行商人，以及携带贡品、关联生

---

① Rice, Prudence M. and South, Katherine E.（2015）. Revisiting monkeys on pots. *Ancient Mesoamerica*, 26（2），275-294.

死的"使者"，在后一种情况下，图像中绶带耳饰的存在突出了使者的从属作用。这些猿猴提供、携带和承受负担的角色之起源，可以从《波波尔·乌》中识别出来。

（三）风格分析的融合性研究——塔伊萨

赖斯对于陶器风格的研究不拘于特定的方法，而是根据实际情况尽可能地发挥各种可用方法的潜力。她对伊察玛雅人的首都塔伊萨（Tayza）出土陶器的研究采用了多种理论方法，将陶器的设计结构分析、风格信息理论与陶器装饰的图像学意义相结合。[①]

伊察王国强大而多元，塔伊萨作为首都，这里的居民与外来移民、贸易伙伴和邻国的对立民族存在多元的互动。塔伊萨位于岛上，主要道路将其分为中心与东北、东南、西北、西南四个象限。赖斯考察了塔伊萨出土后古典期装饰陶的类型和风格在空间上的分布，以及这些风格和主题在当时情境中的意义。

在岛的中部和南部都出土了大量陶器，其中有许多陶器装饰精美，在东南部尤其多。这里陶器的内外装饰十分独特，在伊察陆地遗址上几乎不见，其风格的复杂性可能与伊察首都居民多层次的身份有关，反映出伊察人和科沃赫人面对的世界相当复杂。研究者推断东南部是当地领导者住宅所在地，陶器的颜色、布局和图案都是伊察最高领导人的独特象征。陶器的装饰传达了精英或王室的地位、财富、权力、合法性和神圣性，这种含义对内传达给居民，对外则传达给来访的精英。岛北部陶器的装饰图案较少，没有南部复杂，但这些图案在本地区意义重大，例如爬行动物、羽蛇神（feathered serpent cult）和坐垫等。此外，这里的陶器颜色和设计结构也更为传统，例如陆地遗址上常见的 Ixpop 装饰类型大量出现在岛北部。这种传统而保守的带状布局和相关装饰主题宣告着整个佩滕伊察湖流域以伊察人为首的集体民族政治感，它代表着联盟与共识，旨在加强伊察联盟及其领导层持久的政治宗教力量，传达着伊察人的身份。

从以上案例可以看出，赖斯对低地玛雅陶器的风格和图像学研究注重在社会情境中探索具体图像或设计类型的含义与意义，这样的研究不仅仅需要

① Rice, Prudence M.（2017）. Visualizing Tayza, capital of the Peten Itzas: Teasing meaning from postclassic pottery styles. *Latin American Antiquity*, 28（2），177-195.

对文化背景有深入的了解，也会用到传统的设计结构分析方法，以及将风格视为一种传达意义方式的风格信息理论。

三、从政治到经济：玛雅陶器生产研究

赖斯对陶器生产问题的兴趣由来已久，她的博士论文就选取了这一主题，而尽管她从 20 世纪 70 年代起就开始了低地玛雅文明的考古调查，但对玛雅陶器生产的完整研究直到 2009 年才最终发表。赖斯始终以批判性的视角看待陶器生产研究，她认为中程理论和研究模型是陶器生产研究的重要缺环，而现有的陶器生产研究模型并不适用于玛雅陶器生产的情况。由此，她对玛雅文化的研究先从政治体系、宇宙历法观念、经济体系等方面入手，逐步建立她所强调的研究基础模型。

通过长期的考古研究，考古学家广泛认同古典期玛雅文化的政治组织是中心化的、等级性的。赖斯认为古典期的这种等级性地缘政治组织基于时间循环，类似尤卡坦北部后古典期的玛雅晚期：玛雅的宇宙历法以"May"为间隔单位，一个"May"包含 260 个"Tun"周期，一个"Tun"相当于一年（360 天），20 个"Tun"组成一个"K'atun"周期，包含了 13 个"K'atun"的"May"周期也就相当于 256 个太阳年。赖斯认为玛雅的首都城市周期性、隐喻性地"坐落"于宇宙历法的间隔之中，"May"席位（may seats）是最高等级的神圣中心，在 256 年中具有王朝统治和宗教意义上至高无上的地位，"K'atun"席位（k'atun seats）则是"May"王国中的次级中心，它行使政治权力，并且以 20 年为周期轮换。神圣的"May"中心很可能将税收和贡品征收等世俗责任让渡给次级的"K'atun"中心。[①]

以这一政治模型为基础，赖斯进一步考察古典玛雅的政治经济，她使用知识型经济（knowledge-based economies）、双重过程理论（dual-processual theory）和仪式经济（ritual economy）三个概念促进对其的重建。[②] 就生产

---

① a. Rice, Prudence M.（2004）. *Maya Political Science: Time, Astronomy, and the Cosmos.* Austin: The University of Texas Press. b. Rice, Prudence M.（2007）. *Maya Calendar Origins: Monuments, Mythistory, and the Materialization of Time.* Austin: University of Texas Press. c. Rice, Prudence M.（2008）. Time, power, and the Maya. *Latin American Antiquity,* 19（3）, 275-98.

② Rice, Prudence M.（2009a）. On classic Maya political economies. *Journal of Anthropological Archaeology,* 28, 70–84.

而言，越来越多考古学证据表明，位于"May"或"K'atun"中心的统治者家庭或贵族家庭存在着为其服务，并通过其获得生活必需品的"附属专家"。他们从事物质生产或服务，如抄写员、雕塑家等，与宫殿的主人一同享有高贵的地位，统治者或贵族也通过他们来实现对知识型、仪式性政治经济权力的控制。

具体到陶器生产，赖斯根据古典期低地玛雅多色陶器的数据提出假说：最优质的精英多色陶器在神圣"May"和"K'atun"宫殿中生产，其他复杂程度较低的多色陶器在距离神圣中心越来越远的社会空间和地理空间中制作。这其中包含了两个推论：古典期晚段南部低地玛雅[①]的陶器生产和分配安排，因制作陶器的目的、预期用途和使用者而异；现有的多色陶器生产数据可以在"May"模型中进行解释。[②]

为了检验上述假说，赖斯首先综述了古典期南部低地玛雅多色陶器生产的现有研究，从生产技术、风格和陶器上的象形文字三个方面进行了概括。其中陶器上的玛雅象形文字提供了极其重要的生产信息，它们分为主要和次要文本，前者又被称为"主要基准序列"（the Primary Standard Sequence，简称PSS），以相对标准的形式表明了这件器物的创造者和拥有者。其次，她对此项研究的理论和方法进行了论述，批判性地讨论了传统的"手工专业化"和"作坊"概念，指出它们并不适用于研究古典玛雅的陶器生产，对现有案例的分析也支持这一点。她主要依据的是三种方法和证据：标志陶器生产位置的直接证据、陶器出现频率的地理分布，以及物理化学方法的产地分析。

赖斯将陶器风格作为重建生产情况的入手点，根据多色陶器装饰的复杂性和绘制技巧对装饰内容进行了分类排序。以这些内容类别为分析单位，结合从主要基准序列中获得的关于装饰者的信息表明：最细节的场景和文本绘制是由精英阶层，甚至是宫殿里的王族完成的；而绘制简单装饰的画工可能并不熟悉高雅生活、神话历史、标识符号，也不具备精英基层的读写能力；在一些情况下，场景和文本的绘制是由不同人完成的。

---

① 考虑到可能存在的政治体制差异，赖斯的这项研究在空间上限于南部低地玛雅，也即主要以佩滕湖区为中心。

② Rice, Prudence M. (2009b). Late classic Maya pottery production: Review and synthesis. *Journal of Archaeological Method and Theory*, 16（2）, 117‐156.

　　综合各类陶器的风格与装饰内容来看，赖斯做出如下推论：（1）装饰Ⅰ–ⅡA类场景和文本的多色陶器由其他地点的陶工制作，小批量地带到宫殿进行绘画与书写；（2）装饰Ⅲ–Ⅴ类场景的多色陶器及单色陶在遗址边缘的平民家庭中制作和绘画，后带到宫殿由知识渊博的抄写员书写文字；（3）无陶衣实用器的生产基于农村或周边地区的平民家庭，靠近黏土资源是生产地的重要选址标准，其生产可能用于易货或交换，且分销空间很有限；（4）宫殿中从事绘制与书写的王室成员很难被包括在依附他人的"附属专家"的概念中，并且他们可能具有从事"多种工艺"的传统；（5）未见精英阶层直接控制生产的证据，因此低地玛雅人的"专业化"可能不是一种社会经济组织特征（生产模式），而是基于产品的仪式经济，通过仪式开展生产，以熟练技艺和知识密集来创造精英的财富器物。因此，传统衡量专业化的因素如产量比例、标准化程度、空间密度和对精英的附属等，在此未必适用。

　　将上述推论与此前提到的政治经济模型相结合，可以进一步对结论进行尝试性的阐释：（1）古典玛雅的主要中心"May"创造王国的标志性绘画风格，这种风格具有特定疆域和政治派别的特征；（2）多色陶器的生产制作仅限于主要或次要中心，因为陶器装饰中场景和文本的内容知识仅限于被居住在主要和次要中心的最高精英所掌握；（3）相对于神圣的主要中心"May"，自古典期以来，多色陶器生产更可能是次要中心的职能；（4）生产地域的变化与"May"模型所显示的政治变化相吻合，如东部的基里瓜（Quirigua）取代科潘成为主要中心所在地后[1]，主流的 Tipon 橙棕色细腻陶器的生产向东扩展，化学成分也发生了变化，基里瓜地区的新黏土被使用[2]；（5）多色陶器的生产时间与"May"周期中的特定时间相对应，可能位于半个"May"即 128 年的"May"席位鼎盛期。

　　最后，赖斯也对陶器生产的研究进行了展望，她始终强调"中程理论"和可检验模型的重要性，尤其强调了将陶器数据与人类学、文化和行为理论、模型与概念相整合的重要性。她同样再次阐明了传统的类型–变异分类系统

　　① Rice（2004）.

　　② Bishop, R. L. and Beaudry, M. P.（1994）. Chemical compositional analysis of Southeastern Maya ceramics. In *Ceramics and Artifacts from Excavations in the Copan Residential Zone*. Papers of the Peabody Museum of Archaeology and Ethnology, vol. 80（pp. 407–443）, edited by Gordon R. Willey et al. Cambridge, MA: Harvard University. p. 426.

在研究上的缺陷，而支持能将陶工行为与数据联系起来的"陶土器皿"分类。她还注意到了"陶器域"（ceramic sphere）这一新的分类单位概念，并认为这种与社会、经济或政治实体相关的单位在解释上很有潜力——有趣的是，在以下莫克瓜案例中，这一概念就得到了应用。

赖斯在对古典期南部低地玛雅陶器生产的研究中，认识到传统的专业化和作坊等概念并非普遍适用，所以回到了考古学上的证据和产地研究的科学分析。与风格研究相似，陶器生产模式嵌入在其独特的社会情境之中，不同社会中各类陶器的生产模式可能大相径庭——因此她对玛雅陶器生产的重建从政治体制到政治经济，最后才构建陶器生产的模型，并且这一模型在时间上仅限于古典期，空间上仅限于南部低地。赖斯也一直强调，要根据材料所在的情境建构模型，再用数据进行检验，而不是将数据简单地套用到已有的概念和模型之中。

四、方外之笔：秘鲁莫克瓜的新视角

除了对低地玛雅文明的研究以外，1985—1990年，赖斯主持了"莫克瓜酒厂项目"（Moquegua Bodegas Project），这是一项对秘鲁莫克瓜山谷西班牙殖民地的考古学和历史学调查，尤其关注其葡萄酒经济的发展。[1]自20世纪90年代以来，她持续发表相关研究成果，并最终于2014年出版了整合性著作《殖民早期莫克瓜的时空观》[2]。这本著作聚焦于在移民和殖民化环境中，景观、空间或地点意义的创造和层叠，其中第四部分研究了一种特殊产品马约利卡陶器（Majolica pottery）[3]所体现的空间与空间化（spacialization），借此探讨在资源使用和商品生产中强调的权力关系，及其体现的政治生态。这里的空间概念很大程度上是抽象的。

赖斯用政治生态学的方法探讨了马约利卡陶器的三类空间和场所：文化与

① Rice, Prudence M.（2011）. *Vintage Moquegua: History, Wine, and Archaeology on a Colonial Peruvian Periphery*. Austin: University of Texas Press.

② Rice, Prudence M.（2014）. *Space-Time Perspectives on Early Colonial Moquegua*. Austin: University Press of Colorado.

③ 参见Rice（2014）: 223, 227. 马约利卡陶器是一种锡釉陶，"具有光泽、不透明的浅色釉层，是中世纪伊比利亚和西班牙帝国的重要物质文化，也是西班牙殖民地考古遗址的重要文物类别"。在西班牙语中通常被称为"洛扎"（loza，陶器）。

意识形态、技术、装饰。在文化和意识形态方面，她回顾了此类商品的发展传播历史，尤其是其中涉及的不同宗教移民群体和移民政策。制作技术方面则详述了生产这类商品所需的资源及其获取途径，根据蓝色钴颜料的存在与否，西班牙美洲殖民地的马约利卡陶器形成了蓝色和绿色两个系列。在装饰方面，赖斯对西班牙及其殖民地的马约利卡陶器进行了设计结构分析，以研究其装饰空间并进行比较，目的是考察广泛的分布空间中各种装饰风格的生成关系（generative relations），并且就以上各方面讨论中的问题和推论进行了总结。

（一）历史学视角的陶器与阶级空间

陶器研究中的一个核心问题来自早期西班牙美洲殖民地的两个"洛扎圈"[①]（loza spheres），可以理解为陶器生产和交换的两个集群区域、商业网络：北部圈的中心环绕着加勒比海盆地，穿过佛罗里达、新西班牙（New Spain）[②]和美国西南部，分布着蓝色系列装饰的马约利卡陶器；西南部的圈以中部太平洋盆地（central Pacific basin）的东部和安第斯高原为中心，分布着绿色系列装饰的马约利卡陶器——表面上最明显的区别似乎是对资源的获取，作为蓝色装饰颜料的钴是稀有而昂贵的关键资源。

南北两个圈对不同色系装饰的偏好可以用两地生产商和消费者的背景和审美趣味来解释[③]，在这里赖斯也借用了"能动性理论"，她认为来到殖民地的早期绘制者在其文化或教育背景下"行使能动性"，选择了装饰方案。这背后可能涉及更广泛而深入的政治生态问题，即基督徒和穆斯林在政治上的对立和在历史叙事中的地位差异。[④]绿色锡釉陶是西班牙美洲殖民地最早生产的器皿类型之一，且长期持续生产，是一种来自西班牙穆斯林莫里斯科人的伊斯兰传统装饰。其在殖民地的出现可能因为第一批制陶者是莫里斯科人，或因为早期缺乏钴料。而到17世纪，与驱逐莫里斯科人的法令协同出现的是，西班牙陶器行业协会规定禁止在高档陶器上使用绿色，这直接体现了西班牙

① Rice（2014）：267-272.

② 新西班牙是西班牙在殖民时期管理美洲和菲律宾的一个总督辖地，管辖范围包括现在的美国西南部大部分地区和北美的加利福尼亚州、墨西哥、中美洲和南美洲北部和一些太平洋上的群岛。

③ Rice（2014）：272-276.

④ Rice, Prudence M.（2013）. Political-ecology perspectives on New World loza（Majolica）. *International Journal of Historical Archaeology*, 17（4），651–683.

上层阶级对绿色的偏见和社会上消费者品位的改变。

　　这种南北差异又与安第斯的政治生态（political ecology）相关，从生产者的角度，南部绿色陶的生产体现了视情况而定的地区商品生产和有争议的政治，特别是资源冲突。从消费者的角度，则要进一步考虑秘鲁殖民地、西班牙本土等复杂情境中洛扎与各个阶层的关系。[①] 在北部地区，无论是西班牙进口还是当地生产的精美餐具，都是昂贵的用于展示身份的物品；但在南部，尤其殖民早期的秘鲁，高等地位或阶级表现可能已远远超出单纯的马约利卡陶器——银质餐具作为基督教精英的标志象征着特权，而陶器则总体上是贫穷的象征。

（二）人类学视角的陶器设计分析

　　赖斯发现，对锡釉陶的最新研究转向了产地分析，但这类研究很少进一步探讨产地的社会和经济背景；类似地，对锡釉陶的装饰风格研究也很少超出艺术史或特征描述的范畴——针对这些历史时期的马约利卡陶器，人类学的风格分析要少得多，而针对它产地和发现地的研究就更少了。因此，她以莫克瓜的项目为入手点，对安第斯洛扎陶器的风格分析和产地研究进行了尝试。

　　产地分析表明，莫克瓜发现的锡釉陶有 12% 是国外进口的，其余来自秘鲁南部的生产中心，可能在安第斯南部生产。莫克瓜的锡釉陶以绿色系列为主，与西班牙东部的莫里斯科陶工的联系最为显著，符合前述南北两圈的看法。于是她提出问题：与蓝色相比，绿色系列的锡釉陶是否表现出独特的设计风格？安第斯南部的洛扎在设计上是否明显表现出其他区域所没有的莫里斯科人影响？她通过对陶器设计结构的等级性分析来探讨这些问题。[②] 她同样注意到能动性理论在设计分析上的应用，最新的研究将陶器设计绘制行为视为一种形式的能动性，并主要用于识别和解释装饰设计上的创新。[③] 尽管西班牙美洲殖民地不同产地马约利卡陶器的装饰配置代表了类似的许多能动性过程，但她也声明，对莫克瓜的研究更趋于寻求规范，因为如果不首先确定什么是典型的，就很难确定什么是创新。

---

　　① Rice（2014）：276-277.

　　② Rice（2014）：283-298.

　　③ Hegmon, Michelle and Kulow, Stephanie.（2005）. Painting as agency, style as structure: Innovations in Mimbres pottery designs from southwest New Mexico. *Journal of Archaeological Method and Theory*, 12（4），313–334.

　　赖斯主要比较了安第斯南部绿色锡釉陶与其他三类陶器之间的等级性设计结构异同[①]，整体而言，殖民地的马约利卡陶器的整体风格和具体元素在主题上与其西班牙祖先体现出普遍的相似性，但除此之外还有一些有趣的差异：（1）与以墨西哥为代表的北部殖民地蓝色锡釉陶的比较显示，在显著的颜色差异以外，设计结构的差异还涉及初始结构层级的创建和布局，例如设计空间的定义及其边界标记的描绘，在制作技巧上相较于北部的意大利风格，安第斯山脉南部生产的陶器装饰体现出明显的简化或"降级"。（2）在与16—17世纪初西班牙东部阿拉贡地区莫里斯科人生产的锡釉陶、殖民前后的安第斯本土陶器的比较中最值得注意的是，边界标记和中央徽章的显著设计差异，阿拉贡陶器两者都有，本地印加陶器有边界标记但没有徽章，秘鲁南部的产品则都没有。本地陶器和秘鲁南部锡釉陶器之间元素和主题的共享表明，西班牙的设计和技术很容易融入新的殖民地陶器生产体系，然而秘鲁南部马约利卡陶器并没有采用本地陶器的边界带状布局。（3）同时划入南北两圈的巴拿马地区的锡釉陶，主要与安第斯陶器一起属于南部／太平洋设计区域，与墨西哥的相似性较少。

　　根据设计结构的分析比较与其他关于政治经济情境、移民状况的证据相结合，赖斯做出以下论断：（1）装饰布局、使用边界标记和中央徽章实现装饰的空间化，是区分被殖民者和殖民者的主要标志。边界标记是印加陶器的一个特点，可能具有维持帝国秩序的意义，而殖民安第斯马约利卡陶器上没有这种边界，可能是因为这种陶器被用于一种非常不同的社会和政治情境中，是殖民前后群体身份的不同表达。（2）秘鲁南部陶工来源有三种可能，即直接来自西班牙东部的移民、来自巴拿马或本土的学习者——考虑到装饰的简化融合现象和明显的本土风格，最后一种最有可能，但西班牙或安第斯陶工对当地釉料和涂料的不熟悉也可能是设计简化的原因。（3）南北两圈的发展路径是个体陶工和画家能动性的结果，这些决定又取决于15—17世纪西班牙的政治经济和宗教环境。考虑到较大的设计差异性，缺乏钴料不是南北差异的决定性因素，巴拿马地区既然存在蓝色系列陶器，就必然有钴料来源，安第斯南部地区从巴拿马获取这种原料似乎并非不可能，所以南部的传统风格和绿色装饰是陶工有意保持的。然而，蓝色钴颜料装饰存在与否的原因仍然

---

① Rice（2014）：299-307.

很复杂，包括生产者/消费者的偏好、资源的昂贵和可获取性等。可见在结构性限制中应用能动性理论的困难，在这里意图、后果、含义和动机是难以区分的。[①]（4）在长期的殖民化和跨民族环境中，对不同民族的"文化弹性"和宽容可能转化为在南方接受和生产莫里斯科风格的欧洲陶器，这时这种装饰的民族宗教关联性及其关于身份和权力的"信息"可能都已消失。

对西班牙美洲殖民地锡釉陶的研究属于历史考古的范畴，殖民背景十分复杂，历史资料成为一种重要且不可忽视的资料来源，这与赖斯此前对玛雅文明的史前考古研究十分不同。赖斯运用产地分析和陶器设计风格分析这些人类学研究的代表性方法，与历史记载互相补充、互相印证。方法的拓展使得传统历史考古学家和艺术史学家对西班牙殖民地蓝色锡釉陶的关注，转向了对以往被忽视的南部安第斯绿色锡釉陶的讨论，在历史叙事中前者恰恰延续并强化了殖民者、征服者的意识形态，忽视了穆斯林在美洲历史发展中的作用；而使用人类学方法对殖民地穆斯林风格陶器的研究是消解基督教精英帝国主义意识形态、创造一个跨文化的多层次叙事的一部分。

五、综合与总结：低地玛雅的民族身份

赖斯对低地玛雅的研究从最基础的历史生态学实地考察和陶器科学分析开始，最终目的是深入探讨居住在佩滕湖区的实体社群的文化与生活。她在这一区域的考古工作始于20世纪70年代在东部萨克纳布湖、亚萨哈湖及湖上的托波特群岛的调查，在后来的数十年中向西延伸到马坎奇湖、萨尔佩滕湖及其重要遗址伊克苏和扎克佩滕。至21世纪，调查扩展到湖区西部的佩滕伊察湖及遗址塔伊萨、尼克斯顿奇（Nixtun-Ch'ich）等。对这一地区的全面调查研究使得探讨后古典时期东部的科沃赫人和西部的伊察人这两个主要玛雅民族政治群体的身份与关系成为可能。她分别于2009年和2018年合作出版了关于科沃赫[②]和伊察[③]民族的研究著作，其中陶器设计是体现民族身份、显示民族关系的重要证据，上文提及的塔伊萨陶器风格分析正是其中的一部

① Rice（2014）：317.

② Rice, Prudence M. and Rice, Don S.（Eds.）（2009）. *The Kowoj: Identity, Migration, and Geopolitics in Late Postclassic Peten, Guatemala*. Austin: University Press of Colorado.

③ Rice, Prudence M. and Rice, Don S.（Eds.）（2018）. *Historical and Archaeological Perspectives on the Itzas of Peten, Guatemala*. Austin: University Press of Colorado.

分，在此，我们将视野扩展到整个佩滕伊察湖区。

研究后古典期佩滕湖区的关键问题是：了解陶器的变异性及其是否、如何与生产者的身份相关。在东西距离约80公里，时间跨度超过3个世纪的范围内，中央佩滕后古典期的陶器在形式、陶衣和装饰方面表现出普遍的相似性。它们共享相同的装饰标准，即存在同一独特的传统和一系列共同规则来组织它们陶器的装饰结构，这表明赖斯所关注的这一区域内三种主要陶衣装饰陶——蜗牛壳羼和陶土器皿（Snail-Inclusion Paste Ware，简称SIP）、维齐尔橙红色陶器（Vitzil Orange-Red Ware，简称VOR）和克莱门西亚奶白色陶土器皿（Clemencia Cream Paste Ware，简称CCP），以及它们中的各种类型和变异都同属于一个"陶器系统"，具有共享的装饰结构和类别。

接触期（Contact period）的民族历史和政治地理数据将陶器类别与民族政治体联系起来，克莱门西亚奶白色陶与东部的科沃赫人相关，而蜗牛壳羼和陶与西部的伊察人相关——这种差异可能是后古典期晚段至接触期政治冲突的表达，其要素包括不同陶土来源、装饰位置、颜色和主题选择。具体来说，赖斯提出后古典期晚段的佩滕湖区陶器装饰体现出一系列对立性，例如装饰媒介是彩绘还是雕刻，绘图颜色是红色还是黑色，切割类型是浅细还是沟槽，装饰位置是在内还是在外，布局是带状还是全面分布式，等等。典型的伊察民族政治风格以黑色彩绘、雕刻和带状布局为特征，而科沃赫陶器的装饰方案则代表了其中的红色彩绘装饰和全面分布式布局。后期还出现了红色和黑色彩绘、内外装饰并存的组合模式，结合当时的政治情况，科沃赫陶器和伊察典型风格的融合可能代表了科沃赫人与佩滕伊察湖西北岸查坎伊察人（Chak'an Itzá）的联盟——他们反对以塔伊萨为首都的占统治地位的伊察派别。

赖斯把研究重点放到了科沃赫陶器的社会功能与装饰风格上。这类陶器上中美洲跨国风格的符号装饰主要出现在陶碗的内部，这表明这些装饰图案并非用于向外部群体表示身份信息，而似乎更重视在科沃赫人中的意义，或与科沃赫特定的仪式高度相关。只有在科沃赫陶器相当晚期时，装饰才出现在外部。在扎克佩滕遗址，科沃赫风格的陶器常在神庙遗迹中被发现，结合其铭文意义，它们很可能被用于历法仪式，这也印证了其内部装饰的功能。赖斯注意到，不同遗址之间的科沃赫风格也存在差异，与其他遗址相比，托波克群岛的克莱门西亚奶白色陶有更多种类，并在装饰上具有更多变异性和更高复杂性，尤其是分布式装饰。由此可以推断托波克岛在对外交易的此类陶器上简化了装饰标识，而将装饰更精致的器物留给自己。此外，扎克佩滕的陶器上发现的日历标志在托波克岛上并没有发现，这也佐证了其在扎克佩滕用于历法仪式的独特功能。赖斯认为，科沃赫陶器装饰风格作为中美洲后古典期跨国风格互动网络的一种当地表达，在布局、图案方面与更广泛的跨国风格和占地区统治地位的伊察风格具有普遍相似性，但区别身份的目的同样得到了强烈的体现。通过拒绝因长期存在而广泛分布的带状装饰布局和黑色涂料，科沃赫不仅展示了他们自己独特的身份，还表达了他们对具有主导性的伊察的抵抗和他们对西班牙人的反对立场。

在关于伊察的研究中，赖斯进一步深入探索了湖区陶器风格的时空变化问题和这些民族之间的派别表现。她主要考察了中美洲跨国风格符号、尤卡坦半岛的玛雅潘（Mayapan）陶器在佩滕湖区伊察和科沃赫陶器上的使用与关联，以及探讨了分布式风格的来源问题。她对佩滕湖区陶器装饰的研究囊括了北部的墨西哥、东部的尤卡坦半岛和南部的高地玛雅，以广泛考察装饰布局和主题的来源，以及其背后可能的群体迁移、联盟或对立。

佩滕湖区陶器发展历程中，最后一项值得一提的创新发生在17世纪，马坎奇红色陶的塔奇斯（Tachis）类型出现，它保留了科沃赫和查坎伊察的红色彩绘、伊察保守的带状布局和组合性的内外装饰，而拒绝使用雕刻、黑色彩绘和分布式布局——这类陶器的制作者在丰富的装饰列表中选择了数量有限的选项，但几乎没有民族政治方面的一致性，这表明这类陶器可能由不了解早期精英和仪式风格的陶工与画家制作。同时，这些主题在政治和宗教上的中立性体现出塔奇斯陶器在被征服后的时期的特点，过于统一的早期元素的延续可能引起警惕的西班牙监督者的愤怒。

总体上，赖斯对佩滕湖区各个民族政治体代表性装饰陶的设计进行了解构与分析，并将其中的差异、变异与湖区的社会政治情况对应讨论，而社会情境的构建得益于大量其他证据的支持。整个湖区普遍认同的装饰系统象征着地缘上相对的民族共同体，不同民族的不同派别在政治上共同参与地区决策，但由塔伊萨的伊察派别主导。矛盾冲突中的反对者科沃赫通过主动性的陶器创新设计，表达出不同于传统伊察主导者的身份和政治观点，而内部派别的联盟同样体现在对盟友代表性陶器装饰的主动接受上。在这里，陶器装饰的某些特定部分起到了象征独特民族身份，并主动在政治派别中站队的作用。

结　语

赖斯的陶器研究实践大体上聚焦于低地玛雅和秘鲁莫克瓜，与她的两版理论著作《陶器分析：资料手册》相结合，这些具体的陶器研究同样完整地体现了她的学术思想和关注点的连续性和变化趋势。

在她攻读博士学位期间，陶器生态学方法和陶器科学分析的思想与技术为此后的研究打下了重要的基础，与之相辅相成的是对危地马拉玛雅文化的浓厚兴趣。由此，她的博士论文首先关注了现有资料较为丰富的、位于玛雅高地的危地马拉山谷白陶，明确以陶器生态学和陶器科学分析为指导性方法，而其中尤其以对各种陶器分析方法的测评为特色。她在职业生涯早期完成的马坎奇岛陶器研究涉及大量的对一手陶器资料的整理、实验与分析，表现出对具体科学分析方法和阐释的关注与实践。与此同时，新考古学思潮的影响，以及对蓬勃发展的陶器分析方法的全面了解，形成了理论著作《陶器分析：资料手册》，她站在科学分析实践者的立场上重新审视考古学的概念和阐释，并强调对人类行为和文化过程的深入理解。这一时期，她把重点放在了科技分析方法的应用与阐释、与科技分析相契合的陶器分类概念，以及对陶器生产专业化的研究。尤其是她在陶器生产专业化方面提出的模型开拓先河，推动了激烈而活跃的学术批判、检验与讨论。

赖斯对玛雅文化的研究主要聚焦于佩滕湖区的低地玛雅，这一系列研究随着佩滕湖区的历史生态学项目和实地考古发掘，在空间上不断自东向西推进。紧跟理论潮流的发展革新，她也不断地吸收最新的理论方法，将之应用于陶器研究。赖斯对玛雅陶器上的风格和图像学的兴趣历时弥久，她持续关注风格信息理论的最新进展，强调探讨风格所传达的意义，将陶器上特定图像及其象征意义的研究根植于具体的社会情境之中。此外，对陶器设计结构等级性的分析始终是她的区域系统性研究中的重要主题，将陶器设计进行解构，并在不同区域或群体之间进行比较，使得她能够推断关于具体设计差异所表达的内涵。随着理论的发展和研究的深入，赖斯的陶器风格研究走向融合性，将图像学含义、设计等级解构、空间分布等综合为一体进行阐释，而其内容也从传统的群体交流互动，转而聚焦于最新的阐释要点，如民族身份、政治立场等。

关于玛雅陶器生产的研究是赖斯对具体陶器生产案例探讨的重要成果，延续了她在博士时期对陶器生产专业化问题的兴趣，也是她长期对专业化概念和模式的批判性思考、对其他观点深入研讨及博采众长的结果。这一研究前期经过大量针对玛雅政治、经济体制的深入研究和模型构建，最终真正得以在古典低地玛雅的具体情境中还原其陶器生产情况。另外，关于秘鲁莫克瓜陶器的研究同样是赖斯陶器风格研究的经典案例，其中涉及大量历史考古学内容，也应用了她此前关注到的最新概念和方法，诸如"陶器域""能动性"等等，体现出她对最新理论的跟进与尝试。这些陶器研究实践推动赖斯彻底地改革第二版《陶器分析：资料手册》，尤其在风格分析和陶器生产研究上大量补充了最新发展，并在蓬勃增长的新研究成果中做出取舍。

相比之本书另几个章节所讲述的全新理论的开创者来说，普鲁登丝·赖斯扮演的角色更像是一位陶器理论的综合整理者和批判反思者。她继谢泼德的经典之作后出版的陶器分析参考书始终将陶器研究的复杂性作为重中之重，而其逻辑严密、条理分明的编排与简洁平易、流畅易懂的文笔，惠及世界范围内的陶器研究者与学习者。赖斯在佩滕低地玛雅创新性的模型构建和在殖民时期秘鲁莫克瓜的全局性研究，揭示了一幅幅鲜为人知的历史图景，试图回归史前民族或历史时期弱势群体的话语，体现出一位人类学家、考古学家的人文关怀。最重要的是，赖斯的陶器研究实践为诸多理论方法做出了实例典范，清晰地向读者展示了如何使用这些理论方法、如何解决具体的考古学问题、如何构建与推动一项陶器研究。

大 事 年 表

1947 年，出生于马萨诸塞州的梅尔罗斯。

1965 年，就读于维克森林大学。

1968 年，获得维克森林大学人类学学士学位。

1971 年，获得维克森林大学人类学硕士学位，进入宾夕法尼亚大学深造。

1973 年，与唐·赖斯一同开展了亚萨哈－萨克纳布历史生态学项目，作为爱德华·迪维指导下的中央佩滕历史生态项目的子项目。

1974 年，完成亚萨哈－萨克纳布历史生态学项目的实地考察；开始接触威廉·布拉德发掘的佩滕湖区马坎奇岛的资料。

1976 年，完成博士论文《危地马拉山谷中陶器的连续性和变化：白陶生产研究》（*Ceramic Continuity and Change in the Valley of Guatemala: A Study of Whitew are Pottery Production*），获得宾夕法尼亚大学人类学博士学位，导师为弗雷德里克·马特森。

1976—1977 年，就职于佛罗里达州立博物馆，创办博物馆的陶器技术实验室；担任佛罗里达大学人类学系教授，指导进行佛罗里达佩恩斯草原（Paynes Prairie）的调查，尤其关注了威登岛（Weeden Island）的数据。

1979 年，参与对马坎奇湖的历史人类学调查。

1981 年，发表论文《陶器专业化生产的演进：一个试验模型》（Evolution of Specialized Pottery Production: A Trial Model）。

1982 年，开始对佩滕出土的黑曜石制品的测定与研究。

1984 年，主编出版《陶器和陶工：陶器考古目前的方法》（*Pots and Potters: Current Approaches in Ceramic Archaeology*）。

1985 年，开启秘鲁莫克瓜酒厂项目的田野调查。

1986 年，担任美国考古学协会执行委员会成员和秘书长办公室成员，任期两年。

1987 年，出版著作《陶器分析：资料手册》（*Pottery Analysis: A Source-book*）和《危地马拉佩滕地区马坎奇岛：发掘、陶器和人工制品》（*Macanché Is-land, El Petén, Guatemala Excavations, Pottery and Artifacts*）。

1990 年，秘鲁莫克瓜酒厂项目的田野调查基本结束。

1991 年，就职于南伊利诺伊大学，担任人类学系教授。

1993 年，担任南伊利诺伊大学人类学系系主任。

1994 年，在美国国家科学基金会资助下开启玛雅殖民地项目（Proyecto Maya Colonial），实地工作主要集中在萨尔佩滕湖的扎克佩滕遗址。

1995—1996 年，开始形成对低地玛雅"May"周期历法的初步想法。

1997 年，主编出版《史前和历史时期的陶窑》（*The Prehistory and History of Ceramic Kilns*）。

1999 年，卸任南伊利诺伊大学人类学系系主任，担任大学的研究副校长兼研究、发展和管理办公室主任；玛雅殖民地项目的实地工作基本完成。

2004 年，出版著作《玛雅政治学：时间、天文和宇宙》（*Maya Political Science: Time, Astronomy, and the Cosmos*）。

2007 年，出版著作《玛雅历法的起源：纪念碑、神话历史和时间的物化》（*Maya Calendar Origins: Monuments, Mythistory and the Materialization of Time*）。

2009 年，和唐·赖斯合作编撰《科沃赫：危地马拉佩滕地区后古典时期的身份、移民和地缘政治》（*The Kowoj: Identity, Migration and Geopolitics in Late Postclassic Petén, Guatemala*）；参与湖区西部的佩滕伊察湖尼克斯顿奇遗址的调查项目。

2011 年，于南伊利诺伊大学荣誉退休。

2014 年，出版著作《殖民时期早期莫克瓜的时空景观》（*Space-Time Perspectives on Early Colonial Moquegua*）。

2015 年，出版著作《陶器分析：资料手册》（第二版）。

2018 年，和唐·赖斯合作编撰《佩滕伊察的历史和考古景观》（*Historical and Archaeological Perspectives on the Itzas of Petén*）。

2019 年，出版著作《宇宙的人格化：前古典中期低地玛雅的塑像、仪式和时间》（*Anthropomorphizing the Cosmos: Middle Preclassic Lowland Maya Figurines, Ritual and Time*）。

第三章
威廉·朗埃克

威廉·朗埃克（William A. Longacre，1937—2015），著名的考古学家、民族考古学者，亚利桑那大学人类学系教授、菲律宾大学客座教授，是新考古学主要代表人物之一，主要研究方向为考古学理论与方法、陶器考古、美西南考古、菲律宾民族考古等。

朗埃克出生于美国密歇根州的霍顿市（Houghton），父亲为密歇根理工大学（Michigan Technological University）的物理学教授。朗埃克在该校上的大学，随后转入伊利诺伊大学厄巴纳－香槟分校（University of Illinois at Urbana–Champaign），并于 1959 年获得人类学学士学位。1959—1963 年，朗埃克进入芝加哥大学（University of Chicago）攻读硕博士学位，研究方向为美西南史前普韦布洛考古。1964 年，进入亚利桑那大学（University of Arizona）人类学系任助理教授，之后晋升为教授。1965 年，担任亚利桑那大学田野调查主任；1989 年，任亚利桑那大学人类学系主任。1994 年，朗埃克获美国考古学会颁发的陶器研究杰出奖，并在 2001 年美国人类学年会上发表了演讲（Distinguished Lecture in Archaeology）。1998 年，被推举为"弗雷德·里克尔杰出教授"（Fred A. Riecker Distinguished Professor）；2004 年，荣休。2015 年，获亚利桑那大学颁发的第 6 届雷蒙德·汤普森（Raymond H. Thompson）杰出奖。

作为路易斯·宾福德（Lewis R. Binford）的首位博士生，朗埃克将人类学理论与考古学实践相结合，推动了考古学方法、理论和实践的创新与发展。在宾福德的指导下，朗埃克尝试通过陶器探索古代社会组织，并参与了由芝加哥自然历史博物馆人类学首席顾问保罗·马丁（Paul Martin）带领的西南考古调查队，在小科罗拉多河流域进行了长期的田野调查和发掘工作。卡特牧场遗址（Carter Ranch Site）成为朗埃克探索史前普韦布洛人陶器与社会的试验基地，他和詹姆斯·希尔（James Hill）共同开创了新考古学的重要研究领域之一——陶器社会学（Ceramic Sociology），深刻改变了美西南陶器考古的理念与方法。

进入亚利桑那大学后，朗埃克继续深耕美西南考古，长期在亚利桑那大学的田野考古基地——草蜢（Grasshopper）遗址主持田野工作，并在美国国家科学基金会的资助下把该遗址建设成为美国最重要的研究生实习基地之一，培养了一大批考古学者。1973 年，为了继续深化社会组织与陶器之间关系的研究，朗埃克前往菲律宾开启了一项全新的研究计划，即卡林加民族考古学项目，专注卡林加人的陶器研究。卡林加项目长达 20 余年，其收集的数据和研究成果产生了巨大的影响力，朗埃克在这一过程中培养了数位具有国际影响力的考古学者，是过程考古学最重要的实践者之一。

在长达 50 年的职业生涯中，朗埃克出版了九卷论文集，撰写了 60 多篇论文，他的主要著作和编著有：《作为人类学的考古学：案例研究》（*Archaeology as Anthropology: A Case Study*）、《社会融合模式的变化：美国西南部的史前案例》（*Changing Patterns of Social integration: A Prehistoric Example from the American Southwest*）、《重建古代普韦布洛社会》（*Reconstructing Prehistoric Pueblo Societies*）、《陶器的民族考古学》（*Ceramic Ethnoarchaeology*）、《卡林加民族考古学：扩展考古学方法与理论》（*Kalinga Ethnoarchaeology: Expanding Archaeological Method and Theory*）。

威廉·朗埃克在考古学理论与方法，尤其是民族考古学方向做出了卓越的贡献。作为新考古学运动的核心人物之一，他改变了思考和研究陶器的方式，将陶器研究拉入过程考古学的轨道，将其置于文化系统的行为背景中，积极探索陶器与各种社会、技术、功能、经济过程等多方面的联系，是陶器研究"更科学、更人类学"道路上里程碑式的人物。

第一节　跨越太平洋：朗埃克的学术生涯

20 世纪 50 年代是美国考古学界令人兴奋的转型时代。随着朱利安·斯图尔德（Julian H. Steward）文化生态学、莱斯利·怀特（Leslie A. White）新进化论的发展及聚落考古学的兴起，文化历史考古学的主流地位被打破，越来越多的学者开始尝试用新的方法探索古代文化与社会进程[1]，为新考古学的诞生奠定了基础。20 世纪 60 年代新考古学的出现改变了美国考古学，其是在理论和方法上需要明确的具有人类学色彩的考古学，它预示着一个新时代的到来，那是一个自信的、有时是有争议的时代。朗埃克正是在这样激荡的时代变革中开启了他的考古学生涯，并成长为新考古学派的中流砥柱之一。

一、辉煌的学生时代

朗埃克于 1955 年进入密歇根理工大学，之后转入伊利诺伊大学厄巴纳 – 香槟分校学习本科课程，在那里，他系统地学习了社会人类学。按照迈克尔·奥布莱恩（Michael J. O'Brien）等人的看法，也许他比大多数人更能接受新的考古学的使命，使该学科更加人类学化。[2]

1959 年，朗埃克进入芝加哥大学攻读博士学位[3]，彼时的芝加哥大学正处于奋发向上的年代，随着 1961 年宾福德的加入，涌现出一大批的过程考古学者，大部分是芝加哥大学的研究生，如肯特·弗兰纳利、詹姆斯·希尔、詹姆斯·布朗（James Brown）、斯图尔德·斯特鲁弗（Stuart Struever）、莱斯·弗里曼（Les G. Freeman）等。芝加哥大学为新考古学的出现搭建了舞台，他们要求改变田野调查方法，将文化置于系统性、参与性、行为性和多

---

① Longacre, William A. (2000). Exploring prehistoric social and political organization in the American Southwest. *Journal of Anthropological Research*, 56 (3), 287 – 300.

② O'Brien, Michael J., R. Lee Lyman, and Micheal B. Schiffer. (2005). Archaeology as a Process: *Processualism and its Progeny. Salt Lake City*: The University of Utah Press.

③ 朗埃克的硕士论文见 Longacre, William A. (1962b). *A Synthesis of Upper Little Colorado Prehistory, Eastern Arizona*. Unpublished Master's paper. Chicago: University of Chicago.

面性的概念框架内研究问题[①]，用人类学的术语来描述古代社会文化系统的运作和动态，以此超越单纯的文化历史与时空框架，探索人类学感兴趣的古代社会的各个方面。在这样的学术氛围中，朗埃克成为新考古学的主要发起人之一。在这里，我们有必要提及对其影响最大的两位考古学者：路易斯·宾福德和保罗·马丁（Paul S. Martin）。

宾福德于 1961 年进入芝加哥大学人类学系担任助理教授，成为朗埃克的导师。当时的人类学尚未与考古学产生密切联系，芝加哥大学的社会文化人类学家把考古学家视作古董商，声称他们的智识贡献不配称为人类学[②]。在对这些压迫性条件的反应中，宾福德提出了这样一个概念：如果考古学要成为人类学，即被在芝加哥和学科中掌握权力的社会文化人类学家接受为合法的，那么考古学家也必须研究社会组织；他们必须重建一个过去的社会。在 1962 年发表的一篇开创性论文《作为人类学的考古学》[③]中，宾福德构建了一个至今仍令人信服的论点，即许多人工制品，也就是他称之为"社会技术"的产品，具有社会功能。通过识别和分析这些器物，考古学家实际上可以重建过去的社会组织。宾福德强调的考古学的人类学定位成为新考古学的一面旗帜，其研究论点也在一定程度上成为朗埃克探索古代社会组织的理论基础。

如果说宾福德为朗埃克的学术起点提供了理论指导，那么保罗·马丁则为他开展过程性研究提供了实践基地。作为芝加哥菲尔德自然历史博物馆的专家级策展人，马丁先后主持了科罗拉多州西南部劳里遗址（Lowry Ruin）、新墨西哥州西部的松树园 – 保护区地区和亚利桑那州的弗农地区（Vernon）的田野考古工作。在马丁的整个职业生涯中，他在田野考古实习中积极培养和训练学生，为几代芝加哥和亚利桑那州的研究生提供考古材料，他主持的弗农地区成为过程考古学的主要试验场。朗埃克在回忆中写道："如果不是保罗·马丁愿意在田野考古中检验这些概念，那么许多人对提出的许多新想法

---

① Graves, Michael W., James M Skibo, Miriam T. Stark, and Michael B. Schiffer. (2016). An anthropological archaeologist: the contributions of William A. Longacre to archaeological theory, method, and practice. *Journal of Archaeological Method and Theory*, 23（4）, 990-1022.

② a. Binford, Lewis R. (1972). *An Archaeological Perspective*. New York: Seminar Press. b. Martin, Paul S. (1971). The revolution in archaeology. *American Antiquity*, 36（1）, 1-8.

③ Binford, Lewis R. (1962). Archaeology as anthropology. *American Antiquity*, 28（2）, 217‐225.

的接受过程就会很慢。他不仅急于尝试，而且有资源支持实地工作，包括新的研究和取样设计，以及随后在菲尔德博物馆进行必要的实验室分析。"[1] 马丁不是过程论者，相反，他长期专注陶器的类型学研究。他一直保持着开放和创造性的工作方法，并十分鼓励朗埃克和其他研究生进行创新性研究。[2] 在他职业生涯的后 20 年，马丁与他的同事约翰·里纳尔多（John B. Rinaldo）开始关注史前莫戈隆人社会组织变化[3]，并尝试寻找检验假说的方法，以探索古代物质模式和文化的稳定性和变化过程。[4]

回到朗埃克的学生时代，他在美国中西部最早获得了考古学的实地经验。1958 年，他参与了亚利桑那州弗拉格斯塔夫（Flagstaff）潘兴（Pershing）遗址的考古发掘工作，并围绕遗址的建筑撰写了论文。[5] 进入博士阶段，朗埃克加入了保罗·马丁指导的西南考古调查队，主要负责亚利桑那州东部的小科罗拉多河上游的区域调查工作，他在两年内（1959—1961）共计调查区域 250 多平方英里，发现遗址 170 余个，并由此撰写了第一份考古报告，与保罗·马丁作为共同作者发表在菲尔德自然历史博物馆的集刊中[6]，接下来的 3

---

① Longacre（2000）: 296.

② Martin, Paul S., John B. Rinaldo, William A. Longacre, Constance Cronin, Leslie G. Freeman, and James Schoenwetter（Eds.）（1962）. *Chapters in the Prehistory of Eastern Arizona*, I. Fieldiana: Anthropology 53. Chicago: Natural History Museum. pp. 4-5.

③ Martin, Paul S., and John B. Rinaldo.（1950）. *Sites of the Reserve Phase, Pine Lawn Valley, Western New Mexico*. Fieldiana: Anthropology 38（3）.

④ a. Martin（1971）: 1-8. b. Martin, Paul S.（1974）. Early development in Mogollon research. In *Archaeological Researches in Retrospect*（pp. 3-39）, edited by Gerald R. Willey. Cambridge: Winthrop. c. Martin, Paul S.（1975）. Philosophy of education at Vernon Field Station. In *Chapters in the Prehistory of Eastern Arizona, IV*（pp. 3-11）, edited by Paul S. Martin et al. Fieldiana: Anthropology 65. Chicago: Natural History Museum. d. Martin, Paul S., and Fred T. Plog.（1973）. *The Archaeology of Arizona: A Study of the Southwest Region*. Garden City, New York: Doubleday/Natural History Press.

⑤ Longacre, William A., and Michael P. Hoffman.（1958）. *Architecture of the Pershing Site, Northern Arizona*. Ms on file. Urbana-Champaign: University of Illinois.

⑥ Martin, Paul S., John B. Rinaldo, and William A. Longacre.（1960）. *Documentation for some late Mogollon sites in the upper Little Colorado drainage, Eastern Arizona*. Washington, DC and Madison, WI: Society for American Archaeology and the University of Wisconsin Press. Archives of archaeology 6.

年里，朗埃克在小科罗拉多河和海谷盆地①的田野调查和研究文章相继发表在该集刊中，成为他博士论文的主要考古材料。②

朗埃克博士论文的题目是《作为人类学的考古学：案例研究》③，是对宾福德倡导的激进方法的回应，也是朗埃克建立陶器社会学的开端之作。他对卡特牧场遗址的研究为过程考古学提供了第一个详细的案例研究，即尝试从考古学角度研究史前社会组织。1964 年，朗埃克以文章摘要的形式在《科学》杂志上介绍了他的博士论文④，其研究主题扩展到卡特牧场的陶器和手工制品的空间分布情况，尝试构建陶器、建筑与古代社会组织、亲属制度的关联（详细内容参见本章第二节）。这项研究十分具有开创性，他与同事在一系列研究

---

① a. Longacre, William A. (1961a). An archaeological survey of the upper Little Colorado drainage of east-central Arizona. In *Mineral Creek Site and Hooper Ranch Pueblo, Eastern Arizona* (pp. 147-164), edited by Paul S. Martin, John B. Rinaldo, and William A. Longacre, Fieldiana: Anthropology 52. Chicago: Natural History Museum. b. Longacre, William A. (1962a). Archaeological reconnaissance in eastern Arizona. In *Chapters in the Prehistory of Eastern Arizona*, I (pp. 148‑167), edited by Paul S. Martin, John B. Rinaldo, William A. Longacre, Constance C. Cronin, Leslie G. Freeman, and James Schoenwetter. Fieldiana: Anthropology 53. Natural History Museum. c. Longacre, William A. (1964d). A synthesis of upper Little Colorado prehistory, eastern Arizona. In *Chapters in the Prehistory of Eastern Arizona*, II (pp. 201‑215), edited by Paul S. Martin, James B. Rinaldo, William A. Longacre, Leslie G. Freeman, James A. Brown, R. H. Hevly, and M. E. Cooley. Fieldiana: Anthropology 55. Chicago: Natural History Museum.

② a. Martin, Paul S., John B. Rinaldo, and William A. Longacre. (1960). *Documentation for Some Late Mogollon Sites in the Upper Little Colorado Drainage, Eastern Arizona.* Washington, DC and Madison, WI: Society for American Archaeology and the University of Wisconsin Press. Archives of archaeology 6. b. Martin, Paul S., John B. Rinaldo, and William A. Longacre. (1961). *Mineral Creek site and Hooper Ranch pueblo, eastern Arizona.* Fieldiana: Anthropology 52. Chicago: Natural History Museum. c. Martin, Rinaldo, Longacre, Cronin, Freeman, and Schoenwetter (1962). d. Martin, Paul S., John B. Rinaldo, William A. Longacre, Leslie G. Freeman, James A. Brown, R. H. Hevly, and M. E. Cooley. (Eds.) (1964b). *Chapters in the prehistory of eastern Arizona*, II. Fieldiana: Anthropology 55. Chicago: Natural History Museum; e. Martin, Paul S., William A. Longacre, and James N. Hill. (1967). *Chapters in the Prehistory of Eastern Arizona*, III. Fieldiana: Anthropology 57. Chicago: Field Museum of Natural History.

③ a. Longacre, William A. (1963). *Archaeology as Anthropology: A Case Study.* Unpublished Ph.D. Dissertation. Chicago: University of Chicago. b. Longacre, William A. (1970a). *Archaeology as Anthropology: A Case Study.* Anthropological papers 17. Tucson: University of Arizona Press.

④ Longacre, William A. (1964a). Archaeology as Anthropology: A Case Study. *Science*, 144, 1454‑1455.

中①共同建立了一个人类学模型——陶器社会学（Ceramic Sociology）②，尝试通过陶器类型与纹饰研究重建普韦布洛人祖先聚落内和聚落之间的社会组织及其与生态环境的关系。陶器社会学这一概念最早由宾福德提出，用来概括朗埃克和詹姆斯·希尔（James Hill）等人在美西南地区利用陶器风格分析重建古代社会组织与亲属制度上的考古工作，是新考古学家提倡过程性考古研究的实践先锋，挑战了当时的主流工作——文化历史学的研究框架，并迅速成为作为人类学的考古学兴起的标志。③朗埃克在卡特牧场的陶器社会学研究吸引了一大批考古学家在不同遗址内进行相同的考古实践，也引发了围绕陶器研究的激烈讨论，主题涵盖各个方面，如陶器装饰设计、风格研究、分类方法、形成过程等。这些讨论推动了朗埃克在后续的卡林加民族考古学研究中逐步扩充陶器社会学的研究内容，探讨陶器的生产、消费、交换和废弃的生命周期及其与社会政治、经济、文化的联系。陶器社会学的研究内涵由此被大大丰富，并对世界陶器考古学研究产生了深远影响。

① a. Longacre, William A.（1964b）. The ceramic analysis. In *Chapters in the Prehistory of Eastern Arizona, II*（pp. 110 - 125）, edited by Paul S. Martin, James B. Rinaldo, William A. Longacre, Leslie G. Freeman, James A. Brown, R. H. Hevly, and M. E. Cooley. Fieldiana: Anthropology 55. Chicago: Natural History Museum. b. Longacre, William A.（1964c）. Sociological implications of the ceramic analysis. In *Chapters in the Prehistory of Eastern Arizona, II*（pp. 155 - 170）, edited by Paul S. Martin, James B. Rinaldo, William A. Longacre, Leslie G. Freeman, James A. Brown, R. H. Hevly, and M. E. Cooley. Fieldiana: Anthropology 55. Chicago: Natural History Museum. c. Longacre, William A.（1964d）. A synthesis of upper Little Colorado prehistory, eastern Arizona. In *Chapters in the Prehistory of Eastern Arizona, II*（pp. 201 - 215）, edited by Paul S. Martin, James B. Rinaldo, William A. Longacre, Leslie G. Freeman, James A. Brown, R. H. Hevly, and M. E. Cooley. Fieldiana: Anthropology 55. Chicago: Natural History Museum. d. Longacre, William A.（1966）. Changing patterns of social integration: a prehistoric example from the American southwest. *American Anthropologist*, 68（1）, 94 - 102. e. Longacre, William A.（1968b）. Some aspects of prehistoric society in east-central Arizona. In *New Perspectives in Archeology*（pp. 89 - 109）, edited by Sally R. Binford and Lewis R. Binford. Chicago: Aldine.

② a. Binford, Lewis R.（1983）. *Working at Archaeology*. New York: Academic Press. b. Graves, Michael W.（1998）. The history of method and theory in the study of prehistoric Puebloan pottery style in the American southwest. *Journal of Archaeological Method and Theory*, 5（4）, 309 - 343. c. Longacre（2000）. d. Redman, Charles L.（1991）. Distinguished lecture in archeology: In defense of the seventies. *American Anthropologist*, 93（2）, 295-307.

③ Graves, Skibo, Stark, and Schiffer（2016）.

二、亚利桑那大学期间

1964 年，朗埃克开始在亚利桑那大学任教，依然对古代社会组织的重建保持着热情。在亚利桑那大学的前 10 年，朗埃克深耕于草蜢遗址的田野发掘和研究，致力于开拓更科学的发掘和采样方法，以探索该遗址背后的文化与社会进程。1973 年，为继续探索陶器与社会的关系，朗埃克启动了卡林加民族考古学项目。这让亚利桑那大学成为陶器民族考古学，乃至民族考古学和之后中程理论的重镇。

（一）重建古代普韦布洛社会

朗埃克对社会组织的兴趣并没有随着他在卡特牧场普韦布洛的调查的结束而消退。20 世纪 60 年代是过程论的草创期，朗埃克重申考古学的人类学定位，他将历史研究中对古代社会组织的关注追溯到美西南考古学先驱弗兰克·库欣（Frank H. Cushing）和杰西·费克斯（Jesse W. Fewkes）。他认为，这些调查者在 19 世纪末对社会组织有着持久的兴趣，这是由他们自己在祖尼人和霍皮（Hopi）人的民族志田野项目所带来的。在美国西南部，也许在其他地方，对社会组织的考古调查可以在理论、经验和历史先例中得到证明。[1]1968 年，朗埃克在美洲研究院（School of American Research）[2]举办的高级研讨会上介绍了这项研究，主题是重建古代普韦布洛社会。会议中产生的论文集[3]激发了整个西南地区年轻考古学家对社会组织的兴趣和热情，并促进了其他地区对史前社会现象的推断。该论文集中朗埃克、詹姆斯·希尔[4]和

① Longacre, William A.（1970c）. A historical review. In *Reconstructing Prehistoric Pueblo Societies*（pp. 1 - 10）, edited by William A. Longacre. Albuquerque: University of New Mexico Press.

② 1907 年在圣塔菲建立了"美洲考古研究院"（School of American Archaeology），该机构于 1917 年改名为"美洲研究院"（School of American Research），2007 年改名为"高等研究院"（School of Advanced Research），所以从 1917 年起，该机构的简称一直是 SAR。

③ Longacre, William A.（Ed.）（1970d）. *Reconstructing Prehistoric Pueblo Societies*. Albuquerque: University of New Mexico Press.

④ Hill, James N.（1970b）. Prehistoric social organization in the American southwest: theory and method. In *Reconstructing Prehistoric Pueblo Societies*（pp. 12 - 58）, edited by William A. Longacre. Albuquerque: University of New Mexico Press.

杰弗里·迪恩（Jeffrey S. Dean）[1]的论文成为经典之作，至今仍出现在课程阅读清单上。随后，朗埃克发表了第一篇美西南考古学综合评论。[2]随着宾福德及其弟子一系列研究文章的发表，美国考古学界呼吸到了新鲜的空气，挑战了当时的美国考古学主流范式——文化历史考古学，虽然这些研究对遗址形成过程的认识还很幼稚。

从1964年开始，朗埃克担任了亚利桑那大学田野调查主任。1965—1973年，朗埃克从雷蒙德·汤普森（Raymond H. Thompson）手中全面接管了位于亚利桑那州中东部山区被称为"草蜢"的大型普韦布洛遗址的田野考古基地的领导权。他开始有机会在田野中践行他的过程考古理念和新方法，如设计更加科学有效的采样方法[3]，陶器根据美西南标准的类型学系统进行分类，但也根据容器的功能进行分类；考古记录充分使用表格，学生需做笔记，并对他们的发掘单位写一份全面的解释说明。宾福德在回顾朗埃克的研究时提到："改进采样策略和考古记录，是通过探索新方法来分析揭示模式化的第一步，朗埃克通过改进发掘策略以及对草蜢遗址的考古数据进行发掘后的分析，极大推进了研究的纵深发展，为西南地区及其他地区的考古实践设定了一个改进的标准。"[4]值得一提的是，本书的主人公之一，帕特丽夏·克朗曾作为实习生参与草蜢遗址的发掘，朗埃克对克朗有关教与学的研究提供过针对性的指导和建议（有关克朗的研究参见本书第六章）。[5]

在主持草蜢遗址发掘期间，汤普森和朗埃克记录了考古学研究中从文化史到过程考古学的概念转变，并为草蜢遗址的实践设计了5个广泛的研究问

① Dean, Jeffrey S. (1970). Aspects of Tsegi phase social organization: a trial reconstruction. In *Reconstructing Prehistoric Pueblo Societies* (pp. 140‑174), edited by William A. Longacre, Albuquerque: University of New Mexico Press.

② Longacre, William A. (1973b). Current directions in southwestern archaeology. *Annual Review of Anthropology*, 2, 201‑219.

③ Longacre, William A., and Michael W. Graves. (1976). Probability sampling applied to an early multi‑component surface site in east‑central Arizona. *The Kiva*, 41, 277‑287.

④ Binford, Lewis R. (2007). Epilogue. In *Archaeological Anthropology: Perspectives on Method and Theory* (pp. 236‑242), edited by James M. Skibo, Michael W. Graves, and Miriam T. Stark. Tucson: University of Arizona Press. p. 238.

⑤ Patricia, Crown L. (2007). Learning about learning. In *Archaeological Anthropology: Perspectives on Method and Theory* (pp. 198‑217), edited by James M. Skibo, Michael W. Graves, and Miriam T. Stark. Tucson: University of Arizona Press.

题和目标：（1）检验大约在公元 1300 年出现气候轻微波动的假说；（2）更好地了解 14 世纪在草蜢地区和西南其他地区达到顶峰的人口聚集过程；（3）尝试定义和分析社会群体的性质、居住、继承模式，以及在草蜢实现社会融合的手段，以搞清楚究竟是什么导致了西部普韦布洛文化系统的变迁；（4）划定这个古代社会的经济基础；（5）调查陶器中所证明的多元风格的含义，以了解与邻近地区互动的性质。[1] 值得注意的是，汤普森和朗埃克并不认为过程考古学和文化史是互斥的，相反，美西南普韦布洛社会的文化历史和时空框架，为草蜢遗址新方法的运用提供了复杂的考古学背景。

1967 年，朗埃克启动的拐角项目（Cornering Project），尝试创造一个统计学上有效的绘制和测量房间的方法，以构建更加科学的采样设计，拐角项目提供了草蜢遗址的建筑顺序，朗埃克在此基础上利用聚落扩张期的房间数量和规模数据模拟了人口增长率。研究表明，只有通过最初相当数量的移民，才能以合理的年增长率估算普韦布洛人居住期的总人口，而建筑数据并不支持这一庞大的创始人口。对草蜢遗址人口增长更合理的解释是，最初的移民群体被随后的非移民浪潮所加入，以及通过正常途径增长。[2] 杰斐逊·里德（Jefferson J. Reid）和斯蒂芬妮·惠特尔西（Stephanie M. Whittlesey）对此给予了高度评价，认为朗埃克的拐角项目为几十年来对草蜢遗址的移民、人口流动和社会组织的高产研究奠定了基础。[3]

草蜢项目的显著特点是田野实践和分析技术的紧密结合。多名研究生积极参与研究设计，并以此作为毕业论文选题，对文化材料进行全面复原和记录。1982 年，朗埃克作为主编，出版了论文集《亚利桑那草蜢普韦布洛的多

---

① Thompson, Raymond H., and William A. Longacre.（1966）. The University of Arizona Archaeological Field School at Grasshopper, east-central Arizona. *The Kiva*, 31, 255-275.

② a. Longacre, William A.（1975）. Population dynamics at the Grasshopper pueblo, Arizona. In *Population Studies in Archaeology and Biological Anthropology: A Symposium*（pp. 71-74）, edited by A. C. Swedlund. Memoirs of the Society for American Archaeology, 30. Washington, D.C.: Society for American Archaeology. b. Longacre, William A.（1976d）. Population dynamics at the Grasshopper pueblo, Arizona. In *Demographic Anthropology: Quantitative Approaches*（pp. 169-184）, edited by Ezra B. W. Zubrow. Albuquerque: University of New Mexico Press.

③ Reid, Jefferson J., and Stephanie M. Whittlesey.（2007）. Migration, Population Movement, and Process at Grasshopper Pueblo, Arizona. In *Archaeological Anthropology: Perspectives on Method and Theory*（pp. 218-235）, edited by James M. Skibo, Michael W. Graves, and Miriam T. Stark. Tucson: University of Arizona Press.

学科研究》（*Multidisciplinary Research at Grasshopper Pueblo, Arizona*）[1]，这是对草蜢遗址综合研究的第一步。研究人员调查了普韦布洛人在此定居、发展、繁荣和废弃的整个过程。里德等提出了一个遗址发展模型，并确定了后续分析的阶段（建立、扩张、扩散和废弃）。[2]戴维·威尔科克斯（David Wilcox）从理论的角度讨论了拐角项目实施的合理性和数据的可比性[3]，迈克尔·格雷夫斯（Michael Graves）、萨利·霍尔布鲁克（Sally Holbrook）和朗埃克从人口增长、环境压力和经济重组三方面提供了一个关于区域人口增长、草蜢遗址扩张和废弃的初步模型，认为人口的大量迁入导致聚落内人口规模快速上升。他们认为尽管移民最初可能是被农业用地的可用性所吸引，但之后的人口因素，如寻求婚姻伴侣，以及聚落间交流的过程导致了草蜢遗址的人口扩张。[4]

朗埃克主持草蜢遗址调查和发掘的近 10 年间，获得了美国国家科学基金及其他经费的资助。在与亚利桑那大学的研究生的精诚合作中，朗埃克把该遗址建设成为全国最重要的研究生实习基地之一，并成功地将之作为了过程考古学的主要实验阵地，培养出一大批新考古学家。

（二）民族考古学的实践

1973 年，朗埃克决定研究一个现生系统（living system）。这一决定是在面对陶器社会学大量的批评与反思的回应，这反映了朗埃克的个人哲学，他不太关心针对他研究结论的批评，而是关心对考古记录的理解。朗埃克的工作重点不是一个特定的理论立场，而是不断探索考古学的基本问题——人与

---

① Longacre, William A., Sally J. Holbrook, and Michael W. Graves（Eds.）（1982a）. *Multidisciplinary Research at Grasshopper Pueblo, Arizona*. Anthropological Papers 40. Tucson: University of Arizona Press.

② Reid, Jefferson J., and Izumi Shimada.（1982）. Pueblo growth at Grasshopper: methods and models. In *Multidisciplinary Research at Grasshopper Pueblo, Arizona*（pp. 12 - 18）, edited by William A. Longacre, Sally J. Holbrook, and Michael W. Graves. Anthropological Papers 40. Tucson: University of Arizona Press.

③ Wilcox, David R.（1982）. A set-theory approach to sampling pueblos: the implications of room-set additions at Grasshopper Pueblo. In *Multidisciplinary Research at Grasshopper Pueblo, Arizona*（pp. 19 - 27）, edited by William A. Longacre, Sally J. Holbrook, and Michael W. Graves. Anthropological Papers 40. Tucson: University of Arizona Press.

④ Graves, Michael W., William A. Longacre, and Sally J. Holbrook.（1982b）. Aggregation and abandonment at Grasshopper pueblo, Arizona. *Journal of Field Archaeology*, 9（2）, 193 - 206.

物之间的关系。① 面对陶器社会学的诸多问题，他并没有说从史前的考古学数据中不可能找到答案；相反，他用民族考古学的眼光寻找人与器物之间的联系，并以此来探索社会与陶器的关系。② 宾福德对这个观点给予了肯定。③

　　学术批评促使他启动了一个新的研究项目，在菲律宾北部的高地部落陶工中使用民族志方法。朗埃克认为，菲律宾卡林加社会是检验有关陶器生产、消费和社会经济组织假说的理想选择。④ 他希望能够在卡林加的制陶活动中明确地检验他在卡特牧场研究中使用的陶器社会学模型。在之后的职业生涯中，朗埃克全身心地投入卡林加的民族考古研究中。其早期的研究结果正如成功的、基于经验的研究项目所发生的那样，最初检验陶器社会学的努力并不完全符合预期。20 世纪 70 年代是美国考古学理论激荡发展的时代，也是菲律宾面临持续政治与军事斗争的阶段。面对考古学新理论的涌现和卡林加瞬息万变的局势，朗埃克带领研究生不断扩充卡林加的研究主题，开辟新的调查领域，围绕卡林加陶器的生产、消费、分配与废弃等生命周期的不同阶段进行了详细的调查。其研究结果和影响已超出了最初的设想，卡林加项目由此发展成世界上规模最大的、主题涵盖最广的民族考古实践之一。部分研究成果和调查数据集中发表于三大本论文集，即朗埃克汇编的《陶器的民族考古学》⑤《卡林加民族考古学：扩充考古学方法与理论》⑥，以及斯基博等人汇编的

① a. Longacre, William A. (1974). Kalinga pottery making: the evolution of a research design. In *Frontiers of Anthropology: An Introduction to Anthropological Thinking* (pp. 51 - 67), edited by Murray J. Leaf. New York: D. Van Nostrand. b. Longacre, William A. (1998). Carter Ranch pueblo, Hay Hollow Valley; Paul Sidney Martin. In *Archaeology of Prehistoric North America: An Encyclopedia* (pp. 118-119; 499-500), edited by Guy Gibbon. New York: Garland Publishing. c. Longacre, William A. (1999a). Standardization and specialization: what's the link? In *Pottery and People* (pp. 44-58), edited by James M. Skibo and Gary M. Feinman. Salt Lake City: University of Utah Press.

② Skibo, James M., John G. Franzen, and Eric C. Drake. (2007). Smudge Pits and Hide Smoking Revisited. In *Archaeological Anthropology: Perspectives on Method and Theory* (pp. 72-92), edited by James M. Skibo, Michael W. Graves, and Miriam T. Stark. Tucson: University of Arizona Press.

③ Binford (2007): 251.

④ Longacre (1974): 55-67.

⑤ Longacre, William A. (Ed.)(1991a). *Ceramic Ethnoarchaeology.* Tucson: University of Arizona Press.

⑥ Longacre, William A., and James M. Skibo (Eds.)(1994a). *Kalinga Ethnoarchaeology: Expanding Archaeological Method and Theory.* Washington DC: Smithsonian Institution Press.

《考古人类学：方法与理论的视角》[①]，后者由卡林加民族考古学项目的三代研究人员撰写，以纪念朗埃克的学术生涯及其在考古学和民族考古学中的贡献。这些研究极大丰富了朗埃克早期研究中陶器社会学的内涵，大量有关陶器的信息被详尽地记录，为考古学尤其是民族考古学的比较研究提供了大量数据材料和扎实的分析基础。

朗埃克的民族考古实践体现了新考古学的一个重要方面，即考古不仅仅是发掘工作，发掘只是众多考古学策略中的一种。正如新考古学家所坚持的，考古学的相关数据可以来自任何地方，也包括民族志材料。可以说，朗埃克把他的整个职业生涯奉献给了新考古学和早期民族考古学的发展，他是这两个领域最好和最知名的实践者之一。[②]围绕陶器研究，本章将具体介绍朗埃克在这两个领域中最著名、影响力最大的两个案例。

第二节　陶器与社会：卡特牧场的新考古学案例

朗埃克的博士论文是他早期研究最具标志性的作品之一。朗埃克在"作为人类学的考古学"的旗帜下，以卡特牧场的案例研究撰写了博士论文。[③]他的博士论文及相关文章[④]主要利用了计算机辅助技术对陶器进行多元统计分析，关注单个遗址内陶器变异性及其空间分布状况，以构建陶器变异性与史前社会组织的关联，下文概述此项研究的基本内容。

---

① Skibo, James M., Michael W. Graves, and Miriam T. Stark. (Eds.) (2007). *Archaeological Anthropology: Perspectives on Method and Theory*. Tucson: University of Arizona Press.

② a. Watson, Patty Jo. (2007). Foreword. The New Archaeology and After. In *Archaeological Anthropology: Perspectives on Method and Theory*(pp. vii), edited by James M. Skibo, Michael W. Graves, and Miriam T. Stark. Tucson: University of Arizona Press. b. Pauketat, Timothy R. (1989). Monitoring Mississippian homestead occupation span and economy using ceramic refuse. *American Antiquity*, 54 (2), 288‑310. c. Varien, Mark D., and Scott G. Ortman. (2005). Accumulations research in the Southwest United States: middle‑range theory for big‑picture problems. *World Archaeology*, 37 (1), 132‑155.

③ Longacre, William A. (1963). *Archaeology as Anthropology: A Case Study*. Unpublished Ph.D. Dissertation. Chicago: University of Chicago.

④ Longacre (1963), (1964), (1964c), (1968b), (1970a).

一、理论假说：陶器的社会内涵

有关陶器与古代社会组织关系的推断最早见于詹姆斯·迪兹（James Deetz，1930—2000）对阿里卡拉文化的研究，他首次证明了社会组织和 / 或居住地与陶器制造中使用的设计属性分布之间的相关性，认为阿里卡拉平原内麦迪森克劳（Medicine Crow）遗址早晚期陶器风格的变迁与母系社会向父系社会的转变存在密切关联，即早期女性陶工的微观知识体系或通过母系传承。随着母系氏族的瓦解，陶器的相似性也趋于瓦解，导致风格特征的随机排列。[①] 随后，康斯坦斯·克罗宁（Constance Cronin）在对弗农地区发掘的一系列遗址中发现村庄内的陶器设计元素和风格的相似性明显高于村庄间。[②] 朗埃克据此认为，一个村庄的几代陶工倾向于使用一种相对保守的设计系统，而这种设计传统很有可能是基于亲属关系形成的。

在这个基础上，朗埃克构建了一个理论假说，即"社会人口和社会组织反映在材料 / 系统中"[③]，陶器风格的相似性，或者说物质文化的结构化模式可以反映母系居住规则和社会组织的变化。在美西南和其他地区的民族学调查中，女性制作和装饰陶器。陶器的装饰可能反映了母亲教女儿的学习框架。假设聚落为婚后母系居住模式，那么陶器风格将延续，如果这种居住模式改变，聚落内陶器设计元素会更加多样化。该模型以传统霍皮陶器生产为基础，通过特定的学习框架（母亲对女儿）将风格特征的传递与以亲属为基础的社会组织中的家庭生产模式结合起来。根据这个假说，朗埃克指出，在史前普韦布洛人祖先的社区中，我们可能会发现陶器的生产和设计，由居住在不同空间的亲属群体的位置构成。也就是说，如果家庭坚持婚后的母系居住习俗，

① a. Deetz, James.（1960）. *An Archaeological Approach to Kinship Change in Eighteenth Century Arikara culture*. PhD. Dissertation: Harvard University, Cambridge, MA. b. Deetz, James.（1965）. *The Dynamics of Stylistic Change in Arikara Ceramics*. Illinois studies in Anthropology 4. Urbana: University of Illinois Press.

② Cronin, Constance.（1962）. An analysis of pottery design elements indicating possible relationships between three decorated types. In *Chapters in the prehistory of eastern Arizona*, I（pp. 105‑114）, edited by Paul S. Martin, John B. Rinaldo, William A. Longacre, Constance C. Cronin, Leslie G. Freeman, and James Schoenwetter, Fieldiana: Anthropology 53. Chicago: Museum of Natural History.

③ Longacre（1970a）: 28.

那么社区内的亲属群体应该可以根据陶器设计元素的频率来区分彼此。反之，如果在考古遗址中发现这种陶器设计属性和装饰组合的空间分布状况，也许能够检验关于婚后居住行为和血统的命题。[①]

朗埃克尝试使用演绎法来推断考古研究中有关社会组织的信息，从后续的研究来看，朗埃克的假说过于强调亲属关系和血统群体对陶器设计元素的影响，而忽略了陶器的非本地生产和不同的文化形成过程可能会带来的复杂性。然而，从新考古学的角度看，这仍是一个将考古材料与人类学模型联系起来的优雅论点。[②]

二、考古实践：卡特牧场遗址

在上述理论假说的基础上，朗埃克尝试将卡特牧场遗址的房屋、陶器、其他人工制品及墓葬随葬品等遗存进行整合，以探索陶器类型与设计元素的空间分布模式。

受斯图尔德文化生态学[③]和宾福德系统论[④]影响，参考詹姆斯·肖恩维特（James Schoenwetter）为亚利桑那州东部－新墨西哥西部地区构建的花粉年表[⑤]，朗埃克首先介绍了卡特牧场遗址所在弗农地区的文化与社会背景。根据区域内聚落形态和农业发展状况，朗埃克将其划分为狩猎采集者（前1500—300年）——初步的农业者（300—500年）——最初的定居型农民（500—700年）——成熟的村落农业（700—900年）——计划型城镇（900—1100年）——成熟的城镇（1100—1300年）——大型城镇（1300—1500年）七个发展阶段。卡特牧场遗址定居时间较短（约1100—1250年），正处于小科罗

---

① Longacre（2000）.

② Graves, Skibo, Stark, and Schiffer（2016）: 993.

③ Steward Julian. H.（1955）. *Theory of Cultural Change: The Methodology of Multilinear Evolution*. University of Illinois Press, Urbana.

④ a. Binford, Lewis R.（1962）. Archaeology as anthropology. *American Antiquity*, 28（2），217 - 225. b. Binford, Lewis R.（1965）. Archaeological systematics and the study of culture process. *American Antiquity*, 31（2），203 - 210.

⑤ Schoenwetter, James.（1962）. Pollen analysis of eighteen archaeological sites in Arizona and New Mexico. In *Chapters in the prehistory of eastern Arizona, 1*（pp. 168-209），edited by Paul S. Martin, John B. Rinaldo, William A. Longacre, Constance C. Cronin, Leslie G. Freeman, and James Schoenwetter, Fieldiana: Anthropology 53. Chicago: Museum of Natural History.

拉多河上游从星罗密布的小村落向大型城镇转变的过程。该遗址于 1956 年在马丁和里纳尔多主持的西南考古的区域系统调查中发现，在 1961 年、1962 年夏季进行发掘。卡特牧场遗址是一处中等规模的普韦布洛村落，发现由 39 座房间组成的街区，其中一个主楼和两个翼楼以空心方形的形式建立在广场周围，广场内发现一个大型基瓦[①]、大型粮仓和一个小型基瓦。围绕着卡特牧场遗址的研究集中发表在菲尔德自然历史博物馆的集刊中。[②]

　　为检验其理论假说，朗埃克对卡特牧场遗址的陶器进行了细致的研究。他首先利用多元统计方法分析了 175 种白底黑彩类陶器的设计元素在房址、基瓦、墓葬和灰坑中的空间分布状况。结果表明，某些陶器设计元素与卡特牧场遗址内的不同房间区块有明显的非随机分布模式，同时，不同房间区块内出土的陶器类型、设计元素的分布频率与墓葬内陶器元素分析结果相一致，这表明不同房间块可能存在各自相应的墓地，分别代表了不同的居住群体。由此，遗址内陶器的空间分布模式被解释为三个社会群体的分布。[③]这一现象符合此前提出的理论模型，不同居住群体内陶器的高度相似性是母女制陶知识传承的结果。

　　朗埃克推断三个居住群体可能实行母系婚后居模式，或为当地的母系血统群体。除了居住单元内陶器的相似性外，其他人工制品的分布模式、单位合作形式和母系继承模式等也支持这一观点，认为聚落内石器风格的多样性可能反映男性石器知识来自不同的社会群体。遗址内每个居住单元有单独的基瓦，且存在不同的墓地，每个居住群体内部在经济、宗教方面紧密合作，其后代对房屋、墓葬使用地等不可移动性财产的继承都在居住单元内部进行，很有可能是女性的继承，反映的是当地的母系血统群体。有趣的是，朗埃克在其博士论文的再版书籍《作为考古学的人类学：案例研究》[④]中对有关母系血统的论述进行了修正，强调尽管考古证据无法证明，但卡特牧场遗址内仍存在很大的母系血统的可能性。这一修正反映了朗埃克在结论上的谨慎性及其对陶器社会学的反思，但他仍然强调考古学在构建人类学理论上的重要性，

① 基瓦（kiva）是美西南的祭祀性遗迹，一般为地下建筑。

② Martin, Rinaldo, Longacre, Freeman, Brown, Hevly, and Cooley（1964b）.

③ a. Longacre（1964b）: 158-159. b. Longacre（1970a）: 39, 41-45.

④ Longacre（1970a）.

也指出，推论的重要性不在其正确性，而是在这一过程中激发创新研究，进行试验、错误、再试验的过程。[①] 在朗埃克的基础上，他的同门詹姆斯·希尔的博士论文同样以演绎法论证了布罗肯·K（Broken K）普韦布洛遗址中陶器空间分布与居住规则、亲属关系的密切联系。[②]

　　朗埃克同样关注环境与聚落模式的密切联系。他考察了不同空间尺度下小科罗拉多河上游普韦布洛农业群体的聚落定居模式、文化与社会进程，用每个阶段的遗址数量和房间的平均数量来描述该地区人口扩张的速度和随后的废弃。[③] 从小型村落到大型城镇的发展过程中，朗埃克认为弗农地区聚落模式和社会整合方式的变化反映了当地先民应对"环境压力"的文化适应：随着公元 1100 年以来当地降雨模式的转变和气温的下降，普韦布洛人尝试通过仪式活动和社会互惠模式等手段加强社会整合，以促进资源和人口在不同阶段的重新分配。[④] 前者以卡特牧场遗址为例，由 3—4 个或 15—20 个房间组成的小型村落连接成小型农业网络，村落内存在若干不同的亲属群体，独立使用基瓦或进行经济合作，村落内部通过亲属关系和仪式性联系加强社会凝聚力；后者以布罗肯·K 遗址（约 1150—1300 年）为例，由一个大型普韦布洛建筑组成，包括近 100 个房间围绕中心广场，陶器的设计分析[⑤] 表明遗址内早期由较早的社会单位与基瓦相联系，与卡特牧场遗址相似，晚期基瓦被更大的社会群体所共享，社会整合通过非亲属关系的宗教群体来实现，超越了亲属关系团体本身。对布罗肯·K 遗址内其他器物的分析表明，雕刻工具集中出现在遗址北端的房间中，而雕刻的成品如吊坠、骨环等遗物则广泛出现于整个遗址中。因此，朗埃克认为遗址内存在着以服务和商品为交换的互惠模式，

---

① Longacre（1970a）：52.

② a. Hill, James N.（1965）. *Broken K: A Prehistoric Society in Eastern Arizona*. Unpublished Ph.D. Dissertation. Chicago: University of Chicago. b. Hill, James N.（1970）. *Broken K Pueblo: Prehistoric Social Organization in the American Southwest*, Anthropological papers 18. Tucson: University of Arizona Press.

③ Longacre（1964b），（1964d），（1966），（1970a）.

④ Longacre（1966），（1970a）.

⑤ Hill（1965）.

这种互惠模式促使聚落内不同社会群体相互依赖,进而形成强大的社会整合。[①]
詹姆斯·希尔对陶器类型、设计元素和灶的分析也证明了这一现象,即村落
背后存在一个局部的亲属群体,雕刻工具的集中出现和成品在村落内的广泛
分布表明这类物品的生产高度本地化且向聚落内分配。[②]

此外,朗埃克还认为卡特牧场遗址存在性别分工的证据。他发现与编织
活动相关的工具多出现在男性墓葬或与基瓦相关的仪式性活动中,而女性物
品的分布则与其不同。结合现代西部的普韦布洛人编织活动以男性为主,朗
埃克认为卡特牧场也存在明显的性别与劳动分工。尽管他在论文中并没有充
分论证这一观点,其推论也大多根据社会人类学和民族志学者的观点得出,
但他仍启发了许多的考古学家通过考古材料探寻史前有关性别分工的证据。

朗埃克和迪兹、希尔等人通过分析陶器类型、设计元素及其他人工制品
的变化,重建史前社会和历史社会的共时性和历时性方面的努力,开辟了考
古学研究的一个新领域:陶器社会学。他们构建了作为过程考古学可能实现
的研究范例,即尝试运用演绎法重建古代社会组织的理论模型[③],也可能代表
了新考古学的追随者成功建立他们研究思想的另一种方式。[④]朗埃克试图通过
陶器研究来超越文化历史学家的研究领域,以重建史前社会组织。尽管如此,
张光直仍将这种方法称为"社会文化重建的花哨游戏"[⑤]。其有关陶器设计元

① Longacre (1966):100. b. Longacre, William A. (1967). Artifacts. In *Chapters in the Prehistory of Eastern Arizona, III* (pp. 56 - 125), edited by Paul S. Martin, William A. Longacre, and James N. Hill, Fieldiana: Anthropology 57. Chicago: Field Museum of Natural History. c. Longacre (1968): 93.

② a. Hill, James N. (1967). Structure, function, and change at Broken K Pueblo. In *Chapters in the Prehistory of Eastern Arizona, III* (pp. 158 - 167), edited by Paul S. Martin, William A. Longacre, and James N. Hill, Fieldiana: Anthropology 57. Chicago: Natural History Museum. b. Hill, James N. (1968). Broken K Pueblo: patterns of form and function. In *New Perspectives in Archeology* (pp. 103 - 142), edited by Sally R. Binford and Lewis R. Binford, Chicago: Aldine Publishing.

③ a. Aberle, David F. (1970). Comments. In *Reconstructing Prehistoric Pueblo Societies* (pp. 214 - 224), edited by William A. Longacre, Albuquerque: University of New Mexico Press. b. Dozier, Edward P. (1970). Making inferences from the present to the past. In *Reconstructing prehistoric Pueblo Societies* (pp. 202 - 213), edited by William A. Longacre. Albuquerque: University of New Mexico Press.

④ O'Brien, Lyman, and Schiffer (2005).

⑤ Chang, Kwang Chih. (1967). *Rethinking Archaeology*. Random House, New York. pp. 13.

素的空间分布规律的证据也在后续的检验中被推翻[①]，但朗埃克仍构建了合理的——至今仍未被反驳的——理论，说明为什么器物模式有时可以反映婚姻居住模式。正如马克·莱昂内（Mark Leone）所言："当代考古学家发起的一些最著名的实验集中在努力重建部分农业亲属系统……在某些方面，新考古学的这一特定方面一直是最具争议的。考古学中正在发生一些不寻常的事情，这可能是文化人类学家唯一最重要的指标。在考古学的框架内，这种针对史前社会组织研究的地位是不确定的，但作为一个整体，这些关于史前社会组织的实验见证了考古学中最令人兴奋的，甚至是催化性的发展之一。"[②]

三、批判与反思：陶器社会学的影响

一石激起千层浪，朗埃克的卡特牧场遗址与陶器社会学研究产生了巨大的影响力，到 20 世纪 60 年代末和接下来 10 年的大部分时间里，大量的论文和出版物都在讨论陶器风格变化的问题[③]，同时也成为许多讨论和批评的话

① Plog, Stephen E.（1978）. Social interaction and stylistic similarity: a reanalysis. *Advances in Archaeological Method and Theory*, 1, 143 - 182.

② Leone, Mark P.（Ed.）（1972）. *Contemporary Archaeology: A Guide to Theory and Contributions*. Carbondale: Southern Illinois University Press. p.236.

③ a. Braun, David P.（1977）. *Middle Woodland -（early）Late Woodland Social Change in the Prehistoric Central Midwestern United States*. PhD. Dissertation, University of Michigan. ProQuest Dissertations Publishing, 7726210. b. Conkey, Margaret W.（1978a）. *An Analysis of Design Structure Variability among Magdalenian Engraved Bones from North Coastal Spain.* Unpublished Ph.D. Dissertation. Chicago: University of Chicago. c. Conkey, Margaret W.（1978b）. Style and Information in Cultural Evolution: Toward a Predictive Model for the Paleolithic. In *Social Archaeology: Beyond Subsistence and Dating*（pp. 61 - 85）, edited by Charles L. Redman, M. J. Berman, E. V. Curtin and W. T. Langhorne, Jr., New York: Academic Press. d. Hill, James N., and Joel Gunn.（1977）. *The Individual in Prehistory: Studies of Variability in Style in Prehistoric Technologies*. New York: Academic Press. e. Leone, Mark P.（1968a）. *Economic Autonomy and Social Distance: Archaeological Evidence*. PhD. Dissertation, University of Arizona. ProQuest Dissertations Publishing, 6814518. f. Leone, Mark P.（1968b）. Neolithic economic autonomy and social distance. *Science*, 162, 1150 - 1151. g. Plog, Stephen E.（1980）. *Stylistic Variation in Prehistoric Ceramics: Design Analysis in the American Southwest*. Cambridge: Cambridge University Press. h. Tuggle, David H.（1970）. *Prehistoric community relations in east-central Arizona*, Ph.D. Dissertation, University of Arizona. ProQuest Dissertations Publishing, 7024947.

题。[①]其中，斯蒂芬·普洛格（Stephen E. Plog）从理论假说、阐释和研究方法三方面系统总结了学界有关朗埃克及其陶器社会学的评论。[②]

对陶器社会学理论假说的批评主要涉及以下三个方面。其一，考古遗迹的空间模式反映了古代行为的空间模式。对此，有学者从陶器的再利用视角批判了这一假说的可靠性。如哈丁·弗里德里希（Hardin M. Friedrich）认为破损陶器的转用行为可能导致遗物废弃模式的变化，"一个绘画元素在村子里的最终分布不仅仅是其在绘画中的位置和功能"[①]。迈克尔·斯坦尼斯拉夫斯基（Michael B. Stanislawski）在研究现代霍皮人的制陶过程中，发现破损陶器还存在几种不同的转用方式：用于填补房屋墙壁的缝隙，陶器羼和料，烧制过程中覆盖未烧制的陶器。[④]对此，朗埃克承认民族调查证据的重要性，但他认为斯坦尼斯拉夫斯基的民族调查证据主要基于调查对象所告知的信息，而非对环境中设计属性分布的详细分析。[⑤]这也推动了之后朗埃克在卡林加民族考

①　a. Allen, William L., and James B. Richardson. (1971). The reconstruction of kinship from archaeological data: the concepts, the methods, and the feasibility. *American Antiquity*, 36 (1), 41‑53. b. Clarke, D. L. (1968). *Analytical archaeology*. London: Methuen & Company. c. Deetz, James. (1968). The inference of residence and descent rules from archaeological data. In *New Perspectives in Archeology*（pp.41‑48），edited by Sally R. Binford and Lewis R. Binford, Chicago: Aldine Publishing Company. d. Dozier, Edward. P. (1970). Making inferences from the present to the past. In *Reconstructing Prehistoric Pueblo Societies*（pp. 202‑213），edited by William A. Longacre, Albuquerque: University of New Mexico Press. e. Flannery, Kent V. (1976). Analysis of stylistic variation within and between two communities. In *The Early Mesoamerican Village*（pp. 251‑254），edited by Kent V. Flannery, New York: Academic Press. f. Friedrich, Hardin M. (1970). Design structure and social interaction: archaeological implications of an ethnographic analysis. *American Antiquity*, 35 (3), 332‑343. g. Plog, Stephen E. (1978). Social interaction and stylistic similarity: a reanalysis. *Advances in Archaeological Method and Theory*, 1, 143‑182. h. Plog, Stephen E. (1983). Stylistic analysis in archaeology. *Annual Review of Anthropology*, 12, 125‑142. i. Schiffer, Michael B. (1976). *Behavioral Archaeology*. New York: Academic Press. pp. 22‑25. j. Stanislawski, Michael B. (1969a). The ethno‑archaeology of Hopi pottery making. *Plateau*, 42, 27‑33. k. Stanislawski, Michael B. (1969b). What good is a broken pot? An experiment in Hopi‑Tewa ethnoarchaeology. *Southwest Lore*, 35, 1‑18. l. Stanislawski, Michael B. (1973). Review of *Archaeology as Anthropology: A Case Study* by William A. Longacre. *American Antiquity*, 38 (1), 117‑121.

②　Plog (1978).

①　Friedrich (1970): 340.

④　Stanislawski (1969a), (1969b).

⑤　Longacre, William A. (1973b). Current directions in southwestern archaeology. *Annual Review of Anthropology*, 2, 201‑219. p.203.

古学项目中调查方法的改进。此外，从形成过程理论的视角看，卡特牧场遗址房屋内出土遗物可能存在着更加复杂的沉积模式。现代民族志材料也表明，房址在废弃后存在清理垃圾后重新使用的情况。[1] 而房址内地面出土陶片与房址使用阶段的共时性问题同样值得关注。[2] 因此，在对遗址空间分布模式进行分析时，必须考虑到考古记录的自然和文化形成过程，针对这一问题迈克尔·希弗有很好的论述 [3]，相关研究参见本书第五章。在上述对陶器空间分布模式的批评中，朗埃克曾以阿帕奇人的季节性营地威基阿普（Wickiup）遗址为例，结合先验假设和实证调查，证实了从遗址空间结构、器物组合推断聚落功能和人类行为的合理性，强调考古学家完全可以尝试评估陶器风格、类型、骨石器的特征和空间结构之间的变化，以加强对古代社会群体的行为和组织的判断。同时，他也承认，卡特牧场遗址和布罗肯·K 遗址研究存在严重缺陷，完全是因为缺乏对遗址内陶器图案设计分布的形成过程的控制，而非因为专注于理解人工制品变异性的重要性。[4] 因此，朗埃克更加关注考古调查和发掘中的取样问题，认为如果取样得当的话，可以解决陶器空间分布模式可能带来的复杂性。[5] 其二，学习模式在社会群体（尤其是母系群体）中的传承。如斯坦尼斯拉夫斯基根据现代霍皮村陶工的民族志观察提出了关于陶器风格变化的替代模型，母系传承并不是制陶技术唯一的学习方式 [6]，使用类似的设计风格并不表明有共同的部族或血统背景。[7] 普洛格则认为，无论是斯坦尼斯拉夫斯基，还是朗埃克或希尔，在解释考古记录时都不应该使用基于现代霍皮人的设计传播模型。此外，他们也没有对民族考古学数据中得出的模型进行检验，而只是在假设模型有效的情况下，对考古数据进行解释。[8] 其

① Stanislawski（1973）：117−118.

② Colton, Harold S., and Lyndon L. Hargrave.（1937）. *Handbook of Northern Arizona Pottery Wares*. Museum of Northern Arizona Bulletin. pp. 23−25.

③ Schiffer, Michael B.（1972）. *Archaeological context and systemic context. American Antiquity*, 37, 56 - 65.

④ Longacre（2000）：295.

⑤ Longacre, William A., and Michael W. Graves.（1976）. Probability sampling applied to an early multi-component surface site in east-central Arizona. *The Kiva*, 41（3-4），277 - 287.

⑥ Stanislawski（1973）：121.

⑦ Stanislawski（1969a）:31.

⑧ Plog（1978）：143−182.

三，朗埃克的理论假设基于陶器以家庭为单位生产的前提，而忽略了陶器生产与交换的可能性。美西南的考古研究中存在大规模交换的证据，如本书第二章涉及的安娜·谢泼德对新墨西哥州的查科峡谷研究证实存在大规模的陶器贸易。[①]朗埃克在卡林加社会中也发现了以社区专业化为基础而进行的陶器生产与流通体系。[②]

朗埃克将卡特牧场遗址陶器设计元素的空间集群解释为母系居住群体的制陶知识传承，这一论点也受到许多人类学家和考古学家的批评。研究发现，个人可能在系统的规则或结构内外有广泛的居住选择，一个完全的母系聚落的概率很低，经济活动、财产所有权、土地使用模式和地理因素限制等都是群体聚集的原因[③]，而这些因素几乎很难在考古学中辨别出来。[④]人类学家则认为，无论古今，社会中的许多非亲属关系单位都存在社会整合与群体合作功能。[⑤]考古学家可能存在随意滥用、套用民族学旧有理论的情况。[⑥]更有学者直接建议考古学家放弃重建古代社会组织和世系血统，转向充分发挥考古学的巨大优势，即"利用新技术测量特定时空范围内人群及其行为模式与当时的生态系统、自然、文化特征之间的变化，以阐明技术、经济行为与'客位'（etic）组织和人群的互动"[⑦]。此外，器物空间分布差异还需要考虑区域功能和时间等因素，不同陶器类别在不同遗迹单元可能存在功能分化。[⑧]遗址的占用时间越短，陶器设计元素的相似性越高，陶器的变化速率也受到不同的环

① a. Shepard, Anna O.（1942）. *Rio Grande Glaze Paint Ware: A Study Illustrating the Place of Ceramic Technological Analysis in Archaeological Research.* Carnegie institution. b. Shepard, Anna O.（1965）. Rio Grande glaze ware pottery: a test of petrographic analyses. In *Ceramics and Man*（*pp.* 62‑87）, edited by Frederick R. Matson, Chicago: Aldine.

② Stark, Miriam T.（1993a）. *Pottery Economics: A Kalinga Ethnoarchaeological Study.* PhD. Dissertation, University of Arizona, ProQuest Dissertations Publishing, 941069.

③ Allen and Richardson（1971）: 41-53.

④ Deetz（1968）: 41-48.

⑤ Dozier（1968）: 352-353.

⑥ Aberle, David F.（1968）. Comments. In *New Perspectives in Archeology*（pp. 353-359）, edited by Sally R. Binford and Lewis R. Binford. Chicago: Aldine Publishing Company.

⑦ Harris, Marvin.（1968）. Comments. In *New Perspectives in Archeology*（pp. 359-361）, edited by Sally R. Binford and Lewis R. Binford, Chicago: Aldine Publishing Company.

⑧ Plog（1978）.

境条件和生产群体的影响。[1]

　　对研究方法的批评主要包括以下两点：其一，认为不恰当的定量分析和统计方法可能导致了结论的偏差。[2]陶器社会学中对统计方法的大量应用表明统计学可以用来发现重要的、先前未被发现的考古学模式。具有讽刺意味的是，这些研究的致命弱点在于统计数字本身，以及在应用和解释过程中所需要的许多辅助性假设和前提条件。普洛格对朗埃克和希尔的分析数据进行重新审查，认为从陶器设计的变异性推断史前社会群体存在很大问题，考古学家不应简单地以计算遗址间设计频率的相似系数来衡量其群体内或群体间的互动水平。[3]因此，统计方法的应用及数据的可靠性还需要考虑更多的变量，包括控制空间维度、衡量陶器设计变化、与样本量的关系等。其二，在定量分析时，如何设计陶器的属性分类也是陶器研究的一个显著问题，因为陶器生产中的不同设计属性或层次可能代表了陶工在装饰过程中的不同决策。[4]朗埃克在卡特牧场遗址中"希望分离出最小的设计单位或元素，这些单位或元素会根据社会框架内的学习模式被无意识地选择"[5]，但他没有阐述如何确定哪些属性会被无意识地选择。

　　从对陶器社会学的大量批评与商榷意见中，我们可以体会到朗埃克在美西南的研究对其陶器研究的理论与方法产生了巨大影响。学界对朗埃克和希尔研究的支持与批评深刻地影响了 20 世纪 70 年代和 80 年代的考古学方向。作为在美国西南部工作最具代表性的过程考古学家，朗埃克不仅试图对人类学的一般理论做出贡献，还努力以发展新方法来开展创新性研究。通过这种方法，朗埃克对陶器多样性的来源和文化系统的组织特性的研究激发了许多

　　[1] Martin, Paul S., and Fred Plog. (1973). *The Archaeology of Arizona: A Study of the Southwest Region*. New York: Natural History Press.

　　[2] Graves, Michael W. (1985). Ceramic design variation within a Kalinga village: temporal and spatial processes. In *Decoding Prehistoric Ceramics* (pp. 5–34), edited by Bradley Nelson. Carbondale: Southern Illinois University Press.

　　[3] a. Plog, Stephen E. (1976). Measurement of prehistoric interaction between communities. In *The Early Mesoamerican Village* (pp. 255–272), edited by Kent V. Flannery. New York: Academic Press. b. Plog, Stephen E. (1977). *A Multivariate Approach to the Explanation of Ceramic Design Variation*. PhD. Dissertation, University of Michigan. ProQuest Dissertations Publishing, 7718096. c. Plog (1978).

　　[4] Plog (1978).

　　[5] Longacre (1964): 163.

新的研究项目。在当时的大量出版物中，可以体会到他在考古学理论与方法方面的进展，以及对研究主题的影响。朗埃克的学生，目前在新墨西哥大学人类学系任职的格雷夫斯教授认为，考古学家提出的议题主要包括：（1）对陶器彩绘装饰的兴趣，包括设计元素水平、设计风格的类型和命名、设计陶器分类系统等；（2）通过定量分析方法识别聚落内的人工制品和建筑变化，以重建社会组织或人口统计；（3）关注自然和文化形成过程对西南地区人工制品堆积、废弃方式、堆积完整性和陶器空间分布的潜在影响；（4）在考古研究中利用演绎法于重建史前社会组织方面的作用；（5）从陶器社会学中建立关于陶器设计元素和其他风格属性文化传播的研究模型；（6）构建与风格有关的考古学理论以及它可能采取的形式。[①]

　　新的过程考古学研究领域的激增远远超过了朗埃克最初研究结果的预期。然而，在他早期的研究中，每一个主题都以某种方式有所预示。总的来说，它们是新考古学初期人们无法预测（尽管肯定受到鼓励）的，对考古方法和理论的多样化兴趣轨迹的一部分。朗埃克对卡特牧场遗址的研究标志着一个不断变化的视角：关于行为和组织的考古推断可以与在自然科学中使用的证据和分析的标准保持一致。他所代表的陶器社会学研究是一块试金石，因为新考古学的其他研究都没有同时受到这样的赞扬和审视。

第三节　理论与实践：卡林加民族考古学项目

　　20世纪60年代初由朗埃克等人创立的陶器社会学在北美学界掀起了一阵考古研究的革新浪潮，对陶器风格的开创性研究挑战了文化历史考古学框架下的陶器研究范例，在接下来的10年中，从设计风格与空间分布模式角度探索陶器与社会关联的文章层出不穷，同时也引起了激烈的批评与讨论，这些已在前文有所涉及。在众多讨论中，主要内容之一是对其理论假设——女性掌握陶器制作技术，并通过女性路线（很有可能是母亲传给女儿）进行传播的评判。70年代初兴起的民族考古学成为反驳这一理论假设的有效武器，斯坦尼斯拉夫斯基对美西南霍皮人进行了实地考察，认为除母系传承外，陶器

① Graves, Skibo, Stark, and Schiffer（2016）: 996.

设计风格还涉及跨部族传播等多种模式。^① 朗埃克在回顾其卡特牧场遗址研究案例时也指出，史前陶器研究并未揭示生产、消费和废弃过程等因素对器物空间分布模式的影响。^② 来自民族志证据的批评与对陶器社会学的反思促使朗埃克启动卡林加民族考古学项目，研究的重点锁定在探讨陶器风格上，即装饰的代系传递问题。^③ 他强调，母亲教女儿仍然是最常见的学习框架，而现代霍皮人并非合适的研究和对比模型，因为大多数美洲原住民家庭只为游客和收藏家制陶，并不供自己使用。^④ 由此，寻找一个合适的制陶群体，成为朗埃克进行民族考古学研究的首要问题。

朗埃克心目中最适合做此类研究的社会是这样的，即陶器在家庭层面上生产，每个家庭至少有一个陶工为家庭需求生产陶器，是完全区别于陶器专业化的生产模式。^⑤ 更理想的情况是，经过文化人类学研究，可明确其文化、社会与历史背景。而在工业化和市场经济的推动下，朗埃克早期的研究区域，美西南地区的现代普韦布洛社会基本不存在这样的制陶群体。^⑥ 朗埃克的同事，著名的民族学家爱德华·多齐尔（Edward P. Dozier）^⑦ 成为其寻找理想制陶社会的引路人。多齐尔多年来专注于美西南和菲律宾现代社会的民族学研究，其中的研究重点就是菲律宾北部吕宋岛科迪勒拉山区的少数民族部落——

---

① Stanislawski, Michael B. (1973). Review of *Archaeology as Anthropology: A Case Study* by William A. Longacre. *American Antiquity*, 38（1）, 117‑121.

② Longacre, William A., James M. Skibo, and Miriam T. Stark. (1991). Ethnoarchaeology at the top of the world: new ceramic studies among the Kalinga of Luzon. *Expedition*, 33, 4‑15.

③ Longacre, William A., and James M. Skibo. (1994b). An introduction to Kalinga ethnoarchaeology. In *Kalinga Ethnoarchaeology: Expanding Archaeological Method and Theory*（pp. 6‑9）, edited by William A. Longacre and James M. Skibo. Washington, DC: Smithsonian Institution Press.

④ Longacre and Skibo (1994b): 7.

⑤ Costin, Cathy L. (1991). Craft specialization: issues in defining, documenting, and explaining the organization of production. *Archaeological Method and Theory*, 3, 1‑56.

⑥ Longacre and Skibo (1994b): 2.

⑦ a. Trager, George. L., Edward P. Dozier. (1966). *Mountain Arbiters: The Changing Life of a Hill People*. Tucson: University of Arizona Press. b. Dozier, Edward. P. (1967). *The Kalinga of Northern Luzon, Philippines*. Stanford University Case Studies in Anthropology. New York: Holt, Rinehart, and Winston.

卡林加人（Kalingas）①。多齐尔向朗埃克提议，卡林加人可以提供一个有效的参照社会，基本符合朗埃克的考察要求。首先，卡林加人是一个"部落"社会（tribal society），有相对较小的定居村庄，人口范围在250—600人之间。②其次，20世纪60年代的卡林加妇女仍以家庭为单位生产和使用陶器，而不是在市场上出售。最后，卡林加人一直是以前民族学研究的对象，这为卡林加人的长期民族考古学研究提供了深厚的文化人类学基础。③

一、玉汝于成：卡林加项目进程

1973年，在多齐尔的推荐下，朗埃克前往菲律宾的卡林加-阿帕约省（Kalinga-Apayao Province）进行了首次实地考察，主要目的是确定卡林加人是否仍以家庭为单位生产陶器，并寻求当地人的同意以进行长期的实地研究。④彼时的卡林加人正处于被菲律宾政府忽视的、相对孤立的状态，现代化工业和经济尚未完全入侵并改变卡林加人的生活方式，至少在陶器生产和使用方面尚未。朗埃克首先考察了帕西尔市的唐塔兰村（Dangtalan Village），陶器到处都在使用：卡林加人用陶罐来煮米饭、蔬菜、肉，以及携带、储存泉水，甚至酿造甘蔗酒（bayas）。妇女们制作陶器，并从她们的母亲那里学习制陶技艺，以至于几乎每家每户都制作自己的陶器，同时家庭内仍实行自给自足的集约化经济。对朗埃克来说，这几乎是开展民族考古研究的完美地点，是检验陶器生产、使用与社会经济组织假说的理想选择。这次考察后，他正式申请了卡林加民族考古学项目（Kalinga Ethnoarchaeology Project，简称

---

① 卡林加人分布在菲律宾北部吕宋岛科迪勒拉山脉的陡峭河谷里，自16世纪以来，该地区先后经历了西班牙、美国政府殖民化和菲律宾政府的统治。地处菲律宾民族国家的边缘地区，卡林加人仍保持着传统的部落特征。其社会政治体系类似梅拉内斯式的"大人物"，村落内领导地位主要是通过战功来确定的，不同家庭经济分化明显，但不见政治制度等级化现象。卡林加的社会组织结构为家庭—村落—区域三层等级单位。区域内包括若干村落及其成员，并根据传统和历史划分为不同的领土，区域内多实行内婚制。卡林加人实行双边血统（descent bilaterally），不同区域可能存在世仇。领导人解决公共争端，与邻村协商边界问题，并帮助维持和平协议，编撰完善的习惯法体系。因地形崎岖，他们在灌溉梯田上采用传统的水稻种植和刀耕火种技术。

② Longacre, William A.（1981b）. Kalinga Pottery: An Ethnoarchaeological Study. In *Pattern of the Past: Studies in Honor of David Clarke*（pp.49-66），edited by Ian Hodder, Glynn Isaac, and Norman Hammond. Cambridge: Cambridge University Press. p. 50.

③ a. Longacre（1974）：61-62. b. Longacre（1981b）：50-51.

④ Longacre（1974）：51-67.

KEP），并获得了美国国家科学基金会（SOC75-19006）的资助。在接下来的 20 余年（1973—2001）里，朗埃克与他的研究生在卡林加地区进行了长期的实地考察与研究，开展了世界上运行时间最长的民族考古项目之一。[①]

朗埃克启动卡林加民族考古学项目的最初目的，是检验他在卡特牧场遗址研究中所使用的陶器社会学模型。20 多年来，卡林加地区的社会文化及美国考古学的理论、方法问题都发生着激烈的变化，这些变化深刻地影响着朗埃克的研究设计。随着项目的开展，他不断扩大卡林加项目的研究范围，涵盖的研究主题远远超出了其最初的设想。

1975—1976 年，朗埃克前往卡林加地区的唐塔兰和达鲁帕（Dalapa）两个制陶中心，开展为期一整年的实地考察。他此行有两个中心目标：（1）制订精细的计划来记录卡林加陶器的风格变化；（2）了解并记录制陶技术的社会背景。[②]20 世纪 70 年代的美国考古学理论也在发生着巨大的变化，其亚利桑那大学同事提出的行为考古学（behavioral archaeology）[③]蓬勃发展，深刻影响着他的研究理念，而对文化与自然形成过程的关注促使他改变了最初的研究计划。在第二次的实地考察中，除了陶器生产技术与风格特征外，朗埃克团队还开展了家庭陶器的使用寿命、破损和废弃研究。[④]

为了探索上述问题，朗埃克在调查中制订了详尽的调查方案，其数据收集内容包括：（1）绘制唐塔兰和达鲁帕的房屋平面图和稻田比例图，并记录所有者信息、土地获取方式，以此估算家庭水稻产量及农业生产力；（2）在唐塔兰和达鲁帕进行人口普查，包括性别、年龄、亲属关系、户主结婚日期等信息，以确定家庭之间和陶工之间的确切家谱关系；（3）制作村落内的家庭陶器清单，清单内容包括陶工姓名、生产日期、器皿类别及肩部图案、陶工年龄、

---

① a. Stark, Miriam T., and James M. Skibo, (2007). A history of the Kalinga ethnoarchaeological project. In *Archaeological Anthropology: Perspectives on Method and Theory* (pp. 93 - 110), edited by James M. Skibo, Michael W. Graves, and Miriam T. Stark, Tucson: University of Arizona Press. b. Longacre et al. (1991): 4-15.

② Longacre (1974): 66.

③ a. Reid, Jefferson. J., Michael B. Schiffer, and William L. Rathje. (1975). Behavioral Archaeology: Four Strategies. *American Anthropologist*, 77 (4), 864 - 869. b. Schiffer (1976). 参见本书第四章。

④ Longacre, William A. (1991b). Introduction. In *Ceramic Ethnoarchaeology* (pp. 1-10), edited by William A. Longacre. Tucson: University of Arizona Press.

陶器破损与更换情况等，由此获取不同陶工的技术风格及分布模式等信息。

　　大约在这一年，卡林加地区结束了被菲律宾政府忽视的孤立状态。政府决定在奇科河上建造大型水电大坝，卡林加人被推到了国家的聚光灯下。[①]其中一个大坝计划建在奇科河和帕西尔河的交界处，它将摧毁几个村落，并占据许多原本由部落掌握的土地，包括朗埃克在帕西尔市调查的两个村落。政府的大坝工程加剧了与卡林加的紧张关系，并引发了菲律宾国民军、联邦雇员和共产主义游击队（新人民军）在该地区的军事冲突[②]，卡林加人由此开始进入黑暗时代。

　　由于政局动荡不安，朗埃克不得不取消原先计划在1979—1980年前往的第三次实地考察。幸运的是，他在卡林加的两位助手克里斯蒂娜·蒂玛（Cristina Tima）和罗莎琳娜·布索格（Rosalina Busog）乐于协助收集数据，在朗埃克的线上指导下，二人于1979—1980年对唐塔兰村等进行了陶器普查，包括陶器的破损、磨损、礼物赠送等情况，这次的调查数据提供了卡林加人陶器组合的数量和类型的历时性变化，以及卡林加陶器的使用寿命、人类行为等方面的信息。

　　20世纪80年代，随着菲律宾军队的撤出和马科斯独裁政权被推翻，卡林加地区恢复了和平与秩序，为朗埃克的民族考古学项目扫清了障碍。1987—1988年，朗埃克进行了第四次实地考察。与早期不同，在这次调查中，朗埃克大大扩充了他的研究团队，包括亚利桑那大学和菲律宾大学的研究生及菲律宾国家博物馆的考古人员。在项目中断的11年中，帕西尔的陶器传统发生了实质性的变化，达鲁帕替代唐塔兰成为当地的制陶中心。[③]受当时的政治和经济影响，卡林加人的陶器生产组合也发生了明显变化，包括金属锅在很

　　① Drucker, Charles. (1988). Dam the Chico: Hydropower Development and Tribal Resistance. *Tile Ecologist*, 15（4）, 149-157.

　　② Rood, Steven. (1991). Issues on Creating an Autonomous Region for the Cordillera, Northern Philippines. *Ethnic and Racial Studies*, 14（4）, 516-544.

　　③ a. Stark, Miriam T. (1991a). Ceramic production and community specialization: a Kalinga ethnoarchaeological study. *World Archaeology*, 23, 64-78. b. Stark, Miriam T., and William A. Longacre. (1993). Kalinga ceramics and new technologies: social and cultural contexts of ceramic change. In *Ceramics and Civilization: The Social and Cultural Contexts of New Ceramic Technologies VI*（pp. 1-32）, edited by William D. Kingery. Wester field: The American Ceramic Society.

大程度上取代了传统煮饭锅[1]、达鲁帕陶器工艺品的市场需求大增[2]等。

　　面对上述变化，朗埃克制订了许多新的研究计划以反映当时考古学的发展方向，遵循保罗·马丁的指导思想，他鼓励研究生兼收并蓄，创新研究思路和方法，多达 11 名项目成员在帕西尔市的 6 个村落——唐塔兰、达鲁帕、吉纳昂（Guina-ang）、卡加卢安（Cagaluan）、马鲁萨德（Malucsad）和普港（Po-gong）进行了详尽的实地调查和研究，研究主题主要集中于陶器的生产与消费这两个方面。在生产方面，除唐塔兰外，研究重点转移到达鲁帕村，涉及陶器的生产技术与黏土选择、生产组织与流通、陶器标准化、技术风格与社会边界等内容；陶器消费研究则集中在吉纳昂消费村，重点关注陶器使用寿命、功能和使用 – 改变模式等。其他的研究还包括陶器消费与家庭财富的关系、篮筐编织工艺（basketry）的风格研究[3]、家庭规模与陶器破损率的研究等。

　　1987 年的实地考察是卡林加成员规模最大、研究范围最广、研究成果最多的一次，自那之后，卡林加项目再也没有启动如此大规模的田野考察。2001 年 2—7 月，在朗埃克的支持下，玛格丽特·贝克（Margaret E. Beck）为准备博士论文前往达鲁帕进行关于形成过程和陶器废弃过程的田野调查，将考古发掘与民族志调查相结合，以研究灰坑内的废弃堆积与家庭陶器组合之间的关系。[4]

　　卡林加项目进程完美地呈现了朗埃克的陶器研究理念，从最初尝试检验陶器社会学的先验假设，到后期行为考古学影响下研究范围的不断扩充，朗埃克努力完善着卡牧场遗址研究过程中激发出来的新想法，在卡林加地区践行着另一种含义的陶器社会学，即从"活着"的民族中窥视陶器与人类行为、社会与文化的密切关联，为阐释考古材料构建丰富的民族志类比模型。到今

---

① Skibo, James M.（1992）. *Pottery Function: A Use-Alteration Perspective*. New York: Plenum.

② Stark（1991a）.

③ Silvestre, Ramon E. J.（1994）. The Ethnoarchaeology of Kalinga Basketry: A Preliminary Investigation. In *Kalinga Ethnoarchaeology: Expanding Archaeological Method and Theory*（pp. 199–208）, edited by William A. Longacre and James M. Skibo. Washington DC: Smithsonian Institution Press.

④ Beck, Margaret E.（2006）. Midden ceramic assemblage formation: an ethnoarchaeological case study from Kalinga, Philippines. *American Antiquity*, 71（1）, 27 - 51.

天，无论是民族考古学或传统意义上的考古学，可能没有任何一种陶器集合像卡林加地区一样，被如此大量且详尽地记录和细致地分析，并发表了如此多的成果。这项研究的价值延续到今天，因为考古学家在他们的比较和实质性研究中继续使用基于卡林加的数据和分析。[①]

二、技术与风格：卡林加的陶器生产

面对由陶器社会学引发的诸多问题和思考，朗埃克首先聚焦于卡林加陶器生产的技术与风格，尝试获取村落内陶器生产技术主要为母系传承的证据，并在此基础上延伸出陶器生产技术层面的诸多研究方向，主要包括：（1）确定黏土来源、陶器生产技术与风格；（2）理解容器形态的变化（如标准化）；（3）评估生产规模的变异性（即专业化）；（4）确定影响聚落内及聚落间的陶器交流。

（一）陶器生产技术

黏土来源与技术选择是陶器生命周期的第一环，也是探索陶器的生产和流通最直观的研究策略之一。正如朗埃克在亚利桑那大学草蜢遗址的实践中融入了大量的多学科方法那样[②]，相同的研究策略被应用于卡林加的陶器生产。[③]在那时，这还是一种很少被民族考古学家采用的方法。[④]下文所列举的这些研究均由朗埃克及其学生与同事完成。

1. 黏土来源与技术选择

1988 年，600 多件卡林加陶器碎片被运往亚利桑那大学，梅雷迪斯·阿

① a. Pauketat（1989）. b. Shott, Michael J.（1996）. Mortal Pots: On Use Life and Vessel Sizes in the Formation of Ceramic Assemblages. *American Antiquity*, 61（3）, 463-482. c. Varien and Ortman（2005）.

② Longacre, William A., Sally J. Holbrook, and Michael W. Graves（Eds.）（1982a）. *Multidisciplinary Research at Grasshopper Pueblo, Arizona*. Anthropological Papers 40. Tucson: University of Arizona Press.

③ Longacre, William A.（1992b）. The perfect marriage: the essential joining of ethnoarchaeology and experimental archaeology. In *Ethnoarchéologie: Justification, Problèmes, Limites*（pp. 15 - 24）, edited by Alain Gallay, Françoise Audouze and Valentine Roux, Actes des XIIe rencontres internationales d'archéologie et d'histoire d'Antibes 17 - 19 octobre 1991. C Éditions APDCA, Juan-les-Pins.

④ David, Nichola, and Carol Kramer.（2001）. *Ethnoarchaeology in Action*. Cambridge: Cambridge University Press. pp. 150-151.

伦森（Meredith Aronson）等人从唐塔兰和达鲁帕陶工最常见的黏土来源地收集了 7 个黏土样品进行对比分析，观察两者在陶器原材料的选择和制备过程中的异同，并利用技术分析〔如电子扫描显微镜（Scanning Electron Microscope，简称 SEM）、X 射线衍射及湿筛法〕来估计黏土粒度分布。黏土样品被制成小型陶砖，风干，并测量收缩率，同时对黏土来源的可塑性和容器壁硬度也进行了实验评估。[①]米里亚姆·斯塔克（Miriam T. Stark）等利用岩相学和中子活化分析（Instrumental Neutron Activation Analysis，简称 INAA）对唐塔兰和达鲁帕的陶器进行研究，发现尽管两个村庄处于同一地质单元，且两地相距不足两千米，其陶土的化学成分仍存在明显差异，验证了 INAA 技术在确定陶器产地来源上的准确性。[②]

　　黏土来源也被用来判断陶工与精英阶层的社会联系。在朗埃克的指导下，马克·纽珀特（Mark A. Neupert）在 1994、1995 和 2000 年对帕拉迪琼村（Paradijon）[③]进行了四次实地考察，对当地的陶器生产组织进行民族考古学研究。[④]她发现当地的精英阶层存在明显的派系斗争，精英们通过对黏土来源的控制来获取陶工的忠诚和支持，与不同派系的精英进行资源、权力和声望的竞争，但他们不干预陶工的生产和分配体系。帕拉迪琼全职陶工的黏土选择权由此被卷入了精英阶层的政治纷争。黏土的化学成分分析结果同样证实

　　① Aronson, Meredith, James M. Skibo, and Miriam T. Stark（1994）. Production and use technologies in Kalinga pottery. In *Kalinga Ethnoarchaeology: Expanding Archaeological Method and Theory*（pp. 83－112）, edited by William A. Longacre and James M. Skibo. Washington D.C.: Smithsonian Institution Press.

　　② Stark, Miriam T., Ronald L. Bishop, and Elizabeth Miksa.（2000）. Ceramic technology and social boundaries: cultural practices in Kalinga clay selection and use. *Journal of Archaeological Method and Theory*, 7（4）, 295－331.

　　③ 帕拉迪琼村位于菲律宾南吕宋岛东海岸的索索贡省（Sorsogon）的古巴特（Gubat）镇，是一个小乡镇，拥有约 1.5 万名人口，讲比科尔语。

　　④ Neupert, Mark A.（2007）. Contingency Theory and the Organizational Behavior of Traditional Pottery Production. In *Archaeological Anthropology: Perspectives on Method and Theory*（pp. 138－162）, edited by James M. Skibo, Michael W. Graves, and Miriam T. Stark, Tucson: University of Arizona Press.

了这一结论，不同精英派系的斗争也反映在黏土的化学成分分化上。[①] 这一研究为考古学研究中根据黏土成分判断陶器的社会组织与政治体系的关系提供了参考，但仍需要设立许多限制性条件，如精英阶层对黏土而非生产或分配体系的控制。

2. 生产技术与陶器性能

出于对陶器生产强度和性能特征的关注，朗埃克尝试对黑皮陶进行研究。他的研究地点位于吕宋岛西北部北洛克斯省（Ilocos Norte Province）圣尼古拉斯市（San Nicolas）的圣胡安包蒂斯塔（San Juan Bautista）。当地黑皮陶的生产工序包括：泥条筑成法和拍砧技术成型—贝壳抛光—器表涂红陶衣—氧化环境下烧制成红陶—火中取出后埋入米糠床上渗碳（smudging）。对于黑皮陶的使用，当地陶工认为黑色使陶罐更突出，更容易被顾客所青睐，所以更有竞争力。但这并不能解释陶器在渗碳前涂抹红陶衣的工序。朗埃克尝试从生产强度出发，对黑陶、不涂红陶衣的黑陶、只涂红陶衣、素面陶等进行实验考古的物理性能比较，具体参数包括渗水率、加热效果和强度等。结果表明，将红色陶衣和渗碳技术结合起来的黑陶渗水率更低、加热效果更好，相比于只有陶衣或渗碳的陶器具有技术上和性能上的优势。[②]

此外，阿伦森等人还综合物理和化学测试、重建烧制温度、测量壁厚和硬度，研究了达鲁帕和唐塔兰生产的陶器在容器强度方面的差异，并与陶器消费村——吉纳昂的居民合作，对炊煮器的偏好和性能预期进行了排名。结果表明，当地居民更喜欢唐塔兰陶罐，因为人们认为它强度更大，破碎率更低。同时，达鲁帕陶罐被认为更轻，虽然它们不是主要的烹饪器皿，但却成为吉纳昂家庭最常见的水罐来源。技术分析证实了吉纳昂居民的观察：唐塔兰陶器更硬、更结实。然而，这种选择并非技术因素，包括亲属关系是吉纳昂居民选择唐塔兰炊煮器的主要原因，而达鲁帕的赭石制陶器的外部装饰、风格创新及更大的生产规模是吉纳昂居民选择达鲁帕水罐的非技术因素。这些

---

① a. Neupert, Mark.（1999）. *Pottery and Politics: Factions and the Organization of Ceramic Production in Paradijon, the Philippines*. PhD dissertation, University of Arizona. b. Neupert, Mark.（2000）. Clays of contention: an ethnoarchaeological study of factionalism and clay composition. *Journal of Archaeological Method and Theory*, 7（3）, 249–272.

② Longacre, William A. Jingfeng Xia and Tao Yang.（2000）. I Want to Buy a Black Pot. *Journal of Archaeological Method and Theory*, 7（4）, 273–293.

发现表明卡林加的消费者在选择日常使用的陶罐时，社会因素与性能特征的考虑是交织在一起的。[①]

3. 陶器标准化

朗埃克同样关注评估陶器标准化与专业化、生产规模的关系[②]，他思考的是，陶器标准化与手工业生产专业化真的有联系吗？他们将标准化的考古测量方法（如陶器变异系数）应用于达鲁帕和唐塔兰的陶器[③]，以及吕宋岛南部帕拉迪琼陶工制作的陶器[④]，并引入了其他定量测量方法来评估容器测量的标准化（或同质性）。通过比较上述 3 个村庄的陶器颈径变化，发现 12% 是专业化生产的基线，高于该数值则是以家庭为基础的生产。在帕拉迪琼的陶工是全职生产陶器的，其陶器变异化系数为 6%，这表明，标准化的提高是追踪陶器生产专业化的方式之一，专业化生产者有意为其消费者制造标准化产品，且年长的陶工比初级陶工制作的陶器更加标准化。[⑤] 利用该数值对亚利桑那州草蜢遗址进行变异系数分析，发现该遗址以家庭生产模式为主，缺乏专门的生产者。[⑥]

---

① a. Aronson, Meredith, James M. Skibo, and Miriam T. Stark. (1991). Use technologies: an ethnoarchaeological study of Kalinga pottery. In *Materials Issues in Art and Archaeology: Materials Research Society Symposium Proceedings* 185 (pp. 415 - 428), edited by Pamela B. Vandiver, James Druzik, and Galvan S. Wheeler. Pittsburgh: Materials Research Society. b. Aronson, Skibo, and Stark (1994).

② a. Costin, Cathy L. (1991). Craft specialization: issues in defining, documenting, and explaining the organization of production. *Archaeological Method and Theory*, 3 (1), 1 - 56. b. Rice, Prudence M. (1981). Evolution of specialized pottery production: a trial model. *Current Anthropology*, 22 (3), 219 - 240. c. Sinopoli, Carla M. (1988). The organization of craft production at Vijayanagara, South India. *American Anthropologist*, 90 (3), 580 - 597.

③ a. Longacre, William A., Kenneth L. Kvamme, and Masashi Kobayashi. (1988). Southwestern pottery standardization: an ethnoarchaeological view from the Philippines. *The Kiva*, 53, 101 - 112. b. Kvamme, Kenneth L., Miriam T. Stark, and William A. Longacre. (1996). Alternative procedures for assessing standardization in ceramic assemblages. *American Antiquity*, 61 (1), 116 - 126. c. Longacre, William A. (1999a). Standardization and specialization: what's the link? In *Pottery and People* (pp. 44-58), edited by James M. Skibo and Gary Feinman. Salt Lake City: University of Utah Press.

④ London, Gloria A. (1991). Standardization and variation in the work of craft specialists. In *Ceramic Ethnoarchaeology* (pp. 182 - 204), edited by William A. Longacre. Tucson: University of Arizona Press.

⑤ Longacre, William A. (2003a). *Ethnoarchaeology in the Philippines*. Aghamtao, 12. Quezon City: Ugnayang PangAghamTao.

⑥ Longacre, Kvamme, and Kobayashi (1988).

朗埃克等人还指出，标准化的考古评估可能会因不同尺寸类别的容器而受到影响，同一群陶工制作的陶器形态和尺寸可能存在很大差异。同时，如果没有对陶工来说有意义的陶器分类知识，就很难对史前器物组合的标准化进行可靠的评估。因此，在利用民族学案例对考古学材料进行跨文化的对比分析时，还需要考虑很多限制条件，如原材料的差异、陶工的专业水平[①]、市场需求、制作技术[②]、当地的传统习俗[③]及用于生产容器类型的测量工具差异[④]，建立容器标准化和专业化之间的关系可能需要考虑更加复杂的因素。[⑤]

（二）陶器变异性及其影响因素

朗埃克在卡林加地区调查的最初目的是收集影响制陶知识学习框架（learning framework）的因素，以检验他在卡特牧场遗址研究中的一些想法，如女性陶工的制陶知识是否来自母系传承。为此，他调查并收集了陶器生产村（唐塔兰和达鲁帕）详细的家庭陶器制作信息并制作了详细的清单，包括陶工的性别、年龄、所属工作组、不同陶工的陶器装饰风格等内容，同时关注家庭内陶工的社会亲属关系，以探求影响陶器风格变异性的因素。本着从考古学问题出发的研究视角，朗埃克调查研究时更加关注陶器变异性在个体—家庭—聚落—区域四个层面上的表现。

1. 个体间：陶器装饰风格差异

陶器由单个陶工制作，分析个体陶工的技术风格及其影响因素是探寻女性制陶知识学习框架的主要路径。朗埃克认为，从个体陶工角度看，影响陶器变异性的因素有两个：（1）陶工制作陶器时有意识地选择不同的设计元素，主要见于陶器表面装饰；（2）陶工受制陶技能和个人运动习惯的影响导致的

① London, Gloria. (1981). *Decoding Designs: The Late Third Millennium B.C. Pottery from Jebel Qa CAqir*. (pp. 214). Unpublished Ph.D. dissertation, Department of Oriental Studies, University of Arizona, Tucson.

② Arnold, Dean, and Alvaro L. Nieves. (1992). Factors Affecting Standardization. In *Ceramic Production and Distribution: An Integrated Approach* (pp.93-113), edited by George J. Bey III and Christopher A. Pool. Boulder, Colorado: Westview Press.

③ Reina, R. E., and R. M. Hill, II. (1978). *The Traditional Pottery of Guatemala*. University of Texas Press, Austin.

④ a. Arnold, Philip J., III. (1991). Dimensional Standardization and Production Scale in Mesoamerican Ceramics. Latin *American Antiquity*, 2 (4), 363-370. b. Arnold and Nieves (1992).

⑤ Kvamme, Stark, and Longacre (1996): 116 - 126.

无意识差异，包括陶器对称度、器口大小、厚度等。[①] 事实证明确实如此，唐塔兰女性陶工能够根据陶器的装饰与器形变化，清楚识别出不同陶罐的制作者，尽管这对非陶工的男性来说是困难的。[②] 对于上述差异，朗埃克指出，陶工的个体差异反映出她们对制陶工作的自豪感，激励她们发展制陶技能，在相互交流差异时也有助于在村落内的女性陶工群中建立凝聚力和认同感。然而，是否存在其他更具体的解释呢？陶工在选择设计装饰元素时，是否受到其他因素的影响？女性制陶知识的代系传承与学习框架，能否在其中占有一席之地？为了解决这些疑问，朗埃克指导迈克尔·格雷夫斯对卡林加陶器的装饰性变化及其来源进行研究。格雷夫斯是朗埃克启动卡林加项目后第一个对相关数据进行分析的博士生，两人就卡林加陶器风格变异性问题合写过多篇文章，朗埃克的研究理念可在其中窥得一二。

作为博士论文研究的一部分，格雷夫斯分析了朗埃克在 1975—1976 年间收集的有关设计和学习框架的原始数据，包括 1000 多件卡林加陶器[③]，并重点研究了陶罐表面的装饰图案"吉利"（gili）。几乎所有的唐塔兰陶罐表面都有压印图案装饰，主要呈带状分布于颈部，数量 1—4 个不等，许多"吉利"都有名称，并交替使用对称手法组合成各式各样的图案，不同陶工根据制陶工具的尖端形状、压印纹数量及组合方式可设计出不同的装饰图案。

沿着朗埃克在卡特牧场遗址的研究路径，格雷夫斯采用多变量统计方法，分析了"吉利"图案的设计元素、条带数量及对称性模式，以评估卡林加陶器设计及其与人类行为、社会组织之间的联系，重点探讨反映制陶知识学习框架的微观传统存在的可能性。为此，格雷夫斯设计了若干个影响陶

① Longacre, William A. (1991d). Sources of ceramic variability among the Kalinga, northern Luzon. In *Ceramic Ethnoarchaeology* (pp. 95-111), edited by William A. Longacre. Tucson: University of Arizona Press.

② Longacre (1981b): 62.

③ a. Graves, Michael W. (1981). *Ethnoarchaeology of Kalinga Ceramic Design*. Ph.D. Dissertation, University of Arizona. ProQuest Dissertations Publishing, 8116813. b. Graves, Michael W. (1985). Ceramic design variation within a Kalinga village: temporal and spatial processes. In *Decoding Prehistoric Ceramics* (pp. 5-34), edited by Ben A. Nelson. Carbondale: Southern Illinois University Press. c. Graves, Michael W. (1991b). Pottery production and distribution among the Kalinga: a study of household and regional organization and differentiation. In *Ceramic Ethnoarchaeology* (pp. 112-153), edited by William A. Longacre. Tucson: University of Arizona Press.

器装饰风格的变量。第一个变量是亲属群体，即通过母系从一个女性身上追溯其上三代女性陶工群体。由于制陶是母女传承，这一亲属团体很可能反映出制陶知识的学习框架。这样定义的妇女群体将包括一位年长的女性、她的女儿和孙女。由于卡林加人以双边方式计算其血统，这种群体定义主要是基于分析的目的的。第二个变量是非正式工作小组。卡林加人根据居住地的远近而非亲属关系自发组成了不同的工作小组，小组内可能存在知识交流与技术共享。其他变量还包括容器大小、陶器制作日期，以及陶工年龄段（以 10 年为间隔）。通过上述变量，格雷夫斯根据"吉利"图案的条带数量建立多向或然率表（multiway contingency table）①，利用似然比卡方检验设计带与不同变量的相关性系数。结果表明，唯一强有力的联系是陶工年龄段与"吉利"图案的条带数量。在容器大小不变的情况下，年长陶工设计的"吉利"图案相比于年轻陶工更加复杂，同时，工作小组和陶器装饰之间没有明确联系，而亲属小组与某些设计元素的使用只有微弱的联系。对于这一结果，格雷夫斯强调卡林加陶器的风格变异性应受到多方面的影响，包括陶工群体互动与信息共享，市场经济，聚落关系与陶工的个人意识、设计艺术等。②

格雷夫斯的研究表明，制陶知识的学习框架远比陶器社会学的先验假设更为复杂。③在卡特牧场遗址、布罗肯·K 遗址中的学习框架及母系居住模式并非陶器相似性的主要原因。从卡林加陶器装饰风格研究中，格雷夫斯得到的启发是，为了针对考古记录提出先验假说，必须首先建立物质文化与人类行为之间的联系。如此看来，演绎法几乎难以回答陶器社会学家们提出的问题，而朗埃克的卡林加研究进一步说明了民族考古学对完善考古学方法和理论的作用。④

2. 家户间：陶器的空间分布模式

朗埃克认识到，制陶知识的学习框架与代系传承并没有创造出陶器空间集群的空间分布模式。那么究竟是什么创造了这种模式呢？带着这个问题，

① 或然率，又称"或然比"，也叫概率和机会率，是对可能性在量上的一种科学说明和测定。它要测定的是偶然事件的数目与全部可能发生的偶然事件的总数之间的比率。

② Graves（1985）:34.

③ Longacre and Skibo（1994b）.

④ Stark and Skibo（2007）.

朗埃克将研究视角转向陶器及其变异性在唐塔兰不同家户内的空间分布情况，包括陶器组合、数量及其微观装饰风格的分布，以探索陶器与家户的关系。

首先，朗埃克尝试考察考古学中经常涉及的问题：陶罐数量与家庭规模／人口和家庭财富的关系。一般情况下，考古学家可能会认为，人多的家庭可能比人少的家庭需要更多的陶罐。然而，唐塔兰的数据表明，陶罐数量与家庭规模之间没有明显关系（r=0.1456）[1]。朗埃克继而关注陶罐与家庭财富之间的关系。通过对比唐塔兰和达鲁帕 5 年内（1975—1980 年）陶罐数量的变化频率，朗埃克发现陶罐的数量（尤其是大型炊器）与家庭财富之间存在着轻微的关系，村落内男性可利用工资的升高直接导致家庭宴饮活动和大型炊器（包括煮饭罐和肉蔬罐）数量的增加。[2]

朗埃克的硕士研究生布莱恩·特罗斯特尔（Brian Trostel）对这一问题进行了更细致的研究。他进一步完善了朗埃克前期调查中关于家庭财富的评估，将土地、房子和宅基地、牲畜、陶罐、金耳环及项链、水稻收成等物质纳入唐塔兰的家庭经济指标，通过财富总值将唐塔兰家庭划分为不同的经济等级，以此考察陶罐与家庭经济水平的关系。结果表明，与单纯的陶器数量相比，陶器容量是一个更好的财富指标：较富裕的家庭倾向于拥有更多的大型陶罐。[3]

那么，陶罐的数量更多地反映了什么呢？为什么不同家庭的陶器库存量存在如此大的差异？格雷夫斯在对唐塔兰的陶器生产与交换体系研究中曾指出，大米产量越低的家庭，会生产更多的陶器用于交换，以获取食物或其他等价值物品，陶器生产或成为唐塔兰缺乏足够或可靠农业用地的家庭获取食物资源的一种经济策略[4]，因此，贫穷的家庭可能拥有更多的陶器库存量。朗

① Longacre（1991d）:109.

② Longacre, William A.（1985）. Pottery use-life among the Kalinga, northern Luzon, the Philippines. In *Decoding Prehistoric Ceramics*（pp. 334 - 346），edited by Brain A. Nelson. Carbondale: Southern Illinois University Press.

③ a. Trostel, Brian.（1989）. *An Analysis of Household Wealth Correlates in A Kalinga Village*. M.A. thesis, Department of Anthropology, University of Arizona, Tucson. b. Trostel, Brian.（1994）. Household pots and possessions: an ethnoarchaeological study of material goods and wealth. In *Kalinga Ethnoarchaeology: Expanding Archaeological Method and Theory*（pp. 209 - 224），edited by William A. Longacre and James M. Skibo. Washington DC: Smithsonian Institution Press.

④ Graves（1991b）.

埃克和泰勒・赫尔墨斯（Taylor R. Hermes）利用1975—1976年稻田面积和产量、家庭普查和家庭陶器库存数据，进一步证实了这一想法。他指出，稻作农业和陶器生产构成了卡林加家庭经济的互补性，水稻生产率低、较为贫穷的家庭倾向于生产陶器，并通过以物易物或礼物赠送等方式获得粮食或其他物品，而水稻生产率高、经济富足的家庭通常从水稻生产率低的家庭交换陶器。同时，他发现以女性为主的家庭经济交换网络与以男性为主体的空间组织、区域划分存在关联，陶器在不同家庭间的流动受村落内社会关系、婚姻模式及配偶行为等多方面的影响。[1] 由此可以看出，陶器数量及其空间分布与不同家庭的农业生产水平、社会网络也存在着密切的联系。

然而，上述研究仅是针对唐塔兰这一陶器生产村的数据进行的，对陶器消费村来说可能完全不同。[2] 朗埃克和斯塔克尝试利用"丰度"来判断家庭陶器库存量的变异性，即每个家庭拥有陶器所代表的陶工人数÷陶器数量＝陶工多样性之比。较高的数值表示更丰富且更多样化的组合；而较低的数值应反映出家庭陶工活跃时，陶器组合的多样性不如预期。分析数据表明陶器消费村的陶器所属陶工平均数高出制陶村1.4倍，其平均财富值也更高。根据这一结果，朗埃克进一步反思了其早期的陶器社会学研究，他指出，卡特牧场遗址研究完全忽视了除家庭生产模式以外的其他生产方式。如果从消费村的视角看卡特牧场遗址，会发现陶器变异性的空间分布可能与婚后居住行为模式无关，而更多反映了不同群体的归属。因此，在考古研究中，即使没有明确陶器生产的物质证据，也要尝试区分聚落内陶器的生产和消费情况。[3]

卡林加的案例为考古学研究提供了更多的启示，在探索陶器与家庭财富的关系时，还需要结合其他物质文化的信息进行细致的评估，考虑诸如聚落性质（生产村／消费村）、家庭财富的价值评估方式、家庭农业发展水平等其他因素。此外，下文涉及的陶器生产与交换体系也使得其在家庭间与聚落间

① Longacre, William A., and Taylor R. Hermes.（2015）. Rice farming and pottery production among the Kalinga: new ethnoarchaeological data from the Philippines. *Journal of Anthropological Archaeology*, 38（1）, 35 - 45.

② 对陶器生产村和消费村没有绝对的评判标准。作为帕西尔市两个陶器生产中心，唐塔兰和达鲁帕至少有一半的陶器是由家庭以外的陶工制作的。具体参见 Longacre and Stark（1992）。

③ Longacre, William A., Stark, Miriam T.（1992）. Ceramics, kinship, and space: an example from the Kalinga. *Journal of Anthropological Archaeology*, 11, 125 - 136.

的空间分布情况变得更加复杂。

3. 聚落间：陶器的生产与交换

从前述陶器社会学的批判和反思中可以看出，朗埃克对家庭陶器生产假设的依赖是重建卡特牧场社会组织的一个弱点。[①] 如果从西南地区的普韦布洛遗址中发现的部分或全部陶器不是在每个村落本地生产，而是由相对较少的陶工制作或广泛交换的，那么遗址内人工制品的变异性就不能反映朗埃克推断的有关社会组织的信息。[②] 有关陶器远距离交换的相关研究最早可追溯到安娜·谢泼德对佩科斯普韦布洛和新墨西哥州北部格兰德河诸遗址的研究，她通过岩相学分析记录了遗址内的陶器组合变化、陶器专业化及可能存在的远距离交流[③]，有关谢泼德的研究可参考本书相应章节。朗埃克和当时的美西南考古学家一样，忽视了谢泼德的研究及对其他分析的影响。[④] 相反，他依靠的是露丝·班佐（Ruth L. Bunzel）的早期民族学研究[⑤]，即以村落为基础的陶器生产的一般模型。

对这一问题的反思促使朗埃克更加关注卡林加人陶器的生产和交换体系。他认为，影响卡林加人陶器空间分布的另一个重要因素是"等价交换"，包括以物易物和礼物馈赠两种方式。[⑥] 如前文所述，将近一半（40%）的唐塔兰家庭通过交换获取陶器，等价交换成为卡林加地区分配陶器、食物及其他物质资源的重要方式。

朗埃克记录了 1975—1976 年、1979—1980 年期间唐塔兰陶工进行交换的约 1000 个陶器数据，发现大多为中型的炊煮器，80% 以上的陶器交换至帕西尔地区的其他村庄，如加尔当（Galdang）、普港、巴伦西亚戈（Balenciago），

---

① Stanislawski（1973）.

② Plog（1980）.

③ a. Kidder, Alfred V., and Anna O. Shepard.（1936）. *The Pottery of Pecos Volume II: the Glaze Paint, Culinary, and Other Wares; the Technology of Pecos Pottery*. New Haven: Yale University Press. b. Shepard（1965）.

④ Cordell, Linda S.（1991）. Anna O. Shepard and southwest archaeology: ignoring a cautious heretic. In *Ceramic Legacy of Anna O. Shepard*（pp. 132 - 153）, edited by Ronald L. Bishop and Frederick W. Lange, Boulder: University of Colorado Press.

⑤ Bunzel, Ruth L.（1929）. *The Pueblo Potter: A Study of Creative Imagination in Primitive Art*. New York: Courier Dover Publications.

⑥ Longacre（1991d）.

甚至更远的乌玛（Uma）等，用于交换的物品以大米为主，还包括豆子、咖啡、糖、盐、水果及红色赤铁矿①等商品。可以看出，通过交换获取的陶器占据唐塔兰家庭陶器清单的重要组成部分，那么除了上述涉及的家庭经济外，影响卡林加人进行陶器生产与交换的机制是什么？不同家庭与聚落内的陶器交换程度是多少？这一交换体系导致的物质文化特征的空间分布又是什么？卡林加是否存在手工业专业化生产和社会分化的可能性？朗埃克敏锐地意识到这一系列问题的考古学意义，为此，他指导两位博士生——格雷夫斯和斯塔克分别对唐塔兰和达鲁帕两个制陶中心的陶器生产与交换体系进行了系统研究。

格雷夫斯将唐塔兰 1975 年、1980 年的家庭陶器库存记录划分为两个五年期，观察当地陶器交换程度及其历时性变化。②首先，他发现唐塔兰的陶器交换存在聚落内和聚落间两个层面，而影响卡林加人陶器交换的主要因素包括：（1）亲属关系。通过交换获取的陶器大多由家庭的近亲或远亲制作。（2）距离。由于山路崎岖，他们不得不通过步行交换，距离限制在 5 公里范围内。（3）政治因素。不同区域间可能存在世仇，卡林加妇女倾向于同有可靠和平协定或共同历史渊源的村庄进行交换。（4）农业生产。全年 2—5 月和 8—11 月交换最为频繁。在水稻收获之前，粮食储备较低，农闲时间可制作大量陶器并外出兜售。其次，唐塔兰有女性陶工的家庭陶器库存量远远大于没有陶工的家庭，且其陶器交换频率也更高，所以对唐塔兰来说，家庭内陶器数量的多寡可能更多反映的是家庭陶工的有无及其交换频率。格雷夫斯据此认为，在考古学中不能单纯地将陶器／陶片的分布密度看作是人口规模的简单标准。再次，在交换程度上，晚期阶段的陶器，本地交换频率远远高于区域间交换，且聚落内大型水罐的交换增长率较炊煮器（尤其是肉蔬罐）高出近两倍。格雷夫斯从系统论的角度出发，认为唐塔兰本地陶器交换系统的扩张与区域内陶器交换率下降应受到当地自然地理、经济、政治和社会关系等多方面的影响，其中最主要的是经济因素。当地金矿开采导致当地雇佣劳动力的增加，唐塔兰本地经济活动的扩张（如购买土地和超越家庭范围的宴会）推动女性陶工制作更多的陶器用于交换，而进行远距离区域性交换的理由则减少了。

① 制陶所用的彩绘颜料。
② Graves（1991b）.

此外，1976 年后，菲律宾国家政府撤销对帕西尔河的政治控制，区域间的传统敌意重新建立。卡林加各地区间政治关系的相对紧张也影响了区域间的陶器交换率。

通过上述研究，格雷夫斯认为，考古学和民族学材料中一般暗指农业社会内相对大规模和复杂的交换体系的形成，需要某种形式的制度化和精英阶层，而卡林加人则提供了另一种交换模式：由贫困的、缺乏足够农业来源家庭的女性主导的陶器交换不需要上层社会监督和干预，这为史前非市场社会的陶器流通研究提供了另一种民族人类学模型，也启示我们在考古学研究中，需要审视超大型区域性权威的存在。然而，唐塔兰的陶器交换模式仍然融入了卡林加社会的区域政治体系，以陶器为主的礼物赠送和等价交换成为区域内和区域间进行和平联盟的主要方式之一。

4. 区域间：陶器风格与社会边界

区域间差异是陶器变异性及分布模式的更大空间尺度。区域是卡林加人最大的社会群体，不同区域间通过签订和平条约、内婚制等维持社会稳定。[1]由于血仇的存在，区域边界成为卡林加人生活中最重要的社会边界。据此，朗埃克尝试探索卡林加地区陶器风格与社会边界的联系，以回答考古学界长期以来争议的问题：考古遗存能不能反映出不同文化 / 社会群体和社会边界？他试图从器物形制和技术风格两方面来回答这一问题。

在器物形制上，朗埃克发现不同区域间的容器形状或轮廓存在明显差异。[2]通过探掘普阿坡（Puapo）[3]的灰坑，他们发现该村落经过一个多世纪的发展，使用的陶器仍与当前卡林加人命名的本地类型一致，属于唐塔兰地区特有的球形腹风格。而在距离帕西尔地区东南约 7 英里外的塔努丹河谷（Tanudan River Valley）中，村落内所使用的陶器则为独特的折肩风格，且两种不同类型的陶器能被卡林加人轻易地识别归属。根据这一观察，朗埃克认为，陶器形状是不同区域界线中明确且重要的风格信号，被卡林加人积极且刻意的使用。

---

① Takaki, Michiko. (1984). Regional names in Kalinga: Certain social dimensions of place names. In *Naming Systems: 1980 Proceedings of the American Ethnological Society*（pp. 55-77）, edited by Elizabeth Tooker. Washington, D.C.: American Ethnological Society.

② Longacre（1991d）：95-111.

③ 普阿坡为唐塔兰区域内最古老的村落之一，于 19 世纪上半叶建成。普阿坡与唐塔兰、隆农（Lonong）等村落构成一个和平协定区域。

为此，他指导格雷夫斯对唐塔兰和达鲁帕－阿布勒格（Dalupa-Ableg）两个区域内陶器的装饰带进行研究，尝试进一步探索两个区域间的装饰风格差异。[①]

　　沿着博士论文的研究方法，格雷夫斯利用对数线性统计技术分析陶器设计分类与区域、尺寸、生产日期等变量间的相关性。研究结果表明，卡林加群体的区域边界与陶器设计变异性存在强烈的同构性，即陶器肩部装饰带能明显反映不同区域的社会和空间边界（见表3-1）。格雷夫斯认为主要是以下原因造成了这一现象：（1）内婚制导致女性在不同区域内长大，制陶知识的学习框架与区域边界共存；（2）妇女可以通过制陶技术来展示他们在区域认同中的文化意义；（3）陶器的设计系统需要通过区域陶器生产中心的对比机制来维持，以避免模棱两可或对比性不强的设计组合。

表 3-1　唐塔兰与达鲁帕－阿布勒格陶器压印带的区域差异

项　目	装　饰	区　别
不同条装饰带的差别	第一条装饰带	唐塔兰陶工多使用斜线；达鲁帕－阿布勒格陶工多使用横线，前者可能性是后者的三倍
	第二条装饰带	达鲁帕－阿布勒格陶工几乎只在第二条使用实线，唐塔兰的妇女则多使用虚线
	第二条设计元素的对称性	唐塔兰妇女比达鲁帕－阿布勒格的陶工更有可能使用反射对称
装饰带数量（0/1 条和 2/3 条）	装饰条带数量	唐塔兰陶工比达鲁帕－阿布勒格的陶工不论容器大小，都更倾向于装饰 2—3 条装饰带
	在有 1 条或 2 条装饰带的陶器上	达鲁帕－阿布勒格陶工优先使用 1 条装饰带，而唐塔兰陶工则更多地使用 2 条装饰带
	在第 1 条装饰带上	唐塔兰的陶工倾向于在大型陶罐上刻划单一装饰带；达鲁帕－阿布勒格倾向于在中小型陶罐上装饰第 1 条装饰带
	在第 2 条装饰带上	唐塔兰的陶工比达鲁巴的陶工更有可能使用第二段设计
	2 条装饰带的图案	唐塔兰陶工大多在第 1 条上使用斜线（95%），达鲁帕陶工在第 2 条上使用实线（90%）

　　而在陶器的微观层面，即原材料的技术选择也反映出卡林加明显的区域

　　① Graves, Michael W.（1994b）. Kalinga social and material culture boundaries: a case of spatial convergence. In *Kalinga Ethnoarchaeology: Expanding Archaeological Method and Theory*（pp. 13 - 50）, edited by William A. Longacre and James M. Skibo. Washington, DC: Smithsonian Institution Press.

与社会分界。斯塔克和罗纳德·毕肖普（Ronald L. Bishop）等人通过对唐塔兰和达鲁帕村的陶器黏土进行化学成分和岩相学分析，发现尽管处于同一地质环境，两地的陶器在黏土制备、原料配方等方面存在明显差异。[①]因此，陶器的技术风格和物质文化的分界、社会分界保持明显一致。工匠通过特定的原材料来表现其技术形态，也通过不同的制作步骤表达技术差异。[②]

　　上述研究进一步从装饰与原材料选择等技术风格方面证实了朗埃克的猜测，即将陶器风格信号与物质文化生产、社会组织的可确定方面联系起来，为从考古学的物质文化模式探索其背后的社会与文化信息提供成功的民族志案例。同时，卡林加陶器风格与区域边界的研究案例也为社会复杂化的解释提供了另类的视角，即在农业集约化但没有强烈政治地位或社会制度的情况下，也会出现界限鲜明的社会系统。

（三）生产模式：达鲁帕的研究案例

　　如果说唐塔兰陶器的生产和交换往往是基于以家庭为基础的生产模式，而达鲁帕的陶器生产则是基于以社区为基础的手工业专业化（community-based specialization）。20世纪80年代，随着本地经济来源的多元化，越来越多的唐塔兰陶工放弃了陶器生产，达鲁帕成为帕西尔市陶器生产中心。因此，在1988—1989年的考察中，朗埃克将陶器生产与交换模式的研究重点转移至达鲁帕，并指导斯塔克完成了她的博士论文。斯塔克在为期一整年的考察中，收集了大量样本去测试陶器生产者的行为和成品之间的关系。

　　长期以来，陶器分配被认为是复杂社会和精英控制的关键证据，达鲁帕以社区为基础的手工业专业化和分配模式是一个理想的研究案例，为考古学中探索史前小规模社会的陶器生产与流通体系提供类比模型。[③]斯塔克重点关注陶器经济中的三个重要组成部分：生产、分配和消费。她的主要研究目标有

---

　　① Stark, Bishop, and Miksa（2000）.

　　② a. Stark, Miriam T.（1998）. Technical choices and social boundaries in material culture patterning: an introduction. In *The Archaeology of Social Boundaries*（pp. 1–11）, edited by Miriam T. Stark. Washington, DC: Smithsonian Institution Press. b. Stark, Miriam T.（1999）. Social dimensions of technological choice in Kalinga ceramic traditions. In *Material Meanings: Critical Approaches to the Interpretation of Material Culture*（pp. 24–43）, edited by Elizabeth S. Chilton. Salt Lake City: University of Utah Press.

　　③ Stark, Miriam T.（1993）. *Pottery Economics: a Kalinga Ethnoarchaeological Study*. PhD. Dissertation, University of Arizona, ProQuest Dissertations Publishing, 941069. pp. 19.

两个:(1)利用量化数据关注作为一般经济过程的陶器专业化和由此产生的分配系统;(2)确定技术、生态和社会关系的因素,以了解围绕着陶器生产和分配的活动如何与聚落和区域内的其他领域相衔接,如达鲁帕农业集约化、土地短缺和社区陶器专业化之间的关系。为此,她系统收集了达鲁帕有关陶器生产的信息,包括:(1)家庭陶器清单;(2)人口普查;(3)经济调查表;(4)额外材料清单;(5)生产型陶工调查;(6)陶工材料来源清单;(7)陶工生产力日志;(8)陶器烧制日志;(9)陶器交换日志;(10)非传统陶器工艺品的起源;(11)非帕西尔市贸易调查,以获取有关陶器生产、消费和流通的范围和发展机制。

1. 陶器生产与技术变革

20世纪80年代,达鲁帕的陶器生产技术和规模急剧变化,除了卡林加传统的三种实用器在形态、原料和装饰上的技术变革外,还出现了大量的非传统形式的陶器工艺品,包括花瓶、花盆、存钱罐、牌匾等。这一技术变革与风格创新引起了斯塔克的注意,她尝试分析陶器变革的动力机制(包括内部和外部因素的影响)及其风格创新的方向性,从一个更加广泛的理论框架中,探讨这一风格创新背后的文化与社会过程(见表3-2)。[①]如表3-2所示,激励达鲁帕陶器风格创新的主要动力机制包括:(1)外部因素。政治(武装冲突)、经济因素(金矿开采、农业歉收及市场需求、菲律宾政府的经济政策等)。(2)内部因素。陶工间的交流与技术共享。在风格创新的方向性上,一般认为存在自上而下和自下而上两个方向:一方面,前者指高地位的人倾向于在有风险的条件下进行创新,因为他们有剩余的商品和威望;另一方面,低地位的群体在经济不确定的条件下进行创新,因为他们没有什么可失去的。[②]斯塔克和朗埃克发现,达鲁帕非传统形式的陶器工艺品涉及自上而下和自下而上的创新过程。前者由基金会主任、教师等社会名流和富人推动市场需求的扩大;后者为没有经验的陶工(初学者)开辟新领域,在没有掌握更加复杂的制陶技术、就业机会较少及长期干旱的情况下,初学者生产的非传统形式器

① Stark, Miriam T. (1991b). Ceramic change in ethnoarchaeological perspective: a Kalinga case study. *Asian Perspectives*, 30(2), 193-216.

② Silver, Harry R. (1981). Calculating Risks: The Socioeconomic Foundations of Aesthetic Innovation in an Ashanti Carving Community. *Ethnology*, 20(2), 110-114.

皿成为家庭收入的重要来源。[①]

表 3-2　达鲁帕的陶器变革及其动力机制

陶器类别	形式	时间段		社会与经济原因
		1979—1980 年	1987—1988 年	
传统形式	树脂	水罐内外部完全涂抹树脂	只在容器内部和肩外部涂抹	金矿开采，多元的经济策略及政治冲突，树脂供应减少；森林的商业砍伐减少树脂产量
	装饰	赭石涂料涂抹于水罐整个表面；炊煮器有颈部戳刺和内部彩绘带	用于制作精细的图案，包括几何形、花卉形和拟人化图案	炊煮器的烟炱遮盖装饰；赭石装饰创新灵感来源于与织布工人的交流
	形态	圆弧形，颈径较窄	肩部低矮，角度锐利的折肩	技术交流，年长陶工吸收了卢布岗（Lubuagan）的折肩风格
非传统形式		产品重，易碎，表面有大量树脂涂层，制作成本较高；无使用功能，大多作为礼物／纪念品，可使用现金购买		20 世纪 80 年代初，长期干旱导致农业歉收，成为初学者的重要经济来源；奇科河大坝注入了非卡林加人的价值观和对"纪念品"的渴望，市场需求扩大

　　由此可见，斯塔克和朗埃克对达鲁帕陶器变革的研究反映了一种综合研究的视角。在探索陶器风格创新时，除了技术因素外，他们还关注了生产者的个性、社会、政治和文化环境等其他非技术因素。

2. 陶器生产专业化与经济集约化

　　农业集约化和手工业生产专业化是经济集约化的两个主要形式。[②]一般认为，经济集约化在国家形成和社会复杂化进程中占有重要地位，是资源减少、需求增加引发的在贸易和财富积累过程中竞争社会地位的结果。[③]因此，对手

---

　　① Stark, Miriam T., and William A. Longacre.（1993）. Kalinga ceramics and new technologies: social and cultural contexts of ceramic change. In *Ceramics and Civilization: The Social and Cultural Contexts of New Ceramic Technologies VI*（pp. 1-32）, edited by William D. Kingery, Westerfield: The American Ceramic Society.

　　② Stark（1993）: 38.

　　③ Brumfiel, Elizabeth, and Timothy K. Earle,（1987）. Specialization, Exchange, and Complex Societies: An Introduction. In *Specialization. Exchange and Complex Societies*（pp. 1-9）, edited by Elizabeth Brumfiel and Timothy K. Earle. Cambridge: Cambridge University Press.

工业专业化的研究往往倾向于社会复杂化、国家形成和精英控制层面。[①]然而，在小规模社会中，经济集约化的出现，往往是面对资源和环境的适应性策略，集约化不一定会产生社会分层，可能是小规模社会发展周期的终点，当系统达到人口增长和强化生产的顶点，系统就会崩溃，表现为解体或区域性放弃。[②]达鲁帕的陶器生产模式反映的正是这样一种理论视角，即手工业专业化可以在国家控制下组织，也可以在家庭或聚落层面的政治领域之外进行。[③]

结合科斯廷对手工业生产专业化的定义[④]和达鲁帕陶器形态标准化的证据[⑤]，斯塔克认为达鲁帕的生产组织是包括临时陶工和兼职专家在内的以社区为基础的陶器专业化生产（见表3-3）[⑥]。在达鲁帕，影响陶工进行专业化生产的因素主要包括以下几个方面[⑦]：

表3-3 达鲁帕陶器社区生产专业化的四个参数

参数	生产概况
背景	独立的生产者，自己制作和销售产品，作为家庭的一部分生产，自主的经济单位
集中程度	参加连接多个家庭的制陶工作小组，共享制作技术，共同烧制陶器
规模	大约40户活跃的陶工，平均每人每年生产100个陶罐，兼职专家可生产100—368个陶罐；生产产品广泛，以交换为导向；年生产量4000余件；器物组合多样增加
强度	存在临时的陶工和专业的陶器生产者（兼职专家）

[①] a. Arnold, Jeanne E. (1992). Complex Hunter-Gatherer-Fishers of Prehistoric California: Chiefs, Specialists, and Maritime Adaptations of the Channel Islands. *American Antiquity*, 57 (1), 60–84. b. Brumfiel, Elizabeth. (1980). Specialization, Market Exchange, and the Aztec State: A View from Huexotla. *Current Anthropology*, 21 (4), 459–478. c. Childe, V. Gordon. (1950). The Urban Revolution. *The Town Planning Review*, 21 (1), 3–17. d. Wright, Henry. (1986). The Evolution of Civilizations. In *American Archaeology Past and Present* (pp. 323–365), edited by David Meltzer, Don D. Fowler and Jeremy A. Sabloff. Washington, D.C.: Smithsonian Institution Press.

[②] Leonard, Robert D. (1989). Resource Specialization, Population Growth, and Agricultural Production in the American Southwest. *American Antiquity*, 54 (3), 491–503.

[③] Stark (1991a).

[④] Costin (1991).

[⑤] Kvamme, Stark, and Longacre (1996).

[⑥] 斯塔克认为，虽然达鲁帕陶工作为个人仍然是兼职的陶器专家，但有55个（72%）家庭的陶工生产和交换陶器。整个村子向广大地区供应陶炊具和水罐，这就是社区的专业化。参见 a. Stark (1993): 178–234. b. Stark (1991a).

[⑦] Stark, Miriam T. (1995). Economic intensification and craft specialization in the Philippines: a view from Kalinga. *Research in Economic Anthropology*, 16, 179 – 226.

　　首先是陶工的生命周期。达鲁帕妇女在 20 多岁之前很少开始认真地制造传统的烹饪和储水器皿，那时她们被广泛地视为初学者或"学徒"陶工。在结婚和生育后，当地的禁忌和一系列家庭劳务干扰了女性的陶器生产。孩子断奶后，女性陶工会在非常零星的基础上制作一些有限的类型和尺寸的容器，并在附近短距离兜售。当孩子长到 10 岁或更大时，妇女又恢复了制陶活动。获得制造大型器皿所需的专业知识需要几年时间，妇女的制陶专业知识在 30 多岁时随着育儿负担的减轻而增长。1988 年，达鲁帕 90% 以上的大型炊煮器由 40 岁以上的年长陶工制作。

　　其次，家庭财富的差异。如唐塔兰一样，达鲁帕家庭财富存在明显分层，斯塔克发现有活跃陶工的家庭财富水平较低，家庭土地所有权最少。此外，家庭财富与生产规模呈明显反比：家庭总资产低，陶工生产规模高；家庭财富高，陶器生产规模低。因此，在农业集约化到一定程度却无法满足家庭的经济需求，或缺少可耕种土地的家庭，陶工会生产更多陶器用于交换以获取粮食，陶器生产专业化成为补充家庭收入的一种经济策略。随着用于陶器生产和交换规模的不断升级，达鲁帕成为区域经济体系的陶器生产中心，兼职专家家庭往往由年龄在 40—60 岁之间的妇女领导，很少或没有其他收入来源。斯塔克由此根据陶工年龄、所处家庭周期阶段和其他经济策略将达鲁帕陶工划分为三类（见表 3-4）。

表 3-4　达鲁帕的陶工分类

类别	制陶情况	年产量	家庭财富
偶尔的陶工	制作陶器供自己使用，并不经常用于交换	年产低于 100 个（临时陶工）	家庭财富高，生产规模小
活跃的陶工	用陶器交换来补充农业收益，平均年龄为 52.1 岁	年产 100—360 个（兼职专家）	家庭财富低，生产规模大
生产型陶工／专家	以陶器生产作为其经济支柱，平均年龄为 49.1 岁		

　　再次，气候的季节性波动（如卡林加每年经历的旱季和雨季）也会限制生产陶器的数量。许多陶工在旱季生产，雨季交换陶器。同时，气候波动导致农业推迟收获、鼠患、灌溉不良的农田、多年生作物害虫等造成家庭农业

收入减少，在一定程度上也影响了达鲁帕的陶器生产。[①]

最后，诸如土地所有权、家族内部斗争、人口压力、家庭间工资劳动的差异、陶器技术变革和市场需求等一系列非生态因素，最终推动了达鲁帕的陶器生产专业化进程。

斯塔克认为，考古学中往往缺乏将手工业专业化和农业集约化作为经济策略的两个部分来进行研究，并多将经济集约化与精英控制、社会复杂化和国家形成相联系。[②]而达鲁帕的案例表明经济集约化并不只存在于定居的农业社会中，也不只存在于被纳入分层政治体系的群体中，它也不一定会促使集中经济控制或政治复杂性的发展。[③]

3. 达鲁帕的陶器交换网络

陶器生产和交换的民族考古学研究提供了建立史前陶器生产和分布模型所需的行为数据。斯塔克对达鲁帕陶器交换的动机、陶器流通的数量和地理范围等进行介绍，尝试阐明达鲁帕陶器生产与更广泛的卡林加区域交换系统间的关系。[④]

与唐塔兰一样，达鲁帕的陶器交换以物物交换为主，陶工几乎步行到帕西尔内的所有定居点。传统形式炊煮器交换的物品包括大米、食品、服装（如T恤、裤子、裙子和内衣）、胶鞋、肥皂、药品、搪瓷盘子，甚至是金属烹饪锅等。

在交换机制上，影响陶工交换陶器的主要因素有：（1）交换陶器的类型。特定的市场需求、陶器的使用寿命和破损率影响着交换陶器的类型和尺寸。一般情况下，达鲁帕陶工以中小型肉蔬罐交换数量最多；因其使用年限最短，

① Stark, Miriam T. (1994). Pottery exchange and the regional system: a Dalupa case study. *In Kalinga Ethnoarchaeology* (pp. 169 - 198), edited by William A. Longacre and James M. Skibo. Washington D.C.: Smithsonian Institution Press.

② Stark, Miriam T. (1995). Economic intensification and craft specialization in the Philippines: a view from Kalinga. *Research in Economic Anthropology*, 16, 179 - 226.

③ a. Clark, John E., and William L. Parry. (1990). Craft Specialization and Cultural Complexity. *Research in Economic Anthropology*, 12, 289-346. b. Costin (1991): 11. c. Netting, Robert Mc. (1990). Population, Permanent Agriculture, and Polities: Unpacking the Evolutionary Portmanteau. In *The Evolution of Political Systems: Sociopolitics in Small-Scale Sedentary Societies* (pp. 21-61), edited by Steadman Upham. Cambridge: Cambridge University Press.

④ Stark (1994).

且容易破碎，同时小型陶器可堆叠，便于运输。（2）陶工的交换目的。如以交换大米或以社交为主的旅行影响着陶器交换数量；陶工的生命周期和家庭经济资源的变化影响着陶工的交换行为。（3）交换距离。家庭现金需求、旅行伙伴的可用性，以及与陶器消费村的社会关系影响陶工交换距离和达鲁帕交换规模。

达鲁帕的陶器流通方式主要包括两种：（1）初次分配。从生产者到消费者，大多见于帕西尔河谷内以亲属关系为主的点对点兜售。（2）二次分配。生产者和消费者存在中间环节，包括生产者与本地流动的女性小贩"步行商店"交换、中间商和消费者以物易物或转送等形式。其中，值得注意的是，达鲁帕交换体系中间商的存在。一般情况下，帕西尔河谷内的卡林加人通过亲属关系进行以物易物的等价交换，且大多兜售传统陶器。而在帕西尔河谷之外，达鲁帕陶工在交换非传统形式的陶器工艺品时，发展出经济贸易网，即通过贸易伙伴或中间商（Suki 关系）将社会上不同的生产者群体与顾客或市场参与者联系起来，扩大陶器交换的市场范围，并鼓励菲律宾高地卡林加人与低地人的物品流动。

因此，斯塔克认为，社会关系，包括亲属和贸易伙伴，构建着达鲁帕交换系统中的陶器空间分布模式，这为根据物质文化分布模式重建史前经济提供了多元的解释。除精英控制外，民族学中亲属关系、贸易合作关系也引导着陶器的生产和分配，尽管这在考古学中并不容易区分。同时，非等级制度也可能具有多中心经济的特点。达鲁帕陶器分配在市场结构之外运作，在没有市场的情况下（或市场经济之外）运作的多中心经济通常有两个或更多的经济网络，每个网络的特点是不同的生产和交换关系。

4. 社区专业化与区域经济一体化

回到达鲁帕陶器生产专业化在卡林加区域经济中的作用，斯塔克尝试从陶器生态学角度出发，强调陶器生产与人口动态、社会组织和文化、人类群体的物理环境之间的关系。[①]基于资源的异质性，鼓励不同聚落的多种经济策略，如农产品、园艺、狩猎、林副产品、手工艺产品等方面的专业化，以弥

---

① Matson, Frederick.（1965）. Ceramic Ecology: An Approach to the Study of the Early Cultures of the Near East. In *Ceramics and Man*, edited by Frederick R. Matson, Viking Fund Publications in Anthropology No. 41.Wenner–Gren Foundation for Anthropological Research, New York.

补不同聚落资源分布不均的情况，最终形成区域内相互依赖的系统，即区域经济一体化。

在很大程度上，可以通过环境多样性来解释卡林加地区的社区专业化，位于帕西尔河谷海拔较高的森林地区附近的定居点收获和交易木材（用于建造房屋）、树脂和赭石（用于生产陶器）、藤条（用于编制篮子，藤芽也是卡林加人的可食用材料）和野生动物。泉水充足的社区饲养和交换水芹、芋头这两种喜水的作物。拥有丰富禁猎地的村庄则种植旱作水稻、咖啡和甘蔗，用于酿造传统的卡林加甘蔗酒。靠近特定自然资源在村落形成社区生产专业化方面发挥了重要作用。而陶器生产中所需的黏土资源非常广泛，达鲁帕的陶器专业化不能完全用环境因素来解释，如前文所述，更多的是在农业资源不足情况下形成的互补性经济策略，陶工依靠亲属和社会关系向广大地区兜售陶器，通过等价交换获取粮食和其他产品，最终融入区域经济一体化进程中。

综上，斯塔克的研究提供了小规模社会中以社区为基础的专业化模型，并建构了以生产、分配和消费为重点的经济系统综合模型，尝试从更全面的理论框架来理解非市场经济中的专业化起源和机制。斯塔克的尝试显然十分成功，达鲁帕的陶器生产从经济和生态学角度，为构建史前小规模经济的考古学框架提供了绝佳案例。

三、生命史：陶器的使用与废弃

在 20 世纪 70—80 年代，亚利桑那大学是发展行为考古理论和方法的沃土，朗埃克作为系里一员不可能忽视这一点。行为考古学的一个独特之处在于它为民族考古学和实验考古学提供了突出的位置，被朗埃克称为“完美的结合”[1]。朗埃克认识到民族考古学可以对行为考古学的新方法论和理论问题做出贡献，因此，在卡林加的第二次田野考察中，朗埃克就已经开始了对形成过程和陶器生命周期的观察与研究。

（一）陶器使用寿命

1975 年，随着行为考古学的蓬勃发展，考古学家们对考古记录的“形成过程”提出了新疑问：什么类型的过程会改变废弃之后的人工制品？这涉及一

[1] Longacre（1992b）.

个普遍的问题，即这些人工制品在被废弃之前能维持多久。[①]

朗埃克意识到必须考虑容器的生命周期，而陶器生命史的一个基本组成部分就是容器的使用寿命，特别是日常生活用具。[②]通常情况下，废弃堆积中通常有大多数的陶器组合，从废弃堆积中得出的推论与陶器的使用寿命密切相关[③]，民族考古学研究成为获取使用寿命数据的关键来源，但大多数项目都局限于短期收集此类信息，并依赖于线人（被调查的本地人）的记忆。[④]

朗埃克意识到卡林加项目可以通过收集陶器的纵向数据，从而对家庭陶器的寿命提供更准确的估计。1975—1976 年、1979—1980 年收集的唐塔兰和达鲁帕家庭陶器信息目录成为详细估计各种类型的卡林加陶器使用寿命的基础。[⑤]通过对比，朗埃克发现，中等尺寸陶器可以使用两年左右，大型陶罐可以使用 9—10 年，水罐则使用 6 年。其中破损最多的是中等肉蔬罐，其次是中等煮饭罐。这表明，陶器尺寸越大，寿命越长。朗埃克认为，这一发现对试图从出土的陶器碎片中推断出时间顺序的考古学家来说具有重要的意义，因为他们可以通过集中关注小型器物以获得更加敏感的年代排序：小陶罐可能更容易破碎，更换也更频繁，由此促进了考古学中可观察到的风格的快速变化。

随后，朗埃克尝试从调查影响因素、改进调查方法等方面进行补充，以获取更加准确的使用年限。纽珀特·马克（Neupert A. Mark）和朗埃克评估

---

① Longacre（1991）：4-15.

② a. Nelson, Ben A.（1985）. Reconstructing ceramic vessels and their systemic contexts. In *Decoding Prehistoric Ceramics*（pp. 310‑330）, edited by Brian Nelson. Carbondale: Southern Illinois University Press. b. Nelson, Ben. A.（1991）. Ceramic frequency and use life: a highland Mayan case in cross‑cultural perspective. In *Ceramic Ethnoarchaeology*（pp. 162‑181）, edited by William A. Longacre. Tucson: University of Arizona Press. c. Shott, Michael J.（1996）. Mortal pots: on use life and vessel size in the formation of ceramic assemblages. *American Antiquity*, 61(3), 463‑482.

③ a. Chapman, John, and Bisserka Gaydarska.（2007）. *Parts and Wholes: Fragmentation in Prehistoric Context*. Oxford: Oxbow Books. b. Varien, Mark D., and Barbara J. Mills.（1997）. Accumulations research: problems and prospects for estimating site occupation span. *Journal of Archaeological Method and Theory*, 4(2), 141‑191. c. Varien, Mark D., and Scott G. Ortman.（2005）. Accumulations research in the Southwest United States: middle‑range theory for big‑picture problems. *World Archaeology*, 37(1), 132‑155.

④ Graves, Skibo, Stark, and Schiffer（2016）：990-1022.

⑤ Longacre（1985）：334-346.

了有关陶器使用寿命的信息误差，认为信息提供者的年龄、制陶家庭与非制陶家庭、"时间沉淀"或使用期限估计集中在一起的重大事件，以及调查时间会导致陶器使用寿命的准确程度。[1]谷正和（Masakazu Tani）与朗埃克则对估计使用寿命的陶器库存法或清单法（inventory method）进行了纠正，指出其内在偏差，以提供更加准确的使用寿命数据。[2]

（二）陶器使用－改变

陶器生命史的另一个重要领域是使用－改变（use-alteration）痕迹，朗埃克对这一研究视角的观察受到卡林加陶器明确的本地分类系统的启发。通过对大量陶罐进行了细致测量，包括高度／宽度比、边缘角度测量、颈径／高度比和容器体积等指标，朗埃克发现卡林加人存在明确的本地分类系统。[3]卡林加人主要针对陶器用途进行划分，包括煮饭罐、肉蔬罐和水罐三类，前两者可分为大、中、小三类。每一类别都有象征功能的独特特征，如煮饭罐相对瘦高，颈径较小，便于焖煮米饭；肉蔬罐相对矮胖，颈径较大，方便搅拌食物；水罐则体型较大，表面涂有象征性红彩。当地人可以根据这些特征轻易识别卡林加陶器的类型。

当发现这一点时，朗埃克意识到，当不同类型的陶器在不同的家庭和环境中使用时，是否会存在不同来源的使用痕迹？不同的痕迹是否会导致陶器的变异性？为此，他对不同功能类别的陶器表面痕迹进行了细致观察，发现卡林加陶器内外壁都存在各种表面磨损（使用－改变）痕迹，且陶器使用的时间越长，表面的改变就越明显。在陶器外壁，最明显的使用痕迹是在火上蒸煮时产生的烟炱痕迹。烟炱的厚度与使用强度密切相关，据此可以判断其作为炊煮器的用途。除此之外，朗埃克还发现内外壁存在三种不同强度的磨损痕迹，包括：（1）烹饪时陶器下腹部三个支座接触面的反复磨损；（2）搅拌、取食过程中对内壁的磨损；（3）用藤条绑在颈部将陶罐从火中取出时的磨

[1] Neupert, Mark A., and William A. Longacre. (1994). Informant accuracy in pottery use-life studies: a Kalinga example. In *Kalinga Ethnoarchaeology: Expanding Archaeological Method and Theory* (pp. 71-82), edited by William A. Longacre and James M. Skibo. Washington, DC: Smithsonian Institution Press.

[2] Tani, Masakazu, and William A. Longacre. (1999). On methods of measuring ceramic use-life: a revision of the use-life estimates of cooking vessels among the Kalinga, Philippines. *American Antiquity*, 64 (2), 299-308.

[3] Longacre (1981b):54.

损痕迹。[1]

朗埃克强调陶器内外壁的使用痕迹对推断考古学中器物功能与用途有巨大的作用。为了最大限度地进行考古学解释，必须确定将物质文化的变化与人类行为的具体方面联系起来的原则[2]，其中，结合容器形态（包括大小、形状和颈径）和使用 - 改变痕迹对陶器的消费模式进行判断，极有可能为重建过去文化系统的各个方面提供重要信息。为此，1987—1988 年，卡林加研究的田野工作重点之一是调查炊煮器的使用 - 改变痕迹和性能特征[3]，两位博士生——詹姆斯·斯基博（James M. Skibo）和小林正史（Masashi Kobayashi）对吉纳昂村的陶器使用痕迹进行了详细的观察，并分别撰写了博士论文。

当斯基博加入卡林加项目时，他已经和希弗一起在实验中探索使用 - 改变的痕迹[4]，并提出了基于性能特征的生命史方法的基本原则，有关斯基博的研究可参见本书相应章节。而从小林正史的研究中可以看出陶器使用 - 改变痕迹在考古学研究中产生的巨大影响，他将烹饪痕迹的民族考古学模型应用于史前日本数据，从食物种类、器物形态和组合、使用 - 改变模式三个方面探讨日本绳文时代采集者到弥生时代稻农的饮食结构和使用模式的变化，发现绳文时代晚期至弥生时代陶器表面的碳沉积物已存在明显的主食（米饭）与配菜（肉和蔬菜）的饮食分化，而两者之间的区别正是现代日本人正餐概念的标准方式。[5]

[1] Longacre（1991d）：95−111.

[2] Longacre（1992b）：17.

[3] a. Kobayashi, Masashi.（1994）. Use−alteration analysis of Kalinga pottery: interior carbon deposits of cooking pots. In *Kalinga Ethnoarchaeology*（pp. 127‐168）, edited by William A. Longacre and James M. Skibo. Washington, DC: Smithsonian Institution Press. b. Kobayashi, Masashi.（1996）. *Ethnoarchaeological study on the relationship between vessel form and function*. Ph.D. Dissertation, University of Arizona. ProQuest Dissertations Publishing, 9626502. c. Skibo（1992）. d. Skibo, James M.（2013）. *Understanding Pottery Function*. New York: Springer.

[4] a. Schiffer, Michael B., and James M. Skibo.（1987）. Theory and Experiment in the Study of Technological Change. *Current Anthropology*, 28（5）, 595‐622. b. Skibo, James M., and Michael B. Schiffer.（1987）. The effects of water of processes of ceramic abrasion. *Journal of Archaeological Science*, 14（1）, 83‐96.

[5] Kobayashi, Masashi.（1996）. *Ethnoarchaeological Study on the Relationship between Vessel Form and Function*. Ph.D. Dissertation, University of Arizona.

（三）陶器的废弃研究

陶器废弃研究既是朗埃克所关注的陶器生命周期中的最后一环，也是考古学家经常面临的问题，即如何从废弃堆积中提炼有关史前先民的社会与生活信息，其中一个重要问题便是考古学研究中陶片数量与人口规模的探讨。聚落中大量被废弃的陶片与陶器的使用和破损模式密切相关。谷正和的相关研究表明，因卡林加每个家庭的炊器数量是固定的，大多为一个煮饭罐和一个肉蔬罐组合，因此家庭规模与炊器平均体积、破损数量密切相关，即家庭人口越多，容器体积越大，陶器破损率也越高。[1] 这一观点似乎否定了朗埃克早期研究中指出的陶罐越大越耐用、使用寿命越长的观点[2]，但仅从尺寸上判断陶器破损率强度很困难，因为其制作材料、技术、使用频率和热应力都会影响其结构强度。谷正和认为，陶器的性能与使用，即经常使用的炊煮器的热疲劳是决定陶器破损模式的关键变量，也是探索陶器破损率与家庭人口规模内在机制的重要因素。主要有两种热应力导致热疲劳，对细微冲击做出反应而破裂：（1）热梯度应力，即冷热交替导致器体受热不均；（2）差异膨胀应力则与整体温度变化有关。因此，探讨家庭人口与陶器破损率的内在动力机制在于：卡林加人口规模越大的家庭，炊器尺寸越大，器壁越厚，烹煮时间更长，引起的热应力也越大，陶器更容易破损。谷正和认为这一研究对考古学中探讨陶器数量与家庭规模的相关性有重要启发，但仍需要满足一些边界条件：（1）陶罐中烹饪的食物体积与所提供的食物体积相同；（2）一个家庭必须使用同一个锅来准备食物，才能将家庭规模与陶罐容积、陶片数量相联系。这也正是朗埃克对早期陶器社会学研究的反思，即在利用演绎法进行考古推理时，如何设立并满足更多的条件来使推论更加符合历史真实，而这些条件则都需要从民族考古学案例中去寻找。

卡林加民族考古学项目的最后一个研究重点是形成过程研究。玛格丽特·贝克（Margaret Beck）和马修·希尔（Matthew Hill）在 2001 年考察了达鲁帕村的陶器废弃行为。他们将 32 个废弃堆中的陶器与正在使用的陶器进

---

① Tani, Masakazu. (1994). Why should more pots break in larger households? Mechanisms underlying population estimates from ceramics. In *Kalinga Ethnoarchaeology* (pp. 51–70), edited by William A. Longacre and James M. Skibo. Washington, D. C.: Smithsonian Institution Press.

② a. Longacre (1981): 64. b. Longacre (1985).

行了比较[1]，这组数据使他们能够了解村民在家庭、地方和公共贮藏室中处理碎陶器的决定过程。其他研究人员随后将这一研究应用于考古学，试图将废弃堆积与家庭联系起来。[2]

四、星火燎原：卡林加项目的影响

2007年，斯基博、格雷夫斯和斯塔克主编的《考古人类学：方法与理论的视角》(*Archaeological Anthropology: Perspectives on Method and Theory*)[3]出版，此书由卡林加民族考古学项目的三代研究人员共同撰写，以纪念朗埃克在卡林加项目中做出的巨大贡献，并回顾了30年的研究如何影响考古学方法、理论，以及如何被其影响。卡林加研究主题的多样性在一定程度上解释了它的影响；同样，研究成员在他们的出版物中发表的丰富数据也说明了这一点。在分析陶器的生产专业化、使用寿命、使用－改变和空间分布模式时，全球的考古学家和民族考古学家都使用了卡林加人的数据集。[4]卡林加的民族考古学家利用他们的发现来扩大他们的考古学研究，或者与考古学中类似的分析方法进行比较。[5]

在陶器的生产模式与生产组织上，卡林加的数据为考古学中界定陶器专

[1] a. Beck, Margret E.（2006）. Midden ceramic assemblage formation: an ethnoarchaeological case study from Kalinga, Philippines. *American Antiquity*, 71（1）, 27‐51. b. Beck, Margret E.（2007）. Midden formation and intrasite chemical patterning in Kalinga, Philippines. *Geoarchaeology*, 22（4）, 453‐475. c. Beck, Margret E.（2009）. Counting pots in Kalinga, Philippines: short‐ and long‐term change in household assemblages. *Ethnoarchaeology: Journal of Archaeological, Ethnographic, and Experimental Studies*, 1, 79‐106. d. Beck, Margret E., and Hill Jr., Matthew E.（2007）. Midden ceramics and their sources in Kalinga. In *Archaeological Anthropology: Perspectives on Method and Theory*（pp. 111‐137）, edited by James M. Skibo, Michael W. Graves, and Miriam T. Stark. Tucson: University of Arizona Press.

[2] a. Eberl, Markus, Marco Álvarez, and Richard E. Terry.（2012）. Chemical signatures of middens at a Late Classic Maya residential complex, Guatemala. *Geoarchaeology*, 27, 426‐440. b. McNiven, Ian J.（2013）. Ritualized middening practices. *Journal of Archaeological Method and Theory*, 20（4）, 552‐587. c. Rosenwig, Robert M.（2009）. Early Mesoamerican garbage: ceramic and daub discard patterns from Cuauhtémoc, Soconusco, Mexico. *Journal of Archaeological Method and Theory*, 16（1）, 1‐32.

[3] Skibo, Graves, and Stark（2007）.

[4] Stark, Miriam T., and James M. Skibo.（2007）. A history of the Kalinga ethnoarchaeological project. In *Archaeological Anthropology: Prspectives on Method and Theory*（pp. 93‐110）, edited by James M. Skibo, Michael W. Graves, and Miriam T. Stark. Tucson: University of Arizona Press.

[5] Beck and Hill（2004）. b. Graves（1994a）. c. Stark, Bishop, and Miksa（2000）.

业化和标准化生产[①]提供了一定参考标准，一些卡林加研究人员开创的方法已经成为主流方法[②]，并促使其进一步完善。[③]达鲁帕的以社区为基础的陶器专业化生产从民族学材料方面展示了有关陶器生产、消费和分配的经济系统，从生态、经济与社会的综合角度阐述了小规模社会中社区专业化的发展和动力机制。达鲁帕和唐塔兰的案例指出陶器生产作为经济策略的一种补充，强调手工业专业化生产并不等同于社会复杂化，陶器的生产和交换也可以在非政府管理下的市场经济之外运行，为考古学中器物的空间分布模式提供了多重解释。斯塔克在陶器经济系统的视角下持续耕耘于东南亚地区的考古研究，致力于探索柬埔寨湄公河三角洲的前吴哥王朝包括陶器等手工制品在内的新兴贸易网络与早期国家形成和社会复杂化的密切联系。[④]

　　在陶器使用寿命上，迈克尔·肖特（Michael J. Schott）结合卡林加等多个民族考古学资料，进一步探讨陶器的使用寿命与器物尺寸的关系，并尝试通过观察陶器组合的原始属性（尺寸、体积、重量、厚度等）来估计其使用寿命。[⑤]对卡林加生活中陶器使用寿命的相关数据最具指导意义的应用主要集中于美西南地区，也正是在这个地区，朗埃克首先意识到需要进行民族考古学研究，以便对制作和使用陶器的人群进行更精细的推断。例如，马克·瓦里安（Mark D. Varien）和斯科特·奥特曼（Scott. G. Ortman）、芭芭拉·米尔斯（Babara J. Mills）等人结合卡林加陶器使用寿命数据，基于"废弃等式"

① Longacre, Kvamme, and Kobayashi（1988）.

② Kvamme, Stark, and Longacre（1996）.

③ a. Eerkens, Jelmer W., and Robert L. Bettinger.（2001）. Techniques for assessing standardization in artifact assemblage: can we scale material variability? *American Antiquity*, 66（3）, 493‑504. b. Roux, Valentine.（2003）. Ceramic standardization and intensity of production: quantifying degrees of specialization. *American Antiquity*, 68（4）, 768‑782. c. VanPool, Todd L., and Robert D. Leonard.（2002）. Specialized ground stone production in the Casas Grandes region of northern Chihuahua, Mexico. *American Antiquity*, 67（4）, 710‑730.

④ Stark, Miriam T.（2000）. Pre‑Angkor Earthenware Ceramics from Cambodia's Mekong Delta. *Udaya: Journal of Khmer Studies*, 1, 69‑90. b. Stark, Miriam T., and S. Fehrenbach.（2019）. Earthenware Ceramic Technologies of Angkor Borei, Cambodia. *Udaya: Journal of Khmer Studies*, 14, 109‑135.

⑤ Shott, Michael J.（1996）. Mortal pots on use life and vessel size in the formation of ceramic assemblages. *American Antiquity*, 61（3）, 463‑482.

（discard equation）[①] 提出了堆积模型 [②]，并将该模型应用于史前普韦布洛遗址，以估计人口规模、聚落定居时间和大型普韦布洛聚落的整体生活图景。[③]

使用－改变痕迹观察为探索陶器的功能和用途提供了截然不同的视角，越来越多的史前陶器研究开始关注这方面[④]，并激发了更多的民族考古学工作。小林正史至今仍致力于探索日本新石器时代至中世纪出土陶器的使用痕迹，并以此推断先民的大米烹饪技术。[⑤] 约翰·亚瑟（John W. Arthur）利用该方法对埃塞俄比亚西南部加莫人进行民族志调查，探索谷物、乳制品和啤酒等食物发酵过程对陶器内壁的磨损方式，并发现使用－改变模式与家庭经济地位的密切关系。[⑥]

以技术为重点的社会边界研究借鉴了卡林加项目的研究方法，用不同的、

① Schiffer, Michael B.（1987）. *Formation Processes of the Archaeological Record*. Albuquerque: University of New Mexico Press. p.53.

② a. Varien and Ortman（2005）. b. Varien and Mills（1997）.

③ a. Mills, Barbara J.（1989）. Integrating functional analysis of vessels and sherds through models of ceramic assemblage formation. *World Archaeology*, 21（1）, 133 - 147. b. Pauketat, Timothy R.（1989）. Monitoring Mississippian homestead occupation span and economy using ceramic refuse. *American Antiquity*, 54（2）, 288 - 310.

④ a. López Varela, Sandra L., Annelou van Gijn, and Loe Jacobs.（2002）. De-mystifying pottery production in the Maya lowlands: detection of traces of use-wear on pottery sherds through microscopic analysis and experimental replication. *Journal of Archaeological Science*, 29（10）, 1133 - 1147. b. Mary. E. Malainey, R. Przybylski, and B. L. Sherriff.（1999）. The fatty acid composition of native food plants and animals of western Canada. *Journal of Archaeological Science*, 26（1）, 83 - 94. c. Miller, Jessica R.（2015）. Interior carbonization patterns as evidence of ritual drink preparation in Powell Plain and Ramey incised vessels. *American Antiquity*, 80（1）, 170 - 183. d. Vieugué, Julien, Louise Gomart, et Laure Salanova.（2010）. Les estèques en céramique des potiers néolithiques de l'habitat de Kovačevo（6200—5500 av. J.-C.）, Bulgarie. *Bulletin de la Société préhistorique française*, 107（4）, 709-723.

⑤ Masashi, Kobayashi, and Akihiko Yanase.（2002）. The method of cooking rice in the yayoi period as seen from carbon deposits and soot. *Nihon Kokogaku*（*Journal of the Japanese Archaeological Association*）, 13, 19-47.

⑥ a. Arthur, John W.（2002）. Pottery use-alteration as an indicator of socioeconomic status: an ethnoarchaeological study of the Gamo of Ethiopia. *Journal of Archaeological Method and Theory*, 9（4）, 331 - 355. b. Arthur, John W.（2003）. Brewing beer: status, wealth, and ceramic use alteration among the Gamo of South-Western Ethiopia. *World Archaeology*, 34, 516 - 528. c. Arthur, John W.（2006）. *Living with Pottery: Ethnoarchaeology among the Gamo of Southwest Ethiopia*. Salt Lake City: University of Utah Press.

偶尔相互冲突的方法进行考古学分析。[①] 这种对技术、风格、社会边界和文化传播——它们的形成、维持和消解——以及考古学模式的持久兴趣，现在已经成为考古学家在各种理论范式下的一个成熟的研究领域。[②] 朗埃克和他的学生们将传统意义上的考古学和民族考古学结合起来，理解多尺度的社会边界，促使考古学家对陶器与社会边界保持长久的关注与兴趣。

卡林加民族考古学项目一直是一个示范性的研究项目，这不一定是因为它被明确设计成这样，而是因为它持续和密集地参与了当前的考古学方法和理论课题，从关注陶器的变异性到强调陶器的生产及其与性能、消费者偏好、标准化的联系，再到陶器生产的社区专业化、家庭间和聚落间的陶器交换、家庭间的社会关系和农业生产，这些研究主题的扩展，使得卡林加项目在陶器民族考古学项目中是无与伦比的。这一项目也是朗埃克在早期记录和研究制陶知识代际变迁时，展示不同空间尺度上广泛人类行为和陶器信息的重要证明。

结　语

朗埃克的职业生涯跨越了 50 多年，对人类学和考古学做出了巨大贡献。20 世纪 60 年代是新考古学蓬勃发展的年代，作为新兴的过程考古学的最重要的实践者之一，朗埃克以具体的考古学和民族学案例研究积极地阐释着新考古学"更科学、更人类学"的理念。

作为朗埃克在美西南地区最早的学术起点，卡特牧场遗址成为朗埃克挥舞"作为人类学的考古学"理论旗帜的阵地，在亚利桑那州东部小科罗拉多

---

① Parkinson, William A.（2006）. Tribal boundaries: stylistic variability and social boundary maintenance during the transition to the Copper Age on the Great Hungarian Plain. *Journal of Anthropological Archaeology,* 2（1），33 - 58.

② a. Conkey, Margaret W.（2006）. Style design and function. In *Handbook of Material Culture*（pp. 355 - 372），edited by Christopher Tilley. London: SAGE Publications. b. Hurcombe, Linda.（2007）. *Archaeological artefacts as Material Culture.* New York: Routledge. c. Stark, Miriam T., Brenda J. Bowser, and Lee Horne.（2008）. Why breaking down boundaries matters for archaeological research on cultural transmission: an introduction. In *Cultural Transmission and Material Culture: Breaking down Boundaries*（pp. 1-16），edited by Miriam T. Stark, Brenda Bowser, and Lee Horne. Tucson: University of Arizona Press.

河谷的田野调查中，他积极建议保罗·马丁改进采样方法和研究策略，并以该遗址为实验基地，尝试利用新的研究方法（演绎法和计算机辅助技术）来推断古代普韦布洛人的社会组织。他首先提出了这样一个理论假设：陶器的变异性是由古代人类行为和社会组织造成的，而陶器变异性的空间分布模式是探索检验婚后居住模式和古代社会血统的有效方式。卡特牧场遗址陶器设计元素的空间支持了他的推论，尽管这一研究最后被证明是可疑的[①]，但他成功地架起了人类学与考古学的理论桥梁。朗埃克在卡特牧场遗址的案例研究开辟了一个全新的研究领域——陶器社会学，他在美西南考古涉及的陶器社会学的创新工作，包括使用定量分析技术、先验假说与演绎的过程、尝试重建古代社会的努力等，一直被几代考古学家所效仿、批评和扩展，并直接或间接地激发了一系列的考古学研究主题，如陶器设计元素和属性的分类系统、风格属性与文化传播、演绎法与定量分析的应用、对遗迹文化与自然形成过程的关注等。

面对陶器社会学所带来的激烈批评与讨论时，朗埃克并不为自己的结论辩护，相反，他更加强调考古研究方法和理念的创新。对陶器社会学的反思让他转向寻找民族考古学的证据，以检验在卡特牧场遗址的先验假说。最初的研究结果并不让人满意，朗埃克发现母系传承并不是卡林加陶器装饰变异性的主要来源，他并没有因此而灰心，而是以极大的好奇心和驱动力继续探索卡林加的陶器生产与社会各方面的联系。同时，他随时关注考古学理论的发展方向，20 世纪 70 年代希弗对形成过程理论、行为链分析和人工制品设计等方面的关注，极大地改进了新考古学的理论和方法，朗埃克因此成为研究形成过程和行为考古学的坚定支持者，并在卡林加的实践中扩展了调查范围，关注陶器的使用寿命和痕迹观察。他对卡林加陶器在生产、消费、交换和废弃等生命周期的关注及其与社会政治、经济、文化的联系，在某种程度上延续和丰富了早期陶器社会学的研究内涵。卡林加项目是世界上最成功的民族考古学项目之一，朗埃克和他的学生、同事的工作探讨了陶器变异性与社会、技术、功能和经济过程等多维度的联系，为考古学理论和实践提供了丰富的数据参考。他关于卡林加的最后一篇论文发表在《人类学考古学杂志》的特

① Plog（1978）.

刊上，以纪念他的导师宾福德。①

基于朗埃克在美国西南部和菲律宾陶器研究的卓越贡献和巨大影响力，他在1994年和帕特丽夏·克朗一起，获得了美国考古学协会颁发的第一项陶器研究优等奖。他们因其创新的研究而受到表彰。②朗埃克不只是陶器技术分析方面的专家，他同样将陶器置于文化系统的行为背景中进行研究，这在他的出版物和创造性努力中得到了很好的体现，正如宾福德所说："朗埃克的研究改变了我们对陶器使用和生产的行为背景的思考方式……他已经学会了如何学习……朗埃克是一位研究者，他关注学习成功的意义，无论它们将他引向何处。"③

在陶器研究之外，朗埃克同样以系统论角度关注古代社会的文化和社会发展进程。草蜢遗址成为朗埃克践行新考古学的主要阵地，在主持该遗址发掘的10年间，朗埃克革新考古发掘记录和采样策略，尝试以更加科学的方法获取考古数据。文化、生态与社会的综合性探讨也是朗埃克推行新兴的过程性考古研究之一。在微观层面，他尝试通过房间数量重建草蜢遗址的人口规模，在多学科研究的基础上，系统探讨草蜢遗址的产生、发展与消亡过程。在宏观层面，他同样关注区域内聚落形态的变迁，并尝试从生态学的角度探讨环境压力对卡特牧场遗址、草蜢遗址聚落文化与社会系统的影响。

在朗埃克漫长的职业生涯中，他展示了教学和研究如何富有成效地融合在一起，并被证明是亚利桑那大学极其专业的有效领导者。他有22位学生获得了博士学位，如格雷夫斯、斯塔克、小林正史等都在他最优秀的学生行列，他们在各自的研究区域延续着朗埃克的学术传承。除了在亚利桑那大学任教外，他还在菲律宾大学任客座教授，向一代又一代的人类学学生教授考古学，其中一些学生完成了研究生培训，并建立了东南亚地区最活跃、最专业的考古学项目之一。在菲律宾任教是朗埃克职业生涯中最令人欣慰的经历之一。

因其在考古学的卓越贡献，朗埃克获得了许多奖项和荣誉，包括亚利桑那大学人类学的弗雷德·里克尔杰出教授的荣誉称号。2001年，朗埃克的

① Longacre and Hermes（2015）.

② Society for American Archaeology.（2015）. Fact sheet—award for excellence in archaeological analysis. http://www.saa.org/AbouttheSociety/Awards/tabid/123/Default.aspx. Accessed April 25, 2016.

③ Binford（2007）: 254.

学生和同事在美国考古学会会议上组织了一个特别的研讨会，以纪念他对该领域的影响，其论文随后发表[1]，朗埃克也在研讨会上发表了考古学方面的杰出演讲[2]。2015 年 12 月，在亚利桑那大学的人类学百年庆典上，第 6 届雷蒙德·汤普森杰出奖被追授给朗埃克，这个奖项认可了他对亚利桑那大学人类学的独特贡献。此外，亚利桑那大学以朗埃克的名义设立了一个基金，以支持人类学学院的发展。

大 事 年 表

1937 年，出生。

1955—1959 年，就读于密歇根技术大学和伊利诺伊大学厄巴纳－香槟分校，获人类学学士学位。

1958 年，参加潘兴遗址发掘。

1959—1963 年，进入芝加哥大学攻读硕博学位，导师为路易斯·宾福德。

1961—1962 年，对小科罗拉多河上游进行调查，并参与卡特牧场遗址发掘。

1962 年，硕士毕业，论文为《亚利桑那州东部小科罗拉多河上游史前研究综述》(*A Synthesis of Upper Little Colorado Prehistory, Eastern Arizona*)。

1963 年，参加布罗肯·K 遗址发掘，为负责人。

1964 年，发表论文《陶器分析的社会意义》(Sociological implications of the ceramic analysis)。

1964—2001 年，任教于亚利桑那大学。

1965 年，担任亚利桑那大学田野调查主任。

1966 年，与迈克尔·霍夫曼合著出版《亚利桑那北部潘兴遗址的建筑》(*Architecture of the Pershing Site, Northern Arizona*)。

1966—1973 年，全面接管亚利桑那大学田野考古基地"草蜢遗址"。

1967 年，启动转角项目，通过绘制和测量房间构建科学的采样设计。

1968 年，在亚利桑那大学高级研究学院举办"重建古代普韦布洛社会"研讨会。

---

[1] Skibo et al.（2007）.

[2] Longacre（2010）.

1970 年，出版博士论文《作为人类学的考古学：案例研究》（*Archaeology as Anthropology：A Caso study*）。

1970 年，汇集 1968 年研讨会成果，编著《重建古代普韦布洛社会》一书。

1972 年，在美国考古学会第 37 届年会上组织了"草蜢遗址多学科研究"研讨会。

1972—1973 年，担任斯坦福大学行为科学高级研究中心研究员。

1973 年，启动卡林加民族考古学项目，带领亚利桑那大学学生常年在卡林加地区进行实地调查。

1974 年，发表论文《卡林加陶器制作：研究设计的演变》（Kalinga pottery making: the evolution of a research design）。

1981 年，发表论文《卡林加陶器：民族考古学研究》（Kalinga pottery: an ethnoarchaeological study）。

1982 年，与格雷夫斯等编著《亚利桑那州草蜢遗址的多学科研究》（*Multidiscipli-nary research at Grasshopper Pueblo, Arizona*）。

1982 年，与格雷夫斯发表论文《亚利桑那州草蜢遗址的发展和废弃》（Aggregation and abandonment at Grasshopper pueblo, Arizona）。

1983 年，出版《卡林加地区的民族考古学》（*Ethnoarchaeology of the Kalinga, text and 80 color slides*）。

1985 年，发表论文《菲律宾吕宋岛北部卡林加人的陶器使用和生活》（Pottery use-life among the Kalinga, northern Luzon, the Philippines）。

1991年，编著的《陶器民族考古学》（*Ceramic Ethnoarchaeology*）出版。

1992年，发表论文《完美结合：民族考古学与实验考古学的重要结合》（The perfect marriage: the essential joining of ethnoarchaeology and experimental archaeology）。

1993 年，与斯塔克合作发表论文《卡林加陶器与新技术：陶器变革的社会与文化背景》（Kalinga ceramics and new technologies: social and cultural contexts of ceramic change）。

1994 年，与斯基博共同编著《卡林加民族考古学：扩展考古学方法与理论》（*Kalinga Ethnoarchaeology: Expanding Archaeological Method and Theory*）。

1994 年，获陶器研究杰出奖。

1994 年，发表文章《中国云南地区的陶器民族考古学》（Ceramic ethnoarchaeol-ogy in Yunnan Province, China）[①]。

2000 年，与斯基博、斯塔克等发表论文《世界之巅的民族考古学：吕宋岛卡林加人的陶器研究》（Ethnoarchaeology at the top of the world: new ceramic studies among the Kalinga of Luzon）。

2003 年，发表论文《菲律宾的民族考古学》（Ethnoarchaeology in the Philip-pines）。

2005 年，发表论文《卡林加民族考古学：我们为什么要收集金属壶?》（Kalin-ga ethnoarchaeology: why did we collect the metal pots？）。

2015 年，与泰勒·赫玛斯发表论文《卡林加人的水稻种植和陶器生产：菲律宾新的民族考古学数据》（Rice farming and pottery production among the Ka-linga: new ethnoarchaeological data from the Philippines）。

2015 年，去世，被追授第六届雷蒙德·汤普森（Raymond H. Thompson）杰出奖。

[①] 朗埃克在新墨西哥大学演讲时，曾提到他在云南开展过民族考古研究。格雷夫斯等人的文章（Graves, Skibo, Stark, and Schiffer 2016）中也提及此文发表在 *East Asian Archaeology Network*，可惜笔者未能找到这篇文章。

第四章
迈克尔·希弗与詹姆斯·斯基博

迈克尔·布莱恩·希弗（Michael Brian Schiffer），生于 1947 年，是行为考古学的创始人之一。他的研究方向包括文化资源管理、考古记录的形成过程、实验考古学、技术变革、电气科学和技术史。

1969 年，希弗在加州大学洛杉矶分校获考古学学士学位，于 1972 年、1973 年在亚利桑那大学分别获硕士和博士学位，这期间其考古记录所形成的过程理论逐渐成形。1973—1974 年，他在阿肯色州参与一系列"合同考古"项目，发展文化资源管理相关理论。1975 年开始，希弗在亚利桑那大学人类学系任教；1982 年，升为教授；2004 年，被推举为"弗雷德·里克尔杰出教授"；2014 年，退休。他目前是史密森学会美国国家历史博物馆莱姆森中心的研究助理，以及马里兰大学人类学系的研究型教授。

希弗在 1973—1974 年从事的"合同考古"项目中，"卡奇河考古项目"（The Cache River Archeological Project）成为"合同考古"和文化资源管理的标杆式案例。他于 1975 年主持图森地区的民族学调查。1979 年，与土地管理局合作对亚利桑那州西南部开展考古调查。1978 年，希弗创办了《考古学方法与理论》期刊，并在很长一段时间里担任期刊主编。1984 年，在亚利桑那大学建立了传统技术实验室，和詹姆斯·斯基博合作完成了一系列与陶器技术有关的实验考古，发展出了完整的技术变革研究理论方法。在 20 世纪 90 年代及以后，希弗重拾青少年时期的兴趣，开始关注近现代电气和电子技术，将考古学研究思路、对物质文化的关注与历史材料结合起来。

希弗的主要著作有：《行为考古学》（*Behavioral Archaeology*）、《考古记录的形成过程》（*Formation Processes of the Archaeological Record*）、《美国生

活中的便携式收音机》(*The Portable Radio in American Life*)、《人类的物质生活》(*The Material Life of Human Beings*),与斯基博合著的《人与物:研究物质文化的行为方法》(*People and Things : A Behavioral Approach to Material Culture*)、《研究技术变革:一种行为研究路径》(*Studying Technological Change: A Behavioral Approach*)、《科学的考古学:有用知识的诞生》(*The Archaeology of Science: Studying the Creation of Useful Knowledge*)及《行为考古学:原则与实践》(*Behavioral Archaeology: Principles and Practice*)。

詹姆斯·斯基博(James M. Skibo,1960—2023),美国行为考古学家、陶器考古学家,被誉为"陶器使用变化分析之父"。他的考古研究重点是陶器的生产和使用,以及考古学和民族考古学的理论,主要关注五大湖区、美国西南部和菲律宾。

1978—1982 年,斯基博就读于北密歇根大学,获理学和人类学学士学位。1982—1990 年,他就读于亚利桑那大学人类学系,获硕士和博士学位。从1992 年开始,斯基博任教于伊利诺伊州立大学,2001 年升为教授,2012 年被推举为杰出教授。在 20 世纪 80 年代,他参加了亚利桑那州的多项发掘和调查,与希弗一起主持亚利桑那大学传统技术实验室。1988 年,斯基博前往菲律宾吕宋岛,参与朗埃克的卡林加民族考古学项目,开展了影响深远的陶器使用痕迹研究。1999—2001 年,他与威廉·沃克(William H. Walker)共同主持 La Frontera 考古项目,研究新墨西哥州西南部的普韦布洛遗存。2000年以来,他与埃里克·德雷克(Eric Drake)共同主持五大湖区格兰德岛(Grand Island)考古研究项目。他还是《考古学探究基础》(*Foundations of Archaeological Inquiry*)系列丛书的出版人,并在 2000—2018 年担任《考古学方法与理论》杂志的联合编辑。斯基博在美国伊利诺伊州立大学工作了 27年,退休后作为首席考古学家主持"威斯康星州考古计划",直至 2023 年 4月 14 日在一次为水下考古做准备的例行潜水中意外逝世。

斯基博的主要著作有:《陶器功能:一种使用 – 改变视角》(*Pottery Function: A Use-Alteration Perspective*),与朗埃克合编《卡林加民族考古学:扩展考古学方法与理论》(*Kalinga Ethnoarchaeology: Expanding Archaeological Method and Theory*)、《蚂蚁作早餐:卡林加考古学冒险》(*Ants for Breakfast: Archaeological Adventures Among the Kalinga*),个人回忆录《熊洞山》(*Bear*

Cave Hill），与希弗合著《人与物：研究物质文化的行为方法》（*People and Things：A Behavioral Approach to Material Culture*）、《理解陶器功能》（*Understanding Pottery Function*），与威廉·沃克合编《行为考古学的探索》（*Explorations in Behavioral Archaeology*）。

第一节 初启篇章：行为考古学的诞生

一、越过过程考古学：疑虑和新方向

在北美考古学界，迈克尔·希弗是一位承前启后的重要人物，他的学术之路开始于正统的过程考古学训练，却并未停在此处，而是走向了自己开创的新方向——行为考古学。

迈克尔·希弗于 1947 年 10 月 4 日出生在加拿大曼尼托巴省的一个农场家庭，于 1953 年随全家移民至美国加州，在一个开放、多元的环境中度过了童年和青少年时光。1965 年，18 岁的希弗怀着成为电气工程师或者化学家的梦想踏入了加州大学洛杉矶分校（UCLA）。但一年之后，他将原本的专业由化学转为人类学，并最终决定从事考古工作。在 UCLA——或说整个北美考古学界——20 世纪 60 年代是过程考古学勃兴的时代，希弗在大学的老师包括大名鼎鼎的詹姆斯·希尔、萨莉·宾福德（Sally R. Binford）、詹姆斯·萨克特（James Sackett）和路易斯·宾福德，在田野实习中也结识了保罗·西德尼·马丁（Paul Sidney Martin）。本科毕业后，希弗来到亚利桑那大学继续读书，而这里同样处在过程考古学的旗帜之下，当时任教的学者包括威廉·朗埃克、帕特里克·卡尔伯特（T. Patrick Culbert）和埃米尔·豪里（Emil Haury）。但是，在过程考古学的平静水面下，一股新浪潮在亚利桑那大学的年轻人中翻涌。这些年轻人包括当时的考古学研究生杰斐逊·里德（J. Jefferson Reid）、迈克尔·柯林斯（Michael Collins），以及新教员威廉·拉斯杰（William L. Rathje），当然还有我们的主人公迈克尔·希弗。

尽管过程考古学在过去的十几年里给这个学科带来了翻天覆地的变化，但这一系列理论方法并非尽善尽美，在很多方面无法让这些年轻人满意。考古学研究什么？什么是考古学？过去的遗迹该如何解读？希弗和他的伙伴们提出了一种简洁漂亮的新解法：一切都围绕"行为"展开。他们关注的焦点是行为，即日常生活中的活动。然而，行为并不像生物学或心理学那样仅仅被认为是有机体的身体运动，同时也包括参与相互作用的任何人工制品。于是，这一学说将考古学重新定义为一门研究人与物在所有时间和所有地点之间关系的学科。如果我们使用这个包容性的定义，民族考古学、实验考古学、对当代垃圾的研究或者 19 世纪的技术变革等研究方向都可以更容易地被纳入考古学的范畴。这些充满激情和创造力的学术讨论被统称为"行为考古学"，在 20 世纪 70 年代开始陆续发表于《美洲古物》（*American Antiquity*）、《美国人类学家》（*American Anthropologist*）、《人类学》（*Anthropology*）等杂志上，越来越受到学界关注。至本章另一位主人公斯基博入学时，亚利桑那大学已经是行为考古学的大本营和试验场了。在此后几十年中，包括希弗在内的几位行为考古学创始人在自己的方向上逐步发展并完善了各自的理论框架。其中，希弗最关注也做出重要贡献的部分包括"遗址形成过程""行为链 / 生命史"和"技术变化"，在理论和方法层面对日后的陶器研究产生了深远影响。下面将简要介绍这些理论，为后文的希弗和斯基博的陶器研究铺设一些理论背景。

二、行为考古学陶器研究：基于性能的理论方法

（一）遗址形成过程

20 世纪六七十年代的过程考古学并不鼓励研究人员考虑遗址形成过程，如垃圾处理和各种干扰（宾福德等少数人除外），希弗在此方面的理论很大程度上是对时人疏漏的回应。在行为考古学理论框架中，行为直接制造了考古学的研究对象——考古材料。我们将考古遗存视作行为的痕迹，来推断过去发生的事情。这一点引出了行为考古学最早受到学界关注的研究主题——理解创造考古记录的文化和非文化 / 自然过程，也就是遗址形成过程研究。当时主流的过程考古学研究常常在此方面含糊不清，特别是在陶器社会学相关研究之中，既没有明确考虑陶器在村落中是如何被制作、使用和处置的，也没有明确考虑这种行为过程如何影响考古记录中陶器设计元素的分布。例如，当时学界普遍预设，如果遗物发现于某处，便可以指示这一场地发生过某种与遗物相关的活动——前章中朗埃克的早期陶器社会学研究便存在此类问题。

　　然而，希弗指出，随着聚居地、村落使用时间和强度的增加，人们倾向于将一些生活、生产垃圾从活动区域移走，于是考古材料里的发现地点并不能直接指示活动发生地点。希弗最早在文章《考古背景和系统背景》（Archaeological context and systemic context）中系统介绍了他关于遗址形成过程的理论，这可以说是行为考古学最重要的"宣言"之一。[1] 希弗区分了三种不同的垃圾："原生垃圾"（primary refuse）在其使用地点被丢弃；"次生垃圾"（secondary refuse）从使用地点运送到另一个地方丢弃；"事实垃圾"（de facto refuse）是指那些在文化系统正常运行期间没有被丢弃，而在居住者离开遗址时被丢弃的物品。我们如今看到的考古材料往往是被诸如垃圾处理、永久遗弃这类"文化过程"（c-transforms）改变之后的形态。这一主题在后续多篇论著中不断补充完善[2]，它永久地影响了考古学家对考古记录的解释。

　　为了详细研究物质文化如何经历文化过程和非文化过程，希弗提出了另一项重要的理论概念，即行为链，用来一环一环构建出器物的生命史，在此基础上可以观察特定的"技术变迁"是如何发生的。生命史和行为链作为一种针对考古材料的通用研究框架，也是行为考古学理论下陶器研究最重要的方法论成就。下文将简要介绍这一理论框架。

（二）生命史/行为链

　　在文化人类学和考古学领域，生命史并不是什么新概念，民族学、石器研究长期以来一直采用各种生命史模型来描述从原材料到成品的活动顺序。希弗在读研期间就开始关注这一概念，应该是受到了罗伯特·阿舍尔（Robert Ascher）民族考古田野调查论文[3]的启发。阿舍尔在描述墨西哥索诺拉的塞里人的一些文化形成过程时采取了"时间之箭"的说法，包含诸如对物件的拾荒、再利用和涂抹等过程，而这些过程降低了考古记录如实反映系统背景的能力——这直接启发了希弗对遗址形成过程和生命史模型的关注。然而，在当时考古学和人类学中的生命史方法，只能提供比较笼统的、一般化的解释。

---

[1] Schiffer, Michael B.（1972）. Archaeological context and systemic context. *American Antiquity*, 37（2）, 156-165.

[2] a. Schiffer, Michael B.（1976）. *Behavioral Archaeology*. New York: Academic Press. b. Schiffer（1987）.

[3] Ascher, Robert.（1968）. Time's arrow and the archaeology of a contemporary community. In *Settlement Archaeology*（pp. 47-79）, edited by Kwang-Chih Chang. Palo Alto.

希弗认为，想要更全面地理解某种器物或某项技术，我们必须关注在其整个生命周期中特定的活动及其组成部分的相互作用。为了拆解和详细研究物体的生命史所有环节，希弗最初提出了"流模型"（flow model）概念①，在随后的补充完善中将之正式定义为"行为链"②。

　　行为链描述一个元素（例如某种食物、燃料、工具或设施）在一个文化系统的"生命"中参与的所有活动的序列，其中的链接由一个或多个活动组成，这些活动由人与人、人与物、物与物之间的多种特定交互组成，最小的单元是单个活动。活动则被定义为至少一种能量源（人类或非人类）与至少一种其他文化元素之间的交互。希弗认为，如果要进行行为链分析，还原过去发生的人类活动，就必须首先定义某项活动的具体内涵，包括：（1）活动的行为描述；（2）构成人类及 / 或非人类能量源的性质；（3）与给定元素相结合或相关联的元素；（4）活动的时间和频率；（5）活动的位置；（6）活动的输出，即成为考古记录的路径；（7）其他元素环节与给定元素链条结合或分叉的点。

　　由此出发，希弗对过去人类行为开展思想实验，尽量考虑到所有可能发生的情况。在这一体系中，他根据相互作用要素之间的动态关系来描述各种活动。例如，使用"研磨"描述了一系列行为，意味着某种工具正在摩擦损耗它的加工对象（如玉米）。因为特定工具的属性决定这种工具应以某种特定方式来使用，所以精确的行为描述也应包括元素所拥有的属性列表。"玉米研磨"需要至少两个表面坚硬、能够破坏玉米粒内果皮的元素，其中至少有一个元素能够被人类能量源持续操作。此外，在构建特定元素的行为链时，常常需要记录该元素与另一个元素的行为链条在什么情况下产生连接，或者自己的链条什么时候开始分叉。例如，在"包饺子"活动中，调料和其他成分成为玉米行为链的一部分；在"脱粒"活动中，玉米粒和玉米棒分离，后者形成一个新分叉链段。

　　行为链末端是"输出"环节，材料经过这一步骤成为考古记录的一部分，而输出的路径存在很多种情况。一些元素可能没有经过进一步的文化运输或丢弃行为，直接在活动发生的原位成为考古遗存，常见的是储存这一活动中

---

① Schiffer（1972）.

② a. Schiffer, Michael B.（1975）. Behavioral chain analysis: Activities, organization, and the use of space. *Fieldiana. Anthropology*, 65, 103–119. b. Schiffer（1976）:49–53.

的废物，比如孢粉和种子。其他途径则更为复杂，例如，从烹饪活动中产生的废物会形成不方便、不卫生的残留物，即厨余垃圾，这很可能被清理、运输并作为"次生垃圾"在其他地点被丢弃。在具有高度发达的垃圾处理系统的社会中，大多数元素不会在其使用地点进入考古记录。因此，我们有必要在行为链的输出部分说清楚这些丢弃活动是如何发生的，是在哪里发生的。除了考古记录形成的文化过程外，还存在着一系列非文化的形成过程，这些过程可能消除元素（有机物腐烂等）、改变元素（自然沉积、风化）或重新沉积。行为链的概念也可以扩展至这些过程。由此产生的链包含了材料所经历的整个过程——从过去的人类活动到考古记录中的材料（或它们消失的时间点）。

构建行为链在很多方面能帮助考古学家挖掘新信息。首先，遗址形成过程研究需要考虑考古材料所涉及的行为链。在经验的、行为的层面上使用高度具体的假设，描述可能在遗址上发生过的相关活动时，我们便可以考虑可能联系在一起的文化要素、空间位置和"输出"，这有利于预测与可能存在但没有直接痕迹的活动有关的信息。希弗提出了一系列推理原则供我们参考，这些原则在不同程度上有效。例如：

当一个元素的行为链中的两个不连续的活动发生在一个遗址上时，那么在这个位点上它们之间发生的活动也发生在这个遗址上。霍皮人的玉米行为链中，如果已知"储存"发生在一个地点，并且在此地人们同时发现了食用和丢弃玉米的直接证据——粪化石，那么人们可以通过上述原则推断，粉碎、混合和烹饪等中间活动也发生在那个地点。[1]

如果一个元素的生活史中的一个活动发生在一个遗址，那么在行为链上跟随它的活动可能也发生在该遗址。[2]

对于难以移动的文化元素，行为链从制造开始到丢弃的所有活动都发生在该遗址，而且很可能发生在该位置。例如，房子和储藏坑从建造至废弃都在原位。[3]

…………

[1] Schiffer（1975）:113.
[2] Schiffer（1975）:113.
[3] Schiffer（1975）:113-114.

　　结合这些分析，一方面，行为链框架能够用于描述某种"活动表现"在运行的过程中所涉及的各种文化元素在行为方面和空间－物质方面的相互关系，并与相关元素的整个生命史一同考虑。

　　另一方面，行为链对古代技术研究来说是非常好用的思考路径。如果考虑某种手工业制品——如陶器——的生命史，构建其行为链，则很容易观察到产品生命周期中的哪一环节要求工匠选择此种制作技术而非另一种技术。例如，陶炊煮器在使用环节要盛装食物、接触炉灶火焰并经历反复加热冷却，陶工便会在制作时就添加羼和料来提升抗热冲击性。

　　希弗对相关的另一个术语——操作链（chaîne opératoire）有所评论。操作链最初是在法语学界提出的概念，是指全部的过程，包括选取自然出露的原料、加工制作成可用的文化产品。这种方法可以追溯到旧石器考古学家安德烈·勒鲁瓦－古尔汉（André Leroi-Gourhan）[1]和社会人类学家马塞尔·莫斯（Marcel Mauss）[2]。皮埃尔·莱蒙尼耶（Pierre Lemonnier）[3]首次将这一概念介绍到英文学术界，将操作链定义为"将原材料从其自然状态带到制造状态的一系列操作"。不过，乍一看，有共同之处的操作链和行为链其实在很多方面有差异。希弗指出了几点不同：第一，操作链作为一种理论方法往往无法处理制作过程发生之前的历史因素，而此前形成的所谓"文化惯性"等原因的确也会影响当下技术选择——这其实是有迹可循的，行为链便可以在历史维度上向前延伸寻求解释。第二，操作链常常结束于产品制造完成的节点，而行为链并不局限于制造过程，因为理解完整的技术设计还需要注意产品的使用、维护、再利用、沉积和其他制造结束之后发生的活动过程中的交互作用，这些所有环节都可能被技术设计影响，或者反过来影响技术设计。[4]

　　除此之外，行为链的重要优势还在于，希弗为它配套准备了另一项有力

---

　　① a. Leroi-Gourhan, André.（1943）. *L'homme et la matière. Évolution et techniques, I.* Paris: Albin Michel. b. Leroi-Gourhan, André.（1945）. *Milieu et techniques. Évolution et techniques, II.* Paris: Albin Michel.

　　② Mauss, Marcel.（1934）. *Les techniques du corps.* Journal de Psychologie, XXXII, ne, 3-4, 15 mars - 15 avril 1936. Communication présentée à la Société de Psychologie le 17 mai 1934.

　　③ Lemonnier, Pierre.（1986）. The study of material culture today: toward an anthropology of technical systems. *Journal of Anthropological Archaeology*, 5（2）, 147-186.

　　④ Skibo, James M., and Michael B. Schiffer.（2008）. *People and Things: A Behavioral Approach to Material Culture.* Springer Science & Business Media. pp.20-22.

的理论方法——性能特征。使用这一概念，研究者便可以评估某种技术产品在行为链的每个环节上的实际表现，特别是当不同环节的需求有冲突时，可以观察工匠做出的技术妥协。

（三）性能特征与技术妥协

希弗一开始就把注意力放在遗址形成过程上，所以"行为链"的构建最初也是为了分析行为发生的地点及考古材料的形成背景。不过，在 20 世纪 80 年代，希弗的注意力逐渐转向了考古学另一项经典议题——技术变革研究。这一兴趣与当时亚利桑那大学一位研究生十分契合，也就是我们的另一位主人公——詹姆斯·斯基博。两人开启了持续十几年的密切合作，致力于探索古代技术变革，特别是陶器的技术变革，而这要求考古学家首先了解古代工匠技术选择背后的原则。此时行为链依旧是十分好用的理论方法，引导研究者考虑技术行为的全过程——原材料采办、制作、运输、分配、使用、存储和检索、保养和维修、再利用、清洁和废弃。此外，两位学者又一起提出了一系列解读技术行为的概念工具，来探索行为链各环节间的相互作用关系。下文将简单介绍"性能特征"和"技术妥协"如何助力陶器技术研究。

希弗和斯基博首先对考古材料涉及的几层信息做出了区分和定义。古代工匠的技术选择决定了人工制品的形制属性，即器物的各种可观测记录的特征。形制属性反过来又影响到性能特征，即人工制品为了在特定活动中履行其功能而必须具备的行为能力——这一概念是希弗解释古代工匠技术选择的核心工具之一。该术语最初由戴维·布劳恩（David Braun）[1]引入考古学，并引发了学界对陶器技术－功能分析的热烈讨论。希弗和斯基博受其启发，在 1987 年发表的经典文章《技术变革研究中的理论和实验》（Theory and experiment in the study of technological change）中沿用了这一概念来描述陶器的实用性能表现。[2]该论文同样使用了陶炊煮器的例子，由于热冲击对陶锅来说是最主要的性能特征，陶工会采取措施确保它的抗热冲击性。

行为考古学研究最重要的特征便是对具体行为的关注，希弗和斯基博在

① Braun, David P. (1983). Pots as tools. In *Archaeological Hammers and Theories* (pp. 107-134), edited by James A. Moore and Arthur S. Keene. Academic Press.

② Schiffer, Michael B., and James M. Skibo. (1987). Theory and experiment in the study of technological change. *Current Anthropology*, 28 (5), 595-622.

这篇文章中强调任何性能特征都需要依据特定的活动而定。理论上工匠会尝试不同的技术选择，来优化人工制品与特定活动相关的性能特征。然而，在实践中，许多性能特征没有达到最佳水平，因为它们与技术选择、形制属性有着复杂的因果关系。希弗特别指出，这里的"最佳"必须参照当地社会因素来定义，例如同样是炊煮器的加热效果，在一个具有无限燃料供应的流动社会中的"最佳"效果，与在一个长期缺乏燃料的城镇中的"最佳"情况很可能不同。一般来说，每个技术选择都会影响一个以上的形制属性和性能特征，而很可能出现"二者不可兼得"的情况——一些性能特征得到加强的同时另一些则被削弱。例如，在陶炊煮器的胎土中加入大量矿物羼和料会影响一系列的形制属性，如孔隙率、重量等。这些形制属性反过来又使器皿具有更好的抗热冲击性和更强的加热效果，但是，器物强度则会同时下降。此外，每个性能特征都会受到许多技术选择和形制属性的影响。例如，陶炊煮器的加热效果与壁厚、胎体孔隙结构等因素，这些形制属性受到陶工的技术选择的影响，如采用特定的成型技术或添加特定种类和数量的羼和料。[①] 正是对这些复杂因果过程的探索，促进了某项技术的不断发展。

　　由于技术选择和性能特征之间缺乏一对一的关系，以及"此消彼长"的普遍存在，工匠可能很难设计出能够优化所有与活动相关的性能特征值的产品。这引出了行为考古学古代技术研究中另一项重要方法论贡献——设计过程中的技术妥协。当技术妥协发生时，其中一些性能特征以次优但可接受的水平实现。除了使用之外，人工制品行为链上的其他环节也会影响到产品的技术设计，包括"制造"和"维护"。我们可以把"制造的便利性"看作是原材料采购、加工及物品制造活动的一系列特定的性能特征。同样，人工制品在使用过程中可能表现良好，易于制造，但需要额外细致地维护或需要经常更换——"易于维护"是另一个重要的性能特征系列，与保持人工制品的运行有关。

　　希弗和斯基博格外指出，工匠们不一定一直做出"正确"的选择。也许是因为一开始就没有进行充分的实验，或者出于文化惯性、各种限制在一种"糟糕"的选择之后尝试不断修补。密西西比河谷下游的伍德兰早期切夫特

---

① Skibo, James M., Michael B. Schiffer, and Kenneth C. Reid. (1989). Organic-tempered pottery: an experimental study. *American Antiquity*, 54 (1), 122-146.

（Tchefuncte）陶器提供了另一个例子。[①]切夫特陶工能够获取到的最常见的原料是本地可塑性极强的蒙脱石黏土，其收缩率非常大，用这种黏土制成的陶坯常常在干燥和烧制过程中出现严重翘曲和开裂。尽管也有少量的、包含天然羼和料的黏土可供选择，但切夫特陶工还是坚持选择蒙脱石黏土，且不添加羼和料。于是，可能通过多次试验和错误，陶工们依旧找到了一种行得通的方法——通过长时间的干燥和预热，以及非常缓慢的烧制，的确可以用这些"糟糕"的黏土制作出陶器。简而言之，我们不需要假设工匠们找到了在当时情况下可能的"最佳"整体设计。

在最初提出时，希弗和斯基博主要关注所谓的实用性能。但是，在经历民族志观察和理论视野扩展之后，两位学者注意到，实用性能只是产品设计中的一部分，此外还有一系列与视觉、触觉、嗅觉、听觉和味觉有关的"感官"性能特征，这些特征在某项活动中可能也很重要，因此会影响制作时的技术选择。例如，视觉表现特征在人与物的互动中相当普遍，并影响技术选择。[②]斯基博参加了朗埃克在菲律宾的民族考古研究项目，在那里，他观察到了视觉表现特征在实际生活中的意义——帕西尔河谷（Pasil Valley）的卡林加[③]炊具的肩部是圆形的，而附近的塔努敦山谷（Tanudun Valley）的炊具的肩部是有棱角的[④]。帕西尔河谷的新手陶工试图制作折肩陶锅时一定会被纠正；即使锅已经烧制出来，也会被卡林加消费者拒绝。在实用性能方面，一个成功的卡林加陶锅必须是薄壁的，内部有涂层，以达到一些与烹饪有关的性能特征，但同时它也必须有一定的轮廓、高宽比和刻划图案，向消费者传达这个容器的文化属性——它是由卡林加陶工在帕西尔河谷制作的。这样的视觉

① 关于蒙脱石粘土性能相关实验参见 Gertjejansen, Doyle J., J. Richard Shenkel, and Jesse O. Snowden. (1983). Laboratory simulation of Tchefuncte period ceramic vessels from the Pontchartrain basin. *Southeastern Archaeology*, 2（1）, 37–63.

② a. Schiffer, Michael Brian, and James M. Skibo. (1997). The explanation of artifact variability. *American Antiquity*, 62（1）, 27–50. b. Skibo, James M., and Michael B. Schiffer. (2001). Understanding artifact variability and change: A behavioral framework. In *Anthropological Perspectives on Technology*（pp. 139–149）, edited by Michael Brian Schiffer. Albuquerque: University of New Mexico Press.

③ 关于卡林加民族考古学调查，详见朗埃克一章。

④ Longacre, William A. (1991). Sources of ceramic variability among the Kalinga of northern Luzon. In *Ceramic Ethnoarchaeology*（pp. 95–111）, edited by William A. Longacre. Tucson: The University of Arizona Press.

性能特征在行为链中也非常重要，因为使用中的锅不论是堆放在室内架子上还是在村落中来回搬运时，都会向观者传达使用者的文化认同信息。这样的视觉信息与语言、文字、图画类似，是人们生活中信息交换的一种载体。[①]

总而言之，对考古学家来说，人工制品的形制属性是可以直接观测的，研究者会记录它们随时间的变化。因为这些属性是技术选择的结果，也是性能特征的基础，所以考古学家可以以此为证据研究技术变化的过程。此外，任何特定人工制品的性能特征组合都会表现出一种技术妥协模式，这是由该人工制品的生产、使用方式及这一群体社会组织和生活方式决定的。尽管形制属性是考古学家了解技术变化过程的窗口，但研究者必须在性能特征层面上进行分析，将形制属性与性能特征联系起来。面对复杂的技术实践背景，要如何上手分析呢？两位学者提出了一种可操作的简化框架，可以辅助探索特定情况下的技术妥协情况——性能矩阵。

如果希望解释一项技术变革，比如用一种羼和料取代另一种羼和料，这个过程一般要从为每种人工制品构建一个性能矩阵开始。性能矩阵是性能特征的列表，它与每个人工制品的生命史的所有活动有关，从采办到使用和维护。两位研究者首先估计人工制品的各种特性，考虑这个特性对古代工匠来说是否重要。进而通过比较这些权重，可以确定性能特征的妥协模式。下一步可以建立模型，把性能矩阵和它所体现的妥协作为一组结果，这些结果就是受功能领域、生活方式、社会组织的变量影响的具体技术选择。例如，希弗和斯基博使用性能矩阵阐述北美东部从古代期到伍德兰期的制陶技术变化，陶器由以植物性羼和料为主转向了砂石羼和料，而通过对比这两种技术的性能矩阵，两位学者把技术变革、技术妥协与定居、生计方式转变等一系列社会经济因素联系在一起。[②]在本章第三节我们将详细了解这一研究案例。

另外，一个人群的生活方式和社会组织模式在很多环节上可以影响工匠的技术选择。比如，在有专业分工的复杂社会中，为制作完成后的性能特征而牺牲原料采办和制作的便利性（需要高的劳力、技术和材料投入）是一种常见的趋势。接着，在行为链活动的社会单元之间可能存在冲突和协商，协

---

① Schiffer, Michael Brian, and A. Ventresca Miller. （1999）. *The Material Life of Human Beings: Artifacts, Behavior, and Communication*. London: Routledge.

② Schiffer and Skibo（1987）.

商体现着性能优先级，通常体现出社会力量的不对等——拥有更大权力的社会单位通常在首选何种性能特征上有优先决定权。

在希弗和斯基博对古代技术的研究框架中，从人工制品的形制属性得到性能特征是研究最重要的环节。例如，含植物性羼和料陶器的加热效率较低、便携性更好，夹砂陶的抗热冲击性更好但制作起来比较困难，等等。然而，研究者作为与传统生活方式距离甚远的现代人，要怎么得知这些关联呢？又如何评估这些关联是否可靠呢？希弗和斯基博的回答是：陶器民族考古学和实验考古学。

第二节　匠心独运：陶器民族考古与实验考古

陶器民族考古学和实验考古学是行为考古学的重要发展领域，是建立陶器研究中物质－行为关联不可或缺的环节。要理解技术行为方面并解释技术变化，就必须用基于实验考古学和民族考古学得到的原则来填补考古材料和实际行为之间的空白。下面分别介绍希弗和斯基博在民族考古学和实验考古学领域的探索。

一、实验考古学与亚利桑那大学传统技术实验室

（一）实验考古学的定位和目标

实验考古学旨在探索物质文化、人类行为和环境之间的关系，观察物质文化的生产、使用、丢弃、损坏或复原的一个或多个过程。其重要任务是提供一些底层原则，即可以应用于考古学推断的相关关系，由此可以通过考古材料的形制属性推测它在相关行为活动中的表现，即性能特征。[1]

希弗和斯基博的实验考古主要包括控制变量的实验室实验和实地实验两类。控制变量的实验室实验主要特点是可复制性，任何地方的研究人员都应该能够获得相同的材料进行实验，并获得相同的结果。理想情况下，除了一个变量外，所有变量都保持不变。结果应该以一般原则的形式来解释或描述一个物质项目的技术属性和某些行为的关系。而实地实验通常在更自然（即

---

[1] Skibo, James M.（1992）. *Pottery Function: A Use-Alteration Perspective*. Springer Science & Business Media. pp.18-20.

行为相关）的条件下检验假设，实验者放弃了在前一阶段强加的一些变量控制，但实验情境更接近于实际使用场景。

但是，在 20 世纪七八十年代，与理工科实验室相比，专门用于实验考古的实验室还是个新鲜事，在场地、经费、设备、研究方案等方面都无先例可参考。1975 年，希弗回到亚利桑那大学教书，在完成了一系列行为考古学初期理论研究之后，他意识到实验考古学对考古研究的重要意义，但苦于缺少开展实验考古的场所和设备。于是，希弗于 1983 年开始收集设备、撰写资助提案。这并非易事，根据希弗的回忆，他借助"创造力和虚张声势"在亚利桑那大学豪里（Haury）大楼里争取到了实验室场地，获得了几卡车捐赠的科学设备，也不断给美国国家科学基金（NSF）写提案（通过率是 25%）。1984年，传统技术实验室（The Laboratory for Traditional Technology）正式成立，致力于通过实验考古学来研究传统技术，其中制陶技术是主要研究项目。当时的研究生斯基博成为实验室的助理主任，在传统技术实验室一直工作到1991 年。这期间，斯基博与希弗合作完成了一系列实验考古项目，以及许多陶器技术、考古学理论著作。

（二）亚利桑那大学传统技术实验室及其实验考古活动

在 20 世纪 80 年代，希弗、斯基博和其他同事针对陶器的制作和使用相关技术要素开展了许多实验，希望理清这些技术细节是否能在功能表现上吸引或阻止陶工做出技术选择[1]，这些相关关系包括：

烧制温度←→冲击强度

耐冲击性、耐磨性、便携性、抗热冲击性、易制造性和热效率←→有机羼和料

陶器磨损情况←→陶器、磨具、接触情况

陶器残留碳的多少←→烧成温度、气氛、黏土中碳的状况

陶器耐磨性←→黏土粒度、羼和料、烧制温度

陶器磨损效率←→摩擦中水的使用

陶片磨损进程←→河流搬运条件

陶器表面处理 / 渗透性←→加热效率、抗热冲击性

…………

---

[1] Schiffer, Michael B.（2010）. *Behavioral Archaeology: Principles and Practice*. Routledge. p.103.

接下来，本文将综合介绍希弗和斯基博长期关注的两个重点课题，陶炊煮器表面处理研究与陶器研磨研究。

1. 表面处理

在 20 世纪 80 年代末和 90 年代，希弗、斯基博和同事们进行了一系列关于陶器表面处理的实验考古。[①] 在当时，考古学界倾向于认为表面处理是陶器装饰点缀相关的技术，与社会、仪式活动中的视觉表现有关。而希弗和斯基博尽管认同视觉表现的意义，但也想探索表面处理是否会影响日常炊煮器的实用性能特征，如加热效果和抗热冲击性等，而这些或许会是世界范围内陶工技术选择的重要影响因素。

加热效果　该实验研究了加热效果，即为陶锅提高其内容物温度的速度。[②] 希弗制作了 24 个小型炊煮器，每个都有 6 种内部和 4 种外部表面处理的不同组合，作为控制变量下的对比。内部处理包括：（1）手指抹光；（2）抛光；（3）低含铁量陶衣加抛光；（4）高铁含量陶衣和抛光；（5）低含铁量陶衣、抛光渗碳；（6）树脂涂层（模仿民族志中报道的各种有机涂层）。外部处理包括：（1）粗糙纹理；（2）手指抹光；（3）低含铁量陶衣加抛光；（4）高铁含量陶衣、抛光和渗碳。

希弗的实验是这样进行的。每个罐子都装入 25 毫升水，占罐子三分之二，然后用一块大瓷砖完全覆盖开口。在瓷砖的中央有一个橡胶塞子，连接一个

---

① a. Schiffer, Michael B.（1988）. The effects of surface treatment on permeability and evaporative cooling effectiveness of pottery. In *Proceedings of the 26th International Archaeometry Symposium: Held at University of Toronto, Toronto, Canada, May 16th to 20th, 1988*, pp. 23−29. b. Schiffer, Michael B.（1990）. The influence of surface treatment on heating effectiveness of ceramic vessels. *Journal of Archaeological Science*, 17（4）, 373−381.

c. Schiffer, Michael Brian, James M. Skibo, Tamara C. Boelke, Mark A. Neupert, and Meredith Aronson.（1994）. New perspectives on experimental archaeology: surface treatments and thermal response of the clay cooking pot. *American Antiquity*, 59（2）, 197−217.

d. Skibo, James M., Tamara C. Butts, and Michael Brian Schiffer.（1997）. Ceramic surface treatment and abrasion resistance: an experimental study. *Journal of Archaeological Science*, 24（4）, 311−317.

e. Young, Lisa C., and Tammy Stone.（1990）. The thermal properties of textured ceramics: An experimental study. *Journal of Field Archaeology*, 17（2）, 195−203.

② Schiffer（1990）.

温度计，温度计球头落入水中。然后，陶锅被悬挂在一个小型的本生灯[①]上。在水倒入 25 秒后，本生灯被点燃，开始使用秒表计时。当水达到 90℃时结束计时，然后记录总的加热时间。

　　希弗观察到，不同样本加热效果的差异是很明显的。表现最好的陶锅需要大约 3 分钟才能达到 90℃，而最差的则需要 8 分钟以上。有一个容器在 12 分钟后也没有将水温提高到 90℃。结果表明，加热效果明显受到内部和外部表面处理的影响。内部渗透性最差的器皿（陶衣、抛光、渗碳以及漆涂层）能够迅速将水加热，而外部渗透性最强的器皿（手指抹光和粗糙纹理）需要最长的时间才能达到 90℃。这样的结果很容易解释：陶器的整体渗透性越大，水就越快渗透到外表面，进而蒸发掉，从器壁上带走热量，降低了锅的加热效果。于是，内表面渗透性越低，加热效率越好；而外表面渗透性在这一方面影响不大。

　　希弗认为，这些发现有助于理解古代工匠在制造炊具时的常见技术选择——内表面通常相当光滑，有时也会被抛光和施加涂层。此外，无数的民族志报告说，厨师在第一次使用炊具前会用各种有机涂层处理炊具的内部，包括牛奶、松脂和婴儿粪便。希弗的实验表明，这些不同的处理方法都会通过减少容器内液体的流动来提高加热效果，减缓或阻止液体从外表面蒸发而散热。

　　抗热冲击性　在实际考古材料和民族志材料中，陶工在尽量密封内壁的同时，常常选择一些表面处理方式，使器皿外壁具有高度渗透性，如简单手指抹光或制造粗糙纹理。另一个系列的实验研究了表面处理如何影响容器对热冲击和热剥落的抵抗力。[②]

　　热冲击是在加热过程中由差异性膨胀引起的。当一个炊器在明火上加热时，外表面首先膨胀，而热量则向内表面传导。然而，由于其液体内容物的冷却作用，内部不能同时达到很高的温度。这种温度梯度产生的应变可以使容器开裂、破损。陶器内外部的表面处理很可能也与抗热冲击性有关。

　　由于大型容器比小型容器更容易受到热冲击的影响，希弗和斯基博团队

---

　　① 德国化学家本生（R.W. Bunsen）的助手为装备海德堡大学化学实验室而发明的用煤气为燃料的加热器具。

　　② Schiffer et al.（1994）.

决定测试更多尺寸的陶锅。团队使用模制成型制作了三组容器，在干燥过程中和干燥后，进行了各种内外部表面处理。每件陶器都在煤气炉上进行了测试，高出本生灯约 10 厘米，加热温度大致达到 600℃，与许多烹饪用火的温度相当。锅子经历了 10 个加热周期，每个周期持续 5 分钟。

实验结果支持了此前的假设：内部和外部的表面处理都会影响抗热冲击性。具有渗透性内表面的陶器器壁处于饱水状态，内外热梯度小，没有产生裂缝。相反，不透水的器皿更容易受到热冲击。不过，一些有机涂层可以使器表形成坚韧表皮，比如，松脂加强了内表面，器皿裂纹没有那么严重，大大改善了抗热冲击性。

抗热剥落性　希弗团队研究的另一个与热性能特征有关的是热剥落。热剥落是由蒸汽从器壁上快速逸出造成的。剥落显示在外壁底部附近，碎片从壁上爆炸性地飞出而留下了坑洞。学者们猜想，热剥落可能会受到内外部表面处理的影响，因此完全无渗透性的容器墙壁不会渗入水，故不会受到热剥落的影响，而渗透性更强的器皿反之。

本实验与抗热冲击性的实验同时进行，结果显示，内壁不透水的陶器没有出现热剥落，而无论内部处理如何，外壁具有粗糙纹理的陶器也没有任何剥落。很明显，深纹理具备更大的表面积，使蒸汽能够排出而不损坏容器。与此相反，最糟糕的情况是内壁透水、外壁低渗透性和中等渗透性（渗碳、抛光、光滑，甚至是浅纹理），此时水会渗入器壁，但排出时受限，很有可能造成热剥落。

这些测试表明，粗糙外部纹理，提高了炊具对热冲击和热剥落的抵抗力。然而，如果内表面是渗透性的，这种纹理也会大大降低容器的加热效果。古代陶工可以通过使内表面不透水减少热剥落，并提高加热效果，从而在炊具的设计中达成一个可行的技术妥协。这些结果也有助于我们理解，为何炊具外部很少进行降低渗透性的抛光处理，因为此时如果内壁有渗透性，则很有可能造成剥落。

基于这些发现，希弗等人认为，性能特征中的每一项可能都受到其他技术选择的影响，因此陶工可以根据不同的原则制作可接受的炊器。炊具的设计涉及技术妥协，在理解一个具体的设计时，我们努力确定哪些性能特征可能在特定的社会背景下被优先考虑。例如，如果菜肴需要数小时的炖煮，而且燃料匮乏，那么加热效果可能会受到很大的重视；如果陶锅只被偶尔短暂地使用，抗热冲击性可能更重要。不论如何，这些实验为考古学家们提供了可参考的原则——表面处理明显会影响与烹饪有关的重要性能特征，包括加热效果、抗热震性及热裂纹剥落，而这些并非只与装饰效果有关。

2. 陶器研磨

陶器磨损主要指其表面的去除或变形，在器皿的整个生命史中都会发生。使用过程中的表面磨损包括各种研磨和非研磨过程，这些过程发生在烹饪、清洁、储存等活动中。然而，容器在沿着行为链行进的过程中，以及在其主要功能停止时，也可以有许多次要用途。例如，一旦炊煮器出现裂缝，它就可能被换下来储存种子或其他干货；一个容器被打破之后，碎片也可以被回收，用作勺子、刮刀或其他工具，这些活动都会留下损耗性的痕迹。而陶片在进入沉积环节后也会受到一些自然过程的影响，如环境湿度、风、冻融等，也会造成各种损耗。这就需要研究人员既要记录各种痕迹，又要推断出这些痕迹是如何产生的、何时产生的。这些过程极其复杂，此处简要介绍与研磨侵蚀过程相关的实验考古成果。

希弗和斯基博在 1989 年通过一系列实验首次提出了陶器研磨侵蚀的初步原则，他们将磨蚀过程分为三个决定性因素：陶器的属性、磨料的属性及陶器与磨料接触的方式。[①] 在后续的研究中，他们也不断在完善这一框架。[②] 在磨蚀研究中，一种通用的衡量陶器受损情况的方法是记录磨损前后陶器的细微重量变化，而机械研磨机常常被用来控制相同的研磨力度和时长。与上文所述表面处理研究类似，希弗和斯基博团队仔细地控制了各种变量，以得到属性之间的相关关系。

他们归纳出了影响耐磨性的若干陶器属性，包括强度、孔隙、裂缝、羼和料颗粒的属性（硬度、形状、大小、数量、分布和方向）及陶器的形状和

① a. Skibo, James M., and Michael B. Schiffer.（1987）. The effects of water on processes of ceramic abrasion. *Journal of Archaeological Science*, 14（1），83-96. b. Vaz Pinto, Ines, Michael B. Schiffer, Susan Smith, and James M. Skibo.（1987）. Effects of temper on ceramic abrasion resistance: A preliminary investigation. *Archeomaterials*, 1(2), 119-134. c. Schiffer and Skibo（1989）. d. Skibo, Schiffer, and Reid（1989）.

② Skibo, Butts, and Schiffer（1997）.

表面特征。①（1）胎体强度的影响因素包括黏土化学和矿物学特征，以及烧制气氛、烧制温度。许多实验表明，随着烧制温度的升高，耐磨性也会大大增加。（2）陶器表面的性质也会大大影响耐磨性。光滑、抛光的表面比有纹理、孔隙、裂缝或空隙的表面具有更大的耐磨性。相应地，在烧制过程中烧掉的有机羼和料会产生孔隙和高孔隙率的陶胎，更容易受到磨损。各种树脂和涂层在世界各地的低温烧制陶器上很常见。这些烧制后的处理方法最常被应用于减少水的渗透性，但它们也可能直接影响耐磨性。（3）制造过程有时会产生裂缝和空隙，产生更容易磨损的表面形貌。（4）羼和料颗粒的硬度、大小、数量、分布和方向都会影响陶器的磨损。例如，如果羼和料比周围的胎体更硬，羼和料便会阻碍磨蚀。②

　　研磨器的特性，如硬度、形状和尺寸，会显著影响研磨过程。磨损需要陶器、研磨器或两者的运动，二者接触的方向性、速率和力量也会产生影响。然而，如果研磨表面的形状被改变，以至于影响到后续的接触，从而降低了磨蚀的速度，那么这种关系可能不是线性的。例如，一旦抛光表面被侵蚀掉，下面的陶胎可能会更快地被磨蚀。还有其他复杂的因素也会产生影响。在许多研磨情况下，不仅有研磨器和陶器，还有介质，比如沙子和水，都可能会大大增加磨蚀的速度。

　　对陶器考古学家来说，实验考古可以提供许多技术原理上的参考，让学者们可以将考古材料的属性与其所能支持的活动性能联系起来。在最基础的原则上，现代材料学、陶瓷工程学可以给出一定参考，但现代陶瓷工程学家不会思考某种"原始"的技术如何实现，此时实验考古便能够发挥作用，补足空白。然而，性能特征是建立在具体行为之上的，重建材料性能特征的关键也在于思考与陶器相关的具体活动及其实现形式是怎么样的。在这一方面，民族考古学可以为我们提供思路。

二、民族考古学与陶器使用痕迹研究

（一）民族考古学的定位和目标

　　在 20 世纪下半叶，现代化生活方式开始席卷全球，而考古学家作为现代

---

① Schiffer and Skibo（1989）:105-108.

② Schiffer and Skibo（1989）:108-111.

化世界的一员，很难坐在空调房里想象千百年前传统技术的实践。幸运的是，传统陶器与其所嵌入的传统生活方式在一些社会中保留了下来，给希弗和斯基博的学术思路带来重要启示。与实验考古学一样，民族考古学也被希弗和斯基博用于建立"应用于考古学推断的相关关系"[1]，可以超越考古学家本人的文化传统，观察到更多样的传统陶器生产、使用、维护和废弃行为。与此同时，民族考古学还可以提供实验考古无法触及的社会组织、社会文化和意识形态信息。

　　希弗和斯基博都有丰富的民族学调查经历。亚利桑那大学所在的美国西南部地区，距离许多原住民保留地非常近，希弗在亚利桑那大学参加工作之后，于 1975 年主持了对大学所在的图森地区原住民关于重复利用行为的民族学调查（The Reuse Project）。[2]而斯基博的民族学大本营在菲律宾，正如前章提过的，他参与了朗埃克的卡林加民族考古学研究项目，基于民族志观察和实验开展陶器使用痕迹研究。主要包括两个方面：第一是陶器使用过程中碳在内外壁的沉积模式，二是使用和清洗过程留下的磨损模式。下文将以前一项主题为例，向大家展示斯基博的民族考古学研究思路。

（二）基于卡林加民族考古学项目的陶器使用痕迹研究

　　当斯基博还是一名四年级研究生的时候，朗埃克从菲律宾回来，向全体教员做了一个演讲来介绍他的卡林加民族考古，以及正在申请的新项目，将引入一个研究生团队来探索一系列民族考古学问题，其中就包括了斯基博非常感兴趣的"使用痕迹"项目。斯基博果断选择加入，于 1988 年前往菲律宾开展自己的民族考古学研究，并以此作为博士毕业论文的主题。[3]下文简要介绍他的这项研究。

1. 项目背景

　　卡林加民族考古学项目于菲律宾吕宋岛中北部哥伦比亚中部山脉帕西尔河谷开展，前章中已有详述，此处仅介绍斯基博本人负责的分支项目——在吉纳昂开展的陶器使用痕迹的研究。吉纳昂村是帕西尔河流域最大、最古老

---

① Skibo（1992）:24.

② 关于希弗的民族考古学思想参见 Schiffer, Michael B.（1978）. Methodological issues in ethnoarchaeology. In *Explorations in Ethnoarchaeology*（pp. 230-248），edited by Richard A. Gould. Albuquerque, NM: University of New Mexico Press.

③ Skibo（1992）.

的村庄，坐落在河谷北侧的一个山脊顶部位置。在这里，人们的主食是集约化种植的水稻，也食用蔬菜水果，以及部分野生、家养动物肉类。在 20 世纪 80 年代，尽管存在部分外来商品，本地生产的传统陶器依然在卡林加人生活中发挥了重要作用，特别是作为炊具。

吉纳昂村是一个消费陶器的村庄，很少自己生产。它的大部分陶器是从唐塔兰和达鲁帕这两个陶器生产村庄获得的。卡林加人传统上生产和使用三种类型的陶器：蔬菜肉类烹饪锅、煮饭锅和储水器。与煮饭的锅相比，煮蔬菜和肉类的锅一般都比较扁，边缘比较外扩，而且相对于容器的大小，孔径也比较大。它们有四个尺寸等级：小、中、大和超大。小和中尺寸的器皿通常被家庭用于日常烹饪，这取决于家庭人数，而两个较大的尺寸被保留给特殊场合，包括全村级别的仪式，如葬礼和婚礼。煮饭的锅比较高，孔径比较小，边缘不那么外翻，有三个尺寸等级：小、中、大（大的器皿是为全村仪式保留的）。在烹饪器皿的内部、外部边缘以及水容器的内部，往往涂上一层树胶，使陶器的这些部位具有闪亮的、类似釉面的外观。

家庭是吉纳昂村基本的经济和社会单位，通常由一对已婚夫妇及其子女组成，但也经常包括其他人，如年迈的父母、未婚的成年子女，甚至新婚的孩子和他们的配偶。传统的房屋是由一到两个房间组成的干栏式建筑，主要的生活区域是二楼。房屋中有一个单一的炉灶，是一个大致正方形的、略微升高的平台，边长约 1 米。炉灶的边板 5—10 厘米高，用黏土或混凝土固定。做饭时要蹲在炉灶旁或坐在小凳子上。火在炉膛的中央生起，锅放在三个陶制支具上，使锅底与炉灶表面相距约 15 厘米。

2. 田野调查与炊器使用方式

使用 – 改变研究的核心是观察陶器在整个日常周期中的使用情况（如烹饪、搬运、清洁、储存）。斯基博以这种方式观察了 40 个家庭，以笔记和照片的形式详细记录了所有陶器使用活动。除了这些详细的观察，斯基博还在讲英语的卡林加人助手的帮助下，获得了每个家庭的完整陶器清单，包括 1988 年使用的每个容器的数据，即类型、大小及何时、如何获得。收集到的信息包括来自吉纳昂村的 2481 件陶器和金属容器。

斯基博生动地记录了卡林加人的日常烹饪方式和所用到的工具。卡林加家庭的日常烹饪是用存放在炉灶附近的一组锅（4—10 个）完成的。较大的、有仪式场合专用的陶器通常存放在屋檐下，只有在婚礼或葬礼等公共宴会上才会取下它们。斯基博对陶器使用的描述仅限于日常的米饭、蔬菜和肉类的烹饪，与每种烹饪相关的不同活动都反映在内部的碳化与外部的烟熏、损耗、残留物中。

米饭的标准计量单位是"chupa"，约为350毫升。理想情况下，米饭煮熟后会填满容器，直到颈部。因此，一个小的陶锅可供1—2人用餐，中号可供一个小家庭用餐，以此类推。在向锅里加米之前，卡林加人会在锅的内表面放上一层交叠的长条叶子（apin）[①]。这些叶子可以防止米饭粘连，并使清洗更容易。米洗净后，用手舀出适量的米放入米饭烹饪锅，然后加水至颈部。容器上一般盖着一个从适当大小的金属锅里借来的金属盖——传统的陶器盖几乎已被金属盖完全取代。在煮饭的第一阶段，将容器放在炉灶上的三个支具上，用炉灶上方晾晒的木材生火将水烧开。容器通常无人看管，直到即将沸腾（通常为15—25分钟）。当开始沸腾时，可以把盖子掀开几次，用木铲把米弄松。饭沸腾后不久，厨师就用藤条把锅从火上拿下来，放旁边煨着，但仍在炉灶上。此时原位置被放置上另一个锅来烹饪蔬菜或肉。当米饭锅在煨煮时，饭锅要时不时旋转一下，每次转三分之一左右，总共转三四圈。米汤煨干后，将容器移开，放在远离火的藤圈上或直接放在地上。最后，用木制饭勺将米从容器中取出。

在烹饪蔬菜和肉类时，与米饭不同，容器中只装三分之一到二分之一的水。蔬菜／肉类锅在火上的时间通常比米锅长得多，因为目的不仅是使内容物沸腾，还要保持煨制的温度。因此，在蔬菜肉类烹饪锅中烹饪蔬菜／肉类需要人在旁密切关注火候和食物状态。一旦煮得足够熟了，同样地，用藤条托架将锅从火上移开，放在藤圈上或直接放在地上。米饭和蔬菜／肉类烹饪活动的不同之处会反映在炊器内部碳化模式和外部烟炱模式上。

3. 烹饪行为与炊器内部碳沉积

烹饪方式会影响内部碳化的模式。此处，斯基博将他观察到的烹饪模式大体分为干湿两类。湿烹饪是最常见的烹饪方式，指在烹饪过程中，被烹饪的食物中存在一定比例的液体的烹饪模式，即"煮"。通过与其他烹饪技术对比，斯基博认为，在湿模式烹饪中，最大的性能优势可能不是煮沸，而是长

[①] 类似于粽叶。

时间的炖煮。一些重要的食物，如许多种豆子，只有在煮沸一小时或更长时间后才能变得可口。陶锅可以无限期地在火上炖煮，并在不沸腾的情况下保持所需温度。在卡林加人传统烹饪方式中，煮蔬菜/肉类和煮饭是两类最常见的湿烹饪。

煮蔬菜/肉类蔬菜/肉类锅总是在内侧中线部位有一条碳化带，但通常比煮饭锅上形成的宽。它们有时也会在底部有一块碳化，但这种情况比煮饭锅上类似的斑块出现的频率低得多。与煮饭锅一样，当容器的内部达到足够高的温度而发生碳化时，内部碳化就会产生。这不会发生在大部分内表面，因为卡林加人烹饪蔬菜、肉类最常见的方式是煮，而内表面（水线以下）的温度不会超过100℃。然而，当煮肉或蔬菜时，油脂或细小的食物颗粒在熬煮过程中会漂浮到表面，并附着在水线处的容器壁上。随着烹饪过程中水位的下降，这些粘附的食物颗粒会被烧焦，因为器壁在水线以上可以达到更高的温度，逐渐造成了蔬菜、肉类烹饪锅上的碳化带。

有时，在火的热量最强的内部底座上也会出现一片碳化现象。可能一些小的食物颗粒会下沉到底部，在那里它们会进入容器壁内部孔隙。这些物质的碳化发生在下一次烹饪过程中，当容器第一次被放在火上时，在水有机会穿透容器壁造成降温之前的最初几分钟，器壁的温度会高到足以产生碳化。

斯基博抓住了湿烹饪留下的最具有特征性的痕迹——水线上的一周碳化带。器壁表面温度达到300℃—400℃之间，有机物才会发生碳化；在水线以下的内部容器温度不超过100℃，不会发生碳化。但是正如以上例子所展示的，湿烹饪会在水线处形成一条碳化带。脂肪和其他食物颗粒在水沸腾时被送到表面，附着或渗入在水位以上的器壁，此处表面温度可以超过300—400℃的阈值，因而被碳化。

在干烹饪模式中，炊器内部几乎不含液体内容物，例如烤、炒。温度可以超过400℃，因此专用来干烹饪的锅内部往往完全被一层厚厚的碳化层所覆盖。然而，应该注意的是，这种碳化层只发生在表面，不会穿透容器壁（湿烹饪的食物颗粒会随水渗入器壁内部，因而发生穿透器壁的碳化）。一个很好的例子是卡林加咖啡焙烧锅，它是重复使用的干烹饪锅，用来烘烤咖啡，偶尔还有豆子、豌豆或辣椒。烘烤时，锅倾斜45°放在炉灶支架上，生起适度的火，然后厨师将锅里的东西全部搅动起来烘烤。

斯基博指出，湿烹饪模式和干烹饪模式是两种极端的烹饪方式。虽然每一种模式在史前都很常见，但也有介于这两个极端之间的烹饪技术。例如，有些食物烹饪需要完全去除水，下面简述斯基博观察到的卡林加人煮饭锅内部最常见的碳化模式——在内腹部位置有一条碳化带，而内底部有一块碳斑。内部碳化是由缺水和食物的碳化造成的，这些食物要么粘在表面，要么被吸收到器壁孔隙中。在煮饭流程中存在三种情况：（1）不碳化。食物要达到300℃以上才开始碳化，而当锅中有液体时，器壁内部不会超过100℃，食物不可能发生碳化。（2）底部碳化斑块。当米饭煮沸时，内表面会有类似糊状的残留物聚集。容器上最热的地方是底部，这种糊状物在水沸腾并从火上移开之前就开始碳化。然而，大部分的底部碳化是在容器坐在火堆旁煨煮时发生的。煮米的这一最后阶段的目的是去除容器中剩余的水，许多时候，在这一阶段米饭底部会被烧焦。（3）内腹部环状碳带。这是在器皿处于煨煮位置时形成的。此时的目的是在不烧焦米饭的情况下去除剩余的水。容器会被缓慢旋转三圈左右以受热均匀。然而，在大多数烹饪过程中，器壁距离火焰最近处的一些米饭还是会被烧焦，留下一个圆形的碳化斑。如果锅只用了几次，其内部会留下几个近圆形斑块。然而，经过多次使用后，这些斑块会逐渐靠拢，形成大多数煮饭锅上发现的环状碳带。

4. 烹饪行为与炊煮器外部的碳沉积

除了内部碳痕，斯基博也非常关注卡林加炊煮器外部的碳沉积，这与现代城市中使用电磁炉和燃气烧饭留下的痕迹非常不同。沉积在煮饭锅外部的碳是由木材燃烧的副产品烟尘的沉积造成的，即烟炱。陶锅开始使用不久就会被烟尘覆盖。在没有锅支架保护的区域，烟尘直接延伸到锅沿。米饭和蔬菜／肉类烹饪锅的外部有三类明显的碳化或氧化斑块。第一类斑块由一层灰色或偏黑的烟灰组成，从底部延伸到大约陶器下四分之一处，在较小的器皿侧面往往延伸得更高，是火焰可能直接接触的范围。第二类斑块从灰色烟灰斑块的边界开始一直延伸到边缘，呈黑色，有一种光泽感。该类烟炱将更持久地附着在陶器表面，主要由焦炭、木炭和灰烬组成，并包含一些树脂液滴——来自木材燃料中未燃烧的树脂与上升的气体一起被吸入，当它们与足够冷的表面接触时就会凝固。一旦树脂冷却，就会形成坚硬的、防水的薄层，在沉积环境中非常耐腐蚀。第三类斑块是直接在底部，最靠近火焰的地方，烟灰层要么很薄，要么完全氧化，因此陶器表面暴露出来，呈浅色。当陶器表面的温度接近 40℃时，任何烟尘都会被烧掉，就会出现这种类型的氧化斑块。这种情况在米饭锅上尤其明显，因为在煮饭水烧开时，陶器的温度会升到临界温度（300℃—400℃）。

　　煮饭和蔬菜／肉类烹饪锅在外部烟炱模式上有一些相似之处，因为它们是以同样的方式放在锅支架上的，且是用同样的火来加热的。因此，上述三种主要的烟炱模式在大多数炊具上都会出现。外部烟炱既反映了最后一次烹饪的情况，也反映了长期使用的情况。每次将器皿放在火上时，都会重复沉积的过程：蓬松灰烬短暂地沉积在整个器皿上，空气中带有树脂的灰烬附着在表面，如果表面超过临界温度（300℃—400℃），碳可能会被烧飞，器壁原处颜色变浅，形成氧化白斑。然而，如果锅是在火势较弱但仍在冒烟的情况下被取下，可能会有一些烟尘沉积，这在蔬菜／肉类烹饪锅上最为常见。因此，在考古样本上观察到的外部烟尘主要反映了最后的烹饪过程，但有一个例外：长期的增生性烟尘。在卡林加器皿上可以清楚地看到这种类型的烟尘，是由光亮的树脂层堆积而成的，它可以变得越来越厚以至于开始脱落。如果考古出土陶器经历过长期使用，也会发现类似的模式。

　　这些规律和模式对解读考古材料来说意义重大，当考古材料出现类似的模式，便可以推测古代人类有过相应的行为。对在一个高度现代化世界长大的斯基博来说，用陶锅在支具上煮米饭和菜汤这类经历是新奇而极具启发性的。用什么样的柴火会让锅壁附上树脂液滴？火究竟多大才会烧糊米饭？外部烟炱过厚会有什么影响？陶锅为什么要封一层树脂？不用洗碗机的话要怎么刷陶锅？事实上，许多不从事民族考古工作，也没有前工业社会生活经历的考古学家的确难以把握这些细节，在陶器功能方面武断地做出判断，或在实验室里考虑陶坯块如何提升小数点后两位的强度指数，却不考虑实际使用时陶工和厨师是否在意这些。专注行为的细节与具体实现方式是行为考古学最大的魅力所在，而这在一定程度上依赖于民族考古学和实验考古学为推理打开了更广阔的视野。

第三节 研精致微：北美考古学实践

本章的前两节介绍了行为考古学家希弗和斯基博研究陶器的思路，以及他们为解读考古材料做出的准备。那么这些理论方法究竟能给考古材料带来怎样的阐释呢？本节将介绍三个考古研究实例，希弗和斯基博运用行为考古学基于性能的生命史方法，参考实验考古和民族考古学得出的物质－行为关联，分别讨论了美国三个区域——美国东部伍德兰、美西南科罗拉多高原和五大湖区格兰德岛早期陶器出现或变化的考古情境。在这些案例中，我们可以看到两位学者是如何运用民族考古学和实验考古学的成果来分析考古材料的。

一、性能特征与技术变革：美国东部伍德兰早期陶器研究案例

希弗和斯基博系统研究了北美东部从古代期到伍德兰期的制陶技术变化——以植物性羼和料为主转向了砂石羼和料，而通过对比这两种技术的性能矩阵，两位学者把技术变革、技术妥协与定居、生计方式转变等一系列社会经济因素联系在一起。[①]

美国东南部最早的制陶传统出现在古代期晚段，大约在公元前 2500 年。这种早期陶器技术产品是一种添加有机质羼和料的粗陶，羼和料包括铁兰、棕榈、草原高草和莎草。总体来说，陶器较为少见，可能与粗糙的质地不易保存有关。在某些地区，有机质羼和料陶器的制造一直持续到公元前 500 年左右。在器形方面，早期陶器似乎只有有限的几种形式，主要是小型的陶碗和陶罐。碗可能占主导地位，通常底部扁平，壁与底的连接处往往有折角。器壁在厚度和表面光滑程度上变化很大，而且对烧制条件几乎没有控制。后续的伍德兰期以夹砂陶的出现为标志，通常含有大量的矿物羼和料。最早的伍德兰器皿形似有机质羼和料陶器，通常是厚壁的碗或矮罐，平底或圆锥形底。在这一时期的后段出现了圜底器，且陶罐变得更深。到了伍德兰末期，陶器越来越丰富多样，很可能发挥了更重要的社会功能。

从古代期到伍德兰期的陶器技术发生了明显转变，即羼和料由有机质转

① Schiffer and Skibo（1987）.

换成矿物。希弗和斯基博试图从性能特征入手，解释这一技术过渡的动因。通过确定每种技术所生产的陶器的性能特征的差异，我们可以确定那些最影响陶器技术设计的因素，而设计重点的比较也为探索社会背景的变化提供了参考。为了更加了解这两种陶器技术，两位学者进行了一系列实验，旨在量化有机质和矿物羼和料陶器各自的重要性能特征，为解释技术过渡提供了推论基础。他们考虑的性能特征包括：（1）制作的难易程度；（2）冷却效率；（3）加热效率；（4）便携性；（5）抗物理冲击性；（6）抗热冲击性。

首先，考虑制作的难易程度。这实际上是一系列的性能特征，大体可分为与塑形有关的可操作性，与烧前保持完整有关的生坯强度，以及在烧制时不受损的抗热冲击性。可操作性涉及许多具体的性能特征。其中黏土的可塑性非常重要。不过在美国东部有大量湿黏的天然黏土，已经具有足够的甚至过渡的可塑性——这其实也不利于塑形。于是，希弗和斯基博进行了一系列的对照实验，重点研究了各类羼和料对黏土干燥速度和塑形能力的影响，进而测试羼和料性能对制陶行为的影响。他们选择了三种陶坯样品进行对照实验——纯黏土、砂质羼和料、马粪羼和料，分别代表不添加羼和料、矿物、植物羼和料的情况。结果表明，细砂和有机羼和料都能够加快黏土干燥速度，但有机羼和料最大的湿坯强度具有更好的塑性能力。根据一系列岩相学切片分析，古代期植物纤维羼和料陶器的陶胎在岩相学切片观察时经常表现出层状结构，可能是黏土准备不充分造成的，在这种情况下，黏土和羼和料未能彻底混合——看来纤维羼和料是加入未加工的湿黏土中。这种可能性指示了有机羼和料的优势：实现过湿、可塑性过强黏土的快速干燥。在美国东部等高降雨量和高湿度的地区，黏土有时太湿而无法塑形，羼和料成为某种意义上的干燥剂，使黏土立即变得可操作。在成型和干燥之后，但在烧制之前，陶器相当容易破损。已有文献指出，有机羼和料可以加强湿坯强度，而矿物羼和料会削弱它们。与伍德兰期早段的矿物羼和料器皿相比，古代期的陶器湿坯在搬运放置过程中可能不容易损坏。斯基博和希弗考虑的最后一个影响制造难度的因素是烧制过程中失败的可能性。有机羼和料陶器具有足够的抗热冲击性，可以在烧制过程中保持完整。然而，这些器物在快速烧制过程中，也很容易出现损坏——当温度上升过快时，水就会在器壁内部变成蒸汽，膨胀导致的内部应力会使陶器碎裂。因此，在烧制过程中需要比矿物羼和料陶器更加小心。这个障碍可以通过衍生的技术选择来克服，如尽量缓慢地烧制或烧前预热容器。综合考虑这些性能，希弗和斯基博认为在古代期晚段，人们非常重视保持陶器技术的简单性。

第二，性能特征是加热效率。根据现代陶瓷工程学，矿物羼和料陶器在理论上应该有最强的导热效果，其次是有机羼和料、无羼和料的陶器。为了确定这些物理性能对加热效果的预测效果在行为上是否有意义，希弗和斯基博进行对照实验，测试陶器煮开水的效率。与之前一样，实验使用的陶器只在陶胎成分上有区别——分别是砂质羼和料、植物纤维羼和料、无羼和料的陶碗。他们在每个陶碗里放了 200 毫升水，在煤气炉上加热，记录煮水所需的时间和温度上升的曲线。尽管矿物羼和料陶器的厚度稍大，但其中的水加热得最快，首先沸腾。有机羼和料陶碗中的水在接近沸腾的 1—2℃范围内，但始终没有沸腾。这可能是因为器壁对水的吸收更多，明显降低了加热效果。然而，有机羼和料中的水在一开始比无羼和料陶碗中的水加热得更快，这表明如果使用有效的涂层，有机羼和料陶器会比泥质陶器有更强的加热效果。但是，有机羼和料陶器的厚壁显然不能促进热传递，而且这些碗的敞口也不太利于良好的热控制。另一方面，一个宽矮、平底的容器可以使其大部分外表面与火接触，这种配置至少可以部分地弥补厚壁和敞口的缺陷。这些都表明，加热效果在古代期晚段陶器技术中没有得到高度重视，而在伍德兰期逐渐变得更加重要。上文中隐含的假设是，古代期晚段的陶器是用来在明火上烹饪的。但是，如果它们被用于石煮法，那么加热效果就不重要了——反而陶器的隔热性成为优势。此外，开放的形状有利于水、高温石头和被加热食物的加热和移除。事实上，如果有树脂涂层或皮质内衬，古代期陶器就可以非常有效地用于石煮法。当然，我们仍需进一步测试来确定古代期和伍德兰期的烹饪方式。

第三，陶器的便携性。这由几个因素共同决定，其中最重要的是形状、尺寸、壁厚和烧制黏土的密度。形状影响到某样东西是否容易被携带，例如，它是否容易与其他装载的物品嵌在一起。敞口的容器可以被嵌套，因此有较好的便携性。显然，较小的器皿更便于携带，大多数的植物羼和料陶器都比较小，尽管器壁往往很厚。便携性的最后一个组成部分——密度，与黏土中各种类型和比例的羼和料有关。结果显示，含有 25%—40% 有机羼和料的陶器的密度，比含矿物羼和料的同等陶器低 20%—30%。这种差异会对容器重量产生明显的影响，且具有行为上的意义。在其他因素保持不变的情况下，羼植物的比羼矿物的陶器更便于携带——便携性可能是古代期植物纤维羼和料陶器设计中重点考虑的性能特征。

第四，抗物理冲击性，这与材料的强度有关。在材料学层面，希弗和斯基博使用了落锤实验来测试不同羼和料的小块陶坯样品的冲击强度，实验分别使用了在 550℃、650℃、750℃和 850℃温度下烧制的陶坯样品作为对比。结果表明，有羼和料的样品比无羼和料样品的抗冲击性要差；矿物羼和料样品总体上比有机羼和料样品要强。不过，希弗和斯基博认为，在较低的烧制温度下——早期陶器常见——不同羼和料之间的冲击强度差异不确定在结果上是否有意义。落锤实验无法模拟另一种常见的陶器破碎场景——陶器落下磕在硬物或地面上。而在这种模式中，容器的重量对冲击的强度起着重要作用，因为冲击力随物体质量增加而增加。因此，此时密度较低（因此较轻）的有机羼和料陶器很可能比其他同等的矿物羼和料陶器具有更大的抗物理冲击性能。关于容器的形状，应该注意的是，植物羼和料陶器的敞口形状，在壁、底交界处有折角，在抗冲击方面是很不利的。希弗和斯基博认为，冲击强度对植物羼和料陶器的设计影响不大。

第五，抗热冲击性。所有的陶器都必须具备一定程度的抗热冲击性，才能在烧制过程中保持完整，而烹饪容器必须能够额外地承受反复的热冲击。希弗和斯基博使用在 650℃下烧制的五种坯体成分的陶器测试了这一性能特征。陶器中交替加入沸水和冰水，20 次循环后，用落锤冲击实验测量剩余强度。研究结果表明，无羼和料的泥质陶对热冲击的抵抗力最小。而加入植物羼和料已经赋予古代期陶器在当时有足够的抗热冲击性。然而，在后续的伍德兰期和密西西比期（Mississippian period），与热冲击有关的性能特征似乎被赋予了更高的优先权，技术上的改进进一步提高了抗热冲击性。

第六，耐磨性，即承受刻划、刮蹭的能力。如果烹饪器皿要经受住反复清洗，就需要有这种能力。经过对照试验，有机羼和料的器皿最容易被磨损损坏，而矿物羼和料在不同的大小和形状情况下，耐磨性可能比未羼和料器物更强或更弱。[①]大多数古代期器物都比较易碎，烧成温度较低，耐磨性很低。

---

① a. Skibo and Schiffer（1987）. b. Vaz Pinto, Schiffer, Smith, and Skibo（1987）.

耐磨性并不是影响古代期植物羼和料陶器设计的性能特征。

在调查了古代期晚段陶器的一些性能特征后，希弗和斯基博通过性能特征矩阵来比较这两种技术的产品（见表4-1）。古代期陶器技术高度重视制陶过程的简易性和陶器便携性，而伍德兰期，特别是其晚段的技术则强调加热效果和延长使用寿命的特性（如抗物理冲击性、抗冲击性和耐磨性）。

表4-1　古代期晚段和伍德兰期陶器性能矩阵

性能特征	古代期晚段	伍德兰期
制作容易性	+	−
加热效率	−	+
便携性	+	−
抗物理冲击性	−	+
抗热冲击性	−	+
耐磨性	−	+

如果把陶器与它所处的社会联系起来看，这些技术的优先次序就有很大的意义。结合考古背景，我们知道古代期晚段陶器是由以狩猎采集者为主的群体制作的。虽然存在一定的驯化植物，但现有的证据表明古代期晚段社会对驯化植物资源只有轻微的依赖，其生业基础比较广泛，包括各类种子、贝类和小型陆生动物。陶器作为炊煮器有其优势——食物在陶器中加热时比皮质或编织容器需要更少的关注和维护。在一个越来越依赖各种食物的社会中，有些食物可能比以前需要更多的准备流程，陶锅的出现可能代表了一种技术的简化。古代期晚段的植物羼和料炊具很容易制作，从一个营地搬到另一个营地也比较方便，它可以让忙碌的人们腾出手来做更多的工作。

在古代期晚段和伍德兰期早段生计方式并没有很大的转变，农业资源仍然是饮食的一个次要组成部分。此时出现含有大量的矿物羼合料的陶器，这些器皿不如早期的植物羼和料陶器便于携带，但它们的加热效果会更好。至伍德兰期晚段，陶器技术已经变得相当复杂，仍以矿物羼和料为主，但器壁更薄，有更多装饰。为了生产出使用性能更好的产品，制造工艺变得更加精细和昂贵，以牺牲制造的便利性为代价。例如，制造伍德兰期晚段陶罐需要各种工具来削薄器壁。此时社会已经处于定居状态，这使复杂漫长的制作过程成为可能。这种陶器技术的妥协也反映了陶器的视觉效果受到社会的普遍重视。

希弗和斯基博对于北美东部古代期和伍德兰期陶器的分析，是陶器实验考古学与实际考古材料相结合开展研究的经典案例，为陶器技术功能分析提供了新思路，也为世界上其他地区的类似陶器技术转变提供研究借鉴。

二、使用改变：美西南科罗拉多高原陶器功能研究

在对美国西南部科罗拉多高原的早期陶器的研究中，斯基博应用了自己在卡林加民族考古学项目中构建起来的陶器使用痕迹分析模型，来研究考古出土材料，对科罗拉多早期陶器的使用方式提出了十分有说服力的猜想。[①] 科罗拉多高原最早的陶器（公元 2—3 世纪）是一种比较粗糙的棕陶。这些陶器出现的考古背景在各方面都与同一时期没有出现陶器的遗址差不多。陶器用包含有矿物颗粒的冲积黏土制作，往往富含铁；大多用泥条盘筑和刮削技术制作，也见少量的拍砧技术产品。其中，最常见的类型是敛口、鼓腹、圜底、薄壁的陶罐，烧成温度较低，表面轻微磨光。以往学者们将之命名为"种子罐"，暗示了其功能为储藏。然而这一推论其实相当武断，只是因为当代这一地区霍皮印第安人使用类似形态陶罐来储存种子，便认为近两千年前的早期陶器也是如此。斯基博对这一命名和功能判断不满意，决定用行为考古学的研究框架分析这些器物，试图了解"种子罐"究竟是用来做什么的。

（一）考古材料

斯基博观察分析的器物包括一系列博物馆和考古机构收藏的完整器（或可修复陶器），分别来自亚利桑那州立博物馆、图森西部考古与保护中心、北亚利桑那博物馆及新墨西哥州圣塔菲人类学实验室。他们对这些器皿进行分析，记录了它们的形制特征，以推断出它们的预期功能。另外，他们记录了陶罐的使用－改变模式，包括内部碳痕、外部烟炱沉积以及陶罐的磨损情况，以确定陶器实际功能。斯基博等人分析的陶器出土于 3 个遗址：祈祷石（Prayer Rock）遗址，位于亚利桑那州东北部纳瓦霍（Navajo）保留地；平顶

---

① a. Skibo and Schiffer（2008）：36-52. b. Skibo, James M.（2013）. Case Study: Origins of Pottery on the Colorado Plateau. In *Understanding Pottery Function*（pp. 99-104）, by James M. Skibo. New York, NY: Springer.

（Flattop）遗址、西武奥维（Sivu'ovi）遗址，均位于科罗拉多高原南部的化石林（Petrified Forest）地区。

西武奥维遗址位于亚利桑那州霍尔布鲁克（Holbrook）以东约 32 公里处。该遗址是一个大型的制篮者文化时期（Basketmakers Period）地穴建筑村落。出土陶器包括 4 个可修复的陶器和 1072 片陶片。绝大多数的陶器是一种棕色器皿，被称为"阿达马纳棕陶"（Adamana Brown）[①]，是美西南地区最早的陶器类别之一。与所有其他的早期棕陶类似，这些陶器经过轻度抛光，并以细沙作为羼和料。阿达马纳棕陶的显著特征是陶土中存在云母类包含物。

平顶遗址位于西武奥维遗址附近，是另一个以阿达马纳棕陶为主的遗址。遗址出土了 30 个完整或可复原的器皿和 2522 片陶片，基本都被归类为阿达马纳棕陶。

祈祷石遗址位于亚利桑那州东北部，是早期制篮者文化最重要的遗址之一，出土了大量陶器材料。虽然其中大量的陶器被归为另一种陶器类别"奥博里斯科灰陶"（Obelisk Gray）[②]，但斯基博认为，在具体技术特征和陶器形态上，这批陶器与前文所述阿达马纳棕陶是同一性质的器物，与西南地区其他地方发现的早期棕陶很相似，故斯基博在此处也一并讨论。

（二）种子罐的设计和性能特征

在这 3 个遗址出土的陶器中，种子罐占据其中重要部分，也成为本次分析的重中之重。早期的褐陶种子罐一般整体呈球形，器壁相对较薄，敛口。外壁通常相当不规则，尽管它们都有不同程度上的抛光痕迹。仅根据这些技术属性，斯基博开始对预期的陶器功能和性能做出一般化的推断。

---

①　阿达马纳棕陶以及下文的奥博里斯科灰陶均是美西南陶器分类系统下的类别。这一分类体系在 20 世纪中期大体定型并沿用至今，总体而言，其对应一定地理分布和考古学文化，也构成美西南考古年代学的基础。这一分类系统在分类逻辑上与中国考古类型学有共同之处，但也有关键区别。具体而言，类别不以器形作为首要分类准则，而是以陶器技术和风格特征为准，包括陶胎质地、羼合料、颜色、表面处理程度、装饰风格等。于是同一陶器类别可能包含不同器形（往往是特定几种）——这或许与中国读者的直觉不符。比如，阿达马纳棕陶出土于科罗拉多高原，其制作开始于公元 1、2 世纪，可能一直沿用至 6 世纪，关键特征是夹细沙和云母、轻度抛光、棕色系，器类一般为罐或碗。

②　奥博里斯科灰陶的年代为公元 400—700 年，是一种在西博拉（Cibola）以及图萨扬（Tusayan）地区生产的早期陶器类别。重要特征为：器表抛光且常见条痕；颜色变化很大，从浅灰色、深灰色、水褐色、棕色到橙色；胎体疏松易碎。器形通常以有颈罐和种子罐为代表，也存在少量碗。

球形轮廓：这些容器的球形轮廓是一种非常坚固的结构设计，在制造和使用阶段都能让器皿保持一定强度。首先，接近球形的轮廓具有最大的生坯强度，更有可能在干燥后不开裂。如果陶工使用不同收缩特性的冲积黏土，这一点特别重要，允许陶工用低收缩或高收缩的黏土取得成功的结果。同样，球形也会使容器在使用中具有很好的强度——弯曲的表面具有更大的结构完整性，因此可以更好地承受热冲击和物理冲击带来的应变。此外，球形形状能够更好地分配其内容物的重量，减少因内部负荷而破损的风险。

较小的开口：在种子罐形状中，罐子的强度随着孔径的减少而增加，收束的孔口也带来了一些技术功能特性。较小的开口很容易被覆盖或塞住，以保护容器中的内容。此外，即使容器不加盖，收束的孔口也会限制烹饪时的热量损失或运输、储存时的内容物溢出。但是，收束的孔口也限制了人接触容器内容物。尽管所有被分析的种子罐都有足够大的开口，允许手或勺子进入，但这些开口小到足以阻拦外部的接触和视线，人们很难检查容器的内部，而手或工具在开口处时，容器使用者不可能看到容器里的东西。此外，这种类型的开口并不适合倾倒液体，不仅难以控制，而且会滑落到器皿的两侧。

抛光：抛光不只是一种表面装饰手段，也能极大地影响性能。抛光最重要的性能特征之一是它对透水性的影响。[①] 在低温烧制陶器中，水的渗透性是一个很重要的问题。如果没有任何表面处理来阻碍渗透性，大多数器皿会严重渗水，大大降低加热效果。事实上，如果不进行表面处理，至少不减缓水的渗透性，低温烧制陶器无法将水加热至沸腾。[②] 但是抛光并不经常在低温烧制的炊具中发现，因为如果抛光到非常细腻的程度，当内部渗入的水在器壁里变成蒸汽，但无法排出，将使器壁表面剥落。[③] 这可能是早期棕色器皿有抛光但不那么好的原因，即一定程度上降低渗透性，但蒸汽可通过孔隙排出。

这些种子罐的技术特性结合在一起，可以创造出在烹饪和储存方面都表现良好的容器。而湿烹饪的两个最重要的性能特点是抗热冲击性和加热效果。

作为炊器：球形、薄壁、低烧制温度和大量的羼和料组合创造了一个具有良好的抗热冲击性的容器。薄壁和高比例的羼和料也提供了出色的加热效果。

---

① Schiffer（1988a）.

② Skibo（1992）:165-168.

③ a. Schiffer（1990）. b. Schiffer et al.（1994b）.

抛光的外表也会抑制水的流动，这是与加热效果有关的一个重要特性，可能不会使外表封闭到足以因蒸汽而剥落。因此，从设计的角度来看，种子罐的形式可以很好地发挥炊器的作用。这些容器唯一不太适合烹饪的特性是开口狭窄。尽管狭窄的开口会给容器带来更大的强度，但也使人们更难接触到容器中的物品。

作为储藏器：球形是一种非常适合储存的设计，因为它在容纳重物和装满后搬运方面都有足够的强度。此外，尽管它是球形的，但低重心的形态使它在被放置在底座上时相当稳定。狭窄的开口也很容易被堵住，以保护容器中的内容物，但对于需要经常接触的，或需要将液体内容物倒出的储存器来说，这不是最好的设计。

综合来看，从纯粹的设计角度，早期的棕色器皿种子罐可以充分地进行烹饪、储存或运输。这些设计是多功能的，如果一个人想让一个罐子发挥多种不同的功能，早期棕色器皿的种子罐将是理想的选择，相当于瑞士军刀——一种工具可以执行多种功能。

（三）种子罐的使用－改变模式

在祈祷石遗址中，大多数可分析的种子罐来自被烧毁的房屋，这阻碍了斯基博从碳沉积上推断实际功能。只有 7 个容器在燃烧后幸存下来，没有证据表明其碳沉积模式被改变，可以仔细观察其使用痕迹。

其中，两个陶罐有烹饪的痕迹。此处，斯基博用到了他在卡林加民族考古学研究时确定下来的炊器烹饪模式判定方法。陶器外部烟熏的痕迹说明它们被放在石头上或某种形式的支具上。其中一个器皿（ASM 14313）的内部有典型的干烹饪碳纹。这可以通过烘烤种子等食物来形成，或者通过煮东西直到大部分的水都被烧干。煮浓粥或者重新加热食物也会产生这种模式。另一件器皿（ASM 14400）的内部碳纹更接近湿烹饪。器皿内底没有碳痕，而内腹部有一圈碳。这样的痕迹标记了食物液面高度——当我们用水煮沸食物时，有机颗粒从水面溅出而粘附在器壁上，然后碳化。这件器皿有一个很宽的水线，似乎这个锅在使用时有过不同的食物水位，或者加热时液面沸腾并逐渐下降。

来自西武奥维遗址的 3 个种子罐也存在烹饪痕迹。其中一个种子罐（WACC 5918）展示了"湿烹饪"的典型碳痕模式。外壁底面轻微氧化产生白色痕迹，这是在支具上直接接触火焰而产生的。外壁的下三分之一处有一块厚厚的烟炱，在中段以上向边缘逐渐消退。该器物的内部有煮食形成的碳带。如果在烹饪的最后阶段，大部分的水分被烧干，那么内部底座上就会产生灰色碳斑。来自西武奥维遗址的第二件器皿（WACC 9155）也有明显的烹饪证据。然而，这个容器的内部碳化模式表明，在大多数烹饪过程中，至少有一段时间是没有水的。水要么在沸腾的最后阶段被移走，要么在没有水的情况下在锅里煮食物。另一件尺寸较大的种子罐（WACC 9156）也有类似的碳痕模式。外部有炱痕，内部在中段以下有一个碳斑，这是在没有水分的情况下加热造成的。要使食物碳化，必须至少达到300℃。这只有在水从容器中取出时才能发生，因为水线以下的食物温度不会超过100℃。

除了烹饪之外，斯基博还发现了可能是发酵的痕迹。之前提到的大种子罐（WACC 9156）的内部有严重的磨损，在祈祷石遗址的9个种子罐上也观察到同样的情况。这些磨损的种子罐中只有1个有在火上使用的证据，4个没有烹饪痕迹，还有4个不确定。磨损最可能的原因是发酵。首先，磨损的形态排除了机械接触，例如勺子或水瓢搅拌造成的磨损。另外，在大多数有内部磨损的种子罐中，整个内表面都被磨掉了，而在其他情况下，磨损斑点突然停止于在器皿最大径下方几厘米处。这样的磨损模式更可能是液体内容物对内表面的化学侵蚀造成的。在低温烧制的陶器中，与黏土的pH值相反的内容物可以破坏黏土结构，故一个酸性黏土制成的陶器可以被pH值为碱性的内容物分解，如碱性的玉米液体，而一个pH值为碱性的陶器可以被酸性溶液侵蚀。后者可能是由一些水果或其他高酸性食物的发酵造成的。[1] 这一过程的确切性质尚不清楚，需要进一步的实验。

（四）美西南早期陶器功能的重新审视

种子罐设计和功能之间的关联表明，这些容器可以很好地作为烹饪、储存或食品加工的容器。使用－改变分析表明，这种陶器的使用者充分利用了他们容器的多功能性。有证据表明，一些器皿被用于烹饪，而另一些则不是，尽管不烹饪的器皿的确切功能尚不清楚。一些器皿上严重的内部磨损表明很可能是由发酵引起的化学侵蚀。如果进行有机残留物分析，或许可以说明这些器皿里装的是什么。使用－改变分析还表明，器皿使用者以干湿两种模式烹饪食物。干烹饪可能是在烹饪干燥的食物，接近于烘烤，或者重新加热以

---

① 更多讨论见 Skibo（2013）：152–155.

前煮过的食物，或者是把食物煮干。湿烹饪，即在煮粥或炖菜的情况下，食物液面在加热过程中略微下降导致内部的带状碳沉积。

虽然这些数据只是探索早期棕色陶器功能的第一步，但这样的理解极具启示意义。科罗拉多高原上最早的陶器出现在非全年定居的半地穴房屋村落中，这些居民开始更加依赖玉米和其他驯化物。公元200—400年，棕色陶器遗存虽然很普遍，但分布非常零散。此时，是否采用陶器可能是家庭层面的个体化的选择。他们用这种多功能的坚固的种子罐加热食物，用于储存以及发酵某种液体。这样的解读与武断的"种子储藏罐"相比，能给研究者提供更可靠、更实际的信息，生动展示了行为考古学陶器研究框架的实力。

三、美国格兰德岛陶器起源

斯基博1992年在亚利桑那大学博士毕业后，来到伊利诺伊州立大学任教。2000年起，他开始负责五大湖地区格兰德岛考古研究项目。格兰德岛是苏必利尔湖南部最大的岛屿，大约12.87公里长、4.83公里宽，从公元前2000年到现在一直有人居住。这里不同寻常的早期陶器技术引起了斯基博等人的兴趣。[①]

密歇根地区在伍德兰早期（约公元前1000年）开始使用陶器，然而在格兰德岛、整个苏必利尔湖南岸与南方不远处的地区相比，陶器的生产和使用显得相当晚，直至伍德兰中期（公元前几百年）才有陶器的迹象。于是，在很长一段时间里，不使用陶器的格兰岛人与南方使用陶器的、定居的伍德兰文化群体比邻而居，其间距离不到80公里。既然格兰德岛几代人都知道这种技术，那为何制陶会出现得这么晚？

仅从考古记录来看，格兰德岛和一般地区的人们在大航海时代以前一直保持着狩猎采集的生活方式，因此从未向农业生活转化过。在陶器出现前后，狩猎采集者的生活方式有很大的连续性，那么，为什么这些人要开始采用陶器？毕竟制陶是一种有一定成本的技术，如果目前的技术性能足够好，那么在食物加工、社会网络或其他方面发生了什么变化，促使格兰德岛人开始制

---

① a. Skibo, James M., Mary E. Malainey, and Eric C. Drake. (2009). Stone boiling, fire-cracked rock, and nut oil: exploring the origins of pottery making on Grand Island. *The Wisconsin Archeologist*, 90 (1-2), 47-64. b. Skibo, James M., Mary E. Malainey, and Susan M. Kooiman. (2016). Early pottery in the North American Upper Great Lakes: exploring traces of use. *Antiquity*, 90 (353), 1226—1237.

作陶器呢？换句话说，斯基博想探索是什么改变了性能矩阵而使格兰德岛的人开始制作陶器。回答这些问题的第一步是探究早期格兰德岛陶容器具体盛装过什么。

为了了解向陶器的过渡，斯基博等人首先要探索陶器出现前一阶段的烹饪技术，然后确定最早的陶器是为了处理什么食物。格兰德岛是该地区已知最大的古代期晚段遗址群，这一时期的苏必利尔湖水位上升了 8 米。考古遗址通常在山脊上被发现，这里很可能是岸边季节性营地，以便利用附近浅滩的产卵鱼或收获浆果，以及在夏末秋初收集成熟的坚果、其他食物。格兰德岛古代期晚段遗址的独特之处在于常出土大量的火裂石，即一种碎块状岩石，被认为经过加热而破碎。火裂石也出现在随后的伍德兰期遗址中，但不再是最常见的人工制品，这表明在食物加工中使用火的活动发生重要的转变。希弗和同事们认为，在没有陶器的古代期晚段遗址中更多的火裂石是在隔水篮子或其他有机容器中用高温石头间接加热的结果，即石煮法——将热岩石放在水中淬火，会使岩石因热冲击而断裂。随后团队进行了实验考古[1]确认了这一点。如果格兰德岛的居民在古代期晚段使用石煮法而产生大量的火裂石，那么如果能确定这些容器里煮的是什么东西，并对比早期陶器的状况，将对考古研究有很大帮助。

在间接加热过程中，残留物会渗透到石头的微裂缝中，所以斯基博团队测试了火裂石中是否存在脂肪酸。他们对出土于格兰德岛默里湾的湖岸遗址的 6 个碎片和 3 个火裂石进行了分析。火裂石（石英岩、玄武岩、流纹岩）来自一个晚期古人类遗址，陶罐来自附近的两个伍德兰遗址。

斯基博团队用高温气相色谱法和质谱气相色谱法分析脂肪酸提取物。这一方法由玛丽·马莱尼（Mary L. Malainey）等人开发并改进了适用于上五大湖物质的提取和分析技术。[2]他们不仅建立了许多本地植物和动物脂肪酸组成的基线，还探索了分解如何影响各种脂肪酸，是将考古残留物与物种联系起

① Drapalik, S., James M. Skibo, and Eric C. Drake.（2010）. Understanding the Late Archaic: An Experimental Study on the Formation of Fire Cracked Rock. In Paper presented at the 2010 Midwest Archaeological Conference.

② Malainey, Mary E., Roman Przybylski, and Barbara L. Sherriff.（2001）. One person's food: How and why fish avoidance may affect the settlement and subsistence patterns of hunter-gatherers. *American Antiquity*, 66（1）, 141-161.

来的理想工具。使用上述策略,斯基博团队得知,在陶罐和火裂石中都发现了坚果油的证据。这些残留物中存在植物甾醇、非常高的 C18:1 异构体、低水平的 C18:0 及微量的三酰甘油,这与坚果油的结果一致。如此高的坚果油含量,又没有见到明显的来自其他动植物的脂肪,意味着这些火裂石和陶器都主要用于坚果油的烹煮提炼。使用坚果榨油并不算新鲜事,已有考古学和民族志证据表明,上五大湖地区的坚果开发利用可以追溯到数千年前。而考古证据表明,坚果(可能是橡子和榛子)的加工方式有两种:间接加热(石煮法)和直接加热(在陶器中)。于是,研究者认识到最早的陶器是作为锅用来提炼坚果油的,而此前提炼坚果油的方式是石煮法间接加热——这提供了技术变化的关键信息。斯基博再次使用性能矩阵方法,尝试推测为什么陶器的制造和使用出现得如此之晚,以及为什么向陶器的转变发生在公元 1 世纪左右。

　　性能矩阵(见表 4-2)比较了直接和间接加热两种提炼坚果油的方式。经过实验考古,学者们得知用热石块间接加热是使水沸腾的一种非常有效的方法,可能与直接加热一样有效。间接加热的唯一性能优势是便利性,考虑到本地狩猎采集生活的长久延续性,人们一定已经有木头、桦树皮或兽皮制成的水密容器,可以直接成为石煮法的容器。此外,合适的石头也很容易得到,可以直接用营地篝火加热。总之,坚果油的提炼可以在不需要任何新技术的情况下进行。在决定开始使用陶器之前的几百年里,似乎便利性,也许还有一些社会因素更被优先考虑。

表 4-2　坚果油加工的直接加热(使用陶器)和间接加热(石煮法)的性能矩阵

性能特征	直接加热	间接加热
加热效率	+	+
便利性	−	+
烹饪效果	+	−
燃料效率	+	−
易用性	+	−
社会因素	?	?

斯基博团队尝试对格兰德岛的狩猎采集者开始选择使用陶器的过程做出

解释。在格兰德岛的人们已经知道陶器技术的情况下，需要解释的是对陶器的"采用"而不是"发明"。在陶器中直接加热来制作坚果油，在烹饪效果、使用方便性和燃料效率方面得分更高。烹饪效果指的是容器对坚果油的提炼效果如何。在这项活动中，无论是直接加热还是间接加热，坚果都会被加热，脂肪会上升到水的表面，可以被人们撇出并保存下来。石煮法导致的沸腾的水其实对提炼坚果油来说并不理想，因为翻滚的液面会阻碍脂肪浮出水面。而在陶器中直接加热在这方面更有优势，此时水温更可控，可以小火熬煮，让温度保持在沸腾温度以下——这在间接加热的情况下很难做到。

另一个关键因素是在间接加热期间添加和移除石头的过程中会损失多少坚果油。虽然尚未通过实验来检验，但斯基博预测直接加热的提取率更高。在容器中放置和取出石头会导致一些坚果油的损失——在火裂石上发现脂肪的事实表明，这种技术会导致容器内珍贵油脂的损失。而陶容器不会造成这一部分损失。直接加热会让内容物的损失最小。已有学者指出，直接加热比石头煮沸需要更少的燃料。[①]虽然这对史前格兰德岛人来说并不像对北极的图勒人那样是一个紧迫的问题，但对任何一个狩猎采集者来说，收集木柴是一个永恒的问题。根据遗址的数量和规模，格兰德岛的人口在伍德兰期似乎更多，这可能对可用的木柴造成一些压力。

易用性是指在陶器中提炼坚果油比石煮法间接加热需要更少的人工照料和维护。陶器放在火上、坚果粉添加到水中之后只需少量的照料，油脂就可以上升到表面，被撇出。对比来看，用石头间接加热是一个需要更多控制调整的过程，加入新的热石也会造成水温的飙升，这对于坚果油的提炼并不理想。就易用性而言，直接加热的得分远远高于间接加热。

社会因素在这一过渡中发挥了什么作用？根据民族志和民族考古学研究，人们可以预测，社会因素在向陶器的过渡中一定发挥了作用。我们可以想象，陶器在格兰德岛以南的区域已经是古老传统了，陶器技术本身不可避免地要与这些定居伍德兰的农业群体牵扯在一起，甚至带有伍德兰文化的属性。斯基博认为，我们不能排除社会因素对于这一技术过渡的重要意义，但尚无可靠证据来探讨这一可能性。

① Frink, Lisa, and Karen G. Harry. (2008). The beauty of "ugly" Eskimo cooking pots. *American Antiquity*, 73 (1), 103-120.

这一研究案例再次向我们展示了性能矩阵在技术变革研究方面的优势。而且，这种性能特征对比不止可以对比同类技术变迁，也可以就某一特定任务而言，对比多种十分不同的技术——如果按照考古材料分类，石煮法和早期陶器根本不会被放在一起考虑。不过，我们也可以意识到，在缺乏可靠历史文献的情况下，最初为技术功能而生的性能矩阵很难处理社会组织、意识形态等社会因素。

结　　语

行为考古学的一切论证均围绕行为展开。希弗和斯基博在这一框架下，系统构建了一套完整的陶器研究方法论，让我们从关注陶器本身更进一步关注其背后工匠的制陶行为、消费者的使用行为等。在研究技术选择时，希弗和斯基博开创的生命史、行为链、性能矩阵等是实用可靠的概念框架。针对不同层面的信息，希弗和斯基博合理地区分开陶器材料的材料属性、形制属性和性能特征，使陶器功能研究与具体多样的人类行为更紧密地联系在一起。

这些理念也反映在两位学者的实验考古学和民族考古学实践中。两位学者在亚利桑那大学创立的传统技术实验室，为实验考古学开辟了新径。他们不满足于照搬现代陶瓷材料学分析，而主张考古实验应真正从考古学问题出发，努力模拟真实世界人类活动中人与物的互动，不只研究陶器的材料、性能，更研究这些属性如何影响人的行为。在民族考古学方面，斯基博主持了一系列针对陶器使用痕迹的开创性工作，将民族学观察与实验考古结合起来，构建出可靠的参考框架。在斯基博逝世后的纪念文章中，希弗称他为"陶器使用变化分析之父"[①]。这一分析方法如今已在全球范围内得到广泛应用。

20世纪七八十年代是北美考古学界的转型期，过程考古学的余荫仍在，新的研究方向和研究视角也不断涌现。此时成型的行为考古学对于传统技术的研究方式继承了一部分过程考古学思路，希望构建一种放之四海而皆准的

---

① Schiffer, Michael B.（2023）. James Matthew Skibo, 1960–2023: a personal remembrance. *Journal of Archaeological Method and Theory*, 30（3），703-706.

解释性框架。[1] 正如考古学家厄尔指出的："行为考古学应该被看作是占主导地位的实证主义和过程范式的进化改良，而不是革命性的偏离。"[2] 不过，20世纪末至今，希弗和斯基博以开放的心态，吸纳了不少后过程理论进入过程考古学研究框架中。例如，他们主张，在"实用功能"之外，陶器也是视觉信息交换的载体，承载了文化和意识形态的信息——近几年《行为考古学》的修订版中也增添了这方面的内容。站在交叉路口的行为考古学不可避免地收到了来自两个方向的不满声音，路易斯·宾福德立足过程考古学推崇的演绎法，认为希弗本质上是归纳主义者和经验主义者，与其划清界限[3]；而更多立足文化阐释的新一代考古学家们，认为行为考古学以一种现代视角过分关注技术的"效率"，缺乏对经济、社会权力和意识形态的解释[4]，甚至用"新进化主义"来形容希弗的核心思路[5]。

　　然而，不论何种理论视角，希弗和斯基博在陶器材料和活动性能方面做出的贡献均受到广泛认可和接纳。[6] 希弗本人是熟练的陶艺家，这给他的陶器研究覆上了更偏向于工匠的视角，在当时众多更偏向材料科学家视角的陶器研究中令人耳目一新。希弗是当今考古学界最"高产"的学者之一，不确定消息称，谷歌需要 10 个专用服务器来存储希弗所著或编辑的所有书籍、文章的数字副本。[7] 限于篇幅，本章无法一一细数他的全部学术兴趣和成果，希弗在文化资源管理领域、近现代电气工程方面的研究，以及目前正在进行的文

---

[1] Trigger, Bruce G.（1996）. Book review on *Behavioral Archaeology: First Principles. Journal of the Royal Anthropological Institute*, 2（4），725-727.

[2] Earle, Timothy K., Robert W. Preucel, Elizabeth M. Brumfiel, Christopher Carr, W. Frederick Limp, Christopher Chippindale, Antonio Gilman, Ian Hodder, Gregory A. Johnson, William F. Keegan, A. Bernard Knapp, Parker B. Potter Jr., Nicolas Rolland, Ralph M. Rowlett, Bruce G. Trigger, and Robert N. Zeitlin.（1987）. Processual archaeology and the radical critique [and comments and reply]. *Current Anthropology*, 28（4），501-538. p. 513.

[3] Binford, Lewis R.（1981）. Behavioral archaeology and the" Pompeii premise". *Journal of Anthropological Research*, 37（3），195-208.

[4] Gifford-Gonzalez, Diane.（2011）. Just methodology? A review of archaeology's debts to Michael Schiffer. *Journal of Archaeological Method and Theory*, 18（4），299-308.

[5] Trigger（1996）.

[6] Trigger（1996）.

[7] Plog, Stephen.（2011）. The Contribution of Behavioral Archaeology and the Research of Michael B. Schiffer to the Discipline. *Journal of Archaeological Method and Theory*, 18（4），278-283.

学创作均十分精彩。与希弗的广阔兴趣范围相比，斯基博更加深耕于陶器研究领域，受益于他本人丰富的民族考古、实验考古和田野发掘经历，斯基博的陶器研究视角新颖而务实，很有启发性。两位学者关注真实、具体的人类行为，更加脚踏实地地推理和解读过去人类和人类社会，为陶器考古做出了突出贡献。行为考古学作为一种理论框架，已成为考古学理论史上不可忽视的一章。

在接下来的章节里，大家可以看到完全超越对"实用功能"的执念后，新一代的学者们是如何开发出更多方法，通过陶器来探索更抽象和变幻莫测的古代社会文化的。

大 事 年 表

迈克尔·布莱恩·希弗

1947 年，出生于加拿大。

1965—1969 年，在美国加州大学洛杉矶分校读书，获学士学位。

1968 年，参与保罗·马丁主持的美西南考古调查。

1972 年，于美国亚利桑那大学获硕士学位。

1972 年，发表论文《考古背景和系统背景》（Archaeological context and systemic context）。

1973 年，在美国亚利桑那大学获博士学位。

1973—1974 年，在阿肯色州参与主持系统调查"卡契河考古项目"（The Cache River archeological project）。

1975 年，开始于美国亚利桑那大学人类学系任教。

1975 年，在图森地区开展原住民重复利用行为的民族学调查（The Reuse Project）。

1976 年，出版《行为考古学》（Behavioral Archaeology）。

1978 年，创办《考古学方法与理论》期刊，并担任期刊主编。

1979 年，在亚利桑那大学人类学系升为副教授。

1979 年，与美国土地管理局合作进行亚利桑那州西南部考古调查（与兰德尔·麦奎尔合作）。

1982 年，在亚利桑那大学人类学系升为正教授。

1984 年，在亚利桑那大学建立了传统技术实验室。

1985 年，发表论文《考古学中是否存在"庞贝前提"?》(Is there a "Pompeii Premise" in archaeology ?)

1987 年，出版《考古记录的形成过程》(*Formation Processes of the Archaeological Record*)。

1987 年，与斯基博合作发表论文《技术变革研究的理论与实验》(Theory and experiment in the study of technological change)。

1991 年，出版《美国生活中的便携式收音机》(*The Portable Radio in American Life*)。

1997 年，与斯基博合作发表论文《人工制品变异性的解释》(The explanation of artifact variability)。

1999 年，出版《人类的物质生活：人工制品、行为与交流》(*The Material Life of Human Beings: Artifacts, Behavior and Communication*)。

2004 年，被推举为亚利桑那大学人类学系"弗雷德·里克尔杰出教授"。

2008 年，出版与斯基博合著的《人与物：研究物质文化的行为方法》(*People and Things: A Behavioral Approach to Material Culture*)。

2011 年，出版《研究技术变革：一种行为研究路径》(*Studying Technological Change: A Behavioral Approach*)。

2013 年，出版《科学的考古学：有用知识的诞生》(*The Archaeology of Science: Studying the Creation of Useful Knowledge*)。

2014 年，从亚利桑那大学人类学系退休。

詹姆斯·M·斯基博

1960 年，生于美国。

1978—1982 年，本科就读于北密歇根大学，获理学学士和人类学学位。

1983—1984 年，就读于亚利桑那大学人类学系，获硕士学位。

1983 年，主持发掘并分析亚利桑那州图森盆地 AZ AA:12:205 遗址。

1984 年，作为实验室助理主任，与希弗共同主持亚利桑那大学传统技术实验室。

1987 年，与希弗合作发表论文《技术变革研究的理论与实验》（Theory and experiment in the study of technological change）。

1988 年，前往菲律宾吕宋岛，参与卡林加民族考古学项目。

1989 年，与希弗合作发表论文《有机质羼和料陶器：一项实验研究》（Organic-tempered pottery: an experimental study）。

1989 年，与希弗合作发表论文《陶器磨蚀的初步理论》（A provisional theory of ceramic abrasion）。

1984—1990 年，在亚利桑那大学人类学系读书，获博士学位。

1992 年，作为助理教授短暂任教于亚利桑那大学。

1992 年，作为助理教授开始任教于伊利诺伊州立大学。

1992 年，出版《陶器功能：一种使用 - 改变视角》（Pottery Function: A Use-Alteration Perspective）。

1994 年，与朗埃克共同编著《卡林加民族考古学：扩展考古学方法与理论》（Kalinga Ethnoarchaeology: Expanding Archaeological Method and Theory）。

1996 年，在伊利诺伊州立大学人类学系升为副教授。

1997 年，与希弗合作发表论文《人工制品变异性的解释》（The explanation of artifact variability）。

1999 年，出版《蚂蚁作早餐：卡林加考古学冒险》（Ants for Breakfast: Archa-eological Adventures Among the Kalinga）。

1999 年，与加里·费曼（Gary Feinman）合作编著《陶器与人》（Pottery and People）。

1999—2001 年，与威廉·沃克（William H. Walker）共同主持 La Frontera 考古项目，研究新墨西哥州西南部的普韦布洛遗存。

2000 年，开始主持美国格兰德岛考古项目（Grand Island Archaeological Pro-ject）。

2000—2018 年，担任《考古学方法与理论》杂志的联合编辑。

2001 年，在伊利诺伊州立大学人类学系升为正教授。

2002 年，与麦克卢尼（E. McCluney）和威廉·沃克共同编著《乔伊斯·维尔遗址：大卡萨斯世界的边疆》（The Joyce Well Site: On the Frontier of the Casas Grandes World）。

2006 年，出版个人回忆录《熊洞山》（*Bear Cave Hill*）。

2008 年，与希弗合著《人与物：研究物质文化的行为方法》（*People and Things: A Behavioral Approach to Material Culture*）。

2012 年，被推举为杰出教授（Distinguished Professor）。

2013 年，出版《理解陶器功能》（*Understanding Pottery Function*）。

2015 年，与威廉·沃克合编《行为考古学的探索》（*Explorations in Behavioral Archaeology*）。

2016 年，与玛丽·马莱尼（Mary Malainey）和苏珊·库曼（Susan Kooiman）共同发表论文《五大湖地区的早期陶器：探索使用痕迹》（Early Pottery in the Upper Great Lakes: Exploring Traces of Use）。

2019 年，发表论文《五大湖地区坚果油的利用：石煮法与陶器技术的对比实验》（Acorn Oil Rendering in the Upper Great Lakes: An Experimental Comparison of Stone Boiling and Ceramic Technology）。

2019 年，退休（第 84 届美国考古学会（阿尔伯克基）举办纪念斯基博荣休的专题讨论会。）

2023 年，去世。

第五章
帕特丽夏·克朗

帕特丽夏·劳丝·克朗（Patricia Louse Crown），生于 1953 年，是新墨西哥大学人类学系的"莱斯利·斯皮尔 ① 杰出教授"（荣休）。

克朗于 1974 年获得宾夕法尼亚大学人类学荣誉学士学位，此后又在 1976 年和 1981 年分别获得亚利桑那大学的人类学硕士和博士学位。1980—1985 年，她在亚利桑那州立博物馆担任助理考古学家。1985—1991 年，克朗被聘为南卫理公会大学人类学助理教授；之后分别在亚利桑那州州立大学（1991）和新墨西哥大学（1993）的人类学系任副教授。从 1998 年起，克朗任新墨西哥大学人类学系教授，并于 2008 年成为杰出教授。

她主要的兴趣领域是美国西南地区的陶器，以及由此衍生的儿童研究和性别研究。克朗对陶器生产、交换，以及美国西南部社区出现的经济基础展现了持续的学术兴趣；在她的所有研究成果中，最主要且最受关注的有三个研究专题：萨拉多（Salado）多色陶器展现的社会意识形态；美国西南地区的陶器制作知识传承；查科峡谷的仪式饮料消费。克朗的专著《陶器与意识形态：萨拉多多色陶器》（*Ceramics and Ideology: Salado Polychrome Pottery*）发表于 1994 年。由于她对萨拉多多色陶器的出色研究，克朗在专著发表同年获得美国考古学协会陶器研究优秀奖，又在 1998 年获评戈登·威利奖。2005—2007 年，克朗担任新墨西哥州查科峡谷项目的联合主任并在普韦布洛·博尼托（Pueblo Bonito）的垃圾土丘进行重新发掘，这项工作促使她在 2009 年与

---

① 莱斯利·斯皮尔（Leslie Spier, 1893—1961），是一位曾在新墨西哥大学任职（1939—1955）并享有盛誉的人类学家，因其重要的学术影响，新墨西哥大学人类学系以他的名字命名杰出教授的荣誉。

同事一起发表了有关查科峡谷进行可可饮料使用的论文。随后，关于查科峡谷的仪式饮料研究使她在 2014 年被遴选为美国科学院院士。

第一节 冉冉之升：求学经历与初期研究

1953 年，帕特丽夏·克朗出生于加州的洛杉矶，她的双亲和两个姐姐都很喜欢艺术。作为艺术教授的父亲经常带着三个女孩出去描绘风景，但帕特丽夏从小就意识到她与艺术无缘。不过常处加州的野外，克朗也被其中特殊的"风景"吸引了，那就是当地的遗址和人工制品。在一次前往美国西南部的家庭旅行中，15 岁的克朗明确地意识到，这种对遗址和人工制品的兴趣或许指明了她有志从事的方向，于是她决定将考古学作为大学申请的唯一选项。

一、博士论文：陶器制作多样性研究

克朗在宾夕法尼亚大学人类学系完成了本科阶段的学习，并在 1974 年获得人类学荣誉学士学位。在当时的宾夕法尼亚大学人类学系，女性学者一般只能进实验室工作，于是克朗选择听从一位研究生的建议，转向亚利桑那大学求学。

在亚利桑那大学，克朗先后获得人类学系硕士和博士学位。在这一阶段中，埃米尔·豪里（Emil W. Haury）作为导师为她提供了指导和帮助。在克朗攻读博士以前，豪里其实已经决定不再接收学生，也减少了与入学新生的联系，授课同样开始减少。但在 1977 年，学生发起请愿，希望豪里继续进行西南地区陶器课程的教学，克朗得以通过这门课程结识豪里并以自己的研究计划说服他成为自己的导师和指导委员会成员。除豪里以外，还有帕特里克·卡尔伯特（T. Patrick Culbert）和威廉·朗埃克同为克朗的委员会成员。

克朗的博士学位论文题为《亚利桑那州中东部乔迪斯塔斯遗址陶器制作的多样性》（Variability in Ceramic Manufacture at the Chodistaas Site, East-Central Arizona）[①]，乔迪斯塔斯（Chodistaas）遗址是当时亚利桑那大学田野发掘项目的一部分。从 1976 年克朗攻读博士开始，她就同时以助教的身份参与

---

① Crown, Patricia L.（1981）. *Variability in Ceramic Manufacture at the Chodistaas Site, East-Central Arizona.* PhD dissertation, University of Arizona, Tucson.

亚利桑那大学位于草蜢普韦布洛遗址的发掘项目。当时作为实际项目负责人的杰弗逊·里德（J. Jefferson Reid）提议对草蜢普韦布洛之外的区域进行发掘，其中就包括乔迪斯塔斯遗址；而克朗则在1976—1979年间的发掘工作中担任执行领队。选择乔迪斯塔斯遗址的另一原因在于，该遗址是一个居住时间不超过50年的普韦布洛建筑，却出土了大量完整陶器，可以在特定的时空内分析陶器制造的多样性。

在完成陶器的整理后，克朗记录了其中197个完整器 [①] 中的105个的有关技术、形制、风格和使用方面的属性。这些属性类型的划分是当时考古学界在记录陶器属性时常用的，其下还各有类别。比如技术属性中包括制作方法、使用材料、生产地点等，形制属性中包括形状、高度、直径、容积等，使用属性包括磨损情况、浸蚀情况等，风格属性主要包括安娜·谢泼德提出的装饰领域、结构、元素、图案、对称性等。克朗在论文中以较大篇幅对有关风格的属性进行了讨论和界定，因为关于这一属性的记录在不同学者的研究中使用了截然不同的体系，其中的一部分记录方法并不适用于她在这项研究中需要处理的完整陶器。克朗所建立的风格属性记录体系主要包括：（1）元素（基本的几何形状）；（2）元素的填充方式；（3）整个图案（设计中具有结构意义的元素组合）；（4）图案中元素之间的关系；（5）设计中图案之间的关系；（6）特定图案在容器上的位置；（7）图案中特定元素的位置 [②]。除了（6）和（7）类，根据乔迪斯塔斯遗址陶器的实际情况，每个类别中又各包含若干情况，这些更小的类别用数字进行编码记录，这样一来就形成了一种相对完整而又简单有效的方法来记录容器上的元素和图案。有关技术和使用的属性，她则借助了夏威夷大学和洛斯阿拉莫斯科学实验室的仪器分别进行岩相学分析、中子活化分析和X射线荧光分析。

克朗借助计算机程序将197件完整陶器所具有的以上这些属性记录生成频率，然后借助SPSS程序按房间和所有变量的类型进行交叉分析，最后使用一系列的聚类分析对形式和设计进行更详细的研究，形成对陶器属性的多样性分析，并试图回答多样性的产生原因：贸易、制造器物的传统方式变化，或是拥有者的个人品位差异。尽管在分析过程中，克朗意识到上述这些属性的

---

① 其中完成修复的仅有70件，剩下127件无暇修复。

② Crown（1981）:106.

变化与陶器类型的关联度最高，即不同类别的陶器（如碗和罐）之间在各类属性上差异很大，其次是与形式的关联度。不过不同类别的属性内部还是存在有趣的结果的。

克朗还利用统计学方法对陶器进行了统计，在统计中，她发现乔迪斯塔斯遗址的陶器在各个属性上都展现了巨大的多样性。关于技术属性的统计，她不能确定陶器的主要生产方式——换言之，其生产者可能是生产家庭自用陶器的陶工、专门从事陶器生产的专家，或者是其他遗址或地区的居民。另外，她也无法确定陶器原料的来源，这些原料既可能来自地区内（遗址 16 公里范围内），也可能来自地区外。不过，克朗主观推断陶器技术的多样性源于陶器贸易和专门化。她注意到，关于形制属性的统计呈现出了较高的一致性（即标准化程度较高）。对形制属性的聚类分析表明，有 9 种罐子和 4 种碗的形式在该遗址被持续生产使用，每一种都有一套特定的尺寸和比例。这些特定的尺寸和比例除了出于特定的功能需要而被采用的，更可能表明当时存在一种形式上的统一审美，这种广泛的审美趋向影响了容器的造型。在风格属性中，平托彩绘陶器（Pinto Painted vessels）中的白底黑纹陶器有相对统一的格局和多样性较高的设计；红底黑纹陶器和多色陶器则有比较统一的设计和自由的颜色使用。风格属性的多样性与陶器的预期用途密切相关，但这两者的对应关系可能会陷入循环论证。克朗将这一关系保守地总结为：装饰中的特殊标志暗示存在一部分人默许并理解符号背后的意义，装饰风格的变异同时意味着对符号含义的创新并获得某一范围的认可。对乔迪斯塔斯遗址的住民来说，白底黑纹陶器风格的多样性表明，其装饰风格的创新在家庭层面上是受到鼓励的。

克朗的这篇学位论文并没有完美解答她在一开始提出的问题：陶器制造的多样性来源于哪里？由于资金和时间的匮乏，她在岩相学分析和 X 射线荧光分析中并未获得足够的数据，也就不足以在技术属性的讨论上形成具有说服力的结论。关于风格属性的分析也受限于克朗在设计记录系统上的缺憾，即使这个系统已经是在综合并修改已有研究的基础上进行的。总的来说，虽然她尽力使用最具说服力的方法且为此付出巨大心力，但在当时的学术背景中，她仍处于孤掌难鸣的境地，这篇论文也就无法形成对数据分析结果的翔实阐释。

二、克朗在美西南的考古

从亚利桑那大学人类学系毕业后，1980—1985 年，克朗在亚利桑那州立博物馆担任助理考古学者。这项工作的主要内容是管理发掘项目，从这一时期开始，她逐渐参与到美国西南部的热点问题研究。

美国西南部居住着多个原住民族群，由于彼此之间的互动历史和对自然环境的适应，他们有着相似的生活方式，可以划分为同一文化区。[①] 一般来说，西南文化区包括美国亚利桑那州的全部、新墨西哥州的大部分、科罗拉多州和犹他州的大部分、内华达州的一小部分，以及墨西哥的奇瓦瓦州、索诺拉州和锡那罗亚州的全部。美国西南部文化区在考古学角度上区别于其他文化区的特征在于：玉米农业；使用挖掘棒、磨盘磨棒[②]和制作精美的陶器；在一些地方建造多房间、多层次的联排普韦布洛建筑，在其他地方建造分散的定居点；有时，将几个村庄或社区联合起来，并建造了具有独特形式的公共建筑的群体中心。[③]

尽管美西南地区最早的遗迹可以追溯至晚更新世冰河时代，由于当时并没有形成独立的文化区，现在所指的美西南文化区适用于农业开始后的情况。考古学家定义了文化区内的几个考古学文化传统：古普韦布洛、霍霍卡姆、莫格隆（Mogollon）、奇瓦瓦（Chihuahuan）、弗里蒙特（Fremont）、帕塔扬（Patayan）、西纳瓜（Sinagua）和特林切拉斯（Trincheras）。这些文化传统的命名与美西南地区现在的原住民群体的关联十分密切。1930—1960 年，美西南各考古学文化[④]的定义和年代框架逐渐充实。到克朗开始考古学学习的20 世纪 70 年代，美西南考古学研究被聚焦在三个地区：亚利桑那州南部地区的霍霍卡姆文化区、弗里蒙特文化区[⑤]和墨西哥北部地区。霍霍卡姆文化地区

---

① Kroeber, Alfred L.（1939）. *Cultural and Natural Areas of Native North America*. Berkeley: University of California Press.（1963 reprint edition）.

② 一种被称为 flat metates，另一种被称为 manos。

③ Cordell, Linda S., and Maxine E. McBrinn.（2012）. *Archaeology of the Southwest*. Left Coast Press.

④ 美国考古学界采用的是复合体，而非考古学文化。为了行文方便，使用"考古学文化"这个更通行的表达。

⑤ 这一地区被认为是表现阿纳萨兹文化特征的。由于其位于美西南北部边缘的犹他州，常使用"北部边缘"（Northern periphery）指称这一地区。

和墨西哥北部地区的研究工作主要在于其文化历史的建立；弗里蒙特的工作重心则在于对其进行溯源。

克朗在求学时期经历了美西南考古学的巨大变化。一方面，路易斯·宾福德提出的过程考古学正持续在世界各地发挥着影响，他的学生也在西南地区实践他所倡导的方法；另一方面，《国家历史保护法》（*National Historic Preservation Act*）、《国家环境政策法》（*National Environmental Policy Act*）和《美国印第安宗教自由法》（*American Indian Religious Freedom Act*）的颁布促成了文化资源管理考古学的建立，使得越来越多的考古人才进入新成立的文化资源管理项目和以签合同为标志的私人考古咨询公司。过程考古学所使用的科学方法和关注的环境、生态问题，同联邦立法想要保护的遗址的科学价值之间非常契合，因而美西南研究的整体风向转向过程考古学中的热门专题。

习惯于此的研究者确实解决了他们希望解决的一些问题，比如人与环境的互动、人群中的贸易等。长期项目的建立使得一些研究所需的基础数据（比如美西南的树轮变化模式、环境变化等）累积起来，为之后的综合性研究打下基础。不过，"合同考古"的工作模式也引发了一些不满，因为它逐渐演变为一种金钱导向的"生意"。同时，进展迅速的发掘致使研究的步伐加快，其间出现了一系列被频繁使用的概念，比如范式、研究设计、模式等，这些概念混淆了研究者希望表达的多种内容，因而招致了不少批评。[1]

克朗的早期工作受到新考古学运动的显著影响。无论是在攻读博士期间担任田野学校的助教，还是在亚利桑那州立博物馆担任助理考古学家期间，她都需要从发掘项目中学习如何解释遗址中的环境、建筑、生业、贸易问题并最终撰文。1985年，克朗被聘为南卫理公会大学人类学系助理教授，同时管理该校在新墨西哥州陶斯（Taos）遗址的田野实习。此后几年，她有关霍霍卡姆地区乃至整个美西南地区的几项研究逐渐被整理发表，主题包括索尔特河－吉拉河盆地（Salt–Gila Basin）的贸易和农业技术、霍霍卡姆地区的陶器分析及其多样性研究等。这些研究更多的是应发掘的要求而进行，尽管

---

[1] Haury, Emil W. (1985). Reflections: Fifty Years of Southwestern Archaeology. *American Antiquity*, 50 (2), 383 - 394.

其中难觅陶器研究的踪迹，但大范围的、综合性的知识①为克朗之后进行的萨拉多陶器研究做好了充足的准备。1991年，克朗在亚利桑那州立大学人类学系任副教授，在接下来的两年里，克朗持续在霍霍卡姆地区展开田野工作。除了收获来自田野的翔实数据以外，她凭借对美西南陶器的深入了解，在这段时间开始酝酿有关萨拉多多色陶器的研究。

从1980年以来，克朗的工作可以说是漫长且枯燥的，以至于她所发表的成果显得琐碎。尽管从这10年的成果来看，克朗似乎前路迷蒙，一项即将到来的研究将向我们揭示她在这10年中看似缓慢的经验积累会绽放出怎样的异彩。

第二节　雏凤清声：从陶器解读社会意识形态

得益于在初期发掘项目中打下的坚实基础，克朗对美西南的考古材料非常熟悉。从20世纪80年代开始，克朗逐步开始解决美西南考古学界的一些"大问题"。在克朗的研究历程中，阐释社会的意识形态是她贯穿始终的兴趣领域。这一方面的研究成果主要集中在其1994年出版的专著《陶器与意识形态：萨拉多多色陶器》和2009年开始陆续发表的一系列有关仪式性饮料消费的论文中。

一、萨拉多多色陶器研究

这项研究开始于1982年克朗担任亚利桑那州立博物馆助理考古学者，并拿到博士学位的1年后。除了因主持发掘项目而撰写的报告之外，克朗本人的学术兴趣仍延续她的博士论文：美国西南部的陶器风格、产地及其发生改变的动因。她本次研究的对象为萨拉多多色陶器，其也被称为"罗斯福红纹陶器"，是从12世纪末开始在西南地区发展起来的四种新的彩色陶器传统之一。②

---

① 如 Crown, Patrica L.（1990）. The Hohokam of the American Southwest. *Journal of World Prehistory*, 4（2）, 223-255.

② 在此之前，陶器常用黑白色装饰。其他三种彩色陶器传统为里奥格兰德釉陶（Rio Grande Glaze Ware）、霍皮黄陶（Hopi Yellow Ware）和奇瓦瓦多色陶器（Chihuahuan polychrome）。

（一）最初的困惑

克朗最初想要解决的问题仅是"萨拉多多色陶器是在哪里制造的"，这一问题在美西南考古学界长期存在巨大的争议。

从 19 世纪 80 年代初阿道夫·班德利尔（Adolf F. Bandelier）最早记录了几个拥有多色陶器的遗址 [1]，到 1927 年 8 月组织的佩科斯会议，萨拉多多色陶器一直未得到明确的命名。1930 年，格拉德温夫妇 [2] 命名并定义了萨拉多多色陶器，并确定了萨拉多多色陶器的三种主要类型：平托（Pinto）、吉拉（Gila）和通托（Tonto）。他们对萨拉多文化的来源和流变做出了推测：在约公元 1000 年，萨拉多人从小科罗拉多地区迁移到通托盆地，并在公元 1100 年左右演变成萨拉多文化；1250—1300 年，卡扬塔（Kayenta）移民加入了这一人群，带来了以广场为导向的普韦布洛建筑，也促使吉拉多色陶器的产生；最后，1350—1400 年，出现了杰迪托（Jeddito）黄底黑纹陶器和通托多色陶器。同一时期，弗洛伦丝·霍利（Florence Hawley）和她的父亲弗雷德·霍利（Fred G. Hawley）也将萨拉多文化作为内部同一的考古学文化。[3] 但是他们通过在通托 - 格洛博（Tonto-Globe）地区的工作推测出了萨拉多文化的来源和流变：萨拉多人在 950 年左右从吉拉河上游地区迁入萨拉多文化的中心地带——通托 - 格洛博地区，并在 1100 年左右与来自小科罗拉多地区的移民会合。吉拉河上游地区的陶器制造技术与小科罗拉多的装饰风格相结合，于是产生了独特的萨拉多多色陶器。20 世纪 40 年代，豪里 [4] 认为萨拉多代表了在

---

① Bandelier, Adolf（1892）. Final Report of Investigations among the Indians of the Southwestern United States, 1880—1885. *Papers of the Archaeological Institute of America*, Series IV, Cambridge.

② Gladwin, Winifred, and Harold S. Gladwin（1930）. *Some Southwestern Pottery Types, Series I.* Medallion Papers No. 8. Gila Pueblo, Globe, Arizona.

③ Hawley, Florence M.（1932）. The Bead Mountain Pueblos of Southern Arizona. *Art and Archaeology*, 33, 227 −236.

④ Haury, Emil W.（1945）. *The Excavation of Los Muertos and Neighboring Ruins in the Salt River Valley, Southern Arizona.* Papers of the Peabody Museum of American Archaeology and Ethnology Vol. 24, No. 1. Cambridge.

怀特山（White Moutain）－小科罗拉多地区发展起来的莫格隆 [①] 和阿纳萨兹 [②] 人的组合，这个组合人群向西南方向缓慢推进，最终占领了霍霍卡姆地区。到 1400—1450 年，这一人群又放弃了对霍霍卡姆的占领。

20 世纪 50 年代开始，考古学家们开始通过岩相分析探究制陶地点。从萨拉多多色陶器的诸多研究得到的结论是：从明布勒斯地区到亚利桑那州中东部和索尔特河－吉拉河盆地，再到图森的区域内，吉拉多色陶器都是在本地生产的。不过，人群迁移带来的陶器传统融合仍然是这一时期对萨拉多多色陶器的主流解释，而且直到克朗的研究开展时仍有很多人秉持这类观点。不仅如此，关于萨拉多文化是否是独立的考古学文化、萨拉多多色陶器的来源是否单一、萨拉多文化来源于何处等问题在学界都没有达成共识。

1976 年，亚利桑那大学举办了一次关于萨拉多的会议，以期解决有关萨拉多文化的起源和变异性的问题，组织者是豪里和他的学生戴维·多伊尔（David Doyel）[③]。当时，克朗正在该大学攻读博士学位，但还没有结识将来会成为她导师的豪里。与会者达成的共识是：萨拉多文化在建筑和丧葬模式上存在巨大的内部差异，从文化发展上看，可以分为南部模式和北部模式。南部模式也称奇瓦瓦模式，在该模式中，萨拉多多色陶器的图案起源于 1060 年的卡萨斯格兰德斯地区，然后陶器生产者或产品向北移动。北部模式中平托多色陶器是在 1200 年左右由与小科罗拉多地区有联系的本土普韦布洛人在通托－格洛博地区制造的。1300 年后，吉拉多色陶器的制造群体从这个中心地带扩散开来，迁移到西南地区的其他地方。

---

① 莫格隆是西南地区考古学家定义的考古学文化传统之一，从亚利桑那州和新墨西哥州的中央山脉到新墨西哥州南部、东部及奇瓦瓦州北部的沙漠，都有莫格隆传统的遗址。莫格隆传统的特征有石屋住宅、巨大的长方形石屋墓地、带有红色图案的褐陶、刻划花纹装饰的烹饪器和储存器，以及运河灌溉农业。

② 阿纳萨兹也是西南地区考古学家定义的考古学文化传统之一，即古普韦布洛传统。由于"阿纳萨兹"一词在纳瓦霍语中的意思是"敌人的祖先"，本身存在贬义，现在常用古普韦布洛作为称呼以免冒犯。古普韦布洛传统延续了较长时间，在 11—12 世纪它的特征有悬崖上的多层建筑，到 13 世纪末，其特征体现为有广场的大型的城镇、长方形或圆形的地穴式宗教会堂——基瓦、多色陶器等。

③ Doyel, David E., and Emil W. Haury（Eds.）（1976）. Summary of Conference Discussion. The 1976 Salado Conference. *The Kiva,* 42,127-134.

（二）克朗的假设与验证

引发这些争议的根本原因在于，在原先定义的萨拉多文化中，唯一一致的特征就是萨拉多多色陶器，于是萨拉多文化和萨拉多多色陶器之间几乎形成了定义彼此的逻辑闭环。因此，验证萨拉多多色陶器的内部一致性成为关键问题。为了解决这一问题，克朗原本想要验证这些陶器的生产地点是集中在亚利桑那州中部还是广泛分布在西南地区的各个生产地点，但在研究的过程中又衍生出了一系列新问题。正是对这些新问题的解答使这项研究受到广泛关注。

针对萨拉多多色陶器的生产地点，克朗提出了两个假说：（1）萨拉多多色陶器是由一个单一的文化群体制造的；（2）萨拉多多色陶器是由不同的文化群体制造的。由于萨拉多多色陶器的广泛分布，第一种假说就衍生出了两种情况：陶器通过遗址间的交流实现大范围的传播；陶器随着萨拉多文化群体的迁徙而传播。而第二种情况则引发了新的问题：是什么导致了多个文化群体使用相近的陶器装饰方式呢？基于已有的研究历史，克朗归纳了四个动因模型，试图通过验证这四个动因模型提出萨拉多多色陶器最可能的起源情况。

模型一[1]：萨拉多多色陶器与社会中担任领导角色的某个部分（即社会政治）有关，是权威地位的象征，或者是在精英之间的交换关系中用于个人操纵威望的物品。这一模型则需要满足以下检验条件：（1）有独立的证据证明在萨拉多多色陶器出现的地方存在着一个精英阶层，即该种陶器出现在数量有限的精英的墓葬中和高地位家庭生活场景中；（2）该种陶器应该是在有证据表明被精英占据的遗址中生产的[2]，而且陶器应该反映出附属于精英的陶器专家[3]的生产；（3）该种陶器在生产地点的精英们之间广泛交换；（4）陶器设计应反

---

① 这一模型主要总结自 Wilcox, David R.（1987）. *Frank Midvale's Investigation of the Site of La Ciudad*. Anthropological Field Studies 16. Tempe: Arizona State University. 另外还借鉴了 Gerald, Rex E.（1976）. A Conceptual Framework for Evaluating Salado and Salado-Related Material in the El Paso Area. *The Kiva*, 42, 65–70.; Grebinger, Paul（1976）. Salado—Perspectives from the Middle Santa Cruz Valley. *The Kiva*, 42, 39–46 等。

② 这种情况下陶器生产与精英的关系见 Upham, Steadman.（1982）. *Polities and Power*. New York: Academic Press.

③ 该概念的详细叙述见 Rice, Prudence（1991）. Specialization, Standardization, and Diversity: A Retrospective. In *The Ceramic Legacy of Anna O. Shepard*（pp. 257–279）, edited by Ronald L. Bishop and Frederick W. Lange. Boulder: University of Colorado Press.

映其作为精英的象征，在整个生产地区具有一致性和重复性，尤其可能具有与同时代的绿松石镶嵌吊坠相同的青蛙和鸟的图案。

模型二[①]：萨拉多多色陶器是相关群体进行互动时建立的经济联盟中的重要物质文化，这一经济联盟是为了应对冲突而发展的。这一模型则需要满足以下检验条件：（1）有独立的证据证明这种经济联盟的存在或竞争性的模仿；（2）该种陶器应该广泛分布在参与经济体系的遗址中，而不出现在互动范围之外的任何遗址中；（3）该种陶器上的设计风格可能是氏族分布的反映[②]；（4）该种陶器上的设计可能没有任何仪式性的内容，但与联盟外的陶器上的设计不同；（5）陶器生产将强调形式和设计的标准化，在整个互动范围内存在大量生产和大量交换陶器的行为。

模型三[③]：萨拉多多色陶器是一种不同群体间的统一意识形态的标志，可能是仪式使用品，也可能是宗教图标的非仪式性载体。这一模型则需要满足以下检验条件：（1）应该有独立的证据证明在这一时期出现了宗教意识形态；（2）陶器应限于仪式背景；（3）陶器应与特定的葬仪有关；（4）在墓葬中发现的陶器不用于世俗活动；（5）设计应该通过无处不在的和几乎不变的图标反映出一种信仰体系；（6）生产这些用于仪式消费的器皿可能需要陶器专家，因此这些器皿在形式上应该是标准的，但设计是劳动密集型的。

---

① 这一模型主要总结自 a. McGuire, Randall H.（1986）. Economies and Modes of Production in the Prehistoric Southwestern Periphery. In *Ripples in the Chichimec Sea: New Considerations of Southwestern-Mesoamerican Interactions*（pp. 243–269）, edited by Frances Joan Mathien and Randall H. McGuire. Carbondale: Southern Illinois University Press. b. McGuire, Randall H.（1991）. On the outside looking in: The concept of periphery in Hohokam archaeology. In *Exploring the Hohokam: Prehistoric Desert Peoples of the American Southwest*（pp. 347–382）, edited by George J. Gumerman. Albuquerque: University of New Mexico Press.

② 这一判别依据借鉴自 Rice, Glen E.（1990）. Variability in the Development of Classic Period Elites, In *A Design for Salado Research*（pp. 31–40）, edited by G. Rice. Roosevelt Monograph Series 1, Anthropological Field Studies 22. Arizona State University, Tempe.

③ 这一模型最初来自 Young, Jon Nathan.（1967）. *The Salado Culture in Southwestern Prehistory*. Unpublished Ph.D. dissertation, Department of Anthropology, University of Arizona, Tucson. 另外融合了一些对 Kachina 崇拜的研究及 Werbner, Richard P.（1977）. Introduction. In *Regional Cults*（pp. ix–xxxvii）, edited by Richard P. Werbner. London: Academic Press 中提出的区域性祭仪。

模型四[①]：萨拉多多色陶器是由某一独特族群制造的，是族群的象征，并随着族群移动而传播。这一模型则需要满足以下检验条件：（1）应该有独立的证据证明人口流动与陶器的流动有关；（2）陶器的分布应限制在移民居住的房间或地点及移民的墓葬中；（3）陶器设计应反映族群地位，尽管不一定是信仰体系；（4）陶器技术应反映出移民人口的传统，而不是已经占据陶器制造地区的任何本土人口的传统；（5）生产组织可能与族群故乡地区的组织相匹配。

1. 对萨拉多多色陶器的基础分析

为了对萨拉多多色陶器进行尽可能完善的分析，克朗从多个机构收集了研究材料，包括美洲印第安人基金会（Amerind Foundation）、亚利桑那大学附属亚利桑那州立博物馆（Arizona State Museum of the University of Arizona）、亚利桑那大学、东亚利桑那学院（Eastern Arizona College）、国立美洲印第安人博物馆（National Museum of the American Indian）、新墨西哥博物馆（Museum of New Mexico）和哈佛大学皮博迪博物馆（Peabody Museum of Harvard University），总计 1000 多件萨拉多多色陶器。克朗对其中 779 件做了详细记录，她的记录表包含 40 个变量，涵盖陶器的形制、技术、设计、使用四类属性。通过整合 20 世纪 50 年代以来完成的岩相分析结果、X 射线荧光分析结果和中子活化分析结果并进行补充分析，克朗得以回答她最初关于生产地点的疑问。

美西南地区有三个主要的文化群体——霍霍卡姆、莫格隆和阿纳萨兹，萨拉多多色陶器是已知的美西南地区唯一在这三个族群都制造的陶器类型。克朗将本次研究中的材料按照出土地点分为四个次区域——霍霍卡姆、通托 – 格洛博、博德兰（Borderland）和莫格隆边缘 – 阿纳萨兹。[②]

---

① 该模型总结自将萨拉多文化视为某一族群文化的早期研究的观点如 a. Gladwin, Harold S.（1928）. *Excavations at Casa Grande, Arizona*. Southwest Museum Papers 2. Los Angeles. b. Di Peso, Charles C.（1976）. Gila Polychrome in the Casas Grandes Region, *The Kiva* 42:57-64. c. Haury（1945）.

② 霍霍卡姆次区域包括图森和索尔特河 – 吉拉河盆地，通托 – 格洛博次区域包括通托盆地和格罗博 – 迈阿密（Globe-Miami）地区或附近的遗址，博德兰次区域包括亚利桑那州东南部、新墨西哥州西南部和奇瓦瓦州北部的遗址，莫格隆边缘 – 阿纳萨兹次区域包括莫格隆边缘以北和以南的遗址。

在以往的成分分析中 [①]，多个遗址的萨拉多多色陶器都被证明是在遗址内部生产的，本地生产的情况也许在每个取样点都发生了。为使研究范围涵盖萨拉多多色陶器的分布区域，克朗又选取了 23 个遗址 [②] 的同时代陶片及所属遗址周围的黏土进行中子活化分析。她在取样时尽量保证每个遗址均可取得10 个碎片样本，在假定遗址特征均相似的情况下，可以保证样本反映大范围的总体情况。此次的分析结果得到的结论与之前一致，在几乎所有取样点都有萨拉多多色陶器的生产行为，仅有少量陶片存在交换过程。

克朗尽量全面地收集了陶器的胎料、成型方法、陶衣颜料、抛光方式等技术属性，为了解答她最初的困惑，克朗将这些技术属性所提供的信息与其所属地区相关联，并希望它们能展示文化群体的交流，因此所有技术属性最终都总结为在四个次区域的分布情况。萨拉多多色陶器的原料均为含铁量较高的陶土，因此成品的陶胎呈棕褐色。由于仅能在荏口观察陶胎，所有地区陶器的羼和料只从肉眼看是相似的。出于同样的原因，克朗也仅能从表面痕迹确定 343 件陶器的成型技术，除了使用垫拍法的一半陶片来自莫格隆边缘 – 阿纳萨兹次区域，其他成型技术与次区域之间没有对应关系。几乎所有陶器均有陶衣（高达 99%），克朗共记录了 14 种陶衣颜色，但陶衣颜色在各次区域中的情况相近；器壁内部陶衣的有无与陶器类型相关，而与其来自的次区域关系不大。对陶器进行的抛光工作也可以从表面痕迹观察到，所有次区域都存在有抛光和未抛光的陶器，但霍霍卡姆次区域和通托 – 格洛博次区域的抛光陶器所占频率较高，莫格隆边缘 – 阿纳萨兹次区域和博德兰次区域的抛光陶器所占频率较低。大部分（89%）陶器的彩绘顺序为先施白色陶衣，再施黑彩，最后施红色陶衣，只有 5% 的陶器先施加红色陶衣。这两种上色顺序都出现在所有次区域。从色块的反光能力和边缘清晰程度看，黑彩的成分大多（69%）为有机质，极少数（5%）为矿物质，剩下的不能辨别；这两种成分的颜料在所有次区域，三个萨拉多陶器的主要类型，所有陶器类型中均有出现。

---

① 包括克朗在索尔特 – 吉拉河运河项目中进行的陶碗 X 射线荧光分析。Crown, Patricia L. (1984). An X-Ray Fluorescence Analysis of Hohokam Ceramics. In *Hohokam Archaeology along the Salt-Gila Aqueduct, Central Arizona Project*, vol. 8（pp. 277–310），edited by Lynn S. Teague and Patricia L. Crown. Arizona State Museum Archaeological Series No. 150. Tucson: University of Arizona.

② 取样遗址及其分布见 Crown（1994）:24.

克朗在对形制属性的统计中发现，三个在时间上更替的主要类型（即平托、吉拉和通托）的陶器形制存在巨大的差异，而在次区域中的差异并不大。萨拉多多色陶器的形制主要为碗和罐。平托多色陶器几乎都是以碗的形式出现，器壁形状[1]主要包含弧腹敞口、弧腹敛口和直壁，且这三种形状比例几乎相同。吉拉多色陶器中碗的形式占大部分，还有 22% 的形式为罐；所有器壁形状都出现在吉拉多色陶器中，弧腹敛口形碗和直壁碗最为常见。通托多色陶器中最常见的是罐（58%），碗则占 31%，此外还出现了数量不少的陶杯、雕像和其他异形陶器。在三个主要类型中，克朗注意到陶器形制有两个历时性趋势：（1）形制随着时间变得更加多样化；（2）从几乎只生产碗转变为主要生产罐。陶器的平均尺寸随着时间的推移而增加。她还注意到，所有常见的器皿形式都出现在所有的次区域，即使是相对罕见的形式（如雕像器皿[2]）也在大多数甚至所有次区域出现。只有椭圆形碗几乎完全（93%）来自通托－格洛博地区。在尺寸方面，四个次区域的陶器在尺寸上存在较大差异：霍霍卡姆次区域的陶器比其他次区域都小。不同尺寸的陶器在次区域内部所占的比例则相差不大。在不同次区域之间，大型陶器的尺寸是一致性最高的。

正如在她的博士论文中所呈现的那样，克朗在此次研究中对于设计属性的记录仍着墨颇多。为了尽可能客观记录设计属性，她采用的记录方法看起来仍然是基于谢泼德提出的设计分析类型，但也借鉴了对西南地区的完整陶器的研究，以改善不适用于描述完整器的部分。根据克朗对萨拉多多色陶器的记录[3]，陶碗内部的纹饰设计区域存在三种主要类型、不同的陶器形制中存在纹饰差异：平托多色陶碗通常（73%）在碗壁上有带状和非带状的装饰，装饰碗底中心的较少（26%）；吉拉多色陶碗和通托多色陶碗通常（均超过60%）在整个碗的内部（包括碗底中心）都有装饰，也存在碗壁上的装饰。陶碗外部设计领域的差异与陶器的形制和类型相关：20% 的碗在外壁上有装饰，这包含所有形式的碗，虽然最多的是弧腹敛口碗（23%）。平托多色陶碗中 8% 有外壁装饰，吉拉多色陶碗的 14% 有外壁装饰，通托多色陶碗中 95% 有外壁

[1] 萨拉多多色陶器的主要器形和器壁形状见 Crown（1994）：46。
[2] 雕像器皿的原词为 effigy，不同于一般语境的含义"雕像"，该类物在萨拉多陶器中是一种容器。
[3] 萨拉多多色陶器的常见设计领域模式见 Crown（1994）：56-57。

装饰。设计领域中存在不同的布局以划分装饰区域的结构，克朗将这些布局分为三个基本类别：带状设计、限定设计①、不对称的设计。这些类别中又根据更细微的特征分别分为 10 种、13 种和 2 种。这些布局与形制的关系最为密切，但基本上与所在区域无关：限定布局几乎只出现在陶碗上，少量布局在某些次区域出现的频率尤其高或低。在整体布局的基础上，克朗关注到陶器的明暗平衡②、生命线③的有无和宽度、填充情况④、基本图案的重复、边缘设计⑤、设计的艺术性⑥、出错率等细节并进行了记录和统计。与布局情况相同的是，这些设计属性的差别更多基于陶器形制，而与所属次区域无关。

除了上述设计属性记录系统外，更常用来描述陶器装饰的概念是"风格"。风格是根据布局、图案、图案填充、设计中的图案互动及整体装饰艺术性等特征来划分的，可以说是装饰方面的类型学。克朗认为萨拉多多色陶器体现了七种风格：派恩代尔（Pinedale）、罗斯福（Roosevelt）、图萨杨－卡扬塔（Tusayan–Kayenta）、吉拉（Gila）、埃斯康迪达（Escondida）、萨拉多和

---

① 正如带状设计也可以解释为围绕一条可见或不可见的线而呈现的布局，限定设计即是围绕一个可见或不可见的点而呈现的布局。

② 也可理解为深色区域和浅色区域的对比度。在萨拉多多色陶器中，黑色、白色、红色是彩绘的主要颜色，黑色和白色占据的区域当然分别为深色区域和浅色区域，此外还有黑色排线填充的图案，看上去类似介于深浅色中间的灰色，红色也是深浅色之间的一种颜色。明暗平衡被主观地记录为深色较多、浅色较多和深浅平衡三类。

③ 生命线是萨拉多多色陶器上非常常见的装饰特征，一般表现为一条环绕容器的粗黑线，通常处于器皿边缘或整体设计的下方。生命线有时呈现出故意的断裂状态，这可能是因为美西南地区将生命线视作器皿的生命，断裂处是陶工或容器的灵魂进出的通道。生命线的闭合会发生在陶器被破坏或陶工失去生育能力时。

④ 填充情况分为两方面：填充类型、填充图案的框线与框架线的宽度比例。前者又含有五类：平行线填充、垂直线填充、对角线填充、交叉线填充和斜线填充。后者之所以被记录，是因为它随着时间推进而逐渐变小。

⑤ 边缘设计是指在器皿边缘成组出现的带状图案，常见六种类型：虚线、连续菱形、点线交替、棋盘、连续带点菱形和多点一线。

⑥ 借鉴自 Carlson, Roy L.（1970）. *White Mountain Redware: A Pottery Tradition of East-Central Arizona and Western New Mexico*. Tucson: University of Arizona Anthropology Papers No. 19. 这一属性是根据线条、图案的大小和形状的等同性进行主观评分而记录的。评分为 1—5：如果线条清晰，没有重叠，或者图案的位置和大小不一致，则记为 1 类；线条在接缝处有重叠则为 2 类；笔触的优劣不平衡则为 3 类；整体设计结构清晰但笔触不好的为 4 类；没有明确的结构，笔触也很差的为 5 类。

带红彩的吉拉风格。[1]萨拉多风格和带红彩的吉拉风格陶器占比很小，前者仅出现在莫格隆边缘－阿纳萨兹次区域，后者则来自莫格隆边缘－阿纳萨兹次区域以外的其他地区。而在前五种常见的风格中，除了埃斯康迪达风格不出现在霍霍卡姆次区域外，其他风格均出现在所有四个次区域。总的来说，萨拉多多色陶器虽然分布范围广阔，但所有次区域的陶器设计遵循统一的传统。这并不表示所有次区域表现出相同的设计，无论是设计属性的比例差异还是风格的比例差异都表明，不同区域的陶工在生产时借鉴了不同的陶器制作传统。不过，各个次区域的陶器风格演变基本保持同步，这意味着地区之间陶器知识的分享非常频繁。

克朗对使用属性的判定基于陶器的出土背景和使用痕迹。萨拉多多色陶器大多出现在墓葬，部分出现在一种地穴式宗教会堂——基瓦和废弃的房间中。从使用痕迹和烧痕看，它们大多数都有实际用途。在克朗对葬仪和陶器的关系分析中，所有属性（包括头部朝向、墓主人年龄和性别、墓穴构造、埋葬前的尸体处理、陶器在墓葬中的位置、墓地在遗址内的位置等）与陶器的形制、所属次区域几乎都没有直接的相关性。不过，在大型墓葬群中发现的陶器确实倾向于在特定年龄或性别的墓葬中出现，或许意味着萨拉多多色陶器受到重视，并作为地位较高者的随葬品。通过对磨损痕迹和烧灼程度的记录，克朗发现使用痕迹与陶器形制有较大关联。弧腹敛口和直壁的陶碗应当用于食物的准备和盛放；弧腹敞口碗和椭圆形碗的使用痕迹比其他形制略低，但没有显示其他用途的线索。克朗推测它们被用于相同的用途。罐型碗相比其他陶碗，常出现在火葬情境中，且有更高比例的燃烧痕迹，克朗推测它们更可能用于盛放骨灰或者用于盛食和烹饪。陶罐的烧痕远少于碗，应当用于储存。

总而言之，尽管一些特征在特定地区出现的频率更高，大部分研究的属性都出现在所有次区域，陶器在其生产地区的整个时间段内都保持着明显的同质性。只有少数属性出现在次区域样本的陶器上，这种明显的模式可能是

---

[1] 其中派恩代尔风格借鉴自 Carlson（1970）。罗斯福风格借鉴自 Pomeroy, John Anthony（1962）. *A Study of Black-on-white Painted Pottery in the Tonto Basin, Arizona*. Unpublished Master's thesis, Tucson: University of Arizona。这两种风格都是具有阶段性的系列风格。图萨杨－卡扬塔风格参考了 Smith, Watson（1971）. Painted Ceramics of the Western Mound at Awatovi. *Papers of the Peabody Museum of Archaeology and Ethnology* No. 38. Cambridge: Harvard University。埃斯康迪达风格取名自埃斯康迪达文化的多色陶器。吉拉风格和萨拉多风格则主要是克朗自己定义的。

由取样造成的。

2. 克朗的检验过程

在克朗提出的四个假说性质的模型中，综合陶器属性的分析，需要解决陶器的生产组织、图像含义和所属族群的问题。

克朗通过评估陶器的标准化和设计执行的效率进行生产组织的分析，结论是大多数器皿不是由陶器专家制作的，不过有两个例外：一些难以制作的大型造型可能是由熟练的产品专家制作的，专家们也可能生产了一些小型的、设计便捷的、仓促完成的器皿。因此她认为大多数器皿不是在竞争消费者的氛围中生产的。

为了验证萨拉多多色陶器是否是某种宗教意识形态的标志，克朗对特殊形式的陶器和陶器上绘制的重复图案进行了分析。特殊形式的陶器如雕像器皿、橄榄球状容器等基本都被频繁使用过，其中仅人像器皿上出现了刻意进行的磨损行为并在埋葬前被人为打碎，可能有专门的仪式用途。她又借鉴帕诺夫斯基（E. Panofsky）的理论[①]并参考了历史时期的西南民族志理解陶器图像的含义，去重建其背后的意识形态。克朗发现萨拉多多色陶器上普遍重复出现的图标[②]同时出现在具有宗教属性的岩画和基瓦壁画上，而且均出现在所有次区域。承载图标的陶器更多出现在废弃房屋而不是墓葬中，陶器的尺寸相对较大，表明这些图像适用于社群的活动。个别器皿上频繁出现的多个图标表明，这些图像代表了相关符号的统一系统。图案的出现频率随着时间的推移而增加，但它并不局限于特殊形式的器皿、具有特殊用途的器皿或是在特殊背景下发现的器皿。基于以上发现，克朗认为萨拉多多色陶器所用的图像是系统性的，体现了某种宗教意识形态。

陶器所属族群问题是克朗最初希望解答的，也是学界长久关心的问题，通过陶器风格分析，克朗厘清了萨拉多多色陶器的发展过程。萨拉多多色陶器中，最初的平托类型几乎完全表现出美西南地区北方的特征，是亚利桑那州图萨扬－卡扬塔、锡沃拉（Cibola）和怀特山地区的技术、形式和装饰风格的混合体。一旦这个最初类型建立起来，萨拉多多色陶器就显示出来自其

---

① Panofsky, Erwin.（1962）. *Studies in Iconology: Humanistic Themes in the Art of the Renaissance*. New York: Harper and Row.

② Crown（1994）:133.

他方向的影响，比如受到了祖尼（Zuni）、阿科马（Acoma）和格兰德河地区开发的釉料、涂料的补充。早期的埃斯康迪达多色陶器也被认为是萨拉多多色陶器彩绘的变体，后来吉拉和通托类型的陶器反而受到霍霍卡姆、新墨西哥州西南部和奇瓦瓦北部地区的影响，萨拉多多色陶器从埃斯康迪达多色陶器借鉴彩绘。尤其是一部分通托类型的萨拉多多色陶器风格与埃斯康达多色陶器上体现的风格存在相似性。和西南史前的任何其他制造传统相比，萨拉多多色陶工更多地采用和改造了西南地区许多地方的特征，从而显示出其广泛分布的特点。到公元1450年，制造萨拉多多色陶器的地区基本上消失了。据此，克朗认为萨拉多多色陶器不是某一考古学文化的典型器物，也不属于某个族群，它体现的是人群流动过程中技术交流的结果。

　　至此，克朗已经得到足够的信息以对最初提到的四个假说性质的模型进行评估。对萨拉多多色陶器的分析没有完全证明或证伪任何一个模型，但模型一、二、四中存在本质性的错误。克朗最倾向于模型三和模型四的部分阐释，即人口流动引发了陶器流动，导致萨拉多多色陶器的广泛分布。同时又出现了一种宗教意识形态，这种意识形态也体现在陶器的设计图案中。由此又引发了更深入的问题：人口流动与宗教意识形态的出现有何关系？宗教意识形态又是如何影响陶器的设计和分布的呢？

（三）深入的疑问与最终解释

　　在记录和统计过程中，克朗对陶器设计体现的宗教意识形态已有模糊的认识：萨拉多多色陶器上普遍重复地出现蛇、鸟、花等图案，它们代表了相关符号的统一系统。通过在史前中美洲和历史上普韦布洛人的民族志[①]中寻找类似物，克朗讨论了这套符号系统和其中符号可能的含义。无论是在普韦布洛的民族志、克齐纳（Kachina）[②]传说，还是中美洲信仰羽蛇神（Quetzalcoatl）的宗教中，有角的蛇都与水、生命有关，而且其图像与萨拉多多色陶器上的角蛇相近。在普韦布洛、霍皮族，甚至整个中美洲，蛇、鸟类（尤其是鹦鹉）

---

① a. Fewkes, Jesse Walter.（1897）. *Tusayan Katcinas*. Fifteenth Annual Report of the Bureau of American Ethnology, pp. 245-313. Washington, D.C: Government Printing Office. b. Fewkes, Jesse Walter.（1898）. *Hopi Katcinas Drawn by Native Artists*. Twenty-first Annual Report of the Bureau of American Ethnology, 1899—1900, pp. 15-190. Washington, D.C: Government Printing Office.

② 克齐纳在普韦布洛传说中是为普韦布洛人带来雨水的神，因此他也与云紧密相关。

和蝴蝶作为神的信使，与雨、闪电相关联。在萨拉多多色陶器的图标系统中，蛇与鹦鹉的图标在形式上高度相似，这两者可能相似地表明了与雨水的关联。花对于普韦布洛人还有精神世界的含义，克朗借鉴了简·希尔（Jane Hill）[①]使用"花界"（Flower World）来描述乌托－阿兹特克语（Uto-Aztecan）的人和所有普韦布洛人的这种精神系统，这是一套用花来隐喻精神世界、人的内心、感知器官和火的精神系统。总之，克朗认为萨拉多图标系统和颜色系统可以被解读为一种宗教意识形态，主要涉及水和太阳的形象，以及天气控制和生育能力。联想到萨拉多多色陶器中储水和运水器皿占了多数，与水有关的这些意象可能表达水源充足的愿望。不过，这种意象也出现在储水容器以外的场景（如其他用途的容器、基瓦壁画和岩画），表明了更广泛的意图：确保充足的降雨和阳光，以获得作物的丰收。

萨拉多多色陶器最初的派恩代尔风格中就已经出现了这套符号系统，当时可能是由于干旱的发生，整个西南地区发生了人口的巨大变化，原本定居在卡扬塔和弗德台地（Mesa Verde）地区的人向南和向东迁移。原住于卡扬塔的居民现在还定居在南部的图萨扬地区，这应当也是13世纪末他们迁移后的定居地。尽管派恩代尔陶器在各地陶器中的比例不高，它们确实分布在迁移人群定居的大多数地区。

克朗注意到，派恩代尔风格陶器出现的时期和地区缺乏任何形式的社会政治统一的证据，她认为萨拉多多色陶器所呈现的宗教意识形态是一种区域性崇拜[②]。克朗采纳了维克托·特纳（Victor Turner）提出的两组概念，对萨拉多崇拜进行解读。特纳认为祖先崇拜和大地崇拜是一组对立的概念，政治崇拜和生育崇拜是另一组。祖先崇拜和政治崇拜强调排他性，而大地崇拜和生育崇拜强调包容性。基于萨拉多图标系统的含义，克朗认为萨拉多多色陶器体现的区域性崇拜更可能指向大地崇拜和生育崇拜，而非祖先崇拜和政治崇

① Hill, Jane.（1992）. The Flower World of Old Uto-Aztecan. *Journal of Anthropological Research*, 48（2），117-144.

② 克朗使用的这一概念来自 Werbner（1977），其中将区域性崇拜定义为："中等范围的崇拜（宗教）——比小社区的任何狭隘的宗教影响更深远，但在信仰和成员方面的包容性不如最普遍形式的世界宗教。……它们是有自己的地盘的宗教，在概念上由人们自己定义，并通过仪式活动与文化景观的其他特征区分开来。"Werbner 还认为区域性崇拜促进了商品、服务、信息、人员跨越政治和种族边界的流动。

拜。13 世纪末期的人口流动使得移居者们直接面临适应目的地的难题，原本稳固的亲属联系也被分散，必须发展新的物质交换网络。在莫格隆边缘地区，萨拉多崇拜（以派恩代尔风格的陶器为物质表现）最初出现，派恩代尔风格陶器的独特色彩组合有助于卡扬塔移民在其所在村落中建立有竞争力的市场。陶器交换市场使得卡扬塔移民融入他们的新村落，接着便出现了村庄范围的短距离交换，陶器的标准化程度不高。然后，派恩代尔风格由于信仰而非技术，开始沿新的物质交换网络和某些旧的亲属网络扩散。在这一扩散的过程中，可能存在的机制是：陶器的拥有者作为萨拉多区域性崇拜的参与者和其信条的信仰者，以多色陶器的形式向外人展示其作为信徒的身份，拥有陶器被认为是获得超自然力量的途径。同时，萨拉多区域性崇拜不具有排他性，这也意味着将接受所有选择信仰它的人。随着信众的增加，萨拉多图标系统出现在陶器上的频率提高了，更重要的是出现了大型的、显然是公共使用的陶器。

在 14 世纪，萨拉多多色陶器在很多地区出现了特定风格（即地域区别），这些具有地域区别的风格是由移居者的定居和新的互动带来的。定居在不同地区的移居者虽然仍熟悉并制作着派恩代尔风格的陶器，但他们也在原料和工艺上融合了新住处的技术，形成了不同的新风格。萨拉多的整套图标体系中，某些图标出现在不同地区的器皿上的频率不同，这或许与各个地区区域性崇拜中教派利益的发展有关。随着移居者的定居时间拉长，萨拉多区域性崇拜又转入祖先崇拜和政治崇拜，最终，在 1450 年左右，萨拉多多色陶器不再生产。

克朗并不认为萨拉多区域性崇拜是凭空创造的，她将图标系统中的人面对应为美西南一系列历史悠久的神祇——克齐纳。这些神祇的形象在历史上（至少 1100 年就有）的查科峡谷和明布勒斯地区延续了很长时间，在 13 世纪的明布勒斯地区还存在，可能是萨拉多多色陶器的一方面来源。但两者的区别也很明显：明布勒斯地区的克齐纳崇拜与固定的、统一的葬俗相关，这表明它的导向是祖先崇拜。有关克齐纳的图标体系而不是原本信仰很早就出现在卡扬塔移民中间，随着生产和使用萨拉多多色陶器，这个图标系统被重新解释，并随之创造了一个具有了大地崇拜和生育崇拜导向的新的区域性崇拜——萨拉多崇拜。在萨拉多多色陶器停产后，萨拉多崇拜虽不再被提及但仍然存在于它的后裔中。正如前文所提到的，克朗初次注意到克齐纳神正是因为它仍被历史时期的普韦布洛人所信仰。另外，几乎所有的图标都在西南地区的不同媒介上保存下来，而且它们仍然与太阳、降雨、生育的信仰相关。

（四）萨拉多研究中的一条鲶鱼

在克朗研究之前，美西南考古学界就已对"萨拉多现象"众说纷纭。正如前文所述，很多对"萨拉多现象"的讨论都试图厘清所谓的萨拉多人的迁移来源和动因，克朗的主要目标也在于此。但这一基于萨拉多多色陶器的研究提供了令学界惊讶的成果。芭芭拉·米尔斯评价说："克朗的研究应该成为西南地区内外分析和解释陶器的基准。持有不同观点的人也一定会用同样高的学术标准和她在本卷中使用的明确的方法来回答。"[1]因此克朗这部专著的出版就如沙丁鱼群中闯入的一条鲶鱼，为正在陷入停滞境地的"萨拉多现象"讨论提供了全新的思路。

克朗使用的证据是多路并行的，科技手段的成分分析、对功能和用途的磨损分析，以及关于风格和设计元素展开的分析都呈现在该书的各章。这些综合的证据使克朗的论述基本严密，具有很强的说服力。

尽管如此，克朗的结论也引发了巨大争议，尤其是她关于区域性崇拜的溯源。作为萨拉多区域性崇拜的代表图标——如角蛇、人脸——的占比并不大，其是否能表明萨拉多区域性崇拜来源于克齐纳崇拜是无法确定的；另外，克朗对克齐纳崇拜的溯源也不被认可。因此，当我们现在回望该研究时，对其中有关克齐纳崇拜的论述应当抱以警惕的态度；而有关萨拉多陶器的风格分析、对萨拉多陶器兴起时出现的区域性崇拜等部分都是适当的，它使我们对1300—1400年美西南地区重新建立社群的过程产生了合理且具体的了解。

克朗的研究引发了后续关于这一时段的再研究：通过对美西南广泛地区的图像分析和技术分析，建立起美西南各社群内部和之间的关系结构，从而理解避免社群崩溃的文化因素[2]，但克朗本人的研究兴趣却发生了微妙的转变。在之后的10余年里，克朗进行了大量关于陶器教学过程的研究，直到2004

---

[1] Mills, Barbara J. (1994). Book review: *Ceramics and ideology: Salado Polychrome pottery* (1994), by Patricia L. Crown. Albuquerque (NM): University of New Mexico Press. *Antiquity*, 68 (261), 897-898.

[2] Borck, Lewis, Barbara J. Mills, Matthew A. Peeples, and Jeffery J. Clark. (2015). Are social networks survival networks? An example from the late pre-hispanic US southwest. *Jounal of Archaeological Method and Theory*, 22 (1), 33-57.

年左右，她参与到新墨西哥大学在普韦布洛·博尼托的发掘项目。

二、查科峡谷的黑色饮料消费

在《陶器与意识形态：萨拉多多色陶器》出版 10 余年后，克朗将她的目光又转回到社会的意识形态问题[①]，这次的研究对象是新墨西哥州的考古遗存。尽管该书出版前的 1993 年，克朗已经在新墨西哥大学人类学系任职副教授并定居在阿尔伯克基，她在 20 世纪 90 年代发表的大部分研究仍聚焦于她熟悉的霍霍卡姆地区。直到 2004 年，克朗担任新墨西哥州查科峡谷项目的联合主任并在普韦布洛·博尼托[②]的垃圾土丘进行重新发掘，这一项目使她对圆筒罐产生了兴趣。2009 年开始，克朗发表了她对社会意识形态探索的新系列成果——关于美西南地区的黑色饮料消费仪式的研究。这一系列的研究基于克朗在普韦布洛·博尼托的发掘和对于圆筒罐的检测，由于受到了广泛的关注，后来获得了更大量的研究材料。

（一）圆筒罐与可可饮料

普韦布洛·博尼托位于新墨西哥州西北部的查科峡谷，是美国西南部最具代表性的前西班牙[③]时期的考古遗址之一。普韦布洛·博尼托经历了两次主要的发掘活动，尽管如此，学界对该遗址的起源、建造顺序、占据时间和遗弃等问题仍然存在争议，不过基本上认为它就是 900 年左右进入繁荣期的查科文化的中心。

新墨西哥大学在 2004—2008 年对穿越普韦布洛·博尼托南部的垃圾土丘进行重新发掘。该项目的负责人威尔斯（W. H. Wills）正是克朗的丈夫。克朗积极参与到发掘项目中，随之逐渐了解到普韦布洛·博尼托的过往发掘历史。

1896 年 6 月，在来自纽约的 25 岁的考古学家乔治·佩珀（George Pepper）和来自科罗拉多州的牧场主理查德·维瑟尔（Richard Wetherill）的带领下，

---

① 在此之间的研究成果将在本章第三节中介绍。
②"博尼托"一词在西语中有"漂亮"的含义，考古学家也将普韦布洛·博尼托称为"大房子"，因为该遗址的主体是一个具有惊人的巨大规模的房子。
③ 也有类似说法如前哥伦布时期、接触前时期、史前时期等，在美洲都有"与欧洲殖民者接触之前的时期"的含义。不过其指称时期并不一致，美西南地区以使用 pre-hispanic 为多。

海德探险队 ①（the Hyde Exploring Expedition）开始在普韦布洛·博尼托进行最初的发掘。当年 8 月 20 日，一位名为胡安的工人在 28 号房间发现了第一个已知的圆筒罐。在接下来的发掘过程中，探险队很快又清理出 111 件圆筒罐，这些圆筒罐所处的房间因烧毁而倒塌，其中的陶器也被掩埋。此次出土的大部分文物存放在美国自然历史博物馆。在普韦布洛·博尼托出土的圆筒罐之所以特别，主要有两方面的原因：（1）美国西南部已知出土的圆筒罐不到 200 个，其中可以确认有 166 个都来自普韦布洛·博尼托，在这之中又有 111 个圆筒罐集中出现在该遗址 28 号房间内；（2）结合圆筒罐的出土地点和所在遗址的性质，考古学家普遍认为圆筒罐有仪式上的用途。各种有关说法包括用于盛放绿松石等外来的物品，或者用其作为鼓身。在普韦布洛·博尼托，带柄陶罐的碎片在 28 号房间内与圆筒罐的碎片混杂出现，表明它们可能具有类似或相关的功能。

　　在没有可靠方法的情况下，对于圆筒罐和带柄陶罐的讨论往往止于缺乏支撑的妄言，因此圆筒罐的功能虽然被视为重要的议题，却从未引起足够的重视，对于普韦布洛·博尼托的关注长期聚焦在其建筑和年代，克朗了解到的几次主要发掘都是如此。1921—1927 年间，国家地理学会赞助的第二次大型发掘活动在第一次发掘以外的其余区域进行，由尼尔·贾德（Neil M. Judd）指导。这次发掘出土的文物存放在史密森学会和美国自然历史博物馆。另有几次规模较小的发掘项目，比如马萨诸塞州安多弗的菲利普斯学院在 1897 年又发掘了两个房间，国家公园管理局在 1940 年、1992 年进行了加固和树木年轮采样。这些发掘工作提供了目前所见的普韦布洛·博尼托的基本信息 ②，如：遗址中多层砖石结构的普韦布洛估计有 800 个房间，树木年轮断代结果显示其建造时间为 860—1128 年，其间建造、维护、废弃和改造都在陆续进行。

　　在新墨西哥大学的发掘项目中，克朗再次聚焦在圆筒罐上。在国家科学基金会和新墨西哥大学研究分配委员会的资助下，她进行了对垃圾土丘中出土陶器的科技分析。最初的研究 ③ 中，克朗选择对 1000—1250 年的 5

---

　　① 该探险队由生活在查科峡谷的纳瓦霍人受雇组成。探险队受到了依靠肥皂制造发家的海德兄弟（Talbot and Fred Hyde）的资助。

　　② 在公元 5—8 世纪，该遗址已经成型，建筑形制为分散的单间石屋。这批建筑后来被废弃，新建造的定居点中，主要的建筑正是殖民时期被记录、现在可见的大型普韦布洛的一部分。

　　③ Crown, Patricia L., and Hurst, W. Jeffrey.（2009）. Cacao Use in the Prehispanic American Southwest. *Proceedings of the National Academy of Sciences*, 106, 2110—2113.

件圆筒罐或带柄陶罐进行高效液相色谱联用质谱（High-performance liquid chromatography-mass spectrometry，简称 HPLC-MS）分析，仪器的操作由珍妮·戴（Jenny Dai）完成。克朗和营养化学家杰弗里·赫斯特 [①]（W. Jeffrey Hurst）合作完成了对分析结果的阐释。

对陶器使用高效液相色谱联用质谱分析主要用于陶器的残留物分析。在本次研究中，由于陶罐上没有可见的残留物，样品从陶片的胎料中提取，因为陶器疏松多孔的结构使其易于将盛装过的液体吸附入陶胎的孔隙中。实际的操作过程是：先从每 10 克的残片表面錾出刻痕，从中刮取样品，一共使用了大约 500 毫克的粉末；为了不影响油脂的检测，接下来在脱脂的玛瑙臼中将样品碾成粉末；然后加入 3 毫升的蒸馏水溶解样品；分析前将每份样品通过膜过滤器，去除样品中的大颗粒。

高效液相色谱法是最常使用的一种色谱分析法。色谱法 [②] 是一种分离分析技术，即将样品中所含的成分，按照它们在吸附物上吸附、脱附的速度不同而将各成分分开。色谱法最初只能定性样品中含有几种成分，随着气相色谱法的出现，可以更快捷高效地分离成分并对每类成分进行定量分析。在气相色谱法的实际操作中，样品需要先被气化才能进行分析，而如蛋白质、核酸等大部分有机物，由于其分子质量大，很难被气化。对这些有机物的分离分析需求后来被高效液相色谱法所解决。使用色谱法分离后的样品通常会进行成分检测，以鉴定各成分是什么物质，质谱法就是常见的物质鉴定方法。经过色谱法分离的样品各成分在质谱仪的离子源因电离而生成离子，利用不同离子在电场或磁场的运动行为差异，使离子按照不同质荷比（m/z）发生分离，用检测器检测并计算不同质荷比的离子所占的相对丰度，从而绘制质谱图。将质谱图结合相关数据表或分析方法可以基本确定物质的相对分子质量、化学式和结构式，从而可靠地推测样品各成分是何种物质。

在此次高效液相色谱联用质谱分析中，赫斯特发现了可可的生物标志

[①] 赫斯特曾经长期从事以高效液相色谱分析可可营养的化学研究。20 世纪 80 年代末，他开始对玛雅容器残留物中的咖啡因和其他可可残留物感兴趣，并撰文发表了他对咖啡因中甲基黄嘌呤的定量分析方法。

[②] 色谱法最初得到关注是由于它可视地实现了色素分离，色素分离后呈现出颜色不同的带状，因此称为 chromatography，由希腊语中"色"（chroma）和"书写"（graphein）这两个词根组成，中文意译为"色谱"二字。

物——可可碱。可可碱是一类甲基黄嘌呤，它的同类物质还有咖啡因、茶碱等。尽管含有甲基黄嘌呤的中美洲植物很多，但可可是其中唯一以可可碱作为主要甲基黄嘌呤的物种。因此，可以说检测到可可碱说明残留物很有可能就是可可制品。为了进一步确认上述结果，克朗和赫斯特使用现代的可可碱进行了对比。实际的操作过程是：在增强子离子扫描（EPI）模式下监测 m/z=181 的特征峰（这一特征峰对应的物质被推测为可可碱）和其他片段，将样品的质谱图与可可碱的质谱图进行对比。质谱图证实[①]，在分析的 5 个样品中，有 3 个样品存在可可碱，这 3 个样品所属的陶器均被认定是圆筒罐；来自 1 件带柄陶罐的碎片，以及 1 件不能确定器形的陶器碎片则没有显示出可可碱的特征峰。由此克朗得出结论：圆筒罐曾经被用于盛装可可制品，带柄陶罐和其他陶器则未发现与可可制品的关联。

可可是众所周知的热带作物，由于自然条件的限制，可可树需要阴暗潮湿的环境、深厚肥沃的土壤、高降雨量和高平均温度才能生存。查科峡谷不具备上述自然条件，可可必然是在其他地区生产的。克朗查阅了 14 世纪西班牙人接触中美洲时记录的可可树分布范围，根据这部分记录，查科居民可以接触到的最近产区应当是墨西哥中部。不过这些种植区都不是可可的主要生产区，克朗认为更大的种植和生产区出现在更南方。[②]

由于在普韦布洛·博尼托还发现了其他中美洲的贵重商品，包括铜铃、景泰蓝和猩红鹦鹉，克朗推测可可或许是与其他中美洲贵重商品一起通过交换或收购来的。尽管可可交换的形式尚不能确定，但克朗认为，在这样的远距离下，可可种子（可可豆）相比可可果肉是更有可能的形式。为了应对远距离交换，可可豆需要被发酵和烤制以备保存。在中美洲，可可豆会被磨碎并与冷水、磨碎的玉米、磨碎的辣椒、一些调味剂混合在一起，制造出主要由精英阶层在仪式上饮用的饮料。在这类饮用仪式中，一个重要的过程是通过搅拌饮料或从高高举起的容器中倒出饮料来制造泡沫。本次研究中的样品由陶胎中提取，因此圆筒罐所盛装的可可制品应当是可可豆制成的饮料；而圆筒罐也可能与中美洲人用于发泡的容器具有相同作用。圆筒罐的有限分布表明，与中美洲一样，这种饮料只被一小部分人饮用，这些人也许是仪式专职

---

① 质谱图见 Crown and Hurst（2009）：2111。
② 普韦布洛博尼托与可可生产地的地理位置关系见 Crown and Hurst（2009）：Fig 3。

人员或精英阶层。不过，在本次样品所处的 1000—1125 年，中美洲存在几个互相竞争的政体，因此不能确定查科峡谷获得的可可来自其中哪些政体。

克朗的本次研究成果最重要的四项意义在于：（1）证明可可种植区以外很远距离的地方存在可可；（2）揭示普韦布洛·博尼托的圆筒罐可能用于盛放可可饮料；（3）推测普韦布洛·博尼托存在一种与可可饮料、圆筒罐相关的特殊仪式；（4）支持"普韦布洛·博尼托是查科居民在仪式上的中心"的观点。

为了更深入地了解查科居民如何获得可可、如何消费可可以及普韦布洛·博尼托的仪式有怎样的细节，克朗希望能对发现大量圆筒罐的普韦布洛·博尼托 28 号房间进行重新发掘。在 2010 年 5 月，克朗向查科文化国家历史公园和新墨西哥州历史保护办公室提交了一份提案，10 个月后又提交了第二份提案。2011 年 10 月，上述提案得到了批准，预计的发掘时间是 2013 年，由于审批、发掘和整理工作耗时较长，克朗在此期间与一些学者合作进行了更广泛的可可检测，普韦布洛·博尼托 28 号房间的相关研究成果将在后文中详细叙述。

（三）美西南地区广泛的黑色饮料消费

自普韦布洛·博尼托的陶器碎片上检测出可可碱后，美国境内有关可可碱及其同类的咖啡因、茶碱的检测得以广泛开展，克朗与其他研究者合作进行了多个遗址的相关检测和研究。在与伊利诺伊大学、米尔萨普斯学院凯克仪器和生化比较考古中心（Millsaps College Keck Center for Instrumental and Biochemical Comparative Archaeology）的合作下，克朗及其合作者对卡霍基亚（Cahokia）的陶片进行了检测和阐释。随后，同样是在米尔萨普斯学院凯克仪器和生化比较考古中心，他们又对美国西南部和墨西哥西北部 18 个遗址的陶片进行了类似的检测，试图弄清这些遗址使用的仪式性饮料在成分上有何差异、是否有相关联的物品交换网络。

卡霍基亚在密西西比时代有最早和最庞大的原住民政体，其存续时间为1050—1600 年。这个政体的中心城市大卡霍基亚（Greater Cahokia）及其周边遗址分布在现代圣路易斯附近的密西西比河洪泛区和高地。与普韦布洛·博尼托一样，大卡霍基亚遗址是其政体的仪式中心，克朗对卡霍基亚文献记录的仪式性饮料的饮用颇感兴趣。在殖民者对卡霍基亚附近地区的记录中，这里的居民曾经饮用由可可豆和冬青属植物[①]制成的饮料。15世纪后的探险家也对这种情况记录在案，他们观察到整个美国东南部都存在含咖啡因饮料的消费。在从佛罗里达州到得克萨斯州、阿肯色州到北卡罗来纳州的大片地区，原住民们使用海贝制成的杯子饮用冬青叶子烤制的饮料，探险家们对这种饮料有不同的称呼，但如今一般称为黑饮（Black Drink）或卡希纳（Cassina）。一些学者认为这两种植物都被用来制造黑饮，但大多数人认为只使用了代茶冬青，因为其咖啡因含量高得多，更具刺激性，适用于仪式场景。

　　克朗及合作者的研究对来自大卡霍基亚遗址和周围小遗址的陶片胎料进行了液相色谱–串联质谱法（LC-MS/MS）检测，以验证卡霍基亚居民的远距离交换活动中涉及可可和冬青属植物（或其中某种），并试图解答这种饮料的出现时间、使用情境和获取方式。克朗取样的陶片来自大卡霍基亚遗址的8个烧杯型杯子（beaker）[②]。在公元1000年前，大卡霍基亚遗址没有这种杯子，它的形式可能是从阿肯色州、密西西比州和路易斯安那州各族群的仪式器皿借鉴来的。自从这种杯子出现后，它广泛但少量分布于卡霍基亚各遗址，表明其可能具有某种特殊用途。

　　如前文所述，液相色谱法用于样品成分的分离，串联质谱法用于确定具体物质。在此次研究进行的检测中，首先使用碳化钨钻头在陶片上打孔，取陶胎研磨。将约500毫克的粉末溶于约3毫升的热去离子水，然后将样品加热至85℃保持20分钟。冷却到室温后将溶液放入离心机，取离心后的上清液加热至剩下约1.5毫升。上清液（即水洗陶胎粉末得到的水溶液）作为样品进行液相色谱联用串联质谱法分析。检测结果为：陶器吸收的物质包括咖啡因、可可碱和少量茶碱，这些物质标示着黑饮的原料包含三种被测物（可可和两种冬青）中的某一种或某几种。

　　接下来，克朗与其合作者试图辨别两种冬青是否都参与了黑饮制作。代茶冬青的咖啡因之于可可碱约为5:1；美国冬青的咖啡因之于可可碱约为1:2；可可的咖啡因之于可可碱从1:4至1:7不等。克朗认为，根据可可和两种冬青

---

　　① 在此指学名为Ilex vomitona Ait和Ilex cassine L.的两种，前者也叫代茶冬青（Yaupon），原产于美国东南部的海岸平原，原产分布区见Crown, Patricia L., Thomas Emerson, Jiyan Gu, Jeffrey Hurst, Tim Pauketat, and Tim Ward.（2012）. Ritual Black Drink Consumption at Cahokia. *Proceedings of the National Academy of Sciences* 109（35），13946。

　　② 烧杯型杯子的外观见Crown, Emerson, Gu, Hurst, Pauketat, and Ward（2012）。

所含甲基黄嘌呤的比例不同，可以区分其中哪种用于黑饮制作。另外，茶碱仅能从可可中检测到，熊果酸则仅能从两种冬青中检测到。这两种物质虽然含量细微，但也可以确定可可/冬青必然存在。不过茶碱的含量相对来说更低而可能无法被检测到，因此将熊果酸作为待检物之一。

在制样时，克朗和合作者使用外标法确定咖啡因、可可碱和熊果酸的百分含量。外标法是与内标法相对的一种推算成分浓度的定量方法。内标法即指将已知重量的纯物质作为标准物加到确定量的样品中，然后对含有内标物的样品进行色谱分析，分别计算内标物和待测成分的峰面积，按公式即可求出待测成分在样品中的百分含量。而外标法则是将标准物加入空白溶剂，与待测样品同样通过色谱分析，目的在于形成平行对照以推算样品中待测成分的浓度。计算得到样品的咖啡因、可可碱和熊果酸含量表明，在存在熊果酸的样品中，存在可可碱含量多于咖啡因的情况，这意味着卡霍基亚存在美国冬青的使用，补充了民族志中的缺失。不过本研究在方法论上存在一个很大的问题：即使是仪式器皿也不一定盛放单一的饮料，每种饮料都可能由多种成分制成，对咖啡因、可可碱和熊果酸的定量分析结果或许无法验证原本的假设。

和可可树一样，两种冬青树的主要种植区在卡霍基亚的南边远方，克朗从民族志中了解到，冬青种植区的居民在净化仪式上使用可可和冬青制作黑饮并饮用。克朗认为可可、冬青与分布特殊的烧杯型器皿的关联表明，卡霍基亚的人们也是在仪式上饮用由这些植物制作的黑色饮料，这个习惯的持续时间不短。而鉴于卡霍基亚本地相关时期没有发现冬青的植物遗存，她认为当时存在持续性的冬青进口。如果黑饮与卡霍基亚人的精神、政治生活密切相关，会对冬青有大量需求，克朗倾向于认为冬青的原产区和卡霍基亚从而建立了存续很久的交换网络。

克朗注意到，在卡霍基亚文明消失后，美国东部还存在黑饮仪式，形式与烧杯型杯子相近的陶器也在伊利诺伊河谷和威斯康星州南部传播。如果能证实烧杯型杯子是黑饮仪式无可替代的器皿，则可以推测黑饮仪式在卡霍基亚文明消失以后，以烧杯型杯子作为媒介进行了传播。卡霍基亚居民虽然没有"发明"黑饮，但他们为黑饮赋予本土宗教仪式的实际作用，并通过烧杯型杯子在整个东部林地传播，这一过程持续到卡霍基亚被遗弃后。

　　与普韦布洛·博尼托的圆筒罐一样，克朗的本次研究也可以归纳出多方面的意义：（1）将原本认为最初引用黑饮的时间记录（15世纪）向前推了4个世纪；（2）证明代茶冬青和美国冬青通过远距离交换来到卡霍基亚；（3）表明烧杯型杯子可能是专门为黑饮及其相关仪式而制作的；（4）支持"卡霍基亚为后来美国东南部地区的宗教发展发挥重要作用"的观点。

　　之后3年，在美国国家科学基金会的资助下，克朗和合作者对美国西南部和墨西哥西北部18个遗址的177个陶器样品进行了广泛的分析和研究，希望了解前西班牙时期美西南部和墨西哥西北的广阔地区使用可可的时间和空间分布。[①] 这些遗址分布在从科罗拉多南部到奇瓦瓦北部的地区，所属时间在公元500—1450年区间内，尽量保证数据平均的分布。在遗址中主要选择可能用于盛放饮料的器皿碎片（如罐、杯），但也选择了一些用途更广泛的器皿（如碗）。这些样品中只有少量是从野外采集的；一部分来自正在进行的文物分析，被储存在实验室的盒子里；近半样本长期存放在博物馆的箱子中；另有极少量样本很早被收藏，被无遮挡地存放在柜子的抽屉里，因此小部分样品可能在存放过程中受到了一定程度的污染。另外，部分藏品和进行分析的样品之前进行过水洗，可能导致几种甲基黄嘌呤浓度降低，难以被检测到。

　　此次研究中使用的检测方法是液相色谱联用串联质谱法，样品的处理过程也与对卡霍基亚样品进行的处理一致，在此不做赘述。相比于对卡霍基亚的研究，此次检测中以茶碱的检测代替熊果酸，这是因为熊果酸在冬青和可可外的许多植物中也存在，干扰因素过多。

　　按照检验结果中可可碱、咖啡因、茶碱的存在与否，克朗及合作者将样品分为三组：第一组的特点是存在茶碱或可可碱的含量多于咖啡因，这一结果意味着样品中最可能曾经盛装可可饮料。这组中的样品来自6个遗址，时间为公元750—1400年，分布在新墨西哥州北部、亚利桑那州中东部、新墨西

　　① Crown, Patricia L., Jiyan Gu, W. Jeffrey Hurst, Timothy J. Ward, Ardith D. Bravenec, Syed Ali, Laura Kebert, Marlaina Berch, Erin Redman, Patrick D. Lyons, Jamie Merewether, David A. Phillips, Lori S. Reed, and Kyle Woodson. (2015). Ritual Drinks in the Prehispanic US Southwest and Northwest Mexico. *Proceedings of the National Academy of Sciences*, 112 (37), 11436—11442.

哥州西南部、亚利桑那州南部和奇瓦瓦州北部。陶器器形包括 1 个种子罐①、1 个碗、1 个花盆形器皿、2 个带柄陶罐、3 个陶罐和 3 个杯子。第二组的特点是检测出咖啡因但没有可可碱或茶碱的样品，它们盛装的更可能是含有代茶冬青的饮料。这些样品来自 8 个遗址，时间在公元 750—1400 年之间，分布在与第一组样品基本相同的地理区域：科罗拉多州西南部、新墨西哥州北部、新墨西哥州西南部、亚利桑那州南部及奇瓦瓦州北部。所检测的器物包括 1 个烧杯型杯子、1 个盒子、2 个杯子、3 个碗、3 个罐子和 9 个带柄陶罐。第三组的特点是没有检测到茶碱，但同时存在咖啡因和可可碱，且咖啡因的含量多于可可碱。克朗和合作者们认为它们可能用于盛放含有可可和代茶冬青的饮料，但这两种物质不一定同时存在于饮料中。这些样品的年代在公元 1000—1400 年之间，来自科罗拉多州西南部、新墨西哥州北部及奇瓦瓦州北部的 4 个遗址。陶器器类包括 1 个圆筒罐、2 个碗、2 个杯子、4 个带柄陶罐（其中 2 个可能没有柄）。

尽管在对美西南和墨西哥西北的历史文献中没有记录有关代茶冬青或可可的使用，基于以上检测结果，克朗认为公元 750—1400 年，该地区广泛存在代茶冬青或可可的使用。一个遗址中可能同时存在单独饮用可可或单独饮用代茶冬青的情况，且使用代茶冬青饮料的地区比使用可可饮料的更广阔。克朗进而推断，在这一时期和地区，可可和代茶冬青饮料的使用可能是仪式上的重要内容，不过盛装饮料的器皿类型没有严格规定。鉴于可可和代茶冬青的生长区距这里较远，在部分遗址中又发现了来自美国东南部或中美洲的仪式物品（如贝壳、铜铃、猩红鹦鹉的羽毛等），克朗推测，可可和代茶冬青是随着其他仪式用具一起来到美西南和墨西哥西北的。在大约公元 1200 年后，可可的使用呈现增加的趋势，代茶冬青则相反；结合遗址的地理位置看，这或许是因为公元 1200 年后存续的遗址距离可可的生长区更近，更容易获得可可。

（四）争议与回应

从 2009 年起，普韦布洛·博尼托的圆筒罐碎片上明确发现可可以来，美国西南部和墨西哥西北部对可能存在可可碱、咖啡因、茶碱等成分的陶器分析激增。在这些分析报告或研究成果中，相当一部分呈现检测出这几种甲基

---

① 此处采用 seed jar 的中文直译，而非表示某种用途为盛装种子的陶器。尽管种子罐的称呼源于考古学家认为它应当存在这一用途，其实际用途在美西南学界仍有争议。

黄嘌呤的结果，其中有一部分样品来自规模较小的遗址。这种情况虽然证实了美国西南部和墨西哥西北部存在广泛的可可或冬青消费，但也引发学界对样品污染问题的质疑。

为此，克朗及一些合作者提出了一项验证试验[①]，以确定之前的研究过程中是否存在样品污染，并对现行的两种取样方法进行比较，以发展出更适合于这类研究的方法。对于陶器样品，克朗等人反思可能造成假阳性（即陶器不用于盛装黑饮但被检测出目标待测物质）的污染源，总结为以下六种情况：（1）任何含可可碱、咖啡因、茶碱的气体或液体（如在存放可可豆的房间被烧毁时产生）与陶器接触后也会被吸收；（2）可可或冬青生长地区的地下水或植物渗水，甚至喝含咖啡因饮料的人排出的尿液与陶器接触后也会被吸收；（3）可可或冬青处理后制成的预制饮料；（4）样品收集袋的重复使用或清洗过程导致不含目标待测物的样品沾上目标待测物；（5）发掘或收集前后吃喝巧克力、咖啡或茶导致来自现代的目标待测物混入样品；（6）博物馆展览状态中受到空气中的污染。在这六种情况中，前四种情况都需要样品接触来自非现代的含可可碱、咖啡因、茶碱的植物或加工后产品，因此这些植物或其加工后产品必然曾经出现在当时当地，这些情况可以间接地说明美西南和墨西哥西北存在可可和冬青的使用。因此，他们认为重点在于对后两种情况的污染源进行检测，这两种情况中的目标待测物主要通过空气接触样品导致污染，于是设计了一套检测含咖啡因的蒸汽是否会导致假阳性结果的测试。

在本次检测中，克朗使用了一件现代的陶器工艺品，将其打碎后的一组碎片浸入咖啡，并将另三组以不同时长暴露在咖啡蒸汽中，整个过程在一个尽量保持密闭的容器——容量为380毫升带金属盖的玻璃罐中进行。每组碎片中的一件用水洗法[②]（记录为方法2）取样，另一件用钻孔法[③]（记录为方法

① Crown, Patricia L., Timothy J. Ward, W. Jeffrey Hurst, Ardith Diane Bravenec, S. Uzair Ali, James Klugh, Jennie Sturm, Katharine Williams. (2018). Caffeine Connections and Conundrums: Issues in Methylxanthine Recovery from Archaeological Ceramics. In *Two Gentlemen of Chaco: Papers in Honor of Thomas C. Windes and Peter J. McKenna* (pp. 95−106), edited by Emily J. Brown, Carol J. Condie, and Marc Thompson. Papers of The Archaeological Society of New Mexico, No. 44.

② 其过程为：用吸管吸取30毫克20℃的去离子水清洗每个器皿的内部，然后把器皿放在无菌烧杯中，用吸管吸取同样的水重复清洗约5分钟，最后将无菌烧杯中的溶液作为样品。

③ 其过程为：使用带有碳化钨钻头的工具磨掉陶器的表面，刮取暴露出的陶胎粉末并包裹在铝箔中作为样品。每一次钻孔打磨后，必须用丙酮将钻头完全清洗干净。

1）取样。另外，克朗将两件陶片放在密闭容器外部作为对照组。所有样品进行高效液相色谱联用串联质谱法分析，记录其中可可碱和咖啡因的含量。在整个实验过程中，实验人员穿长袍，佩戴口罩和手套，不接触含咖啡因和可可碱的食物；使用铝箔包裹样品，在通风橱进行前处理等方式避免分析过程中的污染。

样品的分析准备与 2012 年、2015 年文章中提到的过程相同，得到的分析结果表明，咖啡产生的蒸汽在 24 小时内的持续接触过程中都不会导致未盛放咖啡的陶器碎片检测出甲基黄嘌呤；而当液体直接接触器皿表面时，大量的咖啡因和可可碱都会渗透到陶器碎片中。在克朗以往所用的两种取样方法中，钻孔法优于水洗法。钻孔法可以减少污染的可能性，但不会减少从多孔表面提取有机残留物；而且钻孔的表面积越大，样品提取的效率越高。

实验结果同时也消除了克朗面临的质疑。尽管清洗、降解等人类或自然行为都会造成可可碱和咖啡因的含量降低，但目前不能证明收集、保存和分析中的任何一步会导致假阳性的出现。因此，美西南和墨西哥西北地区存在可可和冬青的长期使用是可以确定的。

（五）回望起点：普韦布洛·博尼托的黑色饮料仪式

2013 年 6 月 4 日—7 月 3 日，克朗和威尔斯带领 6 名学生组成发掘团队对普韦布洛·博尼托的 28 号房间进行了重新发掘。这次发掘的目标是研究饮用可可的圆筒罐何时、如何及为何被弃置在 28 号房间并被烧毁。

这次发掘首先明确了 28 号房间的建造过程，尤其是公元 1040 年后 28 号房间重新投入使用，房间内还添置了一个巨大的木架用来存放陶器，其中就含有大量的圆筒罐，周围的房间也被用于存放仪式用品。基于地层证据，克朗认为 28 号房间的废弃时间为公元 1100 年左右，房间的西北门被砖石封住，木架上的陶器成排地挡在门前，上层房间的地板上也整齐摆放了陶器。此时在下层的一个柱子周围放了一把火，火势增大，一直烧到上层房间坍塌，掩埋了 28 号房间后熄灭。克朗认为这一过程可能作为当地终止仪式的一部分，它封存了 28 号房间并去除了仪式用品上的灵性力量。^① 在这些房间被烧毁后的某个时候，碎片被推入房间并被铲平，其上开始建造新的房间。

接下来，克朗将普韦布洛·博尼托置于更大的时间和空间维度，以期了解 28 号房间内的毁弃仪式对整个查科文化而言具有怎样的意义。对独特的饮器来说，形制与装饰相比，与人群身份的相关性更强^②，于是克朗总结了其他文化中盛装仪式饮品的总体形制变化模式，并回顾了公元 500—1200 年间在查科峡谷发现的仪式饮料器皿的生产、消费和废弃情况。^③

在克朗能找到的众多民族志中，饮料最早通常是用天然物质（如葫芦）制成的容器盛装，接着出现陶器模仿天然物质的造型制成的容器，最后出现金属器模仿陶器而制成的容器，天然物质（如葫芦）的母型一直被延续。特殊饮品会用于宴会、仪式、收获祭典、工作聚会、领导人更替、领袖选举、殉葬等场景。特殊饮品往往有独特的器形、相关用具和仪式行为，多种形式的容器可能意味着多种饮品的使用，容器数量的增加往往象征饮用活动的增多。^④随着容器与饮品的持续相关，容器（尤其是不透明的）可能会代替饮品成为这一系列仪式的核心。大容器被认为具有公共属性，可以供饮用者平等

① a. Mills, Barbara J.（2008）. Remembering while forgetting: depositional practices and so-cial memory at Chaco, in *Memory Work: Archaeologies of Material Practices*（pp. 81–108）, edited by Barbara J. Mills and William H. Walker. Santa Fe（NM）: SAR Press. b. Mills, Barbara J., and T. J. Ferguson.（2008）. Animate objects: shell trumpets and ritual networks in the Greater Southwest. *Journal of Archaeological Method and Theory*, 15（4）, 338–361.

② Dietler, Michael, and Ingrid Herbich（1989）. Tich Matek: The Technology of Luo Pottery Production and the Definition of Ceramic Style. *World Archaeology*, 21（1）, 148–164.

③ Crown, Patricia L.（2018）. Drinking Performance and Politics in Pueblo Bonito, Chaco Canyon. *American Antiquity*, 83（3）, 387–406.

④ a. Anderson, Karen.（2009）. Tiwanaku Influence on Local Drinking Patterns in Cocha-bamba, Bolivia. In *Drink, Power, and Society in the Andes*（pp. 167–199）, edited by Justin Jennings and Brenda J. Bowser, Gainesville: University of Florida Press. b. Joyce, Rosemary, and John S. Henderson.（2010）. Forming Mesoamerican Taste: Cacao Consumption in Formative Period Con-texts. In *Pre-Columbian Foodways: Interdisciplinary Approaches to Food, Culture and Markets in An-cient Mesoamerica*（pp. 157–173）, edited by John E. Staller and Michael D. Carrasco. New York: Springer.c. Smith, Michael, Jennifer Wharton, and Ian Marie Olson（2003）. Aztec Feasts, Rituals and Markets: Political Uses of Ceramic Vessels in a Commercial Economy. In *The Archaeology and Politics of Food and Feasting in Early States and Empires*（pp. 235–268）, edited by Tamara Bray. Massachusetts: Kluwer Academic Publishing.

地从中获取饮品 [1]，较小的容器更可能是个人用品，常被认为与严格的社会等级制度、紧张的社会关系有关。饮品供应的限制往往导致饮料消费出现性别和阶级差异，最终形成社会禁忌。

尽管只发现了极少的实物碎片，克朗推测查科峡谷在公元 500 年前拥有的饮用器皿形式应该是葫芦，不过无从得知这些葫芦是否被装饰，也不知道它们是否用于特殊饮品。在大约公元 500 年时，查科峡谷出现了简单的仿葫芦的陶器，如种子罐和瓢。这些容器存在装饰，克朗认为它们的出现是因为在材质上可以与天然的葫芦区分且不容易腐烂，但又具有盛装相同的仪式饮品的作用。到大约公元 650 年时，查科人可以制作出模仿葫芦完整形状的陶器，如葫芦罐。它们制作难度稍高也并不常见，不过它们被遗弃在平常的场景中，克朗没有对葫芦罐的残留物进行成分检测，不能确定它们是否用于特殊饮品。到大约公元 750 年，查科峡谷出现了有装饰性的带柄陶罐，后来它们变得越来越普遍，并一直使用到公元 1100 年。在克朗过往的研究中，部分带柄陶罐曾检出可可或冬青 [2]，表明其用于盛装特殊饮料；不过带柄陶罐也可能用于烹饪。在公元 800 年左右，带柄陶罐是当时最常见的饮用器皿。带柄陶罐常出土于基瓦和墓葬，克朗认为它们可能作为个人的用品 [3] 参与到特殊饮料的饮用仪式。在公元 1030—1150 年期间，带柄陶罐明显倾向于出现在大遗址而非小遗址、成人而非未成年人的墓葬中。带柄陶罐也出现在仪式场景中，比如成群排列在普韦布洛·博尼托 28 号房间的门前作为象征性的障碍物；又如集中砸碎或烧毁带柄陶罐以使其失去灵性力量。尽管从实际意义上讲，障碍物很容易破碎或被移动，但克朗认同一些学者对此的观点：查科人可能认为这些物品本身就是这些通道的象征性守护者。 [4] 公元 900 年后，圆筒罐出现在查科峡谷。根据 28 号房间的发掘情况，克朗认为粗的圆筒罐可能用于公共的

① Rabinowitz, Adam. (2009). Drinking from the Same Cup: Sparta and Late Archaic Commensality. In *Sparta: Comparative Approaches* (pp. 113-192), edited by Stephen Hodkinson. Swansea: Classical Press of Wales.

② Crown, Gu, Hurst, et al. (2015).

③ Mills, Barbara. (1993). Functional Variation in the Ceramic Assemblages. In *Across the Colorado Plateau: Anthropological Studies for the Transwestern Pipeline Expansion Project, Vol. XVI* (pp. 301-346), edited by Barbara Mills, Christine Goestze, and María Nieves Zedeño. Office of Contract Archaeology and Maxwell Museum of Anthropology, University of New Mexico, Albuquerque.

④ Mills and Ferguson (2008).

饮用仪式，与"圣物"封闭仪式，如28号房间的终止仪式相关，这些仪式可能具有宗教属性。公元1030年后出现的细圆筒罐通常以每套2—4件的规格组套使用，出现在饮料发泡表演中。根据克朗早期的研究，这些细圆筒罐可能在仪式上被重复使用，其上的彩绘被反复刮去重绘。[①]圆筒罐的庞大数量意味着可可和冬青的消费活动涉及人数很多，尽管它们或许不是同时被使用的。圆筒罐通常有罐盖，这可能意味着饮品是以热饮的形式被消费的。科技分析结果显示，有些圆筒罐是在查科峡谷外生产的，但根据圆筒罐的发现情况，克朗确定圆筒罐的消费行为完全发生在普韦布洛·博尼托。公元1100年左右，圆筒罐的使用戛然而止，克朗推测马克杯可能作为替代的器皿出现在查科峡谷，它的普遍出现意味着其使用情景既可以是日常饮水，也可以是饮用特殊饮品。马克杯也用于像普韦布洛·博尼托28号房间一样的"圣地"封闭仪式。总而言之，查科的饮酒仪式在公元1000年左右得到加强，随后在公元1100年左右随着他们最具代表性的器皿形式——圆筒罐的终止和废弃而停止。

（六）巧克力——不败的潮流

从古至今，可可制品一直都广受喜爱，对可可的考古学研究长期作为学界的关注焦点，同时也经常引起考古学领域外广大民众的兴趣。由于可可生长环境的局限性，相关研究首先在可可的种植区（如中美洲）展开[②]，正因如此，在可可种植区范围外发现史前使用可可的痕迹是个爆炸性的新闻。克朗的一系列研究证明了这一点，将美西南和中美洲交流的物质网络联系到了一起；对普韦布洛·博尼托圆筒罐的仪式性使用做出推测，并揭示了中美洲对美西南在宗教上的深远影响。

另外，克朗的好友——宾夕法尼亚大学的多萝西·沃什伯恩（Dorothy K. Washburn）对古普韦布洛传统的普韦布洛·德博尼托遗址、霍霍卡姆传统的洛斯穆哀托斯（Los Muertos）遗址、查科峡谷中的普韦布洛·德阿罗约（Pueblo Del Arroyo）遗址、犹他州碱脊（Alkali Ridge）13号遗址中陶器的

---

① Crown, Patricia L., and W. H. Wills. (2003). Modifying Pottery and Kivas at Chaco: Pentimento, Restoration, or Renewal? *American Antiquity*, 68 (3), 511-532.

② Hurst, W. Jeffrey, Stanley M. Tarka, Terry G. Powis, Fred Valdez, and Thomas R. Hester. (2002). Cacao usage by the earliest Maya civilization. *Nature*, 418, 289-290.

检测分析也揭示了这些遗址中存在可可的使用，但其使用形式不完全是作为仪式上的饮料。在查科文化的一些小遗址中，居民参与到中美洲政体的生产场所的工作，可可在其中作为"工资"进行发放。① 犹他州碱脊 13 号遗址检测到的可可残留表明，早在公元 8 世纪的普韦布洛人已经开始使用可可，但不像在普韦布洛·博尼托，沃什博恩认为当时可可的使用者应当是普通农民，他们获得可可的途径与玉米、烟草基本重合，可能作为普通农民向北迁移到西南地区时携带的食物，安顿下来后则作为可饮用食物（类似于中国的粥）构成了日常膳食中相当大的一部分。②

在考古学界之外，这些关于美西南地区的可可研究也产生了巨大的影响力。克朗对可可贸易进行的严谨分析和精彩解释是她在 2014 年被遴选为美国国家科学院院士的一大重要原因。拥有美西南"最古老的巧克力饮料"这样的噱头也使这些研究收获了大量非考古学领域的民众关注。仍在进行中的对普韦布洛·博尼托仪式容器的研究将提供更多史前人群饮用可可制品的细节。

第三节　曲径通幽：陶器技术的教学与传承

1993 年，克朗开始了新墨西哥大学的教职生活。随着工作的变化，克朗的研究对象从亚利桑那州逐渐转为新墨西哥州的考古遗存。尽管克朗仍对社会意识形态感兴趣，后过程考古学的思潮也使她的关注点转向之前鲜少研究的妇女儿童。在 1995—2005 年之间，克朗最出色的工作无疑是关于陶器教学过程的研究。

这一系列选题最初始于 1996 年美国考古学会的第 63 届年会期间，是在克朗和梅利莎·哈格斯特姆（Melissa Hagstrum）主持的关于陶器生产的圆桌午餐会上产生的。与会者讨论了各种研究"学习"的方法，来自社会学、心理学等方向的与会者认为，一些心理学和神经科学的概念有助于解释考古学

① Washburn, Dorothy K., William N. Washburn, and Petia A. Shipkova.（2011）. The prehistoric drug trade: Widespread consumption of cacao in Ancestral Pueblo and Hohokam communities in the American Southwest. *Journal of Archaeological Science*, 38（7），1634—1640.

② Washburn, Dorothy K., William N. Washburn, and Petia A. Shipkova.（2013）. Cacao consumption during the 8th century at Alkali Ridge, southeastern Utah. *Journal of Archaeological Science*, 40（4），2007—2013.

中的"学习过程"。为此，在 4 年后的美国考古学会第 65 届年会上，开辟了一个题为"史前的学习和手工艺生产"（Learning and Craft Production in Prehistory）的专题讨论会。

这次会议的大部分发言最终以论文集的方式进行发表，会议中着重探讨了特定社区的工艺传统是如何通过教学来维持的，以及这些过程如何影响物质文化的具体属性。这一议题对陶器而言尤其重要，因为文化历史考古学家们通常使用陶器作为文化的代表物，并使用陶器的变化判定年代。在陶器技术或装饰发生急剧变化时，存在诸多可能的解释，如制作群体改变、创造性的实验、知识的传承错误等；而当特定的风格在很长一段时间内保持不变时，就会假定文化存续，而甚少去解释其背后的机制或动力。如果学习过程的不同确实影响了物质文化的变迁速率，那么还存在相关的问题，如：学习是如何发生的？不同类型的学习框架是如何影响技术、形制、设计风格保持或发生改变的？

一、跨学科的理论

在这场专题研讨会召开前，克朗已经对儿童的认知结构产生了兴趣，并认为它对于区分陶器彩绘作者是成人或儿童非常有效。关注认知结构的发展心理学家认为，儿童的发展涉及一系列互相独立的阶段[1]，在符号系统、运动技能方面可以观察到在世界范围内存在着相近的发展阶段。对于儿童绘画能力的教育心理学研究表明，绘画能力与运动协调、认知成熟度、以往的经验和社会因素有关。[2] 克朗参考了在多个文化中儿童绘画的发展阶段，几乎所有地区的儿童年龄与准确呈现某些绘画技术的能力之间都存在一些关联。例如，大多数能接触到绘画材料的儿童到 4 岁时就会以成人的握笔方式（而不

---

① Gardner, Howard.（1978）. *Developmental Psychology*. Boston: Little, Brown, and Company.

② a. Biber, Barbara.（1962）. *Children's Drawings: From Lines to Pictures Illustrated*. New York: Bank Street College of Education Publications. b. Cox, Maureen V.（1993）. *Children's Drawings of the Human Figure*. Hove, Eng.: Lawrence Erlbaum Associates. c. Cox, Maureen V.（1997）. *Drawings of People by the Under-5s*. London: Falmer Press. d. Deregowski, J.B.（1980）. *Illusions, Patterns and Pictures: A Cross-Cultural Perspective*. New York: Academic Press. e. Goodnow, Jacqueline.（1977）. *Children's Drawing*. London: Open Books. f. Krampen, Martin.（1991）. *Children's Drawings: Iconic Coding of the Environment*. New York: Plenum Press.

是用整个手掌握住绘画工具）进行绘画。[①] 她还注意到，发展阶段不仅呈现在绘画技巧上，也呈现在图像内容上。随着智力的增长和对所属文化的绘画主题的熟悉，儿童对他们的绘画中所要展现的主题和复制曾见过的设计方式的能力也会发生变化。在7—9岁之间，不同文化背景的儿童大致都已经掌握了他们文化群体的风格特点。[②] 在重视现实主义的文化（如美国文化）中，大多数8—12岁的儿童都能画出具有透视和比例的现实主义绘画。[③] 另外，儿童在4岁前就有能力呈现一些对称的图案，尽管他们很少这样做。绘制对称图案的能力也存在发展顺序，通常从简单的重复开始，然后从旋转对称到水平翻转对称，再到对角线翻转对称。[④] 儿童在单独工作时与在成人指导下、在合作中或在团体中完成任务时的发展水平不同。在有成人指导的情况下，儿童往往会表现出更高的水平，这种指导也被称为"脚手架"。[⑤]

　　克朗对零散的民族志调查资料进行了系统分析，认识到对成型环节运动技术的掌握也存在发展阶段：使用拍砧给陶器定型的拍塑法需要掌握的运动技能比使用手的捏塑法所要求的更难学习。根据阿诺德的研究，不熟练的儿童可以很容易地学会使用垂直半模法（Vertical-half Molding Technology）制作器皿，但掌握传统的泥条盘筑法需要一到两年的练习。[⑥] 日本陶器工场的学徒一般会在3—10年内掌握传统的陶轮拉坯成型法。[⑦]

① Biber（1962）.

② a. Dennis, Wayne.（1942）. The Performance of Hopi Children on the Goodenough Draw-a-Man Test. *Journal of Comparative Psychology*,（3），341-348. b. Wilson, Brent, and Marjorie Wilson.（1984）. Children's Drawings in Egypt: Cultural Style Acquisition as Graphic Development. *Visual Arts Research* 10（1），13-26. c. Wilson, Brent, and J. Ligtvoet,（1992）. Across Time and Cultures: Stylistic Changes in the Drawings of Dutch Children, in *Drawing: Research and Development*（pp. 75-88），edited by David Thistlewood. London: Longman.

③ Krampen（1991）.

④ Goodnow（1977）: 40-41，其中描述了 Drora Booth 的相关研究。

⑤ Greenfield, Patricia M.（1984）. A Theory of the Teacher in the Learning Activities of Everyday Life. In *Everyday Cognition*（pp. 117-38），edited by Barbara Rogoff and Jean Lave. Cambridge, Mass: Harvard University Press.

⑥ Arnold, Dean E.（1999）. Advantages and Disadvantages of Vertical-half Molding Technology: Implications for Production Organization. In *Pottery and People: A Dynamic Interaction*（pp. 59-80），edited by James M. Skibo and Gary Feinman. Salt Lake City: University of Utah Press.

⑦ Singleton, John.（1989）. Japanese folkcraft pottery apprenticeship: cultural patterns of an educational institution. In *Apprenticeship: From Theory to Method and Back Again*（pp. 13-30），edited by Michael W. Coy. Albany, NY: SUNY Press.

　　此外，克朗参考神经生理学理论作为上述认知框架的补充。神经生理学理论区分了学习的种类，并记录了学习在大脑不同部分的不同结果。① 对于运动技能的学习，每个步骤起初都是一个接着一个单独设想的，随着学习者通过实践变得越来越熟练，整个任务不再需要有意识的思考，学习者在"自动"模式下进行实践。当面临改变时，大脑不能继续在自动模式下运作，必须再次进入分步单独设想，这需要更多的注意力和努力，而且效率降低，更容易出错。克朗认为，在模仿学习或参与实践的过程中，学习者可能会做类似的事情，其中一些会在大脑中形成自动模式，比如将陶器的泥条或篮子的纤维仅向右或仅向左卷。这些学习的过程改变了我们的大脑，已经形成自动模式的信息和技能一旦建立起来就很难改变，因而会长期保留在所制作的成品中。因此，克朗推测在整个社群中，成员虽然随时发生改变，但这种自动模式很可能得到广泛的习得和保留。

　　考古学成果中也包含对学习过程的研究，克朗参考了希弗和斯基博提出的学习框架。② 他们将学习分为四种框架：通过试验和错误自学、观察或模仿、口头指导或解释，以及动手示范。彼得·罗（Peter G. Roe）认为，以口头指导作为主要学习模式的社会也鼓励实验和创新，从而导致成品的多变；而那些主要通过观察或模仿进行教学的社会则对于成品变化更保守。③ 在喀麦隆的迪伊（Dii）、杜帕（Duupa）和多阿约（Doayo）群体中，由于质疑老师被认为是一种冒犯，以至于学习者很少尝试他们不能成功做到的事情，因为犯错会被认为是消极的。法利（Fali）人在童年时也通过观察和模仿进行训练，整个生产过程从一开始就被教授，没有细分的任务。在学习过程中鼓励提问，学习者渴望试验和尝试新的挑战，犯错被认为是学习过程的重要组成部分。据

---

① Minar, C. Jill. (2001). Motor Skills and the Learning Process: The Conservation of Cordage Final Twist Direction in Communities of Practice. *Journal of Anthropological Research*, 57 (4), 381–405.

② Schiffer, Michael B., and James M. Skibo. (1987). Theory and Experiment in the Study of Technological Change. *Current Anthropology*, 28 (5), 595–622.

③ Roe, Peter G. (1995). Style, Society, Myth, and Structure, in *Style, Society and Person: Archaeological and Ethnological Perspectives* (pp. 27–76), edited by Christopher Carr and Jill E. Neitzel, New York: Plenum Press.

此看来，学习框架的差异导致了陶器风格的差异模式。[①]

上述这些学习框架是从民族调查中总结的，克朗在美西南的民族志中，还找到了更多关于学习的细节。在美西南的普韦布洛人和皮曼语群体中，传统上认为女性均是制陶者，她们在儿童时期就学会了制陶。美西南普韦布洛女孩主要通过观察和模仿她们的母亲、阿姨、外祖母或其他成年女性来学习制作陶器，正式的直接指导很少，成人仅会偶尔纠正模仿他们的儿童，并给予简短的指导。[②] 在秘鲁希皮博－克尼博（Shipibo-Conibo）人中，成人帮助儿童学习复杂的设计风格，学习通常是成人在黏土上轻轻做出设计，然后由儿童在上面涂抹；或者让儿童在几乎完成的设计上添加小的填充线。[③] 喀麦隆南部的陶工会把学习者的手握在自己手中，指导他们学习成型技术。[④] 在印度拉贾斯坦邦（Rajasthan），男孩通过观察他们的男性亲属抛陶泥或转动陶轮来学习制陶，但在父亲不在的情况下，他们也会接受母亲的详细口头指导，而母亲是不允许接触陶轮的。[⑤]

美西南的民族学资料表明，学习的顺序通常与生产过程的顺序保持一致，对陶器来说，学习者最初学习成型技术，然后是装饰，最后是烧制，其进展快慢主要由学习者的兴趣和技能水平决定。女孩大约从 5 岁开始学习制陶，一般来说，到 15 岁时就应该掌握所有的知识来管理自己的家庭，其中就包括

① Wallaert-Pêtre, Hélène. (2001). Learning how to make the right pots: apprenticeship strategies and material culture: a case study in handmade pottery from Cameroon. *Journal of Anthropological Research*, 57 (4), 471-493.

② a. Fowler, Carol. (1977). *Daisy Hooee Nampeyo: The Story of an American Indian*. Minneapolis, Minn.: Dillon Press. p. 29. b. Hill, W. W. (1982). *An Ethnography of Santa Clara Pueblo New Mexico*. Albuquerque: University of New Mexico Press. p. 139.

③ DeBoer, Warren R. (1990). Interaction, Imitation, and Communication as Expressed in Style: The Ucayali Experience. In *The Uses of Style in Archaeology* (pp. 82-104), edited by Margaret Conkey and Christine Hastorf. Cambridge: Cambridge University Press.

④ Gosselain, Olivier. (1998). Social and Technical Identity in a Clay Crystal Ball. In *The Archaeology of Social Boundaries* (pp. 78-106), edited by Miriam T. Stark. Washington, D.C.: Smithsonian Institution Press.

⑤ Kramer, Carol. (1997). *Pottery in Rajasthan: Ethnoarchaeology in Two Indian Cities*. Washington: Smithsonian Institution Press. pp 47.

生产合格的陶器。[①]喀麦隆的分段式学习框架则呈现不同的顺序：在第一阶段，学习者协助采购和加工原材料，学会烧制及烧制后的器皿处理；在第二阶段，学习者在熟练工匠的密切指导下掌握成型技术。[②]日本陶工学徒有 5 个学习阶段，学徒从最不需要成人参与的任务开始，学会后才开始学习那些最需要熟练陶工提供"脚手架"的实践环节。[③]

上述的合作不仅发生在学习者与熟练工匠之间，成年的普韦布洛陶工之间也经常相互合作。男性有时会装饰女性亲属制作的陶器，或者为女性陶工绘制大型容器图案以提供帮助。[④]圣克拉拉最年老的陶工之一会为不太熟练的妇女装饰陶器，作为回报，她们用她准备的陶泥为她制作陶器。[⑤]

基于以上这些理论，克朗对查科、霍霍卡姆、霍皮、明布勒斯、萨拉多、奇瓦瓦北部等多个陶器风格区的陶器进行了教学框架和教学过程的推测。

二、选题的契机

对克朗来说，对学习过程的兴趣可能是来自多方面的。在完成了专著《陶器与意识形态：萨拉多多色陶器》的撰写后，克朗一方面与米尔斯编著《美国西南部的陶器生产》论文集[⑥]，另一方面将选题转向了霍霍卡姆地区的性别研究。

1995 年，克朗发表了一篇有关陶器起源与妇女生产的论文，其中对詹姆斯·布朗提出的陶器起源模型进行了检验。该模型认为：当对防渗容器的需求超过容易制造的供应时，就会制造陶容器；而定居生活提高了这种应对方式的适宜性，因为陶器作为一种可批量生产的器具，对定居人群来说是相对容易

① a. Fowler（1977）:29. b. Hill（1982）. c. Dennis, W.（1940）. *The Hopi Child*. New York: D. Appleton-Century. p. 40. d. Parsons, Elsie Clews.（1991）. Waiyautitsa of Zuni, New Mexico. In *Pueblo Mothers and Children: Essays by Elsie Clews Parsons*, 1915—1924（pp. 89-105）, edited by Barbara A. Babcock. Santa Fe, N.M.: Ancient City Press.

② Gosselain（1998）.

③ Singleton（1989）.

④ Guthe, Carl E.（1925）. Pueblo pottery making: a study at the village of San Ildefonso. *Papers of the Southwestern Expedition No. 2*. New Haven, CT: Yale University Press. p. 69.

⑤ Naranjo, Tessie（1992）. *Social change and pottery-making at Santa Clara Pueblo*. PhD Dissertation, Department of Sociololgy, University of New Mexico, Albuquerque. pp.106-107.

⑥ Mills, Barbara J., and Patricia L. Crown.（Eds.）（1995）. *Ceramic Production in the American Southwest*. Tuscon: The University of Arizona Press.

的。克朗的研究表明，对防渗的容器的需求的确增加，但在陶器技术出现时它的生产造成了时间安排问题，增加了妇女的工作量，并与耕作、采集活动相冲突，因此陶容器没有在第一时间被制作出来。随着使用陶容器的新优势（包括有助于辅食制作以便妇女断奶；提升玉米食物的营养价值）被发现，同时伴随玉米新品种出现、对玉米的依赖程度上升、加工玉米的辅助工具出现、烹饪方式发生转变，陶容器的生产被认为有助于缓解食物加工和其他工作之间的安排冲突，妇女于是开始普遍学习制作陶器。

　　当时距离美国性别考古的先驱者玛格丽特·康基和珍妮特·斯佩克特发表她们开创性的文章《考古学与性别研究》[①]过去不到 10 年的时间，第二波女权主义的浪潮仍在驱动考古学家（尤其是女性考古学家）对性别问题做出全新视角的阐释。这一趋势或许让克朗原本对史前社会意识形态的广泛兴趣缩小到作为社会意识形态中的一部分的性别研究。与此同时，克朗的女儿卡尔森（Carson）出生了，亲身经历或许也使得她增加了对于考古学中妇女儿童研究的关注。

　　更为重要的是，在先前对于萨拉多多色陶器的研究中，克朗已经注意到存在少数制作拙劣的器皿。它们在陶器中的占比不超过 5%，大部分是成型、烧制、装饰都很糟糕的器皿，通常被称为"乡村白痴陶器"（village idiot ware），即认为是文化边缘或智力有缺陷的人制作的，但事实上，对于它们的制作者尚存争议。

三、制作者之思：儿童还是"乡村白痴"？

　　在克朗进行相关研究以前，已经有人认为那些制作拙劣的器皿可能是由儿童所制。弗兰克·库欣曾将霍霍卡姆地区发掘到的一些器皿解释为儿童的作品[②]；无独有偶，尼尔·贾德将普韦布洛·博尼托出土的一些小而粗糙的器皿解释为儿童的作品。[③]凯瑟琳·坎普（Kathryn A. Kamp）也提出一种从陶

---

　　① Conkey, Margaret W., and Janet D. Spector. (1984). Archaeology and the study of gender, *Archaeological Method and Theory*, 7: 1–38. New York: Academic Press.

　　② 未作引用，交代其来源的原文为 as indicated on original catalog cards at the Peabody Museum at Harvard University。

　　③ Judd, Neil M. (1954). *The Material Culture of Pueblo Bonito*. Smithsonian Miscellaneous Collections 124. Washington, D.C: Smithson. Ins. p.199.

器上留下的指纹判断其制作者（主要是年龄）的方法[1]，但克朗所研究的器皿基本都有装饰，大部分有陶衣，无法留下可见的指纹。

尽管克朗假设这些被称为"乡村白痴陶器"的器皿是儿童制作的，但仍存在其他的可能性。克朗首先针对熟练陶工作为制陶者的情况，提出以下假说：（1）敷衍了事而制作出粗劣陶器；（2）在药物或酒精的影响下制作；（3）陶工过于年老无法做出合格陶器；（4）将这些陶器作为特定目的的特殊产品；（5）出于抗议制作粗劣陶器。此后逐一对这些假说进行了检验（见表5-1）。

表5-1 "乡村白痴陶器"制作者的假说和检验

假说	判断	依 据
敷衍了事	不认可	制作该种器皿需要多于平常的精力：设计上存在多余的落笔和提笔[2]、部分长线条和螺旋线由短线条堆叠而成
药物或酒精的影响	不认可	没有证据表明在前西班牙时期美国西南部存在娱乐性药物或酒精使用；药物和酒精的使用即使存在也是与仪式活动有关，因此不应出现在家庭工艺品生产的场景中
过于年老	不认可	在文献记录中，历史时期的普韦布洛陶工在年老时仍然制作高质量的陶器，如果无法保证陶器质量，老年陶工就会停止生产。[3]老年陶工可能会画出不稳定的线条，但不会做出结构不合适的设计。此外，墓葬年龄数据表明，人们很少活到老年
特定目的	不完全认可	出于特定目的而制作粗劣陶器的习俗在美西南地区并不多见，仅在霍皮族有制作小型粗糙陶碗并打碎作为祈祷陶器顺利烧制或对泥土的献礼的道具[4]
抗议	不认可	无论是历史文献还是民族调查中，都没有西南地区的女孩或妇女通过生产粗劣器皿来表示抗议的记录，如果制陶者表示抗议，她们更可能不进行陶器生产

克朗认为在美西南的大部分地区，如果出现类似的粗劣陶器，它们不太

---

[1] Kamp, Kathryn A. (2001). Prehistoric children working and playing: a Southwestern case study in learning ceramics. *Journal of Anthropological Research*, 57 (4), 427-450.

[2] Hagstrum, Melissa B. (1985). Measuring Prehistoric Ceramic Craft Specialization: A Test Case in the American Southwest. *Journal of Field Archaeology*, 12, 65-75. 文中指出，如果陶工在进行设计时马虎了事，就会减少画一个设计元素所需的手势。

[3] Blair, Mary Ellen, and Laurence Blair. (1999). *The Legacy of a Master Potter: Nampeyo and Her Descendants*. Tucson, Arizona: Treasure Chest Books. pp. 179-180.

[4] Bartlett, Katherine (1934). *The Material Culture of Pueblo II in the San Francisco Mountains, Arizona*. Bulletin, Museum of Northern Arizona 7. Flagstaff: Northern Arizona Society of Science and Art.

可能是由熟练陶工生产的，而更可能是由不熟练的陶工制作的。在不熟练的陶工中，也存在成人或儿童两种可能，克朗倾向于认为制作者是儿童，理由如下：

第一，这些器皿上的装饰（主要是彩绘）是典型的儿童在学习绘画时期出现的设计。克朗制定了一系列记录项以描述或评估她所观察的陶器（见表5-2）。在这一系列记录项中，第一组中编号为2—10的项与制陶者的认知水平（包括复制几何图形的能力、理解设计的语法结构，以及使用对称功能的能力）存在较大关联，认知水平又与心理年龄相关。第二组中编号为11—17的项与制陶者的运动控制能力相关，这种能力水平可以通过反复练习得到提高。从这些记录项的数据来看，克朗所接触的粗劣陶器大多呈现较低的认知水平和运动技能：线条是由断续的笔触试探性地绘制的，斜线填充纹理中，斜线之间的距离很不均匀，有些器皿上有潦草的设计，设计与所处文化的设计不相符合，一些动物有宽大的笑脸且缺乏对称性。对线条更仔细地观察表明，许多器皿在绘制时被固定在某个位置上，没有转过来以方便绘画；使用沾颜料的刷子时呈现推的姿势（适合的方法是拖动刷子）。这些情况都表明制陶者应该是儿童或认知能力很低的成人。

第二，粗劣的器皿在高度和宽度上明显小于熟练的陶工所制作的器皿，这既然是基于一个数量足够的样本量，那么就足以说明其制作者很可能普遍存在体型较小的特征，儿童正是符合这一特征的制作者。

表 5-2　为教与学研究记录的属性 [①]

编　号	所属组别	属　性
1	用于评估容器彩绘的属性	图案单元的数量
2		图案状态（空白／实心／纹饰填充）
3		充满设计的领域的数量
4		绘画的类型（几何的／具象的）
5		图案与设计框架的结合
6		设计的格局

① 翻译自 Crown, Patricia L.（2001a）. Learning to make pottery in the Prehispanic American Southwest. *Journal of Anthropological Research* 57（4）, 451-469. p. 459.

编　号	所属组别	属　性
7	用于评估容器彩绘的属性	容器周身相同图案的比例
8		设计中使用的形状
9		对称性（任何图案的最高级别）
10		使用容器的形状作为绘画的领域
11		设计的执行
12		设计中的线条重叠
13		绘画中明显错误的数量
14		动作控制／笔刷把控（从马虎到可控）
15		线条画法／方向
16		线条宽度（最细）
17		线条控制的不均匀性
18		线条的宽度（如有则填）
19		线条之间的距离（如有则填）
20	评估容器成型技术的指标	容器形状
21		成型技术
22		精加工技术
23		成型／精加工质量
24		容器的对称性
25		形式的复杂性
26		器壁厚度（在同一深度的器周六个点上进行测量）
27		最大高度
28		最大宽度
29		最小孔径
30		颈部长度（仅陶罐需记录）
31	用于评估容器生活史的属性	内部使用磨损
32		外部使用磨损
33		使用改变

续表

编　号	所属组别	属　性
34	用于评估容器生活史的属性	回收（即考古采集）的背景
35		埋葬的年代
36	评估容器技术技能的属性	器皿类型
37		火云（Firecloud）[①]
38		颜色控制
39	评估学习辅助方式的属性	彩绘下的刻痕线
40		擦除

第三，在有出土背景的陶器中，粗劣陶器在儿童墓葬中出现的数量高于预期。另外，对已发表的 12 958 座西南地区墓葬的描述进行的检索表明，在4312 座儿童墓葬中，有46 座出现了可能的制陶工具或材料。尽管以上两组数据中占比并不大，但确实表明，西南地区的群体认为制陶工具或儿童制作的粗劣陶器是适合儿童的随葬品。

基于以上的论证，克朗认为，在前西班牙殖民时期的美国西南部，成年人希望儿童在童年时期与其他成年人一起学习陶器制作。如果这些儿童学会了制作陶器，可以预期这种学习过程会在考古记录中留下痕迹，而那些明显缺乏认知能力和运动技能的陶器正是儿童学习者的作品。对中程和复杂社会的研究显示，儿童经常从事手工艺生产的关键环节，特别是在陶器需求高峰期 [②]，儿童的劳动对这些陶工来说有经济价值。

四、克朗关于陶器教学的成果

1999—2014 年，克朗对美西南地区不同考古学文化中的陶器教学过程进行研究和成果发表。最初，她的研究对象是霍霍卡姆的水色底红纹（red-on-

---

① 指陶器烧成后出现的颜色不均现象。

② a. Arnold（1999）. b. Lackey, Louana M.（1982）. *The Pottery of Acatlan: A Changing Mexican Tradition*. Norman: University of Oklahoma Press. c. London, Gloria A.（1986）. Response to Melissa Hagstrum, "Measuring prehistoric ceramic craft specialization: a test case in the American Southwest." *Journal of Field Archaeology* 13, 510−511.

buff）陶器和明布勒斯的白底黑纹（Black-on-whtie）陶器。[①]

克朗经过繁复的属性记录和分析后，认识到霍霍卡姆和明布勒斯呈现出两种不同的学习框架。在霍霍卡姆，熟练陶工使用厚泥条盘筑，而儿童捏塑形成陶器；相对熟练陶工，儿童的绘制符合经典装饰布局但设计计划性差、运动技能比较差；熟练陶工成型的壶有 41% 被儿童装饰，但成人与儿童合作绘制的仅有 6%。而在明布勒斯，熟练陶工和儿童都使用细泥条盘筑；相对熟练陶工，儿童的绘制符合经典装饰布局但设计计划性差、运动技能比较差；熟练陶工成型的壶有 50% 被儿童装饰，成人与儿童合作绘制的情况比较多。18% 为成人留出小部分空间给儿童装饰，一些为成熟陶工在内部装饰、儿童在外部装饰，另一些为成熟陶工绘制框架、儿童进行填充，有极少数成人绘制参考线并由儿童完成装饰的案例。这两者呈现了不同的学习情况：在霍霍卡姆强调达到成型技术的正确性后才学习绘制；明布勒斯的学习者则有更多的设计自由和容错情况。与此对应的是两者不同的陶器变化情况：霍霍卡姆的陶器序列的特点是，在稳定的技术基础上，设计有缓慢、一致的变化；明布勒斯的陶器序列的特点是技术上的变化，以及惊人的创造性设计。这种差异很可能是儿童在陶器生产中的社会化程度不同、工匠社区如何承受的直接结果。

这一试点研究得到了有效的结论，因此克朗进而对更大的样本进行类似的研究。首先，她在亚利桑那州立博物馆、菲尔德自然历史博物馆、北亚利桑那博物馆、新墨西哥博物馆、哈佛大学皮博迪博物馆、史密森学会 / 博物馆支持中心和明尼阿波利斯魏斯曼艺术博物馆的陶器整器收藏，寻找具有非熟练学习者特征的器皿。尤其关注从公元 700 年后到西班牙殖民者到来前，在查科、霍霍卡姆、霍皮、明布勒斯、保留区（reserve area）[②]、萨拉多和奇瓦瓦北部陶器风格区制作的双色和多色器皿，最终从中挑选了 845 件器皿。

根据统计结果，克朗得出以下结论：（1）这些陶器基本是由熟练的成年陶工和儿童学习者合作制作的，克朗称之为"手把手的装饰"（decorated by "two

---

① a. Crown, Patricia L.（1999）Socialization in American Southwest Pottery Decoration. In *Pottery and People*（pp. 25-43），edited by James M. Skibo and Gary Feinman. Salt Lake City: University of Utah Press. b. Crown（2001a）.

② 指亚利桑那州中东部和新墨西哥州中西部的一部分，那里的陶工既生产锡沃拉白陶风格中的白底黑纹器皿，也生产怀特山红陶风格中的多色器皿，这两种器皿的装饰风格基本相同。

hands"）①。不熟练的儿童制作并绘制了 68% 的容器；另有 4% 的器皿是由儿童制作，再由熟练的陶工绘制。3% 的器皿由儿童制作，然后由儿童和成人合作绘制。15% 的器皿由熟练的搬运工制作，并由儿童绘制。最后的 10% 的器皿是由熟练的陶工制作的，并由一名成人和一名儿童共同完成装饰。（2）不同地区成人参与儿童学习的程度也有所不同。②萨拉多多色器皿中没有一件是合作装饰的，尽管成人经常制作器皿，并让儿童进行绘画；在熟练的成人陶工（而不是儿童）成型陶器的情况下，成人和儿童更有可能共同绘制器皿，怀特山红陶和奇瓦瓦多色陶器样本中，由成人制作和由成人、儿童合作绘制的器皿比例最高。（3）学习框架在不同的陶器类型上也存在不同。通过对比保留区的白底黑纹器皿和多色器皿，可以发现由儿童制作的白底黑纹器皿比较常见，而由儿童制作的多色器皿则比较罕见；成人参与多色器皿的制作比例远远高于白底黑纹器皿，尤其是成人制作然后在儿童帮助下彩绘。

在 2007 年发表的论文《对学习的学习》③中，克朗对研究保留区的白底黑纹陶器得到的结果做了更详细的叙述。所研究的陶器包括公元 900—1400 年间的 262 件锡沃拉白陶器（其中不包括 90 件来自查科的器皿）。尤其需要注意的是，锡沃拉白陶以公元 1100 年为分水岭出现了较大不同，公元 1100 年后的陶器需要更多的劳动力投入，质量也更高，这一时间前后的学习过程也可能存在不同。

在公元 1100 年前，学习制作锡沃拉白陶需要儿童既学习成型，又学习彩绘。第一阶段的学习可能涉及观察和模仿熟练的成年陶工或年长的兄弟姐妹。一些制作完美的陶器有非常不熟练的设计，表明儿童有时会装饰熟练陶工制作的器皿；熟练的陶工有时也会给初出茅庐的陶工制作的造型糟糕的器皿绘彩；熟练的陶工经常与儿童合作进行装饰，有时让不熟练的陶工完成原本精美的设计中的一小部分，有时由儿童和成人各自装饰壶的单独部分。更少见但

---

① 合作制作的不同类型陶器外观见 Crown, Patricia L.（2001b）. Learning and Teaching in the Prehispanic American Southwest. In *Children in the Prehistoric Puebloan Southwest*（pp. 108-124），edited by Kathryn A. Kamp. Salt Lake City: University of Utah Press. p. 116。

② 详细结果图表见 Crown（2001a）:119-121。

③ Crown, Patricia L.（2007a）. Learning about learning. In *Archaeological Anthropology: Perspectives on method and theory*（pp. 198-217），edited by James M. Skibo, Michael W. Graves, and Miriam T. Stark. Tuscon: University of Arizona Press.

也存在的情况是学习者绘制设计后，熟练陶工进行精细的图案填充，或者熟练陶工画出模糊的参考线后让学习者将其作为模板来画更宽、更明显的线条。而在公元 1100 年后，合作模式的类型虽没有发生变化，但各类型所占的比例出现了明显变化（见表 5-3）。

表 5-3　公元 1100 年前后锡沃拉白陶制作者合作模式的比例

时间	学习者成型并彩绘	学习者成型、熟练陶工彩绘	熟练陶工成型、学习者彩绘	熟练工和学习者合作彩绘
公元 1100 年前	80%	6%	10%	4%
公元 1100 年后	51%	10%	8%	31%

　　克朗认为，这种变化可能是与锡沃拉白陶设计风格的复杂化有关。正如一些研究者所指出的，技术或设计风格越复杂，学习的过程就越长。[1] 公元 1100 年后，锡沃拉白陶（更具体的称呼是锡沃拉白陶中的图拉罗萨白底黑纹陶器）比早期的设计涉及更多的图案和重复次数，以及更紧密和更精细的填充图案。这样的设计需要更高的认知能力来解读和复制，也需要更多的运动技能来执行，因此需要更长的学习时间和更多的练习。公元 1100 年前后，不同合作模式之间的比例变化可能说明，设计风格复杂化后熟练陶工更多地参与到不熟练的儿童学习者的学习过程中，使他们成为合格的陶工。在这一时期，儿童更频繁地制作或装饰白底黑纹器皿，他们可能首先学会制作白底黑纹陶器的技术，然后再进入更复杂的多色器皿的学习中。不过，熟练陶工似乎并不经常允许儿童自由接触制作多色陶器所需的材料。

五、教与学——社会的切片

　　对教学框架的思考一方面使我们对陶器的生产衍生出更复杂和具体的猜测，正如克朗认为陶器的生产和学习或许是全社会参与的过程，每一件陶器都可能有多个潜在的生产者。[2] 在教学过程中呈现的、具体的合作生产模式对已有的、基于单一生产者的陶器生产模型提出了挑战。

　　这一过程涉及生产中的知识获取和保密，这也是克朗延续陶器教与学研

[1] Roe（1995）.

[2] Crown, Patricia L.（2007b）. Life Histories of Pots and Potters: Situating the Individual in Archaeology. *American Antiquity*, 72（4），677-690.

究时感兴趣的方向。从对普韦布洛陶工的民族志调查中可以看出，保密工作最常涉及材料和方法，陶工通过保密来保持对黏土资源、生产技术、与陶器生产有关的仪式的控制。在对锡沃拉白陶和怀特山红陶的对比研究中发现，学习者先学习在白陶上成型和装饰陶器的基本方法，然后才接触到红陶所需的材料。[1] 克朗认为红陶器皿的生产限制很可能是因为红色陶衣具有特定的仪式含义，学习者似乎必须达到一定的年龄和地位（比如在女性月经初潮后）再通过仪式，才能获得使用红陶材料的权利和知识。另外，红陶中占比比较大的器形——碗，是为交换而生产的，是用于消费固体熟食的。限制红陶材料的获取避免了学习者与教学者的竞争。[2]

另一方面，教学也呈现出社会变化的一个面向：在对霍霍卡姆、明布勒斯、查科等地区的调查都表明，陶器教学框架与陶器风格的变化与否、速率快慢等存在密切关联。2014 年，克朗将她对陶器变化速率的结论应用于对普韦布洛教学框架的推测[3]：普韦布洛陶器快速的变化证明普韦布洛陶工拥有（或有机会获得）足够广泛的知识，可以熟练地转变做法。在已有民族志的情况下，克朗原先的结论为这一问题提供了新的思路。克朗认为普韦布洛陶工得以拥有这样广泛的知识或许与亨利·沃尔特（Henry Walt）记录的在 1680 年发生的普韦布洛起义有关。[4] 这次起义之后，普韦布洛人之间建立了不断变化的联盟，这一时期的陶器生产实践因而出现快速的变化。这种陶器生产的快速变化也发生在历史时期的祖尼[5]：由于疾病的流行，年长的陶工迅速减少，致使年轻的陶工很少能有机会学习他们的制陶方法；同时，大量的旧壶被转移

---

[1] Crown（2007a）.

[2] Crown, Patricia L.（2016）. Secrecy, Production Rights, and Practice Within Communities of Potters in the Prehispanic American Southwest. In *Knowledge in Motion: Constellations of Learning Across Time and Place*（pp. 67‑96）, edited by Andrew P. Roddick and Ann B. Stahl. Tucson: University of Arizona Press.

[3] Crown, Patricia L.（2014）. The Archaeology of Crafts Learning: Becoming a Potter in the Puebloan Southwest. *Annual Review of Anthropology*, 43, 71‑88.

[4] Walt, Henry J.（1990）. *Style as Communication: Early Historic Pueblo Pottery of New Mexico*. PhD Dissertation, Department of Art and Art History, University of New Mexico, Albuquerque.

[5] Hardin, Margaret A., and Barbara J. Mills.（2000）. The social and historical context of short‑term stylistic replacement: a Zuni case study. *Journal of Archaeological Method and Theory*, 7（3）, 139‑163.

到博物馆①，年轻陶工也无法接触以往装饰的实物蓝本。

对教学框架的探索显然为我们研究陶器提供了一个崭新的视角，使研究者有机会了解陶工之间的交往，陶器因而被视为社会生活中更生动的一部分。帕特丽夏虽与艺术无缘，但克朗博士对教与学的研究中却充满了艺术性。

结　语

如果将克朗的学术成果视为独立的专题，那么她在每个专题上对于学界的推动作用都可以说是有目共睹的，这种影响力不仅体现在她本身的学术活力上，也体现在它可触发的启示性内容上。就本章而言，更隐秘而重要的是这 3 个专题在克朗身上潜藏的逻辑，它使我们贴切地感受到克朗的多面角色——一位陶器研究者、考古学家和母亲。当我们将克朗不同时期的成果置于变化的时代背景中，这些角色会在不同时间被强调也就不难理解了。

20 世纪 70 年代在宾夕法尼亚大学和亚利桑那大学接触和习得的陶器分析方法贯穿了克朗几乎有关陶器的全部研究。作为一个学习者，谢泼德开创性的陶器分析方法使克朗及她同时期的学者受益匪浅。在萨拉多多色陶器的专著出版后，罗伯特·普罗塞尔（Robert W. Preucel）在克朗专著的书评中将其与同年出版的关于乔迪斯塔斯遗址的作品②对比评价，因为两者都使用科技分析解决陶器的产地问题，也将设计元素分析与技术分析结合以解决流通问题。这些方法都基于谢泼德的成果，而且是当时使用科技分析手段确定产地的优良之作。当然，更精彩的是克朗对试图解决的问题做出的精彩且严密的论述，她关于萨拉多多色陶器的研究基于扎实且全面的分析，又根据陶器装饰中图标体系的含义为萨拉多的意识形态做出有说服力的解释，使得当时关于萨拉多现象根基不固的唇枪舌剑都为之一振。由于她对萨拉多多色陶器的出色研究，克朗曾在 1994 年获得美国考古学会陶器研究优秀奖，又在 1998 年获评戈登·威利奖。

① 这主要是由于 19 世纪 80—90 年代美国民族局（Bureau of Ethnology）的探险队对大量祖尼陶器做了收藏、编目和运输，其中包括很多有精美装饰的旧陶器。

② Zedeno, Maria N.（1994）*Sourcing Prehistoric Ceramics at Chodistaas Pueblo, Arizona: The Circulation of People and Pots in the Grasshopper Region*. Anthropological Papers of the University of Arizona No. 58. Tucson: University of Arizona Press.

在对萨拉多意识形态的进一步讨论中，克朗得到的主要结论可以归纳为：萨拉多陶器体现的是一种宗教意识形态；这种意识形态是包容的、无等级的，可以缓解移民和当地人的群体间的紧张关系，被认可并得到发展。萨拉多现象现在被认为是一种政治导向的宗教社会运动，它的反等级制度的性质是它成功瓦解当时社会等级的主要原因，主要体现为可以开放地获得关于宗教的知识——这与当时霍霍卡姆局限的宗教知识获取途径直接对立。[①] 不过从行文逻辑来看，克朗形成最终解释的部分略显仓促，不但使不了解美西南的考古学家感到迷惑，也招致克齐纳崇拜的研究者们对文中错误溯源的具体批评。

20世纪90年代，或许是受到后过程主义的启发，又或许是因为她成了母亲，克朗在转变工作区域的情况下同时将兴趣领域转向了妇女和儿童。这当然仍作为社会意识形态的一部分，但与解决具体的问题略有不同，克朗关于陶器教学过程的成果贡献了一种解释性的方法。在此之前，对陶器的整体视角着眼在陶器群的特征或以此推断的人群特征，而忽略了参与陶器制作和贸易的个体。克朗的教学过程分析借鉴了发展心理学和神经生理学的成熟理论，综合地评估陶器上的初学者痕迹，然后结合学习框架理论和民族志对教导者和学习者的合作模式做出推断，据此推测该教学模式形成的物质文化的变化速率和知识传承的氛围，甚至以此解释社会背景的变化。这一系列方法环环相扣，从具象的陶器属性分析延展向相对不可见的社会背景。对于当时的陶器研究领域，这一成果引发了关于先入为主的陶器制作者的反思；在更广阔的考古学界，出于同样的对于社会背景的探索，它被借鉴用于研究其他地区，甚至其他手工业（如冶金和岩画）的教学过程。在21世纪初，这一成果的另一延伸方向由克朗本人开拓：陶工交流网络、教学过程中的保密等问题。后来，米尔斯和杰弗里·克拉克（Jeffery Clark）在这些方向上有更进一步的研究。

2004年普韦布洛·博尼托的发掘开始后，克朗很快注意到几乎为该遗址所独有的圆筒罐。对中美洲的可可检验已有丰富经验的赫斯特与她合作检测

---

① Borck, Lewis, and Jeffery Clark.（2021）. Dispersing Power: The Contentious, Egalitarian Politics of the Salado Phenomenon in the Hohokam Region of the U.S Southwest. In *Power from Below in Ancient Societies: The Dynamics of Political Complexity in the Archaeological Record*（pp. 247–271）, edited by T. Thurston and M. Fernández-Götz. Cambridge: Cambridge University Press.

并解释了圆筒罐上发现的、当时为美西南最早的可可使用痕迹。尽管之后发现了美西南各地的史前可可残留，克朗和赫斯特使用的分析方法也并无创新之处，2009 年的这项发现仍在很长时间内受到广泛的关注，关于查科峡谷的仪式饮料的系列研究也使克朗在 2014 年获得美国科学院院士的称号。目前，普韦布洛·博尼托再次发掘得到的材料仍在分析和研究中，相关成果非常值得期待。

　　纵观克朗的研究脉络，她对考古学思潮频繁变革的及时响应给我们留下深刻的印象。当克朗被亚利桑那州大学聘用时，她的导师豪里曾高兴地写信说："现在我将有机会向异教徒传授基督教。"① 显然豪里的传教并未成功，而且就像他早有预料的那样：克朗所持的那些异于传统的观点正是考古学进步的基石。在过去近 50 年的思潮巨变里，克朗用严谨的逻辑和扎实的基础获得了一系列令人尊敬的成果。不过正像克朗无法获知豪里的办公室书架上紧邻他的座位的那本橘色大书为什么会放在那里，我们对先民们的思想也抱有持续的好奇但仍无法接近其真意，而广博的理论和具体的实践或许是使我们更进一步的良方。

大 事 年 表

1953 年，出生于洛杉矶。

1971 年，开始就读宾夕法尼亚大学。

1974 年，获得宾夕法尼亚大学人类学文学学士荣誉学位，进入亚利桑那大学深造。

1976 年，获得亚利桑那大学人类学文学硕士学位，担任乔迪斯塔斯遗址发掘工作执行领队。

1979 年，担任亚利桑那州立博物馆圣约翰项目助理项目主管。

1981 年，完成博士论文《亚利桑那州中东部乔迪斯塔斯遗址陶器制作的多样性》(Variability in Ceramic Manufacture at the Chodistaas Site, East-Central Arizona)，获得亚利桑那大学人类学哲学博士学位。

1980 年，受聘为亚利桑那州立博物馆的助理考古学家，担任索尔特－吉拉

---

① Crown, Patricia L. (1993). Remembrance of Emil W. Haury. *The Kiva*, 59（2）, 261-265.

河运河项目主管。

1984 年，开始萨拉多彩陶的研究，并开始在洛斯阿拉莫斯国家实验室和史密森学会开展成分分析。

1985 年，受聘为南卫理公会大学人类学系助理教授，同时负责陶斯遗址的田野实习。

1991 年，受聘为亚利桑那大学人类学系助理教授；与詹姆斯·贾奇（W. James Judge）合作编著的《查科和霍霍卡姆：美西南史前区域系统》（*Chaco and Hohokam: Prehistoric Regional Systems in the American Southwest*）出版。

1992 年，升任亚利桑那大学人类学系副教授。

1993 年，受聘为新墨西哥大学人类学系副教授。

1994 年，《陶器与意识形态: 萨拉多多色陶器》（*Ceramics and Ideology: Salado Polychrome Pottery*）出版。该作和克朗的其他成就使她获得 1994 年美国考古学协会陶器研究优秀奖。

1995 年，与芭芭拉·米尔斯合作编著的《美国西南部的陶器生产》（*Ceramic Production in the American Southwest*）出版。

1998 年，开始担任新墨西哥大学人类学系教授；担任"成为制陶者"研究的主要研究员，开始研究陶器教学过程；获得美国人类学会考古学部颁发的戈登·威利奖。

1999 年，参加美国考古学会第 65 届年会，在其中"史前的学习和手工艺生产"讨论会发言，该讨论会的所有研究在 2001 年被集中发表于《人类学研究杂志》57 卷第 4 期。

2001 年，编著的《前西班牙时期美西南的女性和男性：性别视角下美西南的劳动力、权力和声望》（*Women & Men in the Prehispanic Southwest: Labor, Power & Prestige*）出版。

2004 年，与威尔斯共同担任新墨西哥州查科峡谷查科地层项目的联合主任，在普韦布洛·博尼托的垃圾土丘中重新对沟渠做发掘。

2007 年，与赫斯特合作对普韦布洛·博尼托垃圾土丘中出土的圆筒罐碎片进行检测，发现可可的残留证据，研究成果《前西班牙时期美西南的可可使用》于 2009 年发表；从这年至 2015 年持续与来自桑迪亚国家实验室（Sandia National Laboratory）、新墨西哥大学化学系和赫尔希技术中心（Hershey Technical Center）

的合作者对普韦布洛·博尼托的陶器开展有机残留物分析。

2008 年，受聘为新墨西哥大学人类学系杰出教授。

2010 年，向查科文化国家历史公园和新墨西哥州历史保护办公室提交普韦布洛·博尼托 28 号房间的发掘审批草案并获批准。

2013 年，带领团队对普韦布洛·博尼托的 28 号房间进行重新发掘。

2014 年，遴选为美国科学院院士。

2016 年，受聘为新墨西哥大学人类学系莱斯利·斯皮尔杰出教授。

2017 年，与威尔斯一起荣获第 3 届"世界考古论坛·上海"重大考古发现奖，获奖项目为"美国新墨西哥州查科峡谷普韦布洛博尼托遗址的水资源控制、物品交换与仪式行为"。

2018 年，被美国人类学协会授予阿尔弗雷德·文森特·基德美国考古领域杰出奖（the Alfred Vincent Kidder Award for Eminence in the Field of American Archaeology）。

2019 年，被授予 2019—2020 学年 School for Advanced Research（SAR）Wea-therhead Resident Scholar 荣誉称号。

2020 年，编著的《圆筒罐之家：查科峡谷普韦布洛·博尼托的 28 号房间》（ *The House of the Cylinder Jars: Room 28 at Pueblo Bonito, Chaco Canyon* ）出版。

2022 年，在新墨西哥大学人类学系以莱斯利·斯皮尔杰出教授身份荣休。

感谢克朗教授及其博士生杰奎琳·科瑟（Jacqueline M.Kocer）分享并扫描了一些不易找到的文献。

第六章
迪安·阿诺德

迪安·阿诺德（Dean Arnold），生于 1942 年，是美国著名的民族考古学家，也是陶器民族考古学的创始人之一，尤其在陶器生产组织和技术的研究上成果卓著。

阿诺德 1964 年于伊利诺伊州的惠顿学院（Wheaton College）人类学系获得学士学位。之后他在伊利诺伊大学厄巴纳－香槟分校杜安·梅茨格（Duane Metzger）和唐纳德·拉斯拉普（Donald W. Lathrap）的带领下进行硕士阶段的学习。1967 年，他以一篇研究玛雅蓝的论文获得了人类学硕士学位，并在 1970 年获得博士学位，论文题目是《秘鲁奎努阿陶器设计的主位》（The Emics of Pottery Design from Quinua, Peru）。获得博士学位后，阿诺德先在宾夕法尼亚州立大学担任人类学助理教授（1969—1972），并作为威廉·桑德斯（William T. Sanders）指导的卡米纳留宇（Kaminaljuyú）项目的成员在危地马拉山谷进行陶器制作的研究。1972—1973 年，阿诺德作为富布莱特奖学金讲师（Fulbright lecturer）在秘鲁库斯科的圣安东尼奥阿巴德国立大学（Universidad Nacional San Antonio Abad）工作，并与美国国家文化研究所合作发掘印加遗址。1973 年，他回到惠顿学院担任社会学和人类学系的助理教授；1977 年，晋升为副教授；1982 年，晋升为正教授；并于 2001—2003 年担任社会学和人类学系主任。在惠顿任教 39 年后，阿诺德于 2012 年 5 月荣誉退休。在此期间，他根据在多地进行的实地调查工作，撰写了多篇陶器生态学的文章，并以此为基础在他的职业生涯早期出版了经典著作《陶器理论与文化过程》（Ceramic Theory and Cultural Process）。1984 年，阿诺德第二次成为富布莱特学者，得以回到墨西哥尤卡坦继续他从 1965 年开始的在蒂库尔（Ticul）的研究，他继续专注于蒂库尔陶工的社会和技术变革关系，并于 2008—2018 年相继出版了蒂库尔陶器民族考古学的三部著作。除了在大学的教学研究工作之外，阿诺德还担任芝加哥菲尔德自然历史博物馆（Field Museum of Natural History，现为菲尔德博物馆）的研究员（1988—1990 年和 1993—2011 年）。

阿诺德是一位敏锐的观察者和多产的学者、讲师，迄今为止已出版六部著作，合作编撰两部文集，并撰写了六十多篇关于陶工、陶器生产及相关主题的论文，成绩斐然。1996 年，在获得同行提名后，阿诺德被授予美国考古学协会陶器研究优秀奖。他还被授予美国人类学会和美国科学促进协会（American Association for the Advancesment of Science，简称 AAAS）研究员的荣誉。阿诺德是剑桥大学克莱尔学院（1985 年）的访问学者，是该学院的终身会员，曾三次任该校考古学系的访问学者。2003 年，阿诺德获得拉姆达阿尔法国家执行委员会（the National Executive Council of Lambda Alpha）颁发的查尔斯·詹金斯杰出成就证书（the Charles R. Jenkins Certificate of Distinguished Achievement）；2008 年，他获得惠顿学院校友会（the Wheaton College Alumni Association）颁发的"母校杰出服务奖"（the Distinguished Service to Alma Mater Award）；他是 2000 年剑桥大学的基督圣体学院（Corpus Christi College）的高级成员；2017 年被评为美国人类学会（American Anthropological Association）的杰出成员。此外，他曾入选第一版《美国新兴领导者名人录》（*Who's Who of Emerging Leaders in America*，1987）及多个版本的《中西部名人录》（*Who's Who in the Midwest*），并在 2018 年获得了阿尔伯特·纳尔逊·马奎斯终身成就奖（Albert Nelson Marquis Lifetime Achievement Award）。[①]

第一节　思想的开端：早期的实地工作及研究

一、研究生阶段的工作及其延伸

在惠顿学院——一所位于伊利诺伊州的独立基督教学院，阿诺德在读本

---

① Kolb, Charles C.（2020）. Dean E. Arnold. In *Encyclopedia of Global Archaeology*（pp. 979-984）, edited by Claire Smith. Springer.

科时受到了人类学四分支（考古学、文化人类学、体质人类学和语言学）的系统训练，在随后的学术生涯中，他在教学和研究中广泛应用了这些领域的知识。[①] 本科毕业后，阿诺德来到伊利诺伊大学厄巴纳－香槟分校继续学习，在这里遇到了他学术生涯中的两位引路人——杜安·梅茨格和唐纳德·拉斯拉普。在两位老师的指引下，阿诺德完成了硕士和博士阶段的研究。

（一）玛雅蓝研究

杜安·梅茨格（1930—2004）在阿诺德硕士早期阶段担任着重要的角色，他于 1957—1960 年被授予哈佛大学初级研究员，此后在伊利诺伊大学厄巴纳－香槟分校任教，并在帕洛阿尔托高级研究中心（Center for Advanced Studies in Palo Alto）担任研究员。他独特有效的教学法包括"学习实践"，并辅以持续的系统观察。[②] 在梅茨格还在伊利诺伊大学任教期间，这种方法对还处于研究生阶段的阿诺德产生了巨大而深远的影响。

在硕士学习阶段，阿诺德最初在梅茨格的带领下开始进行对墨西哥尤卡坦蒂库尔的玛雅社区陶器生产的研究。蒂库尔位于墨西哥尤卡坦半岛普克（Puuc）地区中心梅里达（Mérida）以南约 96.6 公里处，是尤卡坦州南部最大的城市之一。蒂库尔在 20 世纪下半叶拥有尤卡坦半岛北部最多的陶工，是尤卡坦最重要的陶器生产地，也是几代陶工的家园。

阿诺德起初专注于陶器烧制研究。1965 年，恰逢梅茨格让他将民族志课程的线人送回他们社区的契机，阿诺德在蒂库尔社区有了一个意外的探索机会，开始用接近整个学术生涯的时间阐明"玛雅蓝"这一材料的奥秘。随着 5 月下旬雨季的到来，一位陶工对一堆坚硬、质轻、白垩色岩石的仔细观察引起了阿诺德的兴趣 [③]，由此开始了他对这种材料［即坡缕石（palygorskite）］，乃至以坡缕石为成分之一的玛雅蓝颜料的研究。这将他带入了一个全新的领域，也开启了他进行当地制陶研究的另一个视角。阿诺德发现，蒂库尔陶工

---

① Kolb（2020）:979.

②（2004）. Death Notices:（Mahfoud Bennoune, Nikolal Girenko, Peter Goldsmith, Robert E Maclaury, Duane Metzger, and Kenneih R Turner）, *Anthropology News*, 45: 41-43. https://doi.org/10.1111/an.2004.45.6.41.

③ O' Hara, Delia.（2012）. Dean Arnold Pieces Together Mystery of Maya Blue. *AAAS member spotlight*, 12/19/2012. https://www.aaas.org/dean-arnold-pieces-together-mystery-maya-blue.

认识到他们的原材料中有一类与坡缕石相对应，以此为切入，他在硕士论文中证明了文化范畴和矿物学范畴之间的对应关系[①]，并作为伊利诺伊大学人类学系研究报告刊发[②]。

阿诺德运用民族志方法和 X 射线衍射分析，展示了尤卡坦玛雅语（Yucatec Maya）的语义中"萨克鲁姆"（sak lu'um）和坡缕石之间的联系。[③]两者之间的联系是蒂库尔当代玛雅陶工本土知识的一部分，表明当代玛雅人对坡缕石独特的物理特性了如指掌，并将其用作陶器羼和料的关键成分。[④]从 1968 年开始的十几次旅行中，阿诺德在尤卡坦找到了两个古代的坡缕石来源——萨卡卢姆（Sacalum）[⑤]和蒂库尔[⑥]。此外，他还与众多学者一起对玛雅蓝进行了多种科技分析。[⑦]这一系列长期研究对玛雅蓝在中美洲文化中所起的作用有了重新认识，《考古学》（*Archaeology*）杂志将阿诺德和他的同事的发现（相关

[①] Arnold, Dean E.（1967a）. *Maya Blue: A New Perspective*. MA thesis. University of Illinois, Urbana.

[②] Arnold, Dean E.（1967b）. *Sak lu'um in Maya Culture and its Possible Relationship to Maya Blue*. Department of Anthropology, Research Reports No. 2. Urbana: University of Illinois, Urbana.

[③] a. Arnold（1967a）. b. Arnold, Dean E.（1971）. Ethnomineralogy of Ticul, Yucatan Potters: Etics and Emics. *American Antiquity*, 36（1）, 20-40.

[④] a. Arnold（1967a）. b. Arnold（1971）. c. Arnold, Dean E.（2005a）. Maya Blue and Palygorskite: A Second Possible Pre-Columbian Source. *Ancient Mesoamerica*, 16（1）, 51-62. d. Arnold, Dean E., and Bruce F. Bohor.（1975）. Attapulgite and Maya Blue: An Ancient Mine Comes to Light. *Archaeology*, 28（1）, 23-29. e. Arnold, Dean E., and Bruce F. Bohor,（1976）. An Ancient Attapulgite Mine in Yucatán. *Katunob* 8（4）, 25 - 34.

[⑤] Arnold and Bohor（1975）.

[⑥] Arnold（2005a）.

[⑦] a. Arnold, Dean E., Neff Hector, Michael D. Glascock, and Robert J. Speakman（2007）. Sourcing the Palygorskite Used in Maya Blue: A Pilot Study Comparing the Results of INAA and LA-ICP-MS. *Latin American Antiquity*, 18（1）, 44 - 58. b. Arnold, Dean E., Jason R. Branden, Patrick Ryan Williams, Gary M. Feinman, and J. P. Brown.（2008）. The First Direct Evidence for the Production of Maya Blue: Rediscovery of a Technology. *Antiquity*, 82: 152 - 164. c. Arnold, Dean E., Bruce F. Bohor, Hector Neff, Gray M. Feinman, Patrick Ryan Williams, Laure Dussubieux, and Ronald Bishop.（2012）. The First Direct Evidence of pre-Columbian Sources of Palygorskite for Maya Blue. *Journal of Archeological Science*, 39（7）: 2252 - 2260.

成果在《古物》杂志发表[1]）评为"2008 年十大发现"之一[2]，这篇题为《生产玛雅蓝最早的直接证据：重新发现的技术》（The First Direct Evidence for the Production of Maya Blue: Rediscovery of a Technology）的论文综合多方面材料，为我们了解玛雅蓝的使用及其在文化中所起的作用提供了可靠的证据。[3]

（二）陶器设计研究

在对玛雅蓝独辟蹊径的研究后，阿诺德暂时回到了陶器生产的研究上，然而他没能在蒂库尔停留太久。带领阿诺德前往蒂库尔开展研究的梅茨格于 1965 年离开伊利诺伊大学，前往加州大学欧文分校（the University of California at Irvine）任职，唐纳德·拉特拉普因而成了他的导师。拉特拉普（1927—1990）是一名南美洲考古学家，曾在加州大学伯克利分校师从阿尔弗雷德·克罗伯（Alfred L. Kroeber）和卡尔·索尔（Carl Sauer），并于 1962 年在戈登·威利（Gordon R. Willey）的指导下于哈佛大学人类学系获得博士学位。[4]拉特拉普专门研究秘鲁和亚马孙地区，他鼓励阿诺德继续进行与考古学相关的民族志研究，并建议阿诺德去秘鲁与安第斯民族历史学家汤姆·祖伊德马（Tom Zuidema）合作。1967 年 2 月，阿诺德在祖伊德马的监督下于阿亚库乔山谷（Ayacucho Valley）学习制陶。起初，他想研究陶工社区之间的陶土、羼和料和黏土的差异，但各种原因使他未能继续最初的研究计划，最终来到了秘鲁奎努阿（Quinua）研究现代陶器生产。[5]奎努阿位于秘鲁阿亚库乔盆地（Ayacucho Basin）中南部的安第斯高地，距离前印加帝国的首都古城瓦里（Huari）只有几公里远，阿诺德认为现代陶器生产可能起源于其古老的邻居。1967 年年中，阿诺德回到伊利诺伊大学写博士学位论文。由于对秘鲁陶器生产的观察非常有限，陶器生产的数据非常少，因此他把重点放在了可以观察到大量实物的陶器设计上。[6]

---

[1] Arnold, Branden, Williams, Feinman, and Brown（2008）.

[2] Patel, Samir S., Roger Atwood, Eti Bonn-Muller, Zach Zorich, Malin Grunberg Banyasz, Heather Pringle, Mark Rose, and Eric A. Powell.（2009）. Top 10 Discoveries of 2008. *Archaeology*, 62（1），20-27.

[3] O' Hara（2012）.

[4] Kolb（2020）：979.

[5] Arnold, Dean E.（2011）. Ceramic Theory and Cultural Process after 25 Years. *Ethnoarchaeology*, 3（1），63-98.

[6] Arnold（2011）.

阿诺德的博士论文《秘鲁奎努阿陶器设计的主位》(The Emics of Pottery Design from Quinua, Peru)[1] 可以视为后续一系列关于陶器设计研究的起点。像文化行为的许多方面一样,陶器设计可以从"客位"或"主位"的角度来描述。在这篇论文中,他参照了肯尼斯·派克(Kenneth L. Pike)[2] 和马文·哈里斯(Marvin Harris)[3] 对主位、客位的定义,并参考了谢泼德对陶器设计的形式和内涵这两个基本方面的认识。[4] 设计的内涵方面是设计的主位方法,而设计的形式方面通常在本质上是客位方法。阿诺德使用谢泼德提出和定义的客位观察单元,以分离并识别风格中不连续的设计行为单元。阿诺德对普伊努(Puynu)、宇郭乌伊提乌(Yukuouytiu)、塔丘(Tachu)和普拉图(Plato)这四种陶器的设计进行主位描述,这些设计原则包括了陶器的表面处理、装饰区域的分配和被细分的更小单元设计带、每个设计带中的设计、设计的对称性,以及这些原则在一个特定器形上的关联模式。阿诺德的语言学背景表明,陶器生产的顺序与语言生产一样是线性的,因此可以用语言模型来描述。他将这种设计结构描述为一系列反映了陶工做出的顺序选择决策树。[5] 阿诺德在14年后以图表的形式总结了关于这些决策树的研究成果:通过每种陶器形状的装饰类型、布局类型和装饰区的频率,将这些设计特征按等级顺序排列,频率在由上到下的排列中降低;然后计算每个垂直类别的频率,并从左到右按照频率由高到低进行排列;最后通过画线连接每一层的设计编号,将每个陶器的数据映射到图表中。[6] 这些决策树隐含在陶工绘制他们陶

① Arnold, Dean E. (1970). *The Emics of Pottery Design from Quinua, Peru*. Ph.D. dissertation. University of Illinois, Urbana.

② Pike, Kenneth. L. (1967). *Language in Relation to a Unified Theory of the Structure of Human Behavior*. The Hague: Mouton.

③ Harris, Marvin. (1968). *The Rise of Anthropological Theory*. New York: Crowell.

④ a. Shephard, Anna O. (1948). *The Symmetry of Abstract Design with Special Reference to Ceramic Decoration*, Contribution no. 47. Carnegie Institution of Washington. b. Shepard, Anna O. (1956). *Ceramics for the Archaeologist* (Vol. 609). Washington, DC: Carnegie Institution of Washington.

⑤ Arnold, Dean E. (2011). Ceramic Theory and Cultural Process after 25 Years. *Ethnoarchaeology*, 3 (1), 63–98.

⑥ Arnold, Dean E. (1984). Social Interaction and Ceramic Design: Community-wide Correlates in Quinua, Peru. In *Pots and Potters: Current Approaches in Ceramic Archaeology* (pp. 133–161), edited by Prudence M. Rice. Monograph XXIV. Los Angeles: Institute of Archaeology University of California. pp.138–139.

器的方式中。这些设计也不是严格意义上的主位，因为没有设计结构或设计的语言术语。尽管如此，阿诺德相信设计区、它们的内容和设计决策是一系列与文化相关的行为上的主位。[①] 从此，对于陶器中主位与客位的思考，也贯穿在了他整个研究生涯中。

阿诺德也观察到制陶社区的几个设计之间的关联：一致的陶衣／涂层和绘画组合、陶器上设计空间的组织、特定设计区的高频率、特定区域内特定设计的关联、特定图案和带状对称的使用。他特别指出，陶工群体中存在一些风格上的关联，包括装饰空间的特定结构和模式、高频率出现的带状对称图案，这些特殊的设计结构反映了奎努阿这个陶工社区的互动，因此设计相关性可能是群体中长期互动的产物。由此阿诺德也提出这种陶器设计的方法对于研究古代互动的陶工群体有很大的潜力：通过控制考古环境中的空间和时间变量，可以用这里提出的方法来分析一个特定的考古组合。

阿诺德还提出一个由三个层次构成的基于民族志数据的陶器分布识别模型：第一层次是制陶资源的数据；第二层次是从设计到成型方法的识别，并有与陶工的民族、语言群体有关的数据；第三层次的分析涉及陶器的设计结构和对称性，对其分析的数据可以帮助识别生产该陶器的陶工群体。[②] 因此，高频率的设计结构和组织模式是一个独特的陶工群体的产物。陶工群体除了用这些模式进行陶器设计，还用来把它们所在的空间组织起来。这些设计模式是社区空间组织和利用模式的真实行为表现，是社会互动的"真实"模式具体化的结果。[③] 在这些对于陶器设计的研究中不难看出，阿诺德关注的不是设计本身或个体元素，而是设计结构，并且把研究对象扩展到这些设计与陶工群体的关系上。他对于陶工的群体的特别关注这时已初见端倪，不难想象，在20多年后，他将自己对于陶工与他们的制陶社区的观察与研究汇集在三部蒂库尔陶器民族考古学著作中。

① Arnold（2011）：66-67.

② Arnold, Dean E.（1981）. A Model for the Identification of Non-local Ceramic Distribution: a View from the Present. In *Production and Distribution: A Ceramic Viewpoint*（pp. 31-44）, edited by Hilary Howard and Elaine L. Morris. BAR International Series 120, Oxford, U.K.

③ Arnold, Dean E.（1983）. Design Structure and Community Organization in Quinua, Peru. In *Structure and Cognition in Art*（pp. 56-73）, edited by Dorothy Washburn. Cambridge: Cambridge University Press.

二、综合的制陶研究

除了硕士与博士两篇学位论文及其延伸的研究外，阿诺德在早期还对陶器及其原材料进行了物理化学分析，并撰写了不少制陶民族志，也探讨了陶器的多样性及标准化的问题。他在一系列对陶器的多角度研究中，不仅掌握了更多陶器研究方面的技能，也让他在多个地区的制陶社区的往返中为之后开展的陶器理论研究提供了大量民族志数据。

（一）原材料及陶器的物理化学研究

在对尤卡坦、秘鲁和危地马拉的实地调查期间，阿诺德与地质学家布鲁斯·博霍尔（Bruce Bohor）、科技考古学家赫克托·内夫（Hector Neff）等学者一起对各地的陶器和陶器原材料进行了物理化学研究，围绕陶器原料探讨了多方面的问题。

首先，阿诺德根据自己在奎努阿的实地经验，重新思考了"羼和料"的定义。在考古工作中，通常把"羼和料"定义为"陶工添加的非塑性材料"，或有时把它定义为"坯料中所有的非塑性材料"。[1] 阿诺德发现奎努阿陶工的添加物和黏土之间的区别并不明显，只在包含塑性材料和非塑性材料的相对数量上有所区别[2]，如果将羼和料定义为非塑性材料，可能会消除考古学方面重要的文化信息，毕竟这一概念可能并不总是反映陶工的行为和认知范畴，因此他建议把羼合料定义为"陶工添加到陶土中以改善其工作性能的任何东西"[3]。

阿诺德对陶器及其原材料的科技分析涉及的另一个主题是陶器成分（坯料）与陶工、生产社区的关系。阿诺德、内夫和比舍普指出，从陶器成分数据推断史前行为需要通过对陶器成分中的行为模式进行分析，考虑到羼和料的重要性，他们认为这个模型应该包含黏土和羼和料。[4] 在接下来的研究中他们发现，来自陶器的成分数据不能只用于对古代陶工所开发黏土来源的简单

---

① Shepard（1956）:25.

② Arnold, Dean E.（1972a）. Mineralogical Analyses of Ceramic Materials from Quinua, Department of Ayacucho, Peru. *Archaeometry*, 14（1）, 93-102.

③ Arnold（1971）:39.

④ Neff, Hector, Ronald L. Bishop and Dean E. Arnold.（1988）. Reconstructing Ceramic Production from Ceramic Compositional Data: An Example from Guatemala. *Journal of Field Archaeology*, 15（3）, 339-348.

寻找，由此，他们发展中程理论，明确地将原材料的成分概况与管理资源选择、坯料制备的文化习俗联系起来。他们认为，陶器反映了原材料来源的化学信息和陶工行为信息，同一社区使用相同原材料来源制作的陶器在化学成分上是相似的。[1]在对尤卡坦陶器的成分分析中，阿诺德等人最终明确了陶器成分与陶工社区及其开发的资源区域之间的关系。首先，"陶器的黏土成分是区分一个社区和另一个社区的化学模式的主要变量……它确定了陶工从其社区周围相对较小的资源区域获得其陶器的黏土成分的生产地点"[2]。因此，每个社区的陶器化学模式实际上对应于一个由本社区陶工开发的独特资源区域。同时，作者也强调了要考虑到羼和料在将陶器与生产地点或来源区的联系中的重要性。这些分析证实了先前工作的另一个结论，即可以通过模拟黏土和羼和料混合物以识别坯料制备配方，从而把握陶器原材料的化学模式与烧制坯料的化学模式之间的联系[3]，他们认为这种技术有助于考古学家将考古遗址周围收集的原材料与实际生产的陶器联系起来。阿诺德等学者也总结了陶器科技分析的方法论，即通过使用民族考古学，可以成功地检验连接物理科学数据和人类行为的解释假设，然后通过使用行为标准仔细选择当代陶器并使用中子活化分析这些陶器。例如，当通过分析陶器原料可以确定实际的地理区域时，古代陶器的中子活化可以提供一个强大的工具来确定跨空间和时间的社区间的互动。

除此之外，阿诺德还与其他学者对尤卡坦黏土矿[4]、危地马拉陶器[5]，特别

① Arnold, Dean E., Hector Neff, and Ronald L. Bishop. (1991). Compositional Analysis and "Sources" of Pottery: An Ethnoarcheological Approach. *American Anthropologist*, 93 (1), 70 - 90.

② Arnold, Dean E., Hector Neff, Ronald L. Bishop, and M.D. Glascock. (1999). Testing Interpretative Assumptions of Neutron Activation Analysis: Contemporary Pottery in Yucatán, 1964 - 1994. In *Material meanings: Critical Approaches to the Interpretations of Material Culture* (pp. 61 - 84), edited by E. Chilton. Salt Lake City: University of Utah Press.

③ Arnold, Dean E., Hector Neff, and M.D. Glascock. (2000). Testing Assumptions of Neutron Activation Analysis: Communities, Workshops and Paste Preparation in Yucatán, Mexico. *Archaeometry*, 42 (2), 301 - 316.

④ Arnold, Dean E., and Bruce F. Bohor. (1977). An Ancient Clay Mine at Yo' K'at, Yucatan. *American Antiquity*, 42 (4), 575 - 582.

⑤ Arnold, Dean E., Prudence M. Rice, W. A. Jester, W. N. Deutsch, B. K. Lee, and R. I. Kirsch. (1978). Neutron Activation Analysis of Pottery and Pottery Materials from the Valley of Guatemala. In *Ceramics from Kaminaljuyú* (pp. 543 - 586), edited by R. K. Wetherington. University Park, PA: Pennsylvania State University Press.

是白陶进行了研究。[1] 阿诺德等学者对于白陶原料属地的再审视建立在赖斯对危地马拉白陶研究[2] 的基础上，他们利用中子活化技术对形成性白陶的成分重新检查表明，虽然白陶可能是在卡米纳留宇提取陶器地区制造的，但几乎可以肯定它不是在危地马拉北部山谷制造的。这项目研究也是为了说明化学表征和成分数据分析的方法在过去 10 年中的进步，但也对此提出警示，因为充分利用成分方法的潜力需要：（1）对陶器原材料变异性性质的适当假设；（2）适当的化学表征和成分数据分析的方法。

（二）民族志中的制陶与陶器多样性、标准化

基于在多地开展的实地工作，阿诺德写了多篇关于陶器生产的民族在秘鲁奎努阿，他通过这个社区陶器制作（包括原料、成型、装饰、烧制）和陶器售卖介绍了现代奎努阿村本地实用陶器的生产状况。[3] 在危地马拉山谷，他利用奇纳乌特拉（Chinautla）、萨科伊（Sacoj）、萨科希托（Sacojito）、拉西内加（La Cienega）、杜拉兹诺（Durazno）和米西哥（Mixco）这 6 个制陶社区在当代陶器制造中采用的材料和技术数据，分析这 6 个制陶社区在材料、制造、烧制步骤及烧制地点方面的差异，并且探讨不同社区陶器差异的形成原因。他指出，语言模式差异进一步反映在制造技术的差异上，当地两种语言卡克奇克尔（Cakchiquel）和波科马姆（Pokomam）形成的语言区分别对应手制和模制陶器。不同社区生产不同种类的容器，每个陶工社区都利用当地资源来制作陶器，这些因素都在一定程度上造成了陶器之间的差异。[4] 在此前研究的基础上，阿诺德也把陶器多样性的视角从危地马拉的几个社区扩大

① Neff, Hector, Ronald L. Bishop, and Dean E. Arnold. （1990）. A Reexamination of the Compositional Affiliations of Formative Period Whiteware from Highland Guatemala. *Ancient Meso-america*, 1（2）, 171‐180.

② a. Rice, Prudence M.（1977）. Whiteware pottery production in the Valley of Guatemala: Specialization and resource utilization. *Journal of Field Archaeology*, 4（2）, 221‐233. b. Rice, Prudence M.（1978）. Ceramic Continuity and Change in the Valley of Guatemala. In *The Ceramics of Kaminaljuyu, Guatemala*（pp. 511‐542）, edited by Ronald K. Wetherington. The Pennsylvania State University Monograph Series on Kaminaljuyu, University Park.

③ Arnold, Dean E.（1972b）. Native Pottery Making in Quinua, Peru. *Anthropos*, 67（5/6）, 858‐872.

④ Arnold, Dean E.（1978a）. The Ethnography of Pottery Making in the Valley of Guatemala. In *The Ceramics of Kaminaljuyú*（pp. 327‐400）, edited by R. K. Wetherington. University Park, PA: Pennsylvania State University Press.

到危地马拉、秘鲁、墨西哥三地的制陶社区中。[1]他通过比较三地制陶社区所发现的坯料数量和种类、成型技术、器皿形状的数量、装饰技法的数量，对技术多样性在这些地区的陶器生产的生存能力和演变中的作用做出了一些尝试性的概括：较低的标准化和更多的选择确保了适应性和生存能力，拥有最多技术选择和更高技术多样性的社区具有更强的生存能力。因此，多种多样的技术在经济上更加可行，对适应不断变化的社会经济条件至关重要，从而可以支持一个庞大的陶工社区的生存。

随着陶器技术多样性的比较与研究，阿诺德也在思索陶器标准化问题，包括成型技术和原材料。在成型技术方面，除了市场和制作技术之外，陶工对特定器形的变异性的主观认识也可能影响到这些陶器形状的变异性。[2]而坯料方的变异性则被看作是不同类型生产或组织的一个指标，可以揭示它们来源社区的出现、消亡，以及陶器产品的移动、流通。[3]

第二节　理论的提出：《陶器理论与文化过程》

萦绕在阿诺德心头的问题是：在多个地区的制陶社区之间能概括出什么一般性规律呢？经过多个制陶社区的观察与研究，他似乎从陶器生态学中找到了不同制陶社区之间的连接点——开始探讨生态背景对制陶的影响。

莫阿塔（L. Mouata）和阿诺德[4]指出，在弗雷德里克·马特森对"陶器生态学"的定义中，对原料、技术和产品的关注意味着对作为物品的陶器的关注，

[1] Arnold, Dean E. (1989a). Technological Diversity and Evolutionary Viability: A Comparison of Contemporary Pottery-making Technologies in Guatemala, Peru, and Mexico. In *Ceramic Ecology, 1988: Current Research on Ceramic Materials* (pp. 29-59), edited by Charles C. Kolb. BAR International Series 513, Oxford, U.K.

[2] Arnold, Dean E., and Alvaro L. Nieves. (1992). Factors Affecting Standardization. In *Ceramic Production and Distribution: An Integrated Approach* (pp. 93-113), edited by George J. Bey III and Christopher A. Pool. Boulder: Westview Press.

[3] Arnold, Dean E. (2000). Does the Standardization of Ceramic Pastes Really Mean Specialization? *Journal of Archaeological Method and Theory*, 7 (4), 333-375.

[4] Mouat, Laurette, and Dean E. Arnold. (1988). Ceramic Ecology and Pottery Production in El Porvenir, Honduras. In *A Pot for All Reasons: Ceramic Ecology Revisited* (pp. 239-261), edited by Charles C. Kolb and L. M. Lackey. Philadelphia: Temple University, Laboratory of Anthropology.

而对存在于陶器生产和社会、环境之间的关系（超越其社会功能）没有明确的认知。他们认为陶器生态学应该要超越马特森的狭义定义，超越陶器本身，从更广泛的角度来理解，关注陶器与整个社会文化系统的关系，关注陶器及其生产、使用、废弃与社会文化系统的其他部分、更广泛的生态系统的关系。

阿诺德非常认同用文化生态学的方法研究陶器。他多次强调陶器是物质文化的一种，并且是"攫取性技术"的一部分，是文化的技术（或技术－经济）子系统中高度专业化的部分，它因文化目的而适应、改变环境。[1] 因此，作为更大的文化－环境系统的一部分，陶器与环境之间的联系应该是系统性的，对陶器使用生态学方法进行研究是合适且有效的。[2] 阿诺德指出，将这一方法应用于陶器，意味着首先应该分析陶器与环境的关系，从而研究陶器生产如何与文化的其他技术子系统衔接，然后与社会结构、意识形态子系统衔接；通过把陶器生产作为一种适应性现象来研究，并看到它与环境、社会的关系，就有可能发展出理论解释，这些解释可以用其他社会的数据来检验，也可以应用到过去[3]，使民族考古学家能够将陶器的矿物成分和器形等方面与降雨、原料来源、定居模式、生计及最终的社会组织等现象联系起来。[4]

一、起源：多个制陶社区的陶器生态学分析

阿诺德第一篇关于陶器生态学的论文是《秘鲁阿亚库乔盆地的陶器生态学研究：对史前史的启示》（Ceramic Ecology of the Ayacucho Basin, Peru:

[1] Arnold, Dean E. (1978b). Ceramic Variability, Environment and Culture History among the Pokom in the Valley of Guatemala. In *Spatial Organization of Culture* (pp. 39– 59), edited by Ian Hodder. London: Duckworth.

[2] Arnold, Dean E. (1976). Ecological Variables and Ceramic Production: Towards a General Model. In *Primitive Art and Technology* (pp. 92–108), edited by J. S. Raymond, B. Loveseth, C. Arnold, and G. Reardon. Archaeological Association, Department of Archaeology, University of Calgary, Alberta, Canada.

[3] Arnold, Dean E. (1993). *Ecology and Ceramic Production in an Andean Community*. Cambridge: Cambridge University Press.

[4] Arnold, Dean E. (1991). Ethnoarchaeology and Investigations of Ceramic Production and Exchange: Can We Go Beyond Cautionary Tales? In *The Ceramic Legacy of Anna O. Shepard* (pp. 321 - 345), edited by Ronald L. Bishop and Frederick W. Lange. Boulder: University Press of Colorado.

Implications for prehistory）[1]，关注的是秘鲁奎努阿周边地区环境与陶器专业化的相互关系。他发现影响陶器制作的因素有两个，一是天气和陶器制作之间的相互关系，二是陶工的位置和资源的可用性之间的关系。奎努阿的农民陶工追求陶器制作和农业的结合，忙碌的农业生产将制陶限制在旱季农闲的几个月中。然而，由于土地的侵蚀和有限的水分，可供他们使用的农业用地是有限的。但与此同时，这样被高度侵蚀的边缘农业土地为他们提供了黏土、羼和料和颜料等基本资源。因此，奎努阿地区的陶器专业化是对边缘农业地区的一种适应。在该地区，人们最大限度地利用非农业资源，如黏土、羼和料，以补偿他们生活的贫瘠农业土地。在奎努阿村的现代陶器生产的基础上，阿诺德在这篇文章的后半部分进一步推断出中水平期[2]瓦里陶器生产的生态意义，提出了一个发展模型来解释古代秘鲁陶器专业化的出现：人口增长和环境限制增加了人口压力，这迫使人们在农业上更加边缘化的土地上定居，农业减产加剧了对制陶专业化的依赖；专业化程度的提高和人口压力的增加使得制陶者开发陶器产品的交换潜力进一步补偿了陶工居住地的贫瘠农业；人口增长也刺激了地区间的贸易，而贸易进一步刺激了全职陶器专业化的发展。

这篇在《当代人类学》发表的论文收到了一些学者的评论。不少学者认同阿诺德的生态学观点具有普适性，但也有学者认为强调物理环境而忽视文化环境使得上述推论不适合推广到其他地区。阿诺德也对这些评论做出了回应，他刻意强调自然环境对制陶的影响，是因为他知道社会和文化因素在陶器的发展和演变为全职制陶工艺方面起着重要作用，然而一些评论反映了倾向于强调陶器的文化和社会意义而不考虑生态变量的观点。他也强调天气和气候的限制因素不是只适用于阿亚库乔地区的个别情况，而是反映了陶器材料本身的性质，不同的社区以不同的方式来适应气候的限制。

阿诺德把回应扩展成了另一篇论文《生态变量与陶器生产：发展出一般性的模型》（Ecological Variables and Ceramic Production: Towards a General Model）[3]，通过在蒂库尔、奎努阿等25个拉美制陶社区的实地经验，以民族

[1] Arnold, Dean E.（1975a）.Ceramic Ecology of the Ayacucho Basin, Peru: Implications for prehistory. *Current Anthropology*, 16（2），183-205.

[2] 中水平期（The Middle Horizon，公元650—1000年），安第斯山区最主要的两个政体是蒂瓦纳库与瓦里。

[3] Arnold（1976）.

志文献为实证数据，发展出一系列关于陶器与环境变量的概括，这些概括是展示陶器与环境、文化关系的第一步。他提出了一个陶器生产的通用模型：资源获取、季节性、时间冲突（包括定居程度和季节性活动）是影响陶器生产的几个生态变量。资源的可用性为陶器生产提供了一个刺激因素，但它也可能是一个限制因素。季节性是由陶器材料本身的性质和每年的天气、气候模式的组合直接强加给人类的陶器生产模式。不同的社区以各自的方式适应这种限制，问题不在于社区是否在多雨的天气或在雨季中制作陶器，而在于气候对生产的限制有多大，以及该社区如何适应这一限制。充足资源的必要性和季节性会与各种文化活动产生时间上的冲突；文化必须适应这些冲突，以便成功制作陶器。一方面，文化必须适应的一种潜在冲突是定居的程度，定居社会的陶器生产受到前面提到的资源和气候等环境因素的密切影响，每个社会都必须适应这些因素；另一方面，在一个非定居或半定居的社会中，陶器生产和定居之间存在着潜在的冲突，因为非定居的人口会安排其迁徙活动，以便获取有利于陶器生产的条件。除了定居的程度，陶器生产的季节性也可能与其他季节性活动（如生存）相冲突，一些社会以女性为制陶者避免了与男性从事农业活动的冲突。因此，古代文化中出现的陶器不一定来自分析上孤立的"文化"，而是来自一系列复杂的文化适应空间环境的结果。这篇论文最终成为他 1985 年出版的经典著作《陶器理论和文化过程》手稿的基础。

1978 年，阿诺德发表了一篇关于危地马拉制陶多样性与环境关系的论文《危地马拉谷地波科姆人的陶器变异性、环境与文化史》（Ceramic Variability, Environment and Culture History among the Pokom in the Valley of Guatemala），进一步论述了环境对陶器的影响。[①] 研究表明，拥有更多和更优质的陶器资源的社区，往往在坯料、器形和装饰技术方面有更多的种类和多样性。危地马拉谷地的制陶是对农业贫瘠但拥有陶器资源土地的一种适应；每个社区的陶器也是对近邻特定资源种类的适应，社区的陶器反映了所在区域内的特定资源。

总而言之，通过关于陶器生态学研究的积累，阿诺德已经为撰写陶器生态理论专著做好了充足的准备。

---

① Arnold（1978b）.

二、理论成型:《陶器理论与文化过程》(1985)

1985 年,阿诺德的名著《陶器理论与文化过程》[①]问世,这是他对陶器生态学方法的综合性阐述。通过这部著作,他"试图恢复一种被忽视的看待工艺与环境之间关系的视角","为陶器生产与环境及其他文化之间的关系提供跨文化证据"。[②]写作该书的想法来自两个方面:一是他自己的研究;二是对已出版民族志中的陶器描述感到失望。他的挫折感来自目前缺乏对大量陶器民族志文献的概括和理论现状的不足,学术界很少有人综合这些文献并将其应用于考古学。因此,这项工作首先是对大量陶器的民族志文献的综合,阿诺德将它们概括为一套刺激或阻碍陶器生产的反馈机制。

(一)研究问题与研究方法

在本书的前言中,阿诺德清晰地表述了其专著的要旨以及最重要的研究问题。本书的论点是,一些涉及陶器的普遍过程与生态、文化或化学因素有关,这些过程发生在世界各地,可以为解释古代陶器提供坚实的经验基础;本书还提出了跨文化的规律性,将陶器与环境、非陶器文化现象联系起来,并在文化演化的更广泛的解释框架中回答了为何制陶业在一个地区发展,为何会演变成一种全职的工艺问题,并试图解释为什么这些规律性的东西可以成功追溯过去陶器专业化的演变。[③]

受过程考古学的影响,阿诺德在这本书中拓宽了陶器生态学的视域,借鉴系统论和控制论的观点,并利用跨文化比较来解释制陶工艺的起源和演变过程。他确定了陶器生产与物理环境、社会文化系统之间的若干关系。在工业化前的陶器生产中,现在和过去在过程性上存在着广泛的相似性,这些相似性包括将陶器、环境和社会联系起来的共同适应过程。对这些适应性过程的描述为发展一种跨文化的陶器生产理论提供了基础。这种理论概括既可用于过去和现在,可以使考古学家利用陶器来解释古代文化系统的社会和文化

① Arnold, Dean E. (1985). *Ceramic Theory and Cultural Process*. Cambridge: Cambridge University Press.

② Arnold, Dean E. (2011). Ceramic Theory and Cultural Process after 25 Years. *Ethnoarchaeology*, 3 (1), 63-98.

③ Arnold (1985): ix-x.

行为，而无须使用民族志类比。[①] 文化和环境构成了这本书所讨论的"系统"，陶器是文化的技术－经济子系统中高度专业化的部分，陶器与环境、文化的相互关系可以描述为生态系统各部分之间信息流动的渠道——在这种情况下，环境和人类之间的信息流动。因此这本书的重点不在于陶器本身，而在于陶器生产通过当地的陶工社区与环境、文化形成的关系，因此更关注陶工群体，因为他们是文化、环境与实际陶器之间的媒介。

　　阿诺德选择用控制论的观点来描述陶器和环境之间的系统关系。控制论消除了生命系统和非生命系统之间的区别，集中于两者的相似之处，包括目标导向的行为及允许系统实现该目标的控制和交流过程。[②] 其中，这些控制、交流过程就是"反馈机制"，这一概念由诺伯特·维纳（Norbert Weiner）[③] 首次提出，已成为许多学科广泛使用的科学概念。反馈机制被视为相互的因果关系，这些反馈机制有两种类型：负反馈或偏差抵消反馈（或称为调节性反馈）是促进平衡和抵消长期偏离稳定状况的过程；正反馈或偏差放大反馈是促进或放大偏差的过程，是系统无法调节外部输入的结果，这些过程导致系统扩大并最终在新的、更复杂的水平上达到稳定的状态。[④] 在制陶工艺中，正、负反馈分别体现为刺激、限制制陶专业化的发展。因各地陶器原料——黏土本身的理化特征方面的相似性，陶器生产与环境之间存在着基本的反馈关系，这种关系从一个社会到另一个社会是同构的，因此便于用陶器来解释古代文化系统的社会和文化行为。这本书便是依据陶器及其文化背景和环境之间关系的反馈，探讨了一些刺激或阻碍制陶业起源，在制陶业开始后维持其发展并刺激或阻碍其演变为全职工艺的过程。

（二）主要内容

　　这本书主要讨论的是刺激或限制陶器生产的一些反馈过程的内容，它们并非孤立，而是互相影响的。这些反馈包括资源、天气和气候、日程冲突、

---

① Arnold（1985）:14.

② Boulanger, G. R.（1969）. Prologue: What is Cybernetics? In *Survey of cybernetics*（pp. 3-9）, edited by J. Rose. New York: Gordon and Breach.

③ a. Weiner, Norbert.（1948）. *Cybernetics*. New York: Wiley. b. Weiner, Norbert.（1950）. *The Human Use of Human Beings: Cybernetics and Society*. Cambridge: The Riberside Press

④ Mayurama, Magoroh.（1963）. The second Cybernetics: Deviation-amplifying Mutual Causal Processes. *American Scientist*, 51（2）, 164-79.

定居程度、需求、人地关系、技术创新。

制作陶器所需资源的可得性和适当性提供了最明显和最常见的有利于制陶业发展的因素,因此资源反馈机制可以分解为两个部分:陶器资源的适当性或质量,以及陶器资源来源地的距离——从资源的可用性衡量。[①] 容易获得的、适用的陶器资源,为工艺起源及其发展成为全职专业提供了正反馈;相反,质量差的资源或离陶工家庭太远的资源为陶器生产提供了负反馈,并阻碍了制陶工艺的发展。参考戴维·布朗曼(David L. Browman)提出的阈值模型[②],阿诺德建立了一个制陶社区周围的资源可开发阈值模型,来解释和预测陶器资源的距离。模型中有 A、B 两个阈值,如果与主要资源的距离小于阈值 A,那么对于陶器生产,无论是工艺的起源,还是其向全职专业化的发展,其结果都是正反馈。阈值 A 和 B 之间的区域也可能产生正反馈。然而,超过阈值 B 的距离限制或阻碍了制陶业的发展,除非现代交通对制陶系统进行了改造。通过综合多地的民族志数据,阿诺德归纳出黏土的首选开采区域(阈值 A)在 1 公里处,84% 的样本在 7 公里以内,这一距离可能代表了最大开采范围的上限(阈值 B);1 公里半径是羼和料的首选开采区域,6 公里可能是最大开采范围,由于几乎所有(97%)样本都发生在额外的 3 公里范围内,作者建议使用 6—9 公里作为开采的最大范围。

天气和气候模式结合陶器材料本身的化学和物理特性,对陶器生产施加影响[③],因此陶器制作最好在晴朗和干燥天气下完成,以避免损坏陶器。这些天气条件提供了正反馈,使陶器生产得以最初发展,最终成为专职工艺。天气对于制陶的负反馈表现在两方面:制陶会受到低温、雨水和相对高湿度的不利影响;炎热干燥的气候会导致陶器干燥过快且不均匀,产生裂纹和破损。天气反馈与资源反馈的互动表现在,坯料中的非塑性材料会影响干燥速度从而影响天气和气候的负反馈,陶器中非塑性材料的增加,能够加速并促进干燥,控制收缩,因此允许陶器在比原来更广泛的环境中(如寒冷地区)进行生产。

人口向制陶的集中也取决于两个相互关联问题的成功解决:一是安排制

① Arnold(1985):20.

② Browman, David L.(1976). Demographic Correlations of the Wari Conquest of Junin. *American Antiquity*, 41(4), 465-477.

③ Arnold(1985):61.

陶，不干扰生计活动；二是如果已经造成干扰，则通过将该工艺分配给一种性别从而解决与其他劳动的冲突。[①] 日程冲突的反馈机制是由气候对制陶的限制和生存要求（农业）的互动产生的。温暖干燥的天气对陶器生产的必要性会与各种生存活动产生潜在的时间安排冲突，这就会对制陶发展成为全年的专职工艺产生负反馈。生存活动与制陶的良好天气的安排冲突并不总是发生的，但当冲突发生时，性别分工的方式又为手工业的发展创造了正反馈。因此，女性在制陶方面的优势因男性主导的生计模式而得到加强。然而，随着陶器生产的强化，加之制作陶器所需的时间增加与女性育儿、家务之间的时间冲突，女性陶工又形成了抵消偏差的负反馈。最后，随着陶器制作从家庭中转移出去，女性不再参与制陶，因此专职制陶专业化的过程与女性制陶者向男性制陶者的转变相对应。

阿诺德把定居程度也视作一种反馈机制，它将一个群体的陶器生产与该群体的相对流动性联系起来。起初，流动社会似乎对陶器工艺的起源及其向全职专业化的演变提供了完完全全的负反馈；相反，定居会为陶器制作的起源及其向全时工艺的演变提供正反馈：首先，任何流动性都会为陶器生产提供负反馈，因为在一个地方制作陶器需要大量时间，并且需要有利的气候和拥有充足资源的生态位；其次，大多数流动社会的人口少从而没有足够的陶器需求，不利于全职陶工的发展。因此，只有完全的定居才能使制陶摆脱流动性和低需求的限制。

需求作为偏差抵消机制表现为：如果没有对陶器的需求，就会阻碍了工艺的发展；如果对陶器的需求是有限的，那么允许一些生产，但限制了其向全职工艺发展。需求作为正反馈机制表现为，如果对陶器的需求量很大或在增长，那么会导致陶器制作的强化，并演变成一种全职工艺。阿诺德认为决定陶器需求的因素有三点：一是相比于其他容器的技术优势，包括允许食物直接并持续加热、提高食品制备和保存技术、提升食物营养价值、器形用途多样等方面；二是功能性因素，即器形可能与其作为烹饪器的实用性、微观环境因素对不同地区及不同陶器形状需求的影响、运动习惯模式影响陶器需求从而影响所需的陶器形状，以及对某些器形的需求通常与社区的经济价值相关等；三是非功能性因素，如打碎陶器的速率、人群规模密度及增长、陶器新用途的创

① Arnold（1985）:99.

新所带来的文化变化、市场、区域间或区域内贸易网络等。此外，需求反馈机制与天气反馈机制相关，具体表现为，当对陶器的需求很低时，生产数量少，那么气候的调节方面不会影响生产。相反，对陶器的需求越大，制作陶器所需的时间就越多，天气和气候的偏差抵消机制也就产生越多限制。

　　另一个反馈机制涉及制陶人口与农业生产用地的关系，这一关系对于定居农业社区的制陶工艺发展、某些社区继续从事兼职生产及从兼职活动演变为全职制陶工艺最为重要。制陶人口与农业生产用地之间关系的一般原则是，当一个地区的人口超过土地的承载能力时，就会转向其他职业，如制陶业。制陶与相对于人口不断减少的土地关系对制陶产生正反馈作用，从而增加了制陶工人的数量，提高了制陶工艺的强度，也提升了制陶工艺作为一种替代性生存技术的重要性。陶工与等级社会结构的关系取决于人口压力、陶工性别和陶器需求。人地关系反馈机制与其他反馈机制的关系有两个方面：一是与资源反馈机制相关，在土壤侵蚀造成土地承载能力下降的情况下，可能会出现一种陶器生产的正反馈机制以刺激制陶工艺走向全职专业化，这是因为在降低了土地的生产力的同时对陶器资源的暴露和开发有着有利的影响；二是与需求反馈机制相关，人口压力源于人口增长或城市化，这种情况下不断扩大的需求为陶器产品提供了一个不断增长的出口。

　　关于技术创新对工艺流程的影响，阿诺德认为表现在其中一些创新产生了新的反馈机制，其他则减弱了前面提到的调节机制的影响，并使这项技术免受负反馈的不利影响。这些技术创新有三类，成型技术（垂直半模成型技术、陶轮）、干燥设备及窑炉的使用。阿诺德认为创新进入社会的过程与创新者的社会经济地位密切相关。他引用乔治·霍曼斯（George C. Homans）的创新模型[1]来证明这一点，即地位高的个体通过创新保持自己的独特性，而地位低的个体通过创新希望击败现有的给予他们很少回报的体制。人口压力和陶器需求增加等反馈过程是使得陶器生产中的技术创新转化为偏差放大机制的刺激。然而，也存在若干作为偏差抵消机制阻碍创新的因素：一是创新的运动习惯模式可能与社会中已经存在的运动习惯模式不相容；二是制陶的组织模式（包括性别分工）可能与创新所必需的组织模式不一致；三是陶工贫穷且资

　　[1] Homans, George C.（1961）. *Social Behavior: Its Elementary Forms*. New York: Harcourt Brace and World.

源有限，任何需要资本投入的创新都不会被接受；四是陶工所在社会的态度和信仰。

（三）结论

在这本书中，阿诺德从反馈机制的角度论述了是什么样的文化和生态过程有利于或限制了陶器的出现并随后发展成为一种全职工艺，并强调了这些过程对工艺起源和发展的影响。他参考戴维·皮科克（David P. S. Peacock）[1]基于桑德尔·范德莱乌（Sander E. van der Leeuw）[2]提出的一套称为"生产模式"的共时范畴，并认为反馈过程解释了从一种模式到另一种模式的变化。这些模式包括家庭生产、家庭工业、作坊工业、专职工艺和大规模工业。阿诺德通过陶器生产的民族志研究对这些模式进行了解释。

阿诺德总结了这项工作对考古学的启示：第一，它对陶器专业化的演变进行了深入了解，不再以"闲暇时间"或"剩余时间"等作为陶业发展并演变为专职工艺的单一原因机制，而是提出多因果系统；第二，陶器不是分析孤立意义上的"文化"的简单产物，而是与环境有着重要的相互关系；第三，陶器生产的发生及其随时间的演变并不简单地反映文化历史模式，而是反映出有利于或限制陶器发展的某些文化和环境条件，其中一些因素独立于文化历史力量而存在；第四，在这项工作中阐述的过程提供了解释古代陶器的指导方针，可以应用于任何环境因素已知的历史文化，而不需诉诸民族志类比。[3]所有这些反馈关系最终都建立在黏土的化学和物理特性之上，为理解陶器与环境、文化的关系奠定了基础。

阿诺德也提出了这项工作对考古学的一些其他意义。例如，陶器分类需要以可用于识别过去文化过程的方式反映行为意义。因此，考古学家需要将他的分类与器形、成形方式联系起来，还需要确定陶器使用的背景。这种方法把陶器放入适当的行为背景中，使得对社会非物质方面的推断更加容易和

---

[1] Peacock, David P. S. (1981). Archaeology, Ethnology and Ceramic Production. In *Production and Distribution: A Ceramic Viewpoint* (pp. 187-94), edited by Hilary Howard and Elaine B. Morris. BAR International Series 120, Oxford.

[2] van der Leeuw, S. E. (1976). *Studies in the Technology of Ancient Pottery* (two vols.). Amsterdam.

[3] Arnold (1985):231.

有效，并且能用来推断无法单独用民族志类比确定的历时性文化进程。[①]

三、后续：评论、应用与反思

《陶器理论与文化过程》是阿诺德在学术生涯早期撰写的专著，也是他最突出的成就。但这本书只是他陶器研究的一个起点，在受到学术界广泛关注与评价后，阿诺德也在此基础上进行了续集的撰写和批判性思考。

（一）评价

作为剑桥大学出版社《考古学新研究》（*New Studies in Archaeology*）丛书之一，这本书一经出版，就受到很多关注，被从事陶器研究的考古学家广泛引用。阿诺德的这项工作也受到了许多学者的评论。许多学者表达了对阿诺德在这本书中研究的肯定，当时在佛罗里达大学的普鲁登丝·赖斯认为，鉴于大多数陶器研究是在理论真空中进行的，《陶器理论与文化进程》就是在尝试填补这个缺口，其最大的贡献是收集了大量关于制陶的民族志数据，用于支持"可开发阈值模型"的资源距离数据尤其值得欢迎。[②]阿拉巴马大学的理查德·克劳斯（Richard A. Krause）评论道，阿诺德的书满足了在陶器研究中一个典型的综合需求：需要评估累积的数据，并进行秩序化和系统化。[③]佛罗里达州历史资源部的马里昂·史密斯（Marion F. Smith）认为，该书为把陶器与文化、环境重新联系起来进行综合研究奠定了理论基础。[④]

虽然这是一本开创性的陶器理论著作，但是学者们也指出这本书存在的一些问题。赖斯认为，阿诺德试图解释陶器制造的起源和全职专业化的演变，但人们可能会问这两者是否由相同的原因导致。正如此类讨论中经常出现的情况，陶器的全职专业化被视为工艺发展过程的目标或终点；非全职安排没有得到一致的处理，似乎主要被视为受到季节性气候因素的限制而呈现发展不足的状态。控制论概念的使用，如正反馈和偏差放大，似乎是被迫的，不合时宜的。她还

① Arnold（1985）:237.

② Rice, Prudence M.（1987）. Review of *Ceramic Theory and Cultural Process*, by D. E. Arnold. Man, 22（3）, 563 - 563.

③ Krause, Richard A.（1987）. Review of *Ceramic Theory and Cultural Process*, by D. Arnold, C. Renfrew, and J. Sabloff. *American Antiquity*, 52（2）, 413 - 413.

④ Smith, Marion F.（1987）. Review of *Ceramic Theory and Cultural Process*, by D. E. Arnold. *American Anthropologist*, 89（1）, 193 - 193.

指出，系统论框架可能不适合整个研究，它较好地描述了一个系统在某个特定时间点的运行情况，而不是系统如何长期变化。赖斯指出，阿诺德主要是通过其生态限制来描述现代陶器生产，并不得不为这些特征的运作假设一个非同步的维度。在将制陶的起源和制陶全职专业化的演变与资源质量、定居程度、人口压力等联系起来时，相关关系并不能证明因果关系。[①]

人类学家埃姆伦·迈尔斯（Emlen Myers）指出了归纳法有一些不足之处：阿诺德似乎低估了经济体系中历史性差异的重要性，并且在没有理由或警告的情况下，将家庭的概念作为一个普遍的经济单位来理解非专业化的地方生产。[②]理查德·霍奇斯（Richard Hodges）则指出，书中几乎所有的例子都来自阿诺德自己的和已发表的现代实地工作，但他没有强调这些是不发达的社会，因此他得出结果的含义必须被谨慎对待。归根结底，它和最近美国人类学考古学的所有方面一样，仍然是朝着正确方向迈出的令人振奋的一步。[③]

（二）应用与续集

《陶器理论与文化过程》的出版标志着阿诺德陶器理论的建立，此后他便把这些理论运用到实例中进行检验。

1988年，阿诺德与莫阿特合作了一篇文章《洪都拉斯波韦尼尔的陶器生产》（Ceramic Ecology and Pottery Production in El Porvenir, Honduras），在《陶器理论与文化过程》所确定和记录的一些关系的基础上，描述了洪都拉斯波韦尼尔陶器生产与其社会文化和环境背景之间的一些陶器生态关系，并分析这种生态关系如何影响陶器制作在该地区的发展。[④]波韦尼尔的数据证实了阿诺德所确定的一些陶器生态关系的重要性，例如资源距离、天气和气候、女性在制作陶器方面的优势，以及有限和贫穷的农业用地——这些社会文化子系统与陶器生产（即陶器生态系统）之间的关系和陶器生产本身的基本过程紧密相连，表现出与全世界范围广泛社会的同构关系，在解释上具有共通性，而无须借助民族志类比。

① Rice（1987）.

② Myers, Emlen.（1987）. Review of *Ceramic Theory and Cultural Process*, by D. E. Arnold. *Technology and Culture*, 28（3）, 689 - 690.

③ Hodges, Richard.（1986）. Review of *Ceramic Theory and Cultural Process*, by Dean E. Arnold. *The Antiquaries Journal*, 66（2）, 406-406.

④ Mouat and Arnold（1988）.

　　1993 年，也就是《陶器理论与文化过程》出版 8 年后，该书的续集《安第斯社区的陶器生产生态》（*Ecology and Ceramic Production in an Andean Community*）[1] 问世，这部作品代表了已经不复存在的奎努阿的生活片段。这本书将秘鲁奎努阿陶器生产的生态（物理和生物环境）、历史和考古背景联系起来，将前作的陶器生态学方法向前推进了一步，用生态学的观点来描述奎努阿单一社区的陶器生产。[2] 与前书一样，此书运用了陶器生态学、系统论的理论方法。而特殊性在于，阿诺德在此书中将分析单位放在了陶工群体。将陶工群体作为陶器、环境和文化之间关系的中心，有助于把陶器作为一个生命系统的一部分来理解，并探究陶器与过去社会的关系。陶工群体被定义为一个社会群体（而非生物群体），他们彼此之间有定期的社会接触，可以把他们描述成一个具有社会凝聚力的"社区"。以群体定义的方式对当地特定的原材料进行分类和使用，可以确保与其他陶工群体具有差异性。在这本书的章节中，阿诺德详细论述了奎努阿社区的生态环境、陶器生产、设计相关因素、它们与社会的关系。在这本书的结尾，阿诺德再次强调，陶器民族考古学家的一个任务是发展陶器生产的理论，寻找现在和过去的连续性、过程和共同点，并在跨文化的情况下检验它们。如果想更准确地解释过去，发展这样的陶器理论对于理解古代陶器生产及其与古代社会的相对关系至关重要，这也是他自 1985 年的著作开始一直坚持的理念。

（三）25 年后的反思

　　无论是收到许多称赞或是一些批评，不可否认，《陶器理论与文化过程》是一部经得起时间考验的著作。《民族考古学》的编辑将《陶器理论与文化进程》选为民族考古学的经典著作，邀请阿诺德，在其出版的 25 年后著文进行回顾与反思。[3] 回顾此书的缘起、出版过程及其影响，阿诺德重申，此书的核心及主要内容是关注陶器、社会和环境之间的关系，这与陶器本身无关。他特别关心的是如何阐明陶器生产与环境的关系，不是作为一种确定性的、单一因果的解释，而是试图恢复一种被忽视的视角，来看待一种工艺，这种工艺与环境有着重要的联系，超越了"制作陶器需要原材料"这个显而易见的

---

① Arnold（1993）.

② Arnold（1993）.

③ Arnold（2011）.

事实。当然，对《陶器理论与文化过程》的反思并不是他的陶器理论的终点，他仍在实际工作与长期研究中不断探索这个理论的应用与发展，如下文介绍的他在蒂库尔的制陶研究中所开展的工作。

第三节　实践的深化：半世纪的蒂库尔制陶研究

除了《陶器理论与文化过程》这部最突出的经典著作，阿诺德为学术界悉知的成就还有他对蒂库尔制陶社区持续 53 年的长期研究。查尔斯·科尔布（Charles C. Kolb）称阿诺德对尤卡坦单个制陶社区的长期综合分析，是"对任何工艺生产——陶器或其他任何地方的物质文化——最长、持续的学术研究，记录了近 50 年来的共时和历时变化"[1]。

阿诺德对于蒂库尔的实地研究从 1965 年延续到 2008 年，长达近 44 年。而这项研究从最初的调查工作到最后成果的出版，最终总共耗时 53 年（1965—2018 年），其间，阿诺德撰写了不少蒂库尔制陶相关的文章，更是出版了蒂库尔陶器民族考古学三部曲专著。从 2008 年的《玛雅社区的社会变迁和陶器生产与分布的演变》（*Social Change and the Evolution of Ceramic Production and Distribution in a Maya Community*）[2] 到 2015 年的《玛雅社区陶器生产组织的演变》（*The Evolution of Ceramic Production Organization in a Maya Community*）[3]，最后是 2018 年的《玛雅陶工的本土知识：认知、参与和实践》（*Maya Potters' Indigenous Knowledge: Cognition, Engagement and Practice*）[4]，这项研究才正式结束。本节主要通过阿诺德在蒂库尔的调查工作过程及这三部作品，介绍这项超过半个世纪的卓越研究。

阿诺德在尤卡坦蒂库尔陶工中进行的民族学研究受到了雷蒙德·汤普森（Raymond H. Thompson）的《现代尤卡坦玛雅制陶》（*Modern Yucatecan*

① Kolb（2020）:979.

② Arnold, Dean E.（2008）. *Social Change and the Evolution of Ceramic Production and Distribution in a Maya Community*. Boulder: University Press of Colorado.

③ Arnold, Dean E.（2015）. *The Evolution of Ceramic Production Organization in a Maya Community*. Boulder: University Press of Colorado.

④ Arnold, Dean E.（2018）. *Maya Potters' Indigenous Knowledge: Cognition, Engagement, and Practice*. Boulder: University Press of Colorado.

Maya Pottery Making）^①的影响。他熟记这本书的细节、考古学应用，并在调查研究中加以运用。此外，除了他两位导师的启蒙与鼓励，安娜·谢泼德在1966 到 1968 年间与他的通信也鼓励他继续在尤卡坦研究陶器制作，并将他的研究带入与陶器原材料采办有关的更深层次的技术领域，如岩相分析和陶器原料的分析。除了将两位导师的启蒙与鼓励意见、建议纳入研究中外^②，1966年，阿诺德短暂参观了谢泼德在博尔德市的实验室，这让他对陶器岩相学有了更深入的了解。

一、项目缘起与调查工作过程

这一项研究从阿诺德硕士期间的一门民族志课程开始，在学校学习后，他到蒂库尔进行实地调查，开启了他延续几乎整个学术生涯的蒂库尔制陶研究。

（一）根源：一门民族志课程

这项研究的起源在 1964 年秋天，那是阿诺德在研究生院学习的第一个学期。阿诺德来到伊利诺伊大学厄巴纳 – 香槟分校学习语言学，他也选择了民族志方法的人类学课程。梅茨格教授带着两个线人从墨西哥回来，其中一个就是来自蒂库尔的说尤卡坦玛雅语的陶工阿尔弗雷多·祖姆·卡马尔（Alfredo Tzum Camaal）。^③梅茨格还从蒂库尔带来了当地的原材料和制陶设备，并在学校建筑的地下室给阿尔弗雷多找了住处，也把他的设备放到了那里。他让阿尔弗雷多在建筑后面用伊利诺伊州的石头和黏土建造一座窑。陶窑的建造和整个陶器制作过程都被唐纳德·拉斯拉普的考古学研讨会的成员即时观察。另一位教员阿特·罗恩（Art Rohn）记录了该部门拟建的教学博物馆的制作过程。学校的视听服务部门制作了一部关于这个项目的名为《奥尔莱罗·尤卡特科》（*Ollero Yucateco*）^④的影像。

（二）实地调查工作：十二次调查

阿诺德的实地调查研究是在近 44 年间对蒂库尔的十二次访问中进行的。

① Thompson, Raymond H.（1958）. *Modern Yucatecan Maya Pottery Making*（No. 15）. Society for American Archaeology.

② Arnold（1991）.

③ Arnold（2018）:31.

④ Metzger, Duane, and Donald W. Lathrap, consultants.（1965）. *Ollero Yucateco*. 16 mm, 22 min. Urbana, IL: Motion Picture Service, University of Illinois.

他第一次去尤卡坦是在 1965 年，最初他使用民族科学技术研究蒂库尔陶工。在 6 个月中，他学会了西班牙语会话和基本的尤卡坦玛雅语、关于陶器技术的玛雅词汇及蒂库尔陶工所做的语义区分，并收集了大量数据。在田野季开始的时候，梅茨格建议阿诺德跟阿尔弗雷多学习制陶。阿诺德还对陶工进行了一次非正式调查，其总体目的是评估他们窑的种类、大小和方位，而阿诺德也利用这项调查收集了关于每户生产的陶器种类、在场的陶工人数、每人制陶的时间及在哪里出售等信息。他还制作了一张示意图，显示社区中每个制陶家庭的位置。

之后，在 1965 年至 1970 年之间，阿诺德回到蒂库尔五次，对制陶家庭、活跃陶工、陶工居住数据和生产单位等多个方面进行了调查并记录每次调查自上次访问以来的变化信息。在中断了 14 年之后，阿诺德于 1984 年第七次造访蒂库尔，并停留了 6 个月。这次调查的目的是了解过去 20 年中社区的社会、技术、宗教变化与陶器生产变化的关联性，他对社区中的所有陶工进行了非正式的普查，重点收集了所有陶工家庭的血缘图谱。他通过线人尽可能地获取数据，然后与其他线人交叉核对数据的准确性和完整性。在随后的 1988 年、1994 年、1997 年、2002 年、2008 年，阿诺德五次访问了蒂库尔，每次访问都记录一份当时的活跃陶工名单。此外的工作还有访问陶工的家庭和作坊，核实黏土和羼和料来源，验证之前访问中获得的亲属关系数据，确定生产单位的变化情况等。1994 年 7 月，阿诺德第九次回到蒂库尔收集数据，以继续测试多年前阿诺德在危地马拉的工作所开始的中子活化分析。

（三）调查方法的转变与数据库建立

早期的实地调查研究中，阿诺德使用的是一种叫作"新民族志"或"民族科学"（也称为问题 / 回答）的启发式技术的方法获得数据，这是由梅茨格、杰拉尔德·威廉姆斯（Gerald Williams）、玛丽·布莱克（Mary Black）等人开创的[①]，现在被认为是认知人类学的一部分。这种方法基于文化是知识并由语言组织的

---

① a. Black, Mary, and Duane Metzger.（1965）. Ethnographic Description and the Study of Law. *American Anthropologist,* 67（6）, 141–165. b. Metzger, Duane, and Gerald Williams.（1963a）. Tenejapa Medicine I: The Curer. *Southwestern Journal of Anthropology,* 19（2）, 216–234. c. Metzger, Duane, and Gerald Williams.（1963b）. A Formal Ethnographic Analysis of Tenejapa La-dino Weddings. *American Anthropologist,* 65（5）, 1076—1101.

假设①，强调引出语言学标记的语义类别进行民族志研究。由于民族科学技术侧重于线人自己知道的类别，这种技术有助于消除调查者最初的种族中心论偏见，并使他能够以线人的母语引出各种各样的文化信息。② 阿诺德一开始运用这种方法对蒂库尔制陶特别是烧制方面的本土知识进行了一段时间的研究，但是他很快就明白了，学习陶工对烧制的本土知识与学习陶工对烧制过程的实际参与是不同的。学习当地的原材料种类、窑炉部件、烧制阶段不可或缺，但还不足以充分理解烧制过程及陶工实际上是如何烧制陶器的。因此他决定转向使用参与式观察。从方法论的角度来看，参与式观察是基础性的。人们通过观察，可以从内部和外部了解陶器的生产和分配，理解以前可能从未设想过的各种现象之间的联系；与此同时，调查者仍然是一个外部观察者，因此不会完全丧失客观性。③ 于是阿诺德去拜访陶工，亲身了解他们是如何烧制陶器的，以便更深入地参与陶工的生活和他们的制陶工艺。他定期拜访几个家庭，并记录这些拜访的调查笔记，还走访原材料来源，观察与陶工死去的亲属有关的宗教仪式及陶工获得陶土的庄园守护神的宗教仪式。④ 他对窑炉的直接观察和陶器烧制实践最终成为检查文本和问题/回答框架的一种手段。⑤

通过上述调查与数据收集，阿诺德构建了 3 个主要的电子数据库，以比较十二次研究访问的数据，并在这个项目的 44 年中追踪各个陶工和生产单位。第一个是谱系数据库，由蒂库尔所有陶工的谱系构成。⑥ 第二个是根据十二次实地考察期间访问生产单位收集的信息编制而成的生产单位数据库，每个造访期间制作陶器的陶工都有一份记录。⑦ 第三个是陶工数据库，它的结构与系谱数据库或生产单元数据库不同，它由 451 名在一生中的某个时候学习过制陶的人组成。⑧

① Goodenough, Ward.（1964）. Cultural Anthropology and Linguistics. In *Language, Culture, and Society*（pp. 36 - 39）, edited by Dell Hymes. New York: Harper and Row.

② Metzger and Williams（1963b）.

③ Arnold（1991）.

④ Arnold（2018）:35.

⑤ Arnold（2018）:67.

⑥ Arnold（2015）:46.

⑦ Arnold（2015）:49-50.

⑧ Arnold（2015）:50-51.

二、三部曲：从玛雅社区的生产组织到陶工的本土知识

在这三部书完成出版之外，阿诺德在对蒂库尔长期调查的基础上也写了不少论文，探讨蒂库尔陶器生产中成型[①]、原料[②]、陶工的社区和社会组织[③]、陶工本土知识[④]，以及对一个废弃作坊的民族考古学研究[⑤]等相关问题，这些文章所讨论的内容大部分被囊括到他的这三部著作中。阿诺德早前也写过一篇关于蒂库尔陶器随时间变化的论文，这是他 1984 年重新回到蒂库尔进行实地研究后成立的，使用"社区再研究"或简单的"再研究方法"（即民族学者回到过去研究过的社区），介绍了蒂库尔过去 20 年内陶器变化或没变的方面（原材料、成型技术、器形、装饰），评估了这些变化与蒂库尔的陶工人口的关系。他认为在容器形状和装饰发生巨大变化的时期，反映同一人群以更复杂的方式组织起来，为更大的市场提供陶器，而家庭以外作坊的发展是这种现

① a. Arnold and Nieves（1992）. b. Arnold, Dean E.（1999）. Advantages and Disadvantages of Vertical-half Molding Technology: Implications for Production Organization. In *Pottery and People: A Dynamic Interaction*（pp. 50‒80）, edited by James M. Skibo and Gary Feinman. Salt Lake City: University of Utah Press. c. Arnold, Dean E.（2009）. Joining Clay: A Comparison of Modern and Ancient Techniques. In *Holding it All Together: Ancient and Modern Approaches to Joining, Repair and Consolidation*（pp. 13‒17）, edited by Janet Ambers, Catherine Higgitt, Lynne Harrison and David Saunders. Archetype Publications（in association with The British Museum）, London.

② a. Arnold（1971）. b. Arnold and Bohor（1977）. c. Arnold（2000）.

③ a. Arnold, Dean E.（1989b）. Patterns of Learning, Residence and Descent among Potters in Ticul, Yucatan, Mexico. In *Archaeological Approaches to Cultural Identity*（pp. 174‒184）, edited by Stephen Shennan. London: Unwin Hyman. b. Arnold, Dean E.（2012）. The Social Evolution of Potters' Households in Ticul, Yucatán, Mexico, 1965‒1997. In *Ancient Households of the Americas: Conceptualizing What Households Do*（pp. 163‒188）, edited by John G. Douglass and Nancy Gonlin. Boulder: University Press of Colorado. c. Arnold, Dean E., Hayley Wynne, and Josiah Ostoich.（2013）. The Materiality of Social Memory: The Potters' Gremio in Ticul, Yucatán, México. *Ethnoarchaeology*, 5（2）, 81‒99.

④ a. Arnold（1971）. b. Arnold, Dean E.（2017a）. Raw material selection, landscape, engagement, and paste recipes: Insights from ethnoarchaeology. In *Matières à penser: Raw materials acquisition and processing in early Neolithic pottery productions, 29 and 30 May 2015*（pp. 15‒27）, edited by L. Burnez-Lanotte. Paris: Société Préhistorique Française.

⑤ Arnold, Dean E.（2017b）. The Ethnoarchaeology of an Abandoned Potter's Workshop in Ticul, Yucatán, México. In *Innovative approaches and explorations in ceramic studies*（pp. 119‒128）, edited by S.L. López Varela. Oxford: Archaeopress.

象的一个合理的社会相关因素。^①现在回头看，这篇文章可能可以作为三部曲中第一本书的前奏。

（一）《玛雅社区的社会变迁和陶器生产与分布的演变》

2008 年出版的《玛雅社区的社会变迁和陶器生产与分布的演变》是蒂库尔陶器民族考古学三部曲的第一卷，根据在这个单一社区进行了 32 年（1965—1997）的实地调查研究所收集的数据，讲述了制作陶器的人以及他们的技艺在四代或更多代人中发生的变化。就本卷而言，这项工作的重点是1965—1997 年间陶工群体及与陶器制作行为链相关的活动发生的变化。阿诺德试图通过研究墨西哥尤卡坦蒂库尔这些年来社会文化变化与陶器生产、分布的关系，探讨"陶器和陶器生产的变化如何准确地反映历史和社会、政治和经济的变化？社会变迁是如何在一个社会的陶器中具体化的？"。^②

尽管阿诺德采用了民族志研究的视角和方法，但在这本书中他对蒂库尔陶工社区的研究是一项民族考古学研究，因为这项研究从基本的解释学和认识论角度，探讨了考古学中的陶器生产模式与更广泛的社会文化之间的关系——它将民族考古学的框架从遗存扩展到社会和经济适应的结构层面。

阿诺德应用了多种理论来解释社会和技术随着时间的变化，以及这些变化与陶器的关联，这些理论包括专业化、复杂化、进化、技术选择、认知人类学和参与理论。多种理论的结合提供了关于变化的整体视角，超越了单一视角的限制。其中，阿诺德特别用蒂库尔的数据评估了凯西·科斯汀（Cathy L. Costin）提出的专业化的四个参数，即背景、集中、规模、强度。^③在陶器生产中，这些参数分别代表对陶器的需求、陶工的空间分布、生产单位的规模、劳动力招聘的原则及陶工花在工艺上的时间量。通过将科斯汀的参数应用于民族志中一个社区的陶器生产演变，既可以评估其有用性和普遍性，也可以更深入了解陶器生产演变的细节和专业化过程，并确定现代世界的陶器

① Arnold, Dean E.（1987）. Maya Pottery after 20 Years: Archaeological Implications. In *Maya Ceramics: Papers from the 1985 Maya Ceramics Conference*（pp. 545‑561）, edited by Prudence M. Rice and Robert J. Sharer. BAR International Series 345, Part I, Oxford: British Archaeological Reports.

② Arnold（2008）:1.

③ Costin, Cathy Lynne.（1991）. Craft Specialization: Issues in Defining, Documenting and Explaining the Organization of Production. *Archaeological Method and Theory*, 3, 1‑56.

生产演变是否遵循以及认为与发生在古代的轨迹相似。

这本书的主体章节详述了 1965—1997 年间，蒂库尔陶器生产的变化性和连续性，并从陶器生产与分配的社会维度和生产行为链两个方面分析了其中的原因，包括陶工人口和组织变化的定量描述、需求和消费、陶器的分配发生的变化，以及黏土及羼和料采办、陶器结构成分、成型技术、烧制技术的变化。

1965—1997 年间，尤卡坦社会发生了巨大的变化。墨西哥政府扩大并改善了其公路基础设施，玛雅里维埃拉（Riviera）沿线的度假村成为西半球最重要的旅游目的地之一。在这一大规模社会变革时期，对陶器的需求也随之发生了变化，陶工们以一系列的调整作为回应，其中一些调整是技术性的，而另一些是社会和组织性的。第一，器形几乎被完全替换，反映了陶器消费者的变化。在 20 世纪 60 年代末，陶工们生产储钱罐和便于携带、储存水的容器，并将其出售给本地人。然而，到了 20 世纪 70 年代初，自来水已经普及，不再需要运水和储水的陶器了。到 20 世纪 70 年代中期，坎昆的度假胜地建立起来，陶工们通过制作象征游客参观古玛雅土地的社会记忆的小陶器、装饰旅游酒店大堂和餐厅的花盆来适应这一新的消费人群。第二，陶器的分配发生了变化。在 1965—1970 年期间，蒂库尔陶工向本地人口直接出售他们的产品。然而，20 世纪 70 年代末以后，消费者与生产者的距离比 1965 年时更远了。没有公共交通可以将大量的陶器运往远方的市场，因此，除了那些有资金购买运输工具的陶工，大多数人都无法接触到消费者。以前运输陶器的铁路并不通往新的消费人群。因此，陶工不再自己销售他们的器皿，而是卖给商品中介人，再由中介人转卖给消费者或其他中介人、零售商。这一变化选择了那些有知识、技能和资本的个人来参与西班牙语世界，并导致了一批中介人的出现，陶工们依靠他们来销售自己的陶器。这些中介有些是拥有大型生产单位的其他蒂库尔陶工，但有些不是蒂库尔人。第三，陶工人数和生产单位数量的全面增加。第四，涉及更复杂的组织发展。在这个组织中，陶器生产和销售的不同任务由不同的专家来完成。从前，单个陶工获得原材料，并将自己的陶器成型、装饰和烧制。然而，到 1997 年，陶工不再控制整个生产序列，制作陶器的行为链高度细化，陶器的原材料获取、成型、装饰和烧制分别由不同的专门陶工完成。随着模仿古代玛雅设计彩绘装饰的发展，陶器的彩绘专家出现了，他们与制作陶器的陶工分开。随着任务分工的增加，行为链的每个环节都遵循不同但平行的专业化轨迹。拥有完成整个制陶过程的技能和知识的传统陶工，被执行高度专业化任务的独立个体所取代。随着时间的推移，越来越少的陶工拥有整个过程的知识。然而，所有这些变化都以不同的速度发生。消费人群、器皿形状和分布模式的变化相对较快，而陶工群体、坯料和生产技术的变化则较为缓慢。装饰是最灵活的、最容易受需求变化的影响，紧随其后的是器形的变化。尽管采购原材料的变化是对陶器需求增加的结果，但原材料及其来源并没有改变，除非来源枯竭或被过度开发。烧制技术的改变是为了减少窑炉的维护和延长窑炉的寿命，并通过使用非传统的建筑材料来建造窑炉。新的窑炉类型也被开发出来，柴火的种类也发生了变化。窑炉随着时间的推移变得越来越大，每个生产单位的窑炉数量也在增加。因此，设计和器皿形状的变化比坯料或制造技术的变化更能反映社会的变化，尽管生产强度的变化反映在窑炉的大小和数量上。

　　尽管在 1965—1997 年间，原材料、采办方式、器形、烧制、装饰、需求和市场都发生了如此广泛而深远的变化，但是阿诺德注意到陶器家庭生产模式的持续不变性，这是过去与现在的连接点。陶器生产仍以家庭为单位，是因为制陶需要学习一系列的运动习惯模式，在家庭中学习制陶具有优势，因此制陶的学习模式仍然以家庭和亲属为基础。但是随着陶器生产在蒂库尔的不断发展，家庭学习模式所需时间长、回报慢的缺陷凸显，以亲属为基础的家庭组成和聘用模式可能不再适用。在这种情况下，学习环境和技术会发生重大变化，需要很少技能和学习时间的制造技术（如注浆成型、垂直半成型）具有选择优势。然而，模制方法增加了生产所需的空间，并产生了更大的、在考古学上更明显的空间足迹。尽管生产单位的规模、组成和位置都发生了变化，家庭组织并没有消失，而是足够灵活，允许在一些单位中增加陶工的数量。制陶家庭演变成更大的生产单位，数量更多的小单位也得到了发展。大型单位也仍然以家庭为基础，越来越多地使用包括非亲属及大家庭成员在内的雇佣劳动者。最终，大小生产单位的组合将随着时间的推移而持续存在，因为所有单位都参与了同一个经济体系，小单位与大单位有重要的结构关系，为大单位提供熟练的陶工，大单位也可以雇佣非陶工，在工作中学习手艺。

　　依据蒂库尔的数据，阿诺德对效率进行了总结。对在不同成型技术之间进行选择的前工业化陶工来说，以制作时间表示的效率不一定是一个重要的考虑因素。同时，效率的不确定性是导致制作技术改变的动力，而不一定是生产组织和生产强度变化的主要推动力。阿诺德还评价了科斯汀参数的效力，虽然借助它们能更深入地了解蒂库尔的陶器生产演变和专业化进程的细节，但是"强度"参数应进一步完善。他认为还需要一些物质指标或代用品，去"评估制作陶器时间的意义，将兼职和全职的陶器生产硬性划分为考古学背景下的'强度'可操作性的意义"[①]。阿诺德基于蒂库尔的材料认为生产强度应被描述为由物质代用品来衡量的陶器总产量，如生产的陶器数量、使用的黏土和羼和料量，或增加的窑炉规模和每个生产单位的窑炉数量。

阿诺德反对对民族考古学数据不加批判的否定，而呼吁考古学家承担起自我意识的责任，认真、批判性和负责任地使用民族考古学数据。表面上，从蒂库尔1965年以来的数据来看，与现代世界的接触会彻底改变了陶器生产和陶器的传统用途，其中发生的变化似乎与古代社会毫无关联，但是阿诺德认为超越时间和空间的进化、技术和社会过程的古今共同模式可以为推断古代陶器生产提供类比基础。并且，将全球化、资本主义和现金经济的产物与古代社会模式区分开是可能的，而且正在发生的快速的社会变革恰恰为考古学家提供理解社会变革过程的独特机会。就蒂库尔的数据所反映出的工艺生产专业化发展而言，阿诺德强调这是一个始于远古而延续至今的进化过程。陶器生产的演变遵循两条总体轨迹。第一条是日益专业化的发展，将生产和销售行为链的任务细分，如蒂库尔原材料采办专家的发展，烧制专家的出现导致的烧制与生产过程其他部分的分离，甚至是绘画与制陶其他环节的分离。第二条则是垂直一体化，这是一种非常脆弱和易受影响的生产组织，会受到专业化轨迹中所没有的各种扰动。垂直一体化需要资本来获取原材料及其源头和销售渠道。此外，与现代企业一样，垂直一体化需要有效的管理技能。解决垂直一体化问题的方法之一是使用亲属关系作为组织原则，在蒂库尔发展垂直一体化的陶工就是在亲属关系的基础上组织的。

朗埃克对这本书的评价是，其所介绍的信息量和理论驱动的解释在范围

---

① Arnold（2008）:323.

和细节上都是非凡的，它是展示涵盖数十年纵向研究的巨大价值的典范。[①]丰富的数据以文字、表格和图表的形式呈现，使它们便于其他读者使用和检验其他解释。这本书就像一座矿山，迸发出关于一种陶器技术和它在 32 年中的变化的详细信息。

（二）《玛雅社区陶器生产组织的演变》

2015 年出版的《玛雅社区陶器生产组织的演变》是关于墨西哥尤卡坦蒂库尔当代陶工延续和变化的第二卷，它集中讨论了制陶家庭及其生产单位的连续性和变化。这本书涵盖了阿诺德从 1965 年到 2008 年这 43 年半间的实地调查工作，用叙事和图像的方式描述了生产单位的历史及它们的连续性，这种连续性是通过关注人员和生产空间的时间来实现的。这项工作超越了上一本书中使用的定量总结，补充了对陶工、制陶家庭和生产单位的叙述性描述，使读者能更全面地了解制作陶器的人、他们在哪里制作及生产空间演变的历史。

在工艺专业化的理论方面，除了科斯汀专业化参数中的强度（兼职专业化和全职专业化）之外，阿诺德参考了肯尼斯·赫斯（Kenneth G. Hirth）提出的有关兼职/全职区别的三个替代概念：间歇工艺、多重工艺和风险管理策略。[②]间歇式工艺指的是工匠们只在一年内的一部分时间内进行交易；多重工艺涉及家庭成员在同一时间或不同时间进行多个工艺的实践；将手工艺品生产视为一种风险管理策略，一个家庭将其生存任务多样化，练习几种手工艺品，以确保其维持生计的足够回报，从而降低单一手工艺品的风险。在这部著作中，阿诺德运用蒂库尔数据验证了这些概念在理解陶器生产方面的有效性。

在近 44 年的变化中，生产单位主要由两个来源演变而来。一个来源是蒂库尔的几代制陶家庭；另一个来源是来自社区以外的企业家，他们建立了自己的生产单位，雇用当地人担任陶工和绘画师。蒂库尔传统的制陶家庭包括

① Longacre, William A.（2010）. Review of *Social Change and the Evolution of Ceramic Production and Distribution in a Maya Community*, by Dean E. Arnold. *Journal of Anthropological Research*, 66（2）, 281-282.

② a. Hirth, Kenneth G.（2009a）. Craft Production, Household Diversification, and Domestic Economy in Prehispanic Mesoamerica. *Archeological Papers of the American Anthropological Association*, 19（1）, 13-32. b. Hirth, Kenneth G.（2009b）. Housework and Domestic Craft Production: An Introduction. *Archeological Papers of the American Anthropological Association*, 19（1）, 1-12.

传统制作非烹饪陶器的家庭及从传统家庭中衍生出来的制作烹饪陶器的家庭。制陶的学习模式主要遵循父系模式，并通过父系继承土地得到加强，他们在家庭环境中延续了这种工艺。不过许多陶工并没有继续从事这项工艺，每个家庭中只有部分人学习制陶，并传给后代。间歇工艺、风险管理和一些多种工艺的模式在这些制陶家庭中能够得到明显体现。而后，从在家庭中学习工艺的传统陶工转变为自20世纪70年代中期以来出现的作坊陶工，因为当时陶器出现了新的需求，这种工艺吸引了企业家，他们大多来自蒂库尔以外的地区。他们自己不是制陶工人，而是雇佣陶工来制作陶器。这种新型的生产组织吸引了其他并非来自传统制陶家庭的人加入。最终，其中一部分人组建了自己的生产单位，他们被传统陶工称为"新陶工"。新陶工为了能够生存下来，并成功地与传统陶工的大型生产单位竞争，他们必须发展自己综合的、专门化的组织来制作、绘制和销售陶器。因此一些人在家庭中发展这种手工艺，并在自己的亲属之间建立了互补的经济关系。还有另一种生产单位是附属作坊，即一些蒂库尔陶工在乌斯马尔的两家旅游酒店工作。这些陶工被描述为"附属"专家，因为他们不能掌控自己的陶器生产，陶器的装饰、形状和流通都被酒店经理所控制。

阿诺德的数据表明，家庭中以亲属为基础的生产单位，其人员来自生育、家庭土地继承和相关程序，比家庭以外的生产单位更持久，尽管这些生产单位也可能是以亲属为基础的。1965年以后，生产空间随着时间的推移而增加，并且从普遍使用的多用途空间转变为专门用于陶器生产的空间。阿诺德用参与理论与反馈理论解释了这种变化，关于原材料和工艺本身的信息从陶工的感官到他们的大脑，他们决定坯料的制备、成型、装饰和烧制。而天气和气候会作为反馈影响陶器生产，陶工通过投资建造制作、烘干、储存陶器及原材料的有遮盖的空间来减轻天气对陶器生产的限制作用。并且，在前一本书中通过陶器产量、黏土和羼和料的数量、陶窑的大小及每个生产单位陶窑的数量来衡量增加强度的基础上，阿诺德发展出了另一种衡量强度的方法，即使用专门用于陶器生产的物理空间增加量来衡量。这种方法与使用全职或兼职制作等短暂的标准相比的优势是，可以"为考古记录提供一个更加物质和经验的晴雨表"[1]。经过了前文对各种生产单位变化的描述，阿诺德总结了这项

---

[1] Arnold（2015）:286.

工作。工匠人口是过去的工艺品与社会推论之间的关键环节之一。从蒂库尔社会生产单位的历史及 1965—2008 年间生产空间的变化中可知：生产单位的变化不是一个简单演变过程的结果，而由小型家庭单位演变成其他类型的生产单位。此外，不同类型的生产单位随着时间的推移具有不同程度的持久性。阿诺德也利用蒂库尔数据对赫斯的三个新概念进行了解释。

对于这些工作在考古学中的应用，阿诺德认为陶器独特的生产顺序及制陶对环境的依赖性，至少为理解过去陶器生产的某些组织提供了基础。即使是高度发展的旅游陶器生产仍可能是家庭和传统技术生产，生产单位虽可以制作大量陶器，但也有可能仍然按家庭基础来组织。从方法论的角度对蒂库尔陶器生产的社会和空间组织进行历时性研究，可以揭示生产组织分类的困难、局限性及其意义，因为仅用一种代用指标来衡量陶器生产的社会组织变化及其强度是远远不够的。然而，对生产单位的数量、规模和组成的详细研究，不足以理解单位本身组织结构的变化。这种方法忽略了生产单位种类的变化，这些生产单位是由那些创造、维持和再生产家庭生产力量之外的力量建立的。[①]

（三）《玛雅陶工的本土知识：认知、参与和实践》

2018 年出版的《玛雅陶工的本土知识：认知、参与和实践》是阿诺德蒂库尔陶器民族考古学三部曲的最后一卷。它的成书时间虽然最晚，但它开始于阿诺德最早在蒂库尔的工作：他和陶工们一起工作、学习他们的制陶语言，以及如何利用这些知识把黏土变成可以出售的陶器。该书似乎可以视为前两本书的前传。最明显的一点在于本书阐述的是当地陶工的本土知识，这种知识只能在 20 世纪 60 年代后期的传统家庭陶工中找到，因为随后它们发生了实质性的变化。阿诺德在之前的文章和书中都有谈论到这些知识，但在这本书中对它们进行了更全面的介绍。此外，这本书是第一本将参与理论应用于本土知识、原材料和制陶过程的长篇专著。

参与理论的出现提供了第一个真正有效的方式来描述和解释阿诺德的工作。正如科林·伦福儒（Colin Renfrew）[②]和兰布罗斯·马拉弗里斯（Lambros

---

① Arnold（2015）:288.

② Renfrew, Colin.（2004）. Towards a Theory of Material Engagement. In *Rethinking Materiality: The Engagement of Mind with the Material World*（pp.23 - 31），edited by Elizabeth DeMarrais, Chris Gosden and Colin Renfrew. McDonald Institute Monographs. Cambridge: McDonald Institute for Archaeological Research, University of Cambridge.

Malafouris）^①所描述的那样，参与理论关注的是人类与物质世界之间的关系。这种关系强调人类行为以知识为基础的本质，以及物质世界对心灵施加的反身性，即参与者的认知和被认知对象互相影响。参与理论是一个包罗万象的解释，它可以结合很多范式，通过承认人类在物质世界中的行为，以及由此产生的人工制品及世界、人工制品和其背景、人类知识与行为的相互作用，以新的和深思熟虑的方式将人类行为者正式与物质文化联系起来。尽管深受蒂姆·英戈尔德（Tim Ingold）^②、伦福儒和马拉弗里斯的见解、观点和理论的影响，阿诺德将这一理论与自己在陶器生产过程中的经验进行了综合，由操作链（行为链）、知识的语义结构、习惯的肌肉模式、反馈和技术选择组成。参与理论通过引入反馈将陶器生产中的所有现象联系在一起。反馈不仅仅是一种描述认知、行为和客体之间多重和相互因果关系的方式，它还具有一定的本体论有效性（马拉弗里斯称之为"物质能动性"）：它发生在陶工的头脑中，陶工的信息来自感官，他们必须在此基础上做出选择。总而言之，反馈就是原材料、坯料、陶器制作过程、环境背景及陶工感官需求等信息的递归流动，这些信息影响但不决定他们的选择。人类能动性利用他们的记忆、行为链、社会因素、运动习惯模式及社会、物理环境的反馈来做出制陶的选择，因此陶工在根据反馈信息采取行动或不采取行动的选择上有能动性。

　　这本书试图回归一种观点，即"将陶工、他／她的认知分类及他／她的行为纳入更广泛的本土知识视角，在这个视角中，他／她参与了景观、原材料及陶器的形成和烧制过程"^③。阿诺德通过展示植根于尤卡坦玛雅语的本土语言传统玛雅陶工的本土知识，包括陶工在对自然环境的感知，以及制陶操作链中对于原材料、坯料制备、陶器成型、干燥和烧制的参与实现这一目标。

---

　　① a. Malafouris, Lambros. （2004）. The Cognitive Basis of Material Engagement: Where Brain, Body and Culture Conflate. In *Rethinking Materiality: The Engagement of Mind with the Material World*（pp.53–62）, edited by Elizabeth DeMarrais, Chris Gosden, and Colin Renfrew. McDonald Institute Monographs. Cambridge: McDonald Institute for Archaeological Research, University of Cambridge. b. Malafouris, Lambros. （2013）. *How Things Shape the Mind: A Theory of Material Engagement*. Cambridge, MA: MIT Press.

　　② a. Ingold, Tim. （2000）. *Perception of the Environment: Essays on Livelihood, Dwelling and Skill*. London: Routledge, Taylor and Francis Group. b. Ingold, Tim. （2013）. *Making: Anthropology, Archaeology, Art and Architecture*. London: Routledge, Taylor and Francis Group.

　　③ Arnold（2018）: xxiv.

陶工对蒂库尔周围景观的感知体现在他们对景观的分类，以及这些分类与他们制作陶器的原材料之间的关系。景观的细节，包括其文化定义的土地形态、森林和景观中的切入口，是陶工利用环境获取陶器原材料方式的关键组成部分。第三章及后面章节都使用两种互补的认识论来理解陶工与陶器制作过程之间的关系，即通过陶工本土知识（主位知识）和科学分类（客位标准）两个角度进行理解，使外人能够更客观地理解陶工的观点。陶工对于原材料的参与体现为如何将他们的原材料概念化并进行分类，此外，阿诺德通过实际矿物及其物理性质来描述这些数据。陶工对于原材料的知识是本社区专有的，并且是基于他们自身实践经验，参与到原材料的物理特性中，通过触觉、视觉、味觉等反馈获得的，而这种反馈是通过他们从传统和以前的陶器制作中获得的知识来评估的。陶工关于原材料的知识帮助他们区分好的陶土和普通的黏土，测试并使用替代的黏土来源，测试和选择不同用途的羼和料。因此，他们对原材料的选择不仅是以前存在的心理模板的物化或不可改变的认知类别的结果，而且是他们参与到材料获取过程的结果。

然而，选择任何特定原材料不一定是决定成功的结果，也可能会产生意外的后果和挑战，陶工必须参与到制陶的各个环节以确保成功地制备坯料、成型、干燥和烧制他们的陶器。陶工在制备坯料时对其原料性质变化的参与情况表明，通常被视为"坯料配方"的心理模板在现实中只是一个粗略指南，陶工必须随着制作过程中接收到的感官反馈改变坯料中原材料的数量和比例。坯料的制作涉及陶工对原材料、制陶过程的知识、解决问题的技巧，以及在整个过程中的感官反馈。这样一来，陶工才能确保成功地将原材料转化为成品。成型最好地说明了文化是如何在黏土上留下印记的。然而，这种印记不是在没有干预变量情况下物化一个心理模板的简单结果。实际上，陶工制造陶器涉及不同种类的本土知识的参与、习惯的肌肉模式要求，以及在成型过程中来自坯料和新出现器形的感官反馈。干燥和烧制是制陶过程中风险最大的步骤，涉及陶工的本土知识与原材料、过程本身的反馈之间的关系，也整合了来自天气的反馈，所有这些相互作用都深刻地影响了陶工在这些生产的最后阶段所做的选择。陶工还必须了解容器需要多长时间才能干透、木材的燃烧特性、窑炉的各部分、烧制步骤、如何应对恶劣天气的视觉反馈，以及陶器在烧制过程中发生的变化。在精心准备之后，陶工装窑点火，并通过升温阶段（包括水薰期和低温分解）和最终阶段（去除陶器中的黑色烟灰，并将其加热至发出红色）两个阶段，分别使用具有特定燃烧特性的柴火烧制他们的陶器。在烧制过程中，陶工必须通过从窑炉中接收到的视觉和触觉反馈调整柴火的数量与位置，并决定何时进入下一阶段或是否最终烧制结束，以达到成功完成这一工艺所需要的预期效果。

　　阿诺德利用"作为提炼景观的陶器"的观点来综合这项工作中的一些数据。"提炼景观"或"任务景观"这个概念最初是由英戈尔德提出的，即对景观的感知是人工制品生产的一个关键方面，并且以"提炼景观"或"任务景观"的形式体现在人工制品中。[①]后来科斯塔莱娜·米开拉基（Kostalena Michelaki）等人修改为"凝固景观"。[②]阿诺德认为陶器作为提炼景观的概念在蒂库尔丰富的民族志数据中有一定的合理性。由于其独特的景观、认知和在尤卡坦制陶的实践，蒂库尔陶器在 20 世纪末之前，将当地的部分景观提炼为"任务景观"，即陶器是对当地景观的物质提炼，也浓缩和物化了在亡灵节仪式中庆祝的宗教信仰。因此，陶器是一个独特的实践社区的产物，这个社区的距离不超过 7 公里。这种应用也加强了它在考古背景中的价值。

　　在这本书中，阿诺德为读者展示了参与理论的价值，并重申，制陶工人对蒂库尔周围环境的感知及制陶工人在与环境、原材料、制陶过程中参与其中时所使用的认知类别，是一个独特的实践社区的产物，与尤卡坦其他这类社区的产物不同。阿诺德挑战了陶工在制陶实践中只是将心理模板物化在可塑媒介中的观点。陶工的本土知识不仅存在于他们的脑海中，还延伸到他们与环境、原材料和陶器制作过程本身的接触，并受到视觉和触觉反馈的递归影响。制作陶器不仅仅是一种心理模板的表达，还涉及认知类别、肌肉运动模式的相互作用，以及这些类别、技能与生产过程的结合。因此，本土知识是心智与物质、思想与行动、认知与感官参与——人类与物质能动性——相互作用的产物。

① Ingold（2000）.

② a. Michelaki, Kostalena, Ronald G. V. Hancock, and Gregory V. Braun.（2012）. Using provenance data to assess archaeological landscapes: an example from Calabria, Italy. *Journal of Archaeological Science,* 39（2）, 234–246. b. Michelaki, Kostalena, Gregory V. Braun, and Ronald G. V. Hancock.（2015）. Local Clay Sources as Histories of Human-Landscape Interactions: A Ceramic Taskscape Perspective. *Journal of Archaeological Method and Theory,* 22（3）, 783–827.

　　基于长久的对于蒂库尔的研究，阿诺德对当地的文化遗产也进行了一些思考。首先他认识到民族考古学和更广泛的当代陶器制作研究也可以被视为保护文化遗产。阿诺德介绍过去 50 余年间在蒂库尔对玛雅陶工进行的民族考古研究，是保护他们独特的非物质文化遗产的一部分。谢泼德意识到了这项任务的重要性，并说服他保护即将消失的尤卡坦玛雅陶器制作的文化遗产应优先于他的博士学位的需求。然而不幸的是，巨大的社会变革、许多陶器器皿需求发生变化，以及尤卡坦玛雅语言的逐渐消失，导致这些文化遗产大多随之消失了。最后，阿诺德提出了这本书在制陶研究方面的方法论启示：陶工的本土知识不仅仅是语言学上标注的语义范畴，应使用玛雅语言来学习烧制陶器，观察烧制过程，然后亲手将陶器一步步烧出来。为了使民族志描述具有理论和实践意义，参与理论是充分描述参与人知识的一个必要视角。这项工作也提出了一种民族考古学的替代方法：在一个社区从事长期的历时研究时，有可能将那些由全球经济带来变化的因素和与当地传统相关的因素区分开来。①

　　至此，阿诺德对蒂库尔的研究整体上告一段落。不过他从未停止思考，就像他在与德洛雷斯·拉尔夫（Delores M. Ralph）写的《社会经济地位、亲属制度与创新：尤卡坦蒂库尔转盘的采用》（Socioeconomic Status, Kinship and Innovation: The Adoption of the Tornete in Ticul, Yucatan）②及《玛雅社区的社会变迁和陶器生产与分布的演变》一样，他对蒂库尔制陶技术的创新一直保持关注。在 2020 年的一篇文章《理解创新技能的历时接受：来自拉丁美洲的民族志和理论见解》（Understanding the Acceptance of Innovative Technical Skills across Time: Ethnographic and Theoretical Insights from Latin America）中，阿诺德从对陶器生产及其变化的研究和反思的角度，运用参与理论、操作链、反馈和技术选择，提出了有助于理解过去对创新的接受和拒绝的见解。③

① Arnold（2018）：223.

② Ralph, Delores M., and Dean E. Arnold.（1988）. Socioeconomic Status, Kinship, and Innovation: The Adoption of the Tornete in Ticul, Yucatan. In *Ceramic Ecology Revisited, 1987: The Technology and Socio-Economics of Pottery*（pp 145−164）, edited by Charles C. Kolb. BAR International Series 436, Oxford, U.K.

③ Arnold, Dean E.（2020）. Understanding the Acceptance of Innovative Technical Skills across Time: Ethnographic and Theoretical Insights from Latin America. In *Detecting and Explaining Technological Innovation in Prehistory*（pp. 23−47）, edited by Michela Spataro and Martin Furholt. Sidestone Press.

三、阿诺德与民族考古学：陶器理论的转变与发展

在开展蒂库尔这项长期研究的同时，阿诺德在此期间也成功地完成了他的陶器理论的完善工作。接下来的内容将探索、总结阿诺德在理论方面的进展。

20 世纪 70 年代，越来越多的考古学家转向研究现代社会，以了解它们的物质遗存与这些遗存的非物质模式之间的关系，这就是"民族考古学"。然而，民族考古学逐渐在内容、范围和方法上有了很大的扩展，超越了遗存，涵盖了更大的社会和经济适应问题，并识别了政治和社会群体的身份。阿诺德的三部曲是在后一种类型的民族考古学中写成的，在很大程度上独立于该领域的早期工作。

阿诺德在他的三部曲中曾多次说自己对蒂库尔的研究独立于并超越传统民族考古学工作，有以下几个原因：首先，这项研究开始于 1965 年，在大多数民族考古学研究之前，也在"民族考古学"一词被用来对这类研究进行分类之前。[①]并且第三卷中许多研究报告和分析实际上是在陶器民族考古学过去 45 年中所做研究之前完成的。[②]第二，阿诺德对现存民族的陶器生产研究不是从考古学角度，而是从语言学和文化人类学的角度来进行的。[③]即使他的研究集中在与考古学有关的研究问题上[④]，也是基于对参与者观察获得的生产过程的深入理解。他的研究在考古学上的一些应用是偶然的结果，但它们来自深入的民族志研究。[⑤]第三，尽管从制造和使用到废弃的过程对考古学家来说极其重要，但阿诺德关注的是生产的生态环境[⑥]、陶工的社区和社会组织[⑦]、

---

① Arnold（2008）: xxiv.

② Arnold（2018）: xxii.

③ Arnold（2008）: xxiv.

④ a. Arnold（1999）. b. Arnold（2000）. c. Arnold, Neff and Bishop（1991）. d. Arnold et al.（2012）. e. Arnold and Bohor（1975）. f. Arnold and Bohor（1976）. g. Arnold and Nieves（1992）.

⑤ Arnold（2018）: xxii– xxiii.

⑥ a. Arnold（1975a）. b. Arnold（1976）. c. Arnold（1978b）. d. Arnold（1993）.

⑦ a. Arnold（1989b）. b. Arnold（2008）. c.Arnold（2012）. d. Arnold, Wynne, and Ostoich（2013）. e. Arnold（2015）.

他们的本土知识①、他们的原料②、陶器设计的本质③，以及这些现象与考古学的关系④。

（一）陶器民族考古学的理论建设与对考古学的启示

阿诺德曾在谢泼德的书中撰写一章，是对当时陶器民族考古学研究进行的反思，并提出了他对于陶器民族考古学理论建设独到的见解。⑤

1. 陶器民族考古学的理论建设

谢泼德在与阿诺德的通信中说，"在研究制陶过程中，我们必须超越印第安人对他的材料的称呼，以我们的术语，即矿物学的角度来看，它们是什么。陶工根据自己的经验对材料进行分类：他们如何开采，如何辨认颜色和硬度，对容器成型、干燥、烧制和使用的影响。他对陶器效果的判断可能部分受到习俗的影响，有时他可能误解了自己的经验。如果没有可靠的材料定义，我们无法判断这些因素或他的理解"⑥。

这段话后来成为阿诺德硕士论文的范本。他的研究受到朗埃克和迪兹⑦的重视，谢泼德的《为考古学家书写的陶器分析》和马特森的陶器生态学对他也有影响。之后，独特的陶器民族考古学的范围已经从最初的陶器生产、陶器设计⑧

① a. Arnold（1971）. b. Arnold（2018）.

② a. Arnold（1971）. b. Arnold and Bohor（1977）. c. Arnold（2000）.

③ a. Arnold（1983）. b. Arnold（1984）.

④ a. Arnold（2005a）. b. Arnold, Dean E.（2005b）. Linking Society with the Compositional Analyses of Pottery: A Model from Comparative Ethnography. In *Pottery Manufacturing Processes: Reconstitution and Interpretation*（pp. 15−21）, edited by Alexandre Livingstone Smith, Dominique Bosquet, and Rémi Martineau, Section 2. BAR International Series 1349, Oxford, UK: BAR Publishing. c. Arnold, Neff, Glascock, and Speakman（2007）.

⑤ Arnold（1991）.

⑥ Arnold（1991）:322. 谢泼德 1966 年 1 月 18 日致阿诺德的信。

⑦ Deetz, James.（1965）. *The Dynamics of Stylistic Change in Arikara Ceramics*. University of Illinois Press, Urbana.

⑧ Friedrich, Margaret H.（1970）. Design Structure and Social Interaction: Archaeological Implications of an Ethnographic Analysis. *American Antiquity*, 35（3）, 332 - 343.

和陶器的使用寿命 ① 的研究大大扩展到包括陶器生态学研究、遗址形成过程与专业化问题 ②、陶器生产的识别 ③ 和概念问题 ④。尽管这些研究增加了我们对陶器与非物质行为关系的认识和理解，但它们主要是由文化上特殊的案例研究组成的，被称为"警示性故事"。但是，警示性故事或其隐喻，即民族考古学的"案例研究"，最终会使考古学陷入特殊论和相对主义的泥潭，除非能够发展出不仅仅是推翻当前的解释，并且提供积极和创造性的方法，即在考古学理论中利用民族志数据。①

鉴于警示性故事在陶器民族考古学中的强大影响力，阿诺德在《陶器理论与文化过程》中建立了一个强有力的可行的陶器理论，以此作为指导超越警示性故事，继续他的研究。将民族考古学应用于过去的问题之一是对类比的有限使用，其解决方法之一是建立基于陶器本身独特物理和化学特性的陶器理论。陶器理论还需要在文化生态学的重要理论基础上发展。文化生态学使民族考古学家能够将陶器、矿物成分和器形等客位类别与降雨、原料来源、定居模式、生计及最终的社会组织等现象联系起来。此外，还需要系统理论为发展陶器民族考古学的理论提供帮助。陶器与环境之间存在着某些基本的反馈关系在所有制作陶器的人类社会中是普遍存在的，并且不仅仅集中在原

---

① a. Foster, George M. (1960). Life-Expectancy of Utilitarian Pottery in Tzintzuntzan, Michoacan, Mexico. *American Antiquity*, 25(4), 606 - 609. b. David, Nicholas, and H. Hennig. (1972). *The Ethnography of Pottery: A Fulani Case Seen in Archaeological Perspective*. Addison Wesley Modular Publications, no. 21, pp. 1-29. Addison Wesley, Reading, Pennsylvania. c. Deboer, Warren R. (1974). Ceramic Longevity and Archaeological Interpretation: An Example from the Upper Ucayali, Peru. *American Antiquity*, 39 (2), 335 - 343. d. DeBoer, Warren R., and Donald Lathrop. (1979). The Making and Breaking of Shipibo-Conibo Ceramics. In *Ethnoarchaeology: Implications of Ethnography for Archaeology* (pp. 102-138), edited by Carol Kramer. Columbia University Press, New York.

② Hagstrum, Melissa B. (1989). *Technological Continuity and Change: Ceramic Ethnoarchaeology in the Peruvian Andes*. Ph.D. dissertation, University of California, Los Angeles.

③ Deal, Michael. (1988). An Ethnoarchaeological Approach to the Identification of Maya Domestic Pottery Production. In *Ceramic Ecology Revisited, 1987: The Technology and Socioeconomics of Pottery* (pp. 111-142), edited by Charles C. Kolb. BAR International Series 436, Oxford.

④ a. Hayden, Brian, and Aubrey Cannon. (1982). The Corporate Group as an Archaeological Unit. *Journal of Anthropological Archaeology*, 1 (2), 132-158. b. Hayden, Brian, and Aubrey Cannon. (1984). Interaction Inferences in Archaeology and Learning Frameworks of the Maya. *Journal of Anthropological Archaeology*, 3 (4), 325-367.

① Arnold (1991).

材料本身，也不仅仅集中在制作陶器的技术过程本身，而是集中在原材料、技术过程与文化、环境背景的关系之中。[①]

阿诺德认为我们应该寻找可观察到的陶器生产和社会的联系，然后利用文化生态学的方法，从技术到环境及社会结构、意识形态均建立适用于现在和过去的同构联系。在陶器民族考古学中，如果想超越警示性故事，民族考古学家应在一种以上的文化中做比较性的田野调查，并超越文化相对主义的描述，进入跨文化的模式，否则陶器民族考古学将继续沉湎于警告性故事的沼泽中。

2. 阿诺德的研究对考古学的启示

阿诺德在陶器民族考古学领域做了很多工作并取得了不少成绩，但是从许多方面，阿诺德可以说是一名考古学家。他接受过一位考古学家（拉斯拉普）的培训，但在拉斯拉普的 26 名博士生中，只有阿诺德和另外一名学生没有写南美考古学学位论文。他在 1966 年夏天前往科罗拉多州"黄外套"（Yellow Jacket）考古田野学校，由亚瑟·罗恩（Arthur H.Rohn）指导学习基础考古学。从那时起，他参与了许多小型考古项目。1972—1973 年，他曾与秘鲁国家文化研究所（National Institute of Cuzco）合作发掘印加遗址卡塔卡萨拉克塔（Cata Casa Llaqta）。此外，他在秘鲁阿科斯（Acos）及玻利维亚（Bolivia）进行了考古勘探和发掘工作。

但是阿诺德自认为他主要是一名民族志学者，致力于把当代陶器生产的研究与重大考古问题、假设联系起来。尽管他有考古学背景，但他更喜欢做民族考古学。由于阿诺德在民族志和语言学方面的背景，他所从事的民族考古学不同于更为经典和广为人知的民族考古学家。他自认在考古学方面的资历微薄，不敢称自己为考古学家，甚至不敢称自己为民族考古学家。但是，他的著作中也展现了其研究成果对于考古学的应用。正如朗埃克所说，阿诺德的工作主要面向考古学界，提出了大量对加强考古学推断和解释非常有用的数据。阿诺德善于在对当代陶工的研究中提出对于考古学的启示与在考古学中的应用，正如他在蒂库尔制陶研究三部曲中所完成的一样，他也为考古学提供了方法上的启示。他认为在解释考古学中陶器时最大的问题之一是对考古学的陶器描述、解释与陶器生产的民族志现实之间存在脱节。许多基于

① Arnold（1991）.

考古陶器数据对过去的重建似乎与陶工制作陶器的方式、他们为什么这样做、何时这样做、他们如何组织及他们如何代代相传的知识没有关系。因此，对陶器的考古学方法需要辅以对民族志制陶的客位和主位方法。这种方法在他最开始的玛雅蓝、陶器设计研究中就有所体现。到后来陶器原材料的研究及陶工知识的探讨中更有明显表现。陶工的本土知识反映了人类文化认识论和方法论的互补性。一方面，客位和主位视角提供了互补的观点，加强了对当前技术的理解，并提供了对陶工技术的翻译；另一方面，可以把主位视角看作陶工所说的，把客位视角看作他们实际所做的，也是实践的物质结果。因此，可以通过使用诸如矿物质和化学元素等可观察行为的单位来表示科学范畴。[1]

（二）陶器理论的转变与发展

虽然，如上所述，阿诺德进行了陶器民族考古的理论建设，但这些理论不是一蹴而就的。阿诺德很善于结合他人的理论解释自己的材料，也很善于在研究中将自己的理论不断发展，并通过他人的理论发掘自己理论中潜在的、此前未意识到的观点，并将它们结合起来。就像人类学本身一样，陶器的研究充满了从一个角度到另一个角度不断变化的理论。理论不断地被其他更新的理论所取代。阿诺德认为，对物质文化的研究不应该简单地受制于理论潮流，不能强调每一种新的范式以显得"时髦"[2]，而忽略以前的理论价值。然而，没有任何理论和范式在解释有效性方面有独特的优势。它们并不是在相互竞争，而是在互补，且最好被理解为是相加的。多个理论需要整合成一个统一的整体，以此超越任何单一视角的限制，因为任何工艺如陶器制作都需要被全面地接受和研究。回顾阿诺德的研究历程，特别是在蒂库尔的研究中，他有从认知人类学转向物质参与理论的巨大改变，也有对他自己的反馈理论的重新思考与补充。

1. 从认知人类学到物质参与理论的启发与应用

对从 1965 年开始大量收集材料，而在 50 年后才发表《玛雅陶工的本土知识：认知、参与和实践》一书，阿诺德解释其中一个原因是当时展示这项研究的理论方法与当时流行的方法相差甚远。

阿诺德最开始使用认知人类学中的"民族科学"的启发式技术的方法获

---

① Arnold（2018）:16-17.

② Arnold（1991）.

得蒂库尔的制陶数据。然而随着考古学走向了唯物主义的维度，认知方法是"过时的"考古学，没有任何理论可以准确地描述他的这些数据。[1]阿诺德坦言，在不断地研究中，他对认知人类学产生了幻灭，因此他试图摆脱自己在1965年使用认知人类学的经验相对主义。虽然后来他通过在陶器制作过程中更积极的参与来补充认知范畴，但是还没有把它们放在一起形成一个更加统一的方法。

阿诺德是一位善于等待的、有耐心的学者，他拒绝盲目使用当下流行的理论方法，而是一直探索、等待适合的理论出现。最终，参与理论的出现提供了第一个真正有效的方式来描述和解释他的工作。阿诺德在第一卷《玛雅社区的社会变迁和陶器生产与分布的演变》中就有介绍参与理论作为这本书的一个隐含理论，直到第三卷才将其系统地作为解释蒂库尔材料的理论贯穿于整本书的论述中。学习制陶依赖于对物质世界的参与，而参与理论有可能将认知人类学、文化生态学、惯习、技术选择、操作链分析、来自景观的数据、原材料的固有特性和限制等不同领域的理论结合在一起。因此，这项工作试图将这些方法结合成一个连贯的整体来描述蒂库尔的玛雅陶工的传统知识。制陶的基本行为链（操作链）在现在和过去是同构的，生产遵循相同的普遍顺序过程。制作陶器的过程至少在其生产过程中有一些物质能动性。正如马拉弗里斯[2]和英戈尔德[3]所说明的那样，物质世界的参与涉及人和物质两方面的能动性。

在某些方面，物质参与理论在民族考古学中比在考古学中更有用，在应用于过去之前，需要更多地扎根于民族学的经验世界中与人工制品实际接触。物质参与理论有可能将认知人类学、文化生态学、实践理论、惯习（包括运动习惯）的概念，以及来自环境的数据、所使用材料的固有特征和限制等各方面的内容结合起来。当阿诺德开始理解陶工参与制陶行为链的方式时，他亲身参与到制陶实践中，包括原材料的开采、选择、采办在内的全过程。他的参与说明了一个事实，那就是除非一个人真正参与其中，否则无法真正理解技术实践。阿诺德还学会了如何烧制陶器，这种实际参与的结果帮

---

[1] Arnold（2018）:xxv.

[2] Malafouris（2013）.

[3] Ingold（2013）.

助他理解了技术"知识"的本质是如何被学习、如何被实践，以及是如何传递给他人的。这种参与帮助阿诺德弥合了烧制的认知和实际操作之间的差距，以及烧制的实际操作是如何影响思维，特别是如何影响认知结构的。参与式观察提供了理解陶工参与制陶工艺和销售自己产品的基础，缺乏对制陶过程的实际参与使得一些考古学家难以理解制陶的民族志观点。从阿诺德自己研究陶器制作的经验来看，参与理论是充分描述参与人知识的一个必要视角。

参与理论的应用也体现在阿诺德对"陶器是心理模板"这一观点的反驳上。陶器相对主义认为，陶器是一种心理模板，因为它的主要原材料黏土具有很强的可塑性，以至于文明通过它独特地表达了自己的文化。阿诺德早在1971年[①]就已经描述了陶工对原材料的参与，但是错误地使用心理模板来解释这些数据。这个模型认为陶工只是物化了他们的认知范畴。在《陶器理论与文化过程》一书中，阿诺德就已经试图证明，人们普遍认为陶器纯粹是每种文化心理模板的产物，但这种认识在文化上是相对的假设，即使不是不正确，也是夸大其词的。阿诺德2017年的一篇论文以拉丁美洲的民族考古学实例，阐明了原材料与景观、性能特征、坯料配方、成型技术的关系。文章认为，陶工所做的选择不一定是由传统、心理模板或非技术标准驱动的。相反，所有的选择都是多因果的，并与陶工对其本土知识、各种不同的外部因素的物质参与有关。[②]《玛雅陶工的本土知识：认知、参与和实践》作为《陶器理论与文化过程》的续集，结合了《陶器理论与文化过程》及英戈尔德、马拉弗里斯的工作来挑战"陶器是心理模板"的单一性概念。通过30多年对《陶器理论和文化过程》的反思，以及英戈尔德、马拉弗里斯的工作，阿诺德意识到这本书中尝试做的事情与马拉弗里斯在展示他所谓的原材料和陶器制作过程的物质能动性方面所做的事情是平行的——除了他自己把这个能动性扩展到天气和气候、定居、日程安排、与生计边缘的关系等。正如这本书所展示的那样，陶工在制作陶器时并不仅仅使用心理模板。要了解陶器生产的文化独特性和相关方面状况，首先必须了解环境的物质能动性、原材料及影响陶器生产的相互交织的文化模式。

---

① Arnold（1971）.

② Arnold（2017a）.

2. 陶器反馈理论的发展完善

阿诺德的反馈理论是他长久以来进行民族考古研究的基石，他也不断在自身研究成果的基础上进一步完善这一理论。这一理论源于他最开始在秘鲁奎努阿、危地马拉和洪都拉斯等地对陶器生态学（文化生态学）的应用。经过系统整理世界各地的制陶民族志资料，阿诺德在《陶器理论与文化过程》中用反馈来描述陶器原材料、陶器制作过程、天气及陶工参与陶器生产所产生的一系列文化模式之间的物质能动性。他关注什么样的文化和生态过程促进或限制了陶器的出现，并随后发展成为一种全职工艺。阿诺德从反馈机制的角度提到了这些过程，并强调了它们对工艺起源和发展的影响。

2011 年，阿诺德发表了对《陶器理论和文化过程》时隔 25 年的回顾和反思，他认为反馈机制不仅可以被视为陶器、环境和社会关系的相互致因机制，而且可以看作对陶器制作过程、季节性及生产结果具有能动性。他也承认，在《陶器理论与文化过程》里，他热衷于用反馈机制来解释陶器理论中的关系，最开始提出的"反馈是陶器生产起源的原因"实际有所夸大，因为主位因素也会影响陶器的起源。[1] 反馈机制在陶器生产过程中起作用，限制或鼓励生产。它们会向陶工提供信息，但不一定会导致工艺的最初发展，而只是作为一种选择机制向陶工提供信息，随着时间的推移，陶工会选择继续或暂停生产。社会中的个体不是自动装置，而是有思想、有感觉的有机体，如果他们想制作陶器并生存下去，就必须对某些反馈刺激做出反应。[2] 因此，反馈隐含地承认人类做出选择，他们会根据反馈中的信息采取行动。例如，陶工在接触原材料、生产过程、天气、运动习惯模式（或惯习）及社会、物理环境时，通过视觉、触觉和听觉渠道接收反馈。这些信息为根据陶工自身的知识和经验做出决策提供了参考。[3]

在蒂库尔陶器民族考古学三部曲里，阿诺德也都应用了与反馈机制相关的理论。《玛雅社区的社会变迁和陶器生产与分布的演变》中第二个主要部分描述了制陶主要环节随时间推移而发生的变化，涉及工艺的体现是如何来自陶工将他们学到的模式与生产过程中的视觉、触觉和听觉反馈联系起来。《玛

① Arnold（2011）.
② Arnold（1991）.
③ Arnold（2011）.

雅社区陶器生产组织的演变》中，阿诺德对生产空间增加的解释仍然回归到反馈中。他倡导的反馈具有本体论的有效性（物质能动性）：它通过感官出现在陶工的头脑中，陶工必须据此做出选择，因此能成功地制作和分配他们的陶器。蒂库尔所在的尤卡坦的天气和气候作为反馈，热带气候限制了陶器的制作过程。陶工需要应对恶劣天气和气候，于是选择增加生产空间并改变建筑环境。在第三卷《玛雅陶工的本土知识：认知、参与和实践》中，阿诺德利用参与理论解释他的材料，并把反馈引入参与理论的整体中，从而将陶器生产中的所有现象联系在一起。至此，他也正式提出了自己对于反馈理论的完善。如同在 2011 年的反思中提到的那样，他补充了早期工作中缺少的一个关于反馈的描述："反馈就是原材料、坯料、陶器制作过程、环境背景及陶工感官需求等信息的递归流动。……来自环境、原材料或陶器制作过程的信息通过陶工的感官进入他们的大脑，即陶工在根据反馈信息采取行动或不采取行动的选择上有能动性。"[1] 陶工接收和评估这些信息，以此调整自己的行为，从而确保他们成功地制作陶器。因此反馈的概念是影响技术选择信息的一部分。

3. 陶器资源阈值模型的提出与修正

在《陶器理论与文化过程》一书中，阿诺德提出"陶器资源阈值模型"作为资源反馈中的重要组成部分。通过综合多地的民族志数据，阿诺德归纳出黏土和羼和料的首选开采区域及最大的开采范围。阿诺德表示，资源距离模型似乎是他的陶器理论中使用最广泛的部分，或许也是最有影响力的部分。许多民族考古学家发现，该模型符合他们在埃塞俄比亚[2]、克里特岛[3]和墨西哥其他地区[4]的数据。一些考古学家发现该模型有助于识别本地和非本地古代陶

① Arnold（2018）:22–23.

② Arthur（2006）.

③ Day, Peter M.（2004）. Marriage and mobility: Traditions and the Dynamics of the Pottery System in Twentieth Century East Crete. In *Pseira VIII: The Archeological Survey of Pseira Island, Part I*（pp. 105‑162）, edited by Philip P. Betancourt, Costis Davaras, and Richard Hope Simpson. Philadelphia: INSTAP Academic Press.

④ Druc, Isabelle C.（2000）. Ceramic production in San Marcos Acteopan, Puebla, Mexico. *Ancient Mesoamerica*, 11（1）, 77‑89.

器[1]，并且可以从文献中收集更多的例子。《陶器理论与文化过程》问世以来，对该模型最重要的阐述可能是詹姆斯·海德克（James M. Heidke）等人[2]对其进行的提炼和后续解释。

阿诺德自己也对这个模型展现了持久的关注，并对它进行了修改。通过32 年来从拉丁美洲两个不同地质区域的七个不同社区收集和分析的民族学陶器和原材料的中子活化分析，提出"阈值距离""陶工社区""资源区"这三个源自比较民族学的概念可以将中子活化分析技术对陶器的分析与陶工的行为联系起来，为解释陶器的化学分析数据提供了一个中间范围的理论。[1]在2006 年的一篇文章中，阿诺德用统计概率对这一陶器资源阈值模型进行了一些修正与改进，因为陶工到陶器资源的距离是概率性的。黏土和羼和料的最大比例发生在 1 公里处，37% 的黏土来源和 49% 的羼和料来源处在这个距离范围内；黏土的第二个阈值出现在 4 公里处，包括总共 71% 的样本；羼和料的第二个阈值是 3 公里，包括 74% 的样本；最后，黏土和羼和料的最后一个阈值出现在 7 公里处，这个阈值占黏土的 86% 及羼和料的 91%。[2]这一修正使阈值模型更加客观，能够更精确地应用于识别过去的本地与非本地的陶器生产。

[1] a. Morris, Elaine L.（1994a）. The Organization of Pottery Production and Distribution in Iron Age Wessex. In The *Iron Age in Wessex: Recent Work*（pp. 26-29）, edited by Andrew P. Fitzpatrick and Elaine L. Morris. Salisbury, UK: Trust for Wessex Archaeology Ltd. b. Morris, Elaine L.（1994b）. Production and Distribution of Pottery and Salt in Iron Age Britain: A Review. *Proceedings of the Prehistoric Society*, 60, 371-393. c. Morris, Elaine L.（1995）. Study 10: Pottery production and resource locations; An examination of the Danebury Collection. In *Danebury: An Iron Age hillfort in Hampshire. Volume 6: A Hillfort Community in Perspective*（pp. 239-245）, edited by Barry Cunliffe. CBA Research Report 102. York, UK: Council for British Archeology. d. Morris, Elaine L.（2000）. Islands, Trade and Pottery. *The Old Potter's Almanack*, 8（1）, 3-4. e. Morris, Elaine L.（2001）. Abstracts: Later Prehistoric pottery review. *The Old Potter's Almanack*, 9（1）, 2-4.

[2] Heidke, James M., Susan Leary, Sarah A. Herr, and Mark D. Elson.（2007）. Alameda Brown Ware and San Francisco Grey Ware Technology and Economics. In *Sunset Crater Archaeology: Ceramic Technology, Distribution, and Use*（pp.145-183）, edited by Scott Van Keuren, Mark D. Elson, and Sarah A. Herr. Tuscon, AZ: Center for Desert Archaeology.

[1] Arnold（2005b）.

[2] Arnold, Dean E.（2006）. The Threshold Model for Ceramic Resources: A Re-finement. In *Ceramic Studies: Papers on the Social and Cultural Significance of Ceramics in Europe and Eurasiafrom Prehistoric 10 Historic Times*（pp. 3-9）, edited by Dragos Gheorghiu. BAR International Series 1553. British Archaeological Reports, Oxford.

阿诺德强调的一点是，最初提出的"陶器资源阈值模型"关注的是陶器资源
的距离对刺激和限制陶器生产的相对作用，而现在使用陶器资源距离主要是
作为预测过去是否发生陶器贸易和交换的模型。

在阿诺德几十年的研究中，他发现距离通常不是陶工用来获取陶器资源
的主位标准，而是基于实际行为的数据，影响原材料获取的因素是多维的。
除了原材料的天然矿物学、化学特点及整个景观中的数量和分布之外，陶工
的定居模式、土地所有权、宗教等因素都可以影响原材料的获取。[1]但无论陶
工出于何种原因而选择使用特定资源，陶工与其黏土和羼和料资源之间的实
际距离确实揭示了一种模式，这种模式可以表示为幂律（双对数）。[2]此外，
与资源的距离由微妙的反馈组成，这些反馈既刺激了资源附近的陶工持续不
断进行陶器生产，也淘汰了那些必须走 4 公里以上才能到达这些资源的陶工。
在这种情况下，运输黏土和羼和料的能量成本对超过 7 公里以获取原材料产
生了选择性的影响，但是如果引入畜力、机动车或水路运输等"能量扩充器"，
生产与资源的距离可能会增加。[3]

结　　语

作为知名的文化人类学家，阿诺德在陶器研究中的成果丰硕。就像朗埃
克书评中写的那样，阿诺德在墨西哥、危地马拉和秘鲁与陶工一起工作了 40
多年，成绩斐然。[4]

他与蒂库尔制陶社区的缘分起源于学生时代，即使他研究的足迹踏过了
秘鲁、危地马拉、玻利维亚及墨西哥其他地区的土地，他一生的研究也扎根
于此。系统的民族志研究方法的学习与长达 50 多年对蒂库尔社区制陶的亲身
参与、实践及与当地陶工建立的密切关系帮助他通过独特的视角理解制陶，
并将社会和制陶技术变革、陶工的本土知识展现出来。尽管他对陶器和陶片
非常感兴趣，也写了很多关于陶器和陶片的文章，但他在采访中表示："让我

---

① Arnold（2000）.

② Arnold（2011）.

③ Arnold（2011）.

④ Longacre（2010）.

着迷的是陶工。考古学家对人们如何制作陶器及陶艺家如何生活知之甚少。这是驱使我的因素。"①这有力地总结了他对陶器生产的广泛民族志研究背后的哲学思想，利用对当代陶工的研究来评估考古学家在研究过去时使用的假设。在这项长久的研究中，他不断地发展自己的陶器理论并探索更多适合自身研究的理论，把它们进行了有机的结合，帮助我们更好地了解陶器及制造、使用和丢弃陶器的人。

阿诺德在他的学术生涯中，一直作为陶器理论的学习者、运用者及很好的结合者，这与他对待陶器理论的态度高度统一，即认为没有任何理论有独占的优势，多种理论应相加形成整体视角。他学习并在墨西哥、危地马拉的研究运用陶器生态学，在此基础上发展成自己的陶器反馈理论写成《陶器理论与文化过程》一书，之后通过洪都拉斯与奎努亚的实例进行验证。但他对于反馈理论的探索并未止步于此，而是在蒂库尔社区的长期耕耘中不断发展，在学习掌握了参与理论后将二者结合，为陶器研究提供了新的方法与思路。

可惜的是，阿诺德一直在教学型学院中工作，只有本科教学，没有研究生，导致没有学生继承衣钵在同一方向上将这项富有创造力的研究继续拓展下去，也无法形成一个特定的思想流派。②不过，阿诺德十分擅于把他的研究与教学结合在一起。在《玛雅社区的社会变迁和陶器生产与分布的演变》和《玛雅社区陶器生产组织的演变》出版之前，他把书稿作为他的"陶器与文化"课程的课件，要求学生对其进行批评，培养他们的批判性思维能力的同时也大大改进了手稿。

阿诺德是一位敏锐的观察者和多产的学者、讲师和作家。在几十年的蒂库尔工作结束后，阿诺德还继续为这一职业做着贡献。阿诺德合编了一本文集《古代美洲的陶器：多学科方法》（*Ceramics of Ancient America: Multidisciplinary Approaches*）③，将考古学、民族志和艺术史结合在一起分析前哥伦布时代的陶器，使用综合方法提供了对古代美洲社会的许多不同方面的新认识。在 2021 年的新书《追溯印加脚步：安第斯民族考古学的冒险》

---

① O'Hara（2012）.

② Arnold（2011）.

③ Park Huntington, Yumi, Dean E. Arnold, and Johanna Minich.（Eds.）（2018）. *Ceramics of Ancient America: Multidisciplinary Approaches*. Gainesville: University Press of Florida.

（*Retracing Inca Steps: Adventures in Andean Ethnoarchaeology*）中，阿诺德带领读者踏上了安第斯山脉的旅程，讲述了他20世纪60年代在秘鲁奎努阿的研究经历。[①]

科尔布将他介绍为在卡萝尔·克莱默（Carol Kramer）和威廉·朗埃克之前就开始撰写和出版的陶器民族考古学的创始人之一。[②]阿诺德是一位绅士和温柔的人，深受同龄人和学生的喜爱，被许多人恰当地称为"陶器研究的迪安"（Dean of Ceramic Studies）。[③]

大 事 年 表

1942年，出生。

1964年，获得惠顿学院人类学学士学位。

1965年2月—1965年8月，在墨西哥尤卡坦蒂库尔进行陶器生产的民族志调查。

1965—1966年，在伊利诺伊大学厄巴纳－香槟分校担任助教。

1966年1月，在墨西哥尤卡坦进行陶器生产的民族志调查。

1966年6月—1966年8月，在科罗拉多州"黄外套"（Yellow Jacket）的考古田野学校学习。

1967年2月—1967年6月，在秘鲁奎努阿进行陶器生产的民族志调查。

1967年7月，在墨西哥尤卡坦进行陶器生产的民族志调查。

1967年，获得伊利诺伊大学厄巴纳－香槟分校人类学硕士学位，硕士论文为《玛雅蓝：一个新视角》（Maya Blue: A New Perspective），导师为唐纳德·拉斯拉普。

1968年10月—1968年11月，在墨西哥尤卡坦进行陶器生产的民族志调查。

1970年，获得伊利诺伊大学厄巴纳－香槟分校人类学博士学位，博士论文为《秘鲁奎努阿陶器设计的主位》（The Emics of Pottery Design from Quinua,

---

① Arnold, Dean E.（2021）. *Retracing Inca Steps: Adventures in Andean Ethnoarchaeology.* Salt Lake City: University of Utah Press.

② Kolb（2020）:982.

③ 双关语，Dean 还有美国大学院长的意思。

Peru），导师为唐纳德·拉斯拉普。

1969—1972 年，在宾夕法尼亚州立大学担任人类学助理教授。

1970 年 6 月—1970 年 8 月，在危地马拉山谷进行陶器生产的民族志调查。

1970 年 6 月—1970 年 9 月，在墨西哥尤卡坦进行陶器生产的民族志调查。

1971 年 7 月，在危地马拉进行民族志研究。

1972—1973 年，为富布莱特奖学金人类学讲师在秘鲁库斯科的圣安东尼奥阿巴德国立大学工作，与美国国家文化研究所合作发掘印加遗址。

1973 年 6 月，在玻利维亚东北部进行考古学调查。

1973—1977 年，在惠顿学院担任人类学系助理教授。

1977—1982 年，在惠顿学院担任人类学系副教授。

1982—2012 年，在惠顿学院担任人类学系教授。

1984 年，第二次成为富布莱特学者。

1984 年 6 月—1984 年 12 月，在墨西哥尤卡坦进行陶器生产的民族志调查。

1985 年，出版《陶器理论与文化过程》（*Ceramic Theory and Cultural Process*）。

1985 年，任剑桥大学考古学系、克莱尔学院的访问学者。

1988—1990 年，在芝加哥菲尔德自然历史博物馆（现为菲尔德博物馆）担任研究员。

1988 年 8 月，在墨西哥尤卡坦进行陶器生产的民族志调查。

1992 年，担任剑桥大学考古学系访问学者。

1993 年，出版《安第斯社区的陶器生产生态》（*Ecology and Ceramic Production in an Andean Community*）。

1993—2011 年，在芝加哥菲尔德自然历史博物馆（现为菲尔德博物馆）担任研究员。

1994 年 7 月，在墨西哥尤卡坦进行陶器生产的民族志调查。

1996 年，被美国考古学协会授予陶器研究优秀奖。

1997 年 7 月，在墨西哥尤卡坦进行陶器生产的民族志调查。

2000 年，担任剑桥大学考古学系访问学者，成为剑桥大学基督圣体学院（Corpus Christi College）的高级成员。

2001—2003 年，在惠顿学院担任社会学和人类学系主任。

2002—2004 年，担任 *Studia Vasorum* 编委会成员。

2003 年，获得查尔斯·詹金斯杰出成就证书（Charles R. Jenkins Certificate of Distinguished Achievement）。

2008 年 5 月—2008 年 6 月，在墨西哥尤卡坦进行陶器生产的民族志调查。

2008 年，出版《玛雅社区的社会变迁和陶器生产与分布的演变》（*Social Change and the Evolution of Ceramic Production and Distribution in a Maya Community*）。

2008 年，获得惠顿学院校友会（Wheaton College Alumni Association）颁发的"母校杰出服务奖"（Distinguished Service to Alma Mater Award）。

2010—2013 年，担任《拉丁美洲古物》（*Latin American Antiquity*）编委。

2012 年 5 月，于惠顿学院荣誉退休。

2012 至今，在菲尔德博物馆综合研究中心的社会科学（人类学）部门担任拉丁美洲人类学的兼职专家级策展人。

2015 年，出版《玛雅社区陶器生产组织的演变》（*The Evolution of Ceramic Production Organization in a Maya Community*）。

2017 年，被评为美国人类学会（American Anthropological Association）的杰出成员。

2018 年，出版《玛雅陶工的本土知识：认知、参与和实践》（*Maya Potters' Indigenous Knowledge: Cognition, Engagement and Practice*）。

2018 年，出版合编文集《古代美洲的陶器：多学科方法》（*Ceramics of Ancient America: Multidisciplinary Approaches*）。

2018 年，获得了阿尔伯特·纳尔逊·马奎斯终身成就奖（Albert Nelson Marquis Lifetime Achievement Award）。

2021 年，出版《追溯印加脚步：安第斯民族考古学的冒险》（*Retracing Inca Steps: Adventures in Andean Ethnoarchaeology*）。

终　章
考古学理论视野下的陶器研究

张　萌

　　不论从事任何形式的研究，我们必然都会面对一个基本问题——如何将事实排列在一起，这就构成了理论。马修·约翰逊曾给"考古学理论"下了一个较为精准的定义，认为它是一组一般性命题，这些命题要么是从考古记录中归纳出来的，要么是关于我们应该如何开展考古工作的表述。[①] 这个定义明确指出处理材料的方式构成了理论研究的核心，这也意味着考古学理论并非一般性理论和外学科理论在考古学中的映射，而是考古学家在探索过去发生了什么及如何理解文化变迁问题上形成的认识。在这个意义上，我们甚至可以说，考古学理论是考古学家在探究基本问题上共同谱写的史诗。

　　陶器是继石器时代以来考古材料中的大宗，对陶器的研究也构成了考古研究中最主要的部分之一，这在定居农业社会的考古研究中表现得尤其突出。对陶器特征的识别与分区、分期结合起来，共同构成了对时空问题的研究。由于陶器是人类通过双手将黏土塑形后经历高温烘烤而成的器物，又由于易于保存，一系列形制和物化特征为"透物见人"（人类行为和思想的共同表达）提供了难得的机会。在世界范围内，陶器的起源是多地区的，使之在方法论意义上，不论是文化史重建，还是社会重建，甚至探索古人精神世界，对于拓展我们对过去的认识及理解文化的差异、演化都至关重要。陶器类型学和序列法对于碳－14出现之前年代学而言，发挥了不可替代的作用。值得注意的是，对于陶器特征研究的拓展也逐渐把考古学家的目光从年代学吸引到更具挑战性的社会重建上来。本书选取了七位考古学家，他们见证了美国考古学界从文化史到社会重建转变的百年历程；作为研究者，他们促成了这股

---

　　① 马修·约翰逊：《考古学理论导论》（原书第三版），张萌、魏峻，译，上海古籍出版社,待印刷。

洪流的汇聚与奔腾，各自的学术历程也共同塑造了当下的考古学理论。

安娜·谢泼德求学与工作的时间段正值美洲考古学史中所谓的"分类—历史时期"，这个时期分为前后两段：1914—1940 年关注年代学，1940—1960 年关注背景与功能。[①]她作为陶艺家参与了基德对佩科斯普韦布洛遗址陶器的研究，在考古学界主要关注分期断代的时代，能够将技术研究与科学分析以严谨的形式结合到一起，也就是将人类学和科学引入陶器研究中，展现出了新考古学出现以来才遵循范式的雏形，无疑遥遥领先于同代学者。在谢泼德开始撰写《为考古学家书写的陶器分析》的 1947 年，普鲁登丝·赖斯出生，其在 20 世纪六七十年代接受的专业训练具有很强的过程考古色彩，她的导师正是提出"陶器生态学"的弗雷德里克·马特森。在她的学术生涯中可以看到陶器民族考古学潮流的影响，在其 1987 年出版的名著《陶器分析：资料手册》中充分展示出与谢泼德不同的时代精神——不再是零散的科学分析，而是"更科学、更人类学"的考古学背景下的陶器研究。在该书 2015 年第二版中更是结合其在中美和南美考古的经历，加入了具有后过程考古学色彩的理论思考，彰显出科学研究与人文探索在陶器研究中的张力。赖斯还借助陶器分析，对玛雅考古进行了更具整体性的研究，体现出从器物研究到社会重建的孜孜努力。谢泼德和赖斯都是经典教材的作者，在前者身上我们看到了过程考古学的雏形，而在后者身上则可以看到过程论、后过程论争辩留下的智识遗产。二人正如哈勃望远镜与韦布望远镜，前后承继，拓宽着陶器研究的视域。

讨论当代考古学理论背景下的陶器研究，不得不提 20 世纪 60 年代兴起的"新考古学"，也就是"过程考古学"或"过程论"。威利和萨博洛夫用四个基本特征定义新考古学，分别为：（1）文化—进化论；（2）文化、文化与环境关系的系统观；（3）强调文化差异及通过抽样统计予以掌握；（4）一般性的科学方法。这些想法的建构见于路易斯·宾福德的一系列论述，在此不做赘述。需要指出的是这场学术运动主要是由年轻学者和一批学生作为主力发动起来的，其中就包括宾福德在芝加哥大学的首批学生威廉·朗埃克、詹姆斯·希尔、肯特·弗兰纳利等人。资深学者保罗·马丁为朗埃克和希尔在

[①] Willey, Gordon R., and Jeremy A. Sabloff. (1980). *A History of American Archaeology* (3rd ed.). New York: W.H. Freeman and Company.

内的年轻人开辟了新考古学实践的试验田，供他们探索陶器社会学的方法论。美西南考古特殊的环境为践行直接历史法提供了难得的机会。朗埃克在草蟒遗址开展了长期的田野工作，为了能更好地探索社会组织、陶器生产与消费之间的关系，他在 1973 年前往菲律宾吕宋岛，开始了长期的卡林加民族考古学项目。之后的几十年里，朗埃克出版了一系列论著，包括《卡林加地区的民族考古学》（1983）、《陶器民族考古学》（1991）、《卡林加民族考古学：扩展考古学方法与理论》（1994），他所培养的学生和影响的学者不少在当今考古学界大名鼎鼎，也都在培养新一代考古学家。朗埃克长期在亚利桑那大学人类学系（后为人类学院）任教，并曾担任系主任，对于美西南考古和陶器研究的壮大发挥了举足轻重的作用，也极大促进了陶器研究的过程考古范式转化。

亚利桑那大学作为新考古学重镇，面对美西南良好的保存条件和相对晚近的史前史，迈克尔·希弗与新一代的年轻学者（包括杰弗逊·里德）共同开创了行为考古学，旨在为考古材料和人类行为之间的关系寻找经验基础。希弗旨在打通人与物之间的关联，对考古记录的形成过程及遗存的生命史进行了系统和细致的研究。正是在这样的背景下，詹姆斯·斯基博在亚利桑那大学接受了完整的学术训练，在希弗的指导下构建了行为考古视角下的陶器研究体系。他们二人的陶器研究主要是在传统技术实验室中展开的，于是实验考古学与朗埃克倡导的民族考古学一起构成了"中程理论"的两条主要思路。希弗和斯基博开展了一系列陶器实验，包括炊器表面处理和磨损研究。这种建立在现代科学检测基础上的测定、分析和谢泼德倡导的物理化学性质研究相呼应，与卡林加项目的结合又与过程考古推崇的作为人类学的考古学深度绑定，极大提升了陶器研究的科学性和跨文化比较研究的可行性。

帕特丽夏·克朗也在亚利桑那大学获得了博士学位，导师是美西南资深考古学家埃米尔·豪里。在她的博士论文中虽可以清楚看到谢泼德、朗埃克、里德及宾福德等诸位学者的影响，探索制陶多样性所反映的史前社会，但她的开拓不仅限于在亚利桑那大学学到的陶器社会学和行为考古——成名作《陶器与意识形态：萨拉多多色陶器》（1994）从陶器分析的角度透析遗存背后的意识形态，与伦福儒、弗兰纳利的认知考古学形成了呼应。她主要的学术生涯是在新墨西哥大学人类学系（宾福德曾长期担任教职的地方）度过的，与威尔斯（曾担任宾福德的学术助手）在生活和事业中的结合也帮助她在普韦布洛开展了一系列开创性研究。她对陶器的教与学及对圆筒形罐残留物的研究，分别与性别考古、技术传承、跨地域奢侈品消费等主题结合到了一起，对于重构过去的社会彰显出整体性的方法论意义。

过程考古学将系统论引入考古学研究中，将考古材料视为文化系统运作的产物。这条主线在迪安·阿诺德身上表现得最为明显。他在 1985 年出版的专著《陶器理论与文化过程》是借助系统论来阐释陶器研究和文化过程的尝试（而恰恰是这一年，伊恩·霍德正式提出了"后过程考古学"），拓宽了陶器生态学的视域，为开展陶器发生和发展的跨文化规律性研究奠定了坚实的基础。阿诺德并没有在系统论研究上止步，建立在对蒂库尔制陶社区长达 53 年研究的基础上，玛雅陶器研究三部曲——《玛雅社区的社会变迁和陶器生产与分布的演变》（2008）、《玛雅社区陶器生产组织的演变》（2015）、《玛雅陶工的本土知识：认知、参与和实践》（2018）在新千年相继问世。这些著作不仅是进行社会重建的尝试，而且结合了更复杂的民族考古学调查资料，由内向外思考本土知识对于主动建构社会所起的作用，颇具有后过程论的色彩。阿诺德的著作与赖斯的研究在玛雅人类学和考古学上相互辉映，彰显着民族考古学持久的生命力。他们二人都受到了谢泼德的强烈影响，既有承继又有创新。

需要注意的是，从考古学理论视角进行学术史的梳理只能作为一条主线，每位学者个性独特，学术经历迥异，而正是这些个性与经历共同塑造了丰富多彩的考古学理论，远比所谓"范式""学派"所概括的复杂和精彩。正因为如此，理论是塑造中的理论，是正在形成的过程，不是过去时，而是进行时。正如本书所述，谢泼德在科学研究领域的开拓，赖斯对人类学的陶器和玛雅社会的研究，朗埃克整体性的民族考古学，希弗和斯基博对传统技术的行为研究，克朗对意识形态和长距离政治 – 经济互动的研究，阿诺德运用系统论对陶器生态学和对玛雅制陶社会的整体性研究——共同塑造了当下的陶器研究和考古学理论。

考古学研究可以视为对遗存时空分布问题的探索，按照斯波尔丁的说法，在时、空、形这三要素中，只有时间是需要推理的。[①] 也正因为如此，考古学从诞生之日起，年代学研究就成了最为关注的领域，陶器的形制特征借助类型学或序列法用于相对年代判定，后来借助"考古学文化"等类似的概念用于重建文化史区块与序列。需要注意的是，考古学家从 19 世纪中叶，也就是汤姆森提出"三期说"之后就关注古人的生活，尤其是人群在自然环境中经济和生活方式的变迁，这在贝丘和湖居遗址的研究中表现得最为明显。[②] 对社会考古学的重新关注主要发生在 20 世纪 40 年代，考古研究从年代学转向功能论，如沃尔特·泰勒倡导运用"掇合方法"将包括遗址古环境及与历史、民族志材料在内的相关信息结合到一起进行社会重建，戈登·威利也通过聚落考古的手段重建了维鲁河谷数千年生活方式的变迁，柴尔德和格雷厄姆·克拉克也做了相当多的尝试。在 60 年代，社会考古研究在过程论的影响下得到了进一步发展，并转向了对社会和文化过程的研究。

约翰逊将过程考古学的关键要点总结如下：强调文化进化，强调系统论思想，强调文化是对其外部环境的适应，强调文化过程的观念，强调问题导向和假说检验法，强调对变异性的理解。在受过程论影响的社会考古研究中，考古学家提出的问题不止步于讨论如何进行社会重建，更重要的是探究社会变迁的动因。20 世纪六七十年代的研究深受朱利安·斯图尔特和莱斯利·怀特所倡导的新进化论的影响，将文化生态学和一般进化论结合起来探讨技术与社会的关系。埃尔曼·塞维斯将社会演化划分为游群—部落—酋邦—国家四个阶段，为开展自上而下的研究提供了社会类型学的论证框架。[③] 肯特·弗兰纳利倡导利用系统论，从过程而非历史叙事角度探讨文化变迁的动力，他在瓦哈卡河谷开展了一系列研究项目，涵盖了从农业起源到文明起源的诸多重要主题，其中不乏对制陶在内的手工业在推动社会变迁历程中发挥的作用，

---

① Spaulding, A. C.（1960）. The dimensions of archaeology. In *Essays in the Science of Culture in Honor of Leslie A. White*（pp. 437 - 456），edited by Gertrude E. Dole and Robert L. Carniero. New York: Crowell.

② 布鲁斯·特里格：《考古学思想史》（第二版），陈淳，译，中国人民大学出版社，2010 年。

③ 埃尔曼·塞维斯：《国家与文明的起源：文化演化的进程》，龚辛、郭璐莎、陈力子，译，上海古籍出版社，2019 年。

以及器物上的符号在塑造宇宙观上的积极意义。[①]他的这些研究和同样在宾福德指导下获得博士学位的朗埃克在社会考古意义上形成了对应，后者在陶器社会学的建构上做出了非凡的贡献。弗兰纳利的思想也对探讨陶器背后意识形态的克朗及倡导系统论和文化过程研究的阿诺德产生了不可小觑的影响。当然，在此时代对社会演进开展过出色研究的考古学家还有科林·伦福儒[②]、罗伯特·亚当斯[③]等人。

后过程考古学兴起于20世纪80年代的英国，代表人物是伊恩·霍德。约翰逊将后过程考古学的关键要点总结如下：反对把理论与数据相分离并认为数据总是带有理论，认为阐释总是诠释学的，否认物质和精神的对立，发展了对实践的兴趣并考察过去的思想和价值观，认为个人是主动的并强调能动性，认为物质文化类似于文本，强调考察情境，认为阐释过去是一种政治行为。在后过程论视角下，时间、空间和物质文化的社会建构可以视为社会存在的组成部分，并冠以"时间性""空间性"和"物质性"，构成了社会考古学。[④]这些都是有社会、文化或象征意义的，并非客观的研究对象，这需要用更为思辨、更为批判性的视角去审视包括陶器在内的考古材料。

过程、后过程考古学大辩论的硝烟已经散去，考古学界意识到，科学与人文构成了考古学这枚硬币的两面，二者只有在相辅相成的基础上才能既避免科学霸权，又避免相对主义对知识建构的破坏。后过程论对开展社会考古学研究提供了有益的视角。一方面，对于"方法论意义上的个人主义"的强调可以避免新进化论视角下对个体特殊性的忽视，对历史过程的强调可以克服文化过程论过于强调社会进化而淡化能动性和决策对历史轨迹的影响；另一

---

① a. Flannery, Kent V. (Ed.) (1976). *The Early Mesoamerican Village*. London and New York: Academic Press. b. Flannery, Kent V. (Ed.) (1986). *Guila Naquitz: Archaic Foraging and Early Agriculture in Oaxaca, Mexico*. Orlando: Academic Press. c. Marcus, Joyce, and Flannery, Kent V. (1996). *Zapotec Civilization: How Urban Society Evolved in Mexico's Oaxaca Valley*. New York: Thames and Hudson.

② Renfrew, Colin. (1972). *The Emergence of Civilisation: The Cyclades and the Aegean in the Third Millennium bc*. London: Methuen.

③ Adams, Rorbert McCormick. (1966). *The Evolution of Urban Society: Early Mesopotamia and Prehispanic Mexico*. Chicago: Aldine.

④ Meskell, Lynn, and Robert W. Preucel (Eds.) (2004). *A Companion to Social Archaeology*. Oxford: Blackwell.

方面，对技术选择的强调凸显出社会历史背景对当时社会和人群施加的影响，可以在"情境考古学"的框架中考虑环境、社会、认知等多重因素的相互作用。由此看来，不管是强调"作为人类学的考古学"，还是"作为历史学的考古学"，本质并无差异，都在关注人的存在方式，即通过人类学抑或历史学的框架思考人类行为和行动的一般性和特殊性，思考决策背后的限制条件和社会意义，探究社会与文化演进的逻辑和方式。这些综合性的考量在本书所介绍的人物身上得到了充分体现，很难确定我们的主人公究竟谁是过程论者，还是后过程论者，更多体现了范式因具体问题而异的状况。

　　从事社会考古学研究，正如从事其他门类的考古学研究一样，需要多维的研究框架：从考古材料的尺度上而言，是遗址—遗址域—区域的多重嵌套；从科学推理的角度而言，是功能论—系统论—过程论的层层递进；从文化阐释的角度而言，是文化历史—文化过程—文化意义的反复交织。[①] 随着文化史重建的任务进入尾声，陶器研究的核心主题也应转移到社会重建上来，这需要将遗址作为舞台来探讨古人的生活方式，去了解资源获取—器物制作—使用改制—最终废弃的整个生命史，在区域范围内讨论陶器的生产、分配及技术变迁的生态社会机制（希弗和斯基博做了相当多的工作）。这种社会考古学的研究导向需要对陶器的功能有清晰的认识，从系统论的视角捋清各个要素之间的反馈关系，进而探讨社会演进过程（见阿诺德的研究）。陶器研究提供了多重视角的知识建构，在不同的理论范式下均能开展坚实的研究，在过去的百年中，帮助考古学家进行了文化史重建（见谢泼德和基德）、文化过程的探索（见赖斯、朗埃克和阿诺德）和文化意义的深层阐释（见克朗）。

　　陶器是人类历史上首次通过双手并借助火的力量实现了对自然物质的改性，将黏土塑形为坚硬的器皿，代表着人类创造性地对分子级别能量的开发和对物质结构的重组。每一件器皿既是适应的产物，也彰显着人类对环境、社会和超自然关系的调整。人类在技术的帮助下，不断延伸时空，塑造深层历史。经历百年积累，陶器研究迈出了从常识到科学、从科学到人文坚实的步伐。在探索人与物之间的关系，在"透物见人"，在重建人类史的漫长努力中，作为考古学最主要的研究材料之一，对陶器的深入研究必然会让我们走近历史真实之道。

---

　　① 张萌、汤卓炜：《环境考古研究范式的思考》，待刊。

作者介绍

秦小丽，复旦大学文物与博物馆学系、科技考古研究院教授，博士生导师。本科、硕士与博士分别毕业于西北大学、北京大学和日本京都大学。主要从事陶器研究以及古代装饰品研究，新石器－早期青铜时代的地域间交流研究。历任日本金泽大学人间社会环境研究域附属国际文化资源学研究中心准教授，奈良国立文化财研究所访问学者，加拿大皇家安大略博物馆客座研究员、京都大学人文科学研究所共同研究员，陕西省考古研究所《考古与文物》杂志责任编辑等。曾获得日本文部科学省、中国国家社会科学基金等项目资助，编著《陶器研究的理论与方法》（与张萌合作），译著《夏王朝——中国文明的原像》（冈村秀典著，2022），菊地大树合作翻译的日文版《五千年良渚王国》（刘斌、余靖静著，2023）等，出版《中国初期国家形成的考古学研究——陶器研究的新视角》（2019）、《黄河流域におけるトルコ石製品の生産と流通》（2018）、《早商城市文明的形成与发展》（与袁广阔合著2017）、《中国古代装饰品研究——新石器时代至早期青铜时代》（2010）等专著，用中、英、日文发表论文100余篇。承担本书编著策划和全书编辑校对，并撰写序章。

张萌，复旦大学文物与博物馆学系、科技考古研究院青年副研究员，2008年和2011年在吉林大学考古学系（今考古学院）获得学士和硕士学位，2019年在美国新墨西哥大学人类学系考古方向获得博士学位。目前主要的研究领域包括考古学理论、史前考古和人类行为演化。专著有《东北亚晚更新世至早全新世细石叶工业研究：觅食社会的宏观生态学视角》（*Late Pleistocene and Early Holocene Microblade–based Industries in Northeastern Asia：A Macroecological Approach to Foraging Societies*，由 BAR Publishing 在 2021

年出版），编著《陶器研究的理论与方法》（与秦小丽教授合作，复旦大学出版社，2022 年），主编《东亚农业起源的新进展：更新世 – 全新世过渡》（*Advances in East Asian Agricultural Origins Studies：The Pleistocene to Holocene Transition*，MDPI，与余琲琳、池谷和信合作）。译著有《欧洲旧石器时代社会》（与陈胜前教授合译，上海古籍出版社，2021 年）；另有译著《考古学理论导论》（与魏峻教授合译）和《人类的过去》（与陈淳教授等合译）将在上海古籍出版社和商务印书馆出版。并在中英文刊物上发表论文二十余篇。兼任《世界考古研究动态》的编委（常务）。负责本书的英文校对、编辑和尾章的写作。

凌悦扬，1998 年生，上海市人，复旦大学文物与博物馆学系 2021 届硕士毕业生。本科就读于复旦大学文博系，大学期间对考古学、文物学、博物馆学等方面的课程广泛涉猎，培养了对于文博学科的浓厚兴趣。参与写作上海博物馆编《70 件文物里的中国》一书中的《越王勾践剑》《金错刀》《武梁祠》等篇目；参与编写《陶器研究的理论与方法》第四章、第七章。研究生在读期间主修中国古代陶器研究，主要研究方向为陕西关中地区龙山时代晚期客省庄文化陶器研究。写作本书中的第二章，整理介绍了美国著名人类学家和考古学家普鲁登丝·赖斯女士的学术研究与成果。秦小丽教授的硕士研究生，目前就职于上海银行博物馆。

赵潇涵，1998 年生，山东淄博人，2016 年至今就读于复旦大学文物与博物馆学系，期间曾赴美国加州大学圣地亚哥分校交流。参与浙江宁波凰山岙、甘肃礼县四角坪、浙江海宁达泽庙等遗址的发掘和整理工作。参与编写《陶器研究的理论与方法》第二、第八章的撰写。现攻读考古学博士学位，研究方向为中国新石器时代陶器，主要关注良渚文化陶器制作技术、社会网络和国家形成等问题，探讨陶器生产是如何嵌入一个日趋复杂的社会网络中，相关论文在《江汉考古》、*Journal of Archaedogical Science* 等刊物上发表。写作本书中的第四章"迈克尔·希弗与詹姆斯·斯基博"。秦小丽教授的在读博士生，正在美国达特茅斯大学交换留学。

蒋成成：1996 年生，江西新余人。2014—2021 年就读于山东大学历史文化学院考古系，2021 年至今于复旦大学文物与博物馆学系攻读考古学博士学位，研究方向为中国新石器时代考古、陶器考古，曾参加山东章丘焦家遗址、宁夏周家嘴头等遗址的考古发掘与资料整理，目前正参与陕西临潼康家遗址的资料整理与报告撰写工作，博士论文重点关注中国关中地区龙山时代至夏时期的陶器与社会研究。承担本书第三章"威廉·朗埃克"的写作。秦小丽教授的在读博士生，曾在美国夏威夷大学交换留学。

李黛丽，2000年生，复旦大学文物与博物馆学系硕士研究生，本科、硕士与博士就读于复旦大学文物与博物馆学系，目前博士在读。主要的兴趣领域是史前至青铜时代的纺织考古研究，尤其是纺织的技术变化、生产组织、性别和社会含义方面，目前专注于对长江下游良渚文化及中原地区仰韶时代的纺织工具——纺轮研究。由于对纺轮的主要材质——陶土的兴趣，以及对陶器研究中性别和社会研究的求知欲，承担本书第五章"帕特丽夏·克朗"的写作。秦小丽教授的在读博士生。

黄凯帆，1999年生，广东广州人，本科毕业于南开大学文物与博物馆学专业，2023年毕业于复旦大学文物与博物馆系并获得文物与博物馆专业硕士学位，研究方向为中国新石器时代陶器研究，主要关注新石器时代南方白陶；曾经参与四川江口沉银遗址、陕西临潼康家遗址的考古资料整理工作。承担本书第六章"迪安·阿诺德"的写作。秦小丽教授的硕士研究生，目前就职于广东省博物馆。

冯昊正，2000年生，山东德州人，本科就读于复旦大学文物与博物馆学系，2021年至今于复旦大学文物与博物馆学系攻读考古学专业博士学位，主要研究方向为陶瓷考古，目前主要关注北方山东地区的历史时期瓷器与釉陶器的技术起源与技术发展，以及陶瓷器技术发展与传播和历史地理关系、政治社会史之间的联系。在读期间，参与复旦大学2020年浙江丽水保定瓷窑址群的调查、整理工作，苏峪口瓷窑址复旦大学2021年度发掘工作以及山东地区瓷窑址群的调查工作等。承担本书第一章"安娜·谢泼德"的写作。沈岳明教授的在读博士生。